国家出版基金项目
NATIONAL PUBLICATION FOUNDATION

「十二五」国家重点图书出版规划项目

《东南亚研究》第一辑

《东南亚概论》丛书

菲律宾概论

FEILÜBIN GAILUN

李涛 陈丙先 编著

中国出版集团
世界图书出版公司

图书在版编目（CIP）数据

菲律宾概论/李涛，陈丙先编著. —广州：世界图书出版广东有限公司，2012.12（2022.5重印）
（东南亚研究）
ISBN 978-7-5100-1837-4

Ⅰ. ①菲… Ⅱ. ①李… ②陈… Ⅲ. ①菲律宾—概况 Ⅳ. ①K934.1

中国版本图书馆CIP数据核字（2012）第305417号

书　　名	菲律宾概论 FEILÜBIN GAILUN
编 著 者	李　涛　陈丙先
项目策划	陈　岩
项目负责	卢家彬　刘正武
责任编辑	魏志华　张　华
出版发行	世界图书出版有限公司　世界图书出版广东有限公司
地　　址	广州市新港西路大江冲25号
邮　　编	510300
电　　话	(020) 84453623　84184026
网　　址	http://www.gdst.com.cn
邮　　箱	wpc_gdst@163.com
经　　销	各地新华书店
印　　刷	广东虎彩云印刷有限公司
版　　次	2012年12月第1版
印　　次	2022年5月第5次印刷
开　　本	880mm × 1 230mm　1/32
字　　数	368千字
印　　张	15.25
国际书号	ISBN 978-7-5100-1837-4 / K·0165
定　　价	38.00元

咨询、投稿：020-84460251　gzlzw@126.com

前　言

“东南亚”指亚洲东南部地区，包括越南、老挝、柬埔寨、泰国、缅甸、菲律宾、马来西亚、文莱、新加坡、印度尼西亚、东帝汶等11个国家。该地区人口众多、资源丰富、幅员辽阔，北接东亚大陆，南望澳大利亚，东濒太平洋，西临印度洋，西北与印度、孟加拉国相毗邻，是连接亚洲和大洋洲、太平洋和印度洋的桥梁地带，具有举足轻重的战略地位。

东南亚是中国周边邻国最为集中的地区。通过陆地和海洋的连接，东南亚与中国为邻，是中国通往外部世界的最重要的海上通道，是中国维护国家安全的重要门户。由于山水相连、唇齿相依，中国与东南亚地区自古以来就有着密切的政治、经济和文化上的往来。虽然其间也曾有过摩擦和冲突，但和平友好一直是中国与东南亚交往的主调。新中国成立后，中国政府奉行睦邻友好的和平外交政策，正确处理与周边国家的关系，营造了一个较好的周边环境。特别是冷战结束后，出现了有利于中国改善与周边国家关系的国际大气候，为中国稳定周边关系提供了良好的机遇。在中国的对外关系中，东南亚具有举足轻重的分量，它既是中国实施“睦邻、安邻、富邻”外交的重要目标，也是展现中国与周边国家睦邻友好关系的窗口。无论是中国为实现社会主义现代化争取一个和平的国际环境，还是实施“立足亚太、稳定周边”的对外战略，东南亚都是不可或缺的一环。而在经济上，东南亚有着丰富的自然资源和潜在市场，是中国对外开放、开展互利合作的重要伙伴。因此，密切与东南亚各国的关系，对于中国构建稳定、和谐的周边环境具有重要意义。

近年来，中国和东南亚各国关系取得了迅速、全面、深入的发展。特别是1997年亚洲金融危机爆发以后，中国坚持人民币不贬值，以不附带任何政治条件的真诚支持和援助获得了东南亚各国的一致赞赏，拉近了相互间的距离，也使中国与东南亚的关系全面推进，不断拓展和深化。2002年11月，《中国与东盟全面经济合作框架协议》的签署，标志着中国—东盟建立自由贸易区的进程正式启动，也标志着中国与东南亚国家的经贸合作进入了新的历史阶段。此后，双方又将合作拓展到政治、安全和战略领域，相继签署了《中国与东盟关于非传统安全领域合作联合宣言》、《南海各方行为宣言》，以及中国加入《东南亚友好合作条约》，确立"中国—东盟面向和平与繁荣的战略伙伴关系"等，奠定了中国与东南亚国家进行整体性制度合作的框架基础，中国与东南亚关系由此进入了合作共赢的发展阶段。

随着2010年中国—东盟自由贸易区的初步建成，中国东盟博览会和商务与投资峰会、大湄公河次区域经济合作、北部湾经济区的开放开发等一系列合作机制的建立和实施，昆河铁路、昆曼公路等一批跨国合作项目的建成和投入使用，可以预见中国和东南亚各国的经贸关系会更加密切，合作机制会更加健全，双方的相互依存度会更加牢固。在此背景下，越来越多的国人希望进一步了解和认识东南亚。但是随着奥巴马政府2009年上台，美国对东南亚的再度重视对中国与东南亚关系产生了比较大的影响，使中国在东南亚的投资受到了较大的冲击。保护中国在东南亚主要国家的投资、让中国企业更多地了解东南亚国情已成了迫在眉睫的重大任务。因此，云南大学东南亚研究所依据自身的研究特点以及出版社的要求，组织编写了《新加坡概论》、《文莱概论》、《菲律宾概论》等著作，分别从自然地理、历史简况、民族与习俗、宗教信仰、文学艺术、政治制度、国民经济、军事与国防、对外关系等方面对上述三国的国情与社会文化进行了阐述。参加丛书编撰工作的既有云南大学东南亚研究所的资深教授，也有初出茅庐的博士生和硕士。他们具有较高的研究能力和外语水平，曾经主持或参加过多个国家级项目的研究，在写作过程中较多地采用了第一手资料，使丛书内容具有丰富、翔实、权威的特点。

在充满机遇与挑战的全球化时代，中国如何把握住时机，继续深化与东南亚国家的睦邻友好关系，提升在政治、经济、贸易、文化、安全等各领域的广泛交流与深入合作，是一个重要课题。《东南亚研究》丛书旨在为希望了解东南亚情况的人士提供较为客观、全面的知识和信息。由于受资料收集和学术水平等诸多因素的限制，书中所表述的观点难免有疏漏和不当之处，敬请广大读者批评指正。同时，我们也衷心希望有更多更好的东南亚研究成果问世。

云南大学东南亚研究所
2012年11月

目 录

引　言

在东南亚地区，菲律宾算是一个比较特殊的国家。地理方面，菲律宾处在东南亚的边缘地带，濒临浩瀚的太平洋。作为一个群岛国家，其领土十分破碎。因为地处环太平洋地震带上，菲律宾火山、地震频发，台风肆虐。在经济方面，由于地理上偏离地区内的传统商道，近代以前，菲律宾群岛的社会发展程度相较于地区内的其他一些地区要落后得多。西班牙人入主菲律宾后，随着大帆船贸易的兴起，马尼拉成了地区内的贸易中心之一。20世纪五六十年代，菲律宾是亚洲经济发展的重要引擎之一；然而70年代以后，由于政局不稳、人口增长过快等因素，菲律宾的经济发展相对滞后了。在政治方面，西班牙人到来前，菲律宾群岛基本上是一个巴朗盖社会（即村社或部落），巴朗盖几乎遍布群岛。历经西班牙人、美国人、日本人近四百年的殖民统治，独立后的菲律宾在形式上复制了美国式的民主制度，但又与之相区别，因为菲律宾政治中家族政治的特征明显，宗教与军方势力对政治的影响很大。在文化方面，受西班牙殖民统治的影响，当今的菲律宾是亚洲最大的天主教国家，也是亚洲最早建立大学的国家之一。

在东南亚诸国中，菲律宾与中国的关系也较为特殊。菲律宾乃中国近邻，虽不像部分中南半岛国家与中国山水相连，菲律宾北部与中国台湾省也仅隔一道海峡。但地理上的邻近并未给中菲关系带来多大的影响。相较于东南亚其他一些国家，中国史籍中有关中菲交往的确切记载要晚得多。中菲交往具体起于何时，学界尚无定论，从中国史籍记载来看，中菲有明确记载的交往始于宋初。自宋代以来直至西班牙殖民者入主菲律宾，中菲间维持着较为密切的政治交往，但贸易规模不大。这期间见证中菲关系的历史事迹众多。古麻剌朗王和苏禄东王在访问中国后，于归途中分别病逝于中国福建和山东，中国朝廷将其就地安葬，分别谥号“康靖”与“恭定”，以致菲岛有两位国王长眠中土。特别是苏禄东王薨逝后，明成祖闻讯不胜哀痛，立派礼部郎中陈士启带着祭文赶往德州，为其举行隆重葬礼，在德州北郊为其造墓；让随行来访的两位王子安都禄和温哈喇以及王妃葛本宁并仆从十人留在德州为东王守墓。此后东王后裔便开始客居中国，融入中华后两位王子的后代分别改姓“安”和“温”。宋咸平六年（1003年）至大中祥符四年（1011年），菲律宾南部邦国蒲端前后四次遣使宋朝。明永乐三年（1405年）至永乐二十二年（1424年），菲律宾各邦国前后十三次到访明廷。特别是明永乐十五年，苏禄东王和西王以及峒王之妻，各率领其部属以及随从与头目访问中国，总人数达340余人，规模空前。然而，在前殖民时期，由于菲律宾群岛地理上偏离传统商道，社会发展程度相对滞后，且产出不多，中菲贸易的规模不大。在西治时期，由于明清朝廷在对外关系方面坚守华夷秩序，直至19世纪中期，中菲双边政治交往一直只局限在菲律宾殖民当局与中国沿海省份的地方政府之间，西班牙王室与中国明清朝廷之间并未建立起中央层面的官方关系。然而，随着东洋航线的开辟，大帆船贸易的兴起，中菲之间地理上邻近的优势凸现出来，贸易与人员往来相较于前殖民时期大幅提升。在美治时期，虽然美国政府将排华法案适用的范围扩大到了菲律宾，但中菲之间的贸易与人员往来还是非常密切。独立后差不多四分之一个世纪，由于冷战的影响，新中国与菲律宾并未建立外交关系，双方之间的贸易与人员往来几乎断绝。但自1975年建交以来，中菲之间的政治、经济和文化联系日益密切。

继承和发扬中菲友好传统，积极发展和推进中菲关系尤为必要。积极推进中菲关系乃国家利益之所需。菲律宾与中国是一衣带水的邻邦，和谐的双边关系有助于周边的稳定，有助于为国家的和平发展营造一个稳定的周边环境。当今的菲律宾是一个有着近亿人的人口大国，且矿产资源丰富，对中国企业而言，既是一个庞大的出口市场，也是一个重要的进口来源地，中菲两国间经济合作的空间十分广阔。再者，菲律宾是东盟的重要成员国，也是创始国之一，长期以来一直在积极推动东盟内部合作与东盟一体化进程，因此，发展中菲友好关系有助于中国—东盟关系的发展与推进。

然而，由于制度差异、文化差异、岛屿争端等因素的影响，中菲关系的发展面临着一些困难与障碍，所以迫切需要两国之间加强相互了解，以增进互信，最终克服困难与障碍，稳步推进中菲关系。

第一章　自然地理和资源

第一节　地　形

一、概况

菲律宾(Philippines)，全称“菲律宾共和国”(The Republic of Philippines)，其名源于16世纪西班牙一位王太子的名字——菲利普。它是一个群岛国家，位于亚洲东南部，全国领土分布于西太平洋赤道与北回归线之间，即北纬4°23′~21°25′、东经112°~127°之间。[①]东临太平洋，西濒南中国海，北与中国台湾省隔巴士(Bashi)海峡相望，南面、西南面与印度尼西亚和马来西亚隔苏拉威西(Sulawesi)海、苏禄海，和巴拉巴克海峡相对，扼亚洲、澳洲与太平洋之间及东亚和南亚之间的交通要道，地理位置十分重要。

菲律宾素有“千岛之国”之称，由7 107个大小岛屿和露出水面的石礁组成，其中有名称的3 000多个[②]，而有人居住的岛屿仅1 000个左右，只有466个岛屿面积超过1平方千米。

从地理分布上看，菲律宾群岛的轮廓为：两个最大的岛屿，即北面的吕宋(Luzon)岛和南面的棉兰老(Mindanao)岛雄踞国土两端，加上中间的为米沙鄢(Visayan)群岛，构成菲律宾国土的躯干；由吕宋岛向西南方向延伸的巴拉望(Palawan)群岛和由棉兰老岛向

---

① 数据来源于菲律宾政府官方网站，http://www.gov.ph，2009年1月16日。而马燕冰、黄莺编著的《列国志·菲律宾》(社会科学文献出版社，2007年)，高伟浓编著的《菲律宾》(广西人民出版社，1995年)，以及沈红芳编著的《菲律宾》(上海辞书出版社，1985年)采用的数据都是北纬4°23′~21°25′、东经116°40′~127°。

② 高伟浓编著的《菲律宾》及胡才主编的《当代菲律宾》(四川人民出版社，1994年)认为菲律宾有名称的岛屿数量为3 000多个，而马燕冰、黄莺编著的《列国志·菲律宾》和沈红芳编著的《菲律宾》认为是2 800多个。

西南方向延伸的苏禄（Sulu）群岛构成菲律宾国土的双腿，为菲律宾通向加里曼丹的两条岛链。

菲律宾国土总面积30万平方千米[①]，南北距离1 851千米，东西距离1 107千米，海岸线长达18 533千米[②]。境内天然良港和海峡众多，各岛之间多为浅海，多珊瑚礁。吕宋岛、棉兰老岛、萨马（Samar）岛等11个主要岛屿的面积约占全国总面积的96%，山地占国土总面积的四分之三以上。

沿海平原较窄，宽度一般不超过15千米。不过在吕宋、棉兰老等大岛屿上有较大的平原，是菲律宾经济活动的主要中心。多数山脉的海拔在2 000米以上，并且火山众多，平原与河谷稀少。各岛河流密布，多短狭湍急，不利航行。气候终年炎热，雨水充沛，自然灾害较多，常遭台风、地震、暴雨和泥石流等的袭击。

菲律宾群岛没有特大岛屿，各岛内地距海边较近，多在50千米以内，在吕宋、棉兰老两大岛上也没有离海边120千米以上的地方。各岛之间的距离也很近，被各岛包围着的内海均为浅海，多珊瑚礁，风平浪静，宛若内湖，所以对国家发展经济和维护领土完整非常有利。被岛屿环绕而成的海众多，有20多个，如苏禄海、卡加延（Cagayan）海、棉兰老海、萨马海、米沙鄢海等。

二、山地

菲律宾群岛地形嵯峨，山地占全国土地总面积的四分之三以上，且大部分山地的海拔在2 000米以上。绵亘于群岛东部的沿海山脉，由北到南纵贯整个菲律宾地区，由吕宋岛向南延伸经萨马岛直至棉

① 数据源自《东盟统计年鉴2006》。

② 该三个数据引自马燕冰、黄莺编著的《列国志·菲律宾》，第1页。而沈红芳编著的《菲律宾》中有关东西距离的数据是1 098千米，南北距离的数据是1 855千米。

兰老岛。此外，吕宋岛、棉兰老岛、米沙鄢群岛又各自拥有很多山脉。中部向北的马德里山脉、西部的三描礼士山脉、中间偏西的中科迪勒拉山脉，它们相互平行，南北走向，纵列于吕宋岛东西两侧。东部的太平洋科迪勒拉山脉、中部的中棉兰老山脉、三宝颜半岛上的三宝颜科迪勒拉山脉，也都是南北走向，绵亘于棉兰老岛。米沙鄢群岛中的一些较大岛屿也有各自的中央山脉和大小山脉。

菲律宾凸起高度在1 500米以上的山峰有29座，绝大多数是火山，分布在8个岛屿上，其中棉兰老岛有11座，吕宋岛有9座，巴拉望岛有3座，民都洛岛有2座，另外4座分布在其他4个岛。

菲律宾的火山举世闻名，死、活火山有200多座，其中在过去600年间喷发过的活火山有22座，最为著名的则有3座。棉兰老岛的阿波火山（Mt.Apo）为菲全国最高峰，海拔2 954米，有“火山王”之称，近百年没有喷发，但一直冒烟。吕宋东部的马荣火山（Mayon Volcano），海拔2 416米，周长130千米，为菲最大的活火山。吕宋西南的塔尔火山（Taal Volcano），海拔仅为300米，是世界上最低、最小的火山。

表1-1　菲律宾29座凸起高度在1 500米以上的山峰　单位：米

次序	山峰名	所在岛屿	海拔高度	凸起高度	高度差	纬度	经度
1	阿波山	棉兰老岛	2 954	2 954	0	06°59'15"N	125°16'15"E
2	普洛格山	吕宋岛	2 922	2 922	0	16°35'51"N	120°53'57"E
3	哈尔空山	民都洛岛	2 582	2 582	0	13°15'45"N	120°59'42"E
4	塔古布德山	棉兰老岛	2 670	2 580	90	07°26'42"N	126°13'36"E
5	马荣火山	吕宋岛	2 462	2 447	15	13°15'21"N	123°41'09"E
6	卡坦格拉德山	棉兰老岛	2 938	2 440	498	08°06'57"N	124°55'24"E

续表

次序	山峰名	所在岛屿	海拔高度	凸起高度	高度差	纬度	经度
7	坎拉翁山	内格罗斯岛	2 430	2 430	0	10°24'36"N	123°07'48"E
8	马林当山	棉兰老岛	2 404	2 290	114	08°13'03"N	123°38'12"E
9	玛蒂阿克山	班乃岛	2 117	2 117	0	11°23'21"N	122°09'42"E
10	曼塔林山	巴拉望岛	2 085	2 085	0	08°49'06"N	117°40'30"E
11	锡布延岛	锡布延岛	2 050	2 050	0	12°25'00"N	122°34'09"E
12	高峰	吕宋岛	2 037	2 015	22	15°28'54"N	120°07'15"E
13	伊萨诺格山	吕宋岛	2 000	1 951	49	13°39'33"N	123°22'24"E
14	玛图图姆山	棉兰老岛	2 286	1 950	336	06°21'36"N	125°04'33"E
15	巴拉豪山	吕宋岛	2 170	1 919	251	14°04'03"N	121°29'33"E
16	希隆希隆山	棉兰老岛	1 920	1 838	82	09°05'48"N	125°42'18"E
17	曼迦邦山	棉兰老岛	2 480	1 803	677	08°35'54"N	125°05'54"E
18	布沙山	棉兰老岛	2 030	1 661	369	06°06'33"N	124°41'09"E
19	凯奥拓山	棉兰老岛	1 816	1 639	177	06°06'24"N	125°34'12"E
20	卡米金岛	卡米金岛	1 630	1 630	0	09°10'42"N	124°43'36"E
21	维多利亚峰	巴拉望岛	1 709	1 619	90	09°21'54"N	118°20'03"E
22	民甘山	吕宋岛	1 901	1 601	300	15°28'51"N	121°24'18"E
23	皮阿帕云干山	棉兰老岛	2 815	1 590	1 225	07°41'27"N	124°30'27"E
24	克利奥帕特拉之针	巴拉望岛	1 608	1 582	26	10°07'24"N	118°59'39"E
25	锡卡波山	吕宋岛	2 361	1 581	780	18°00'48"N	120°56'21"E
26	巴科山	民都洛岛	2 364	1 574	790	12°49'15"N	121°10'24"E

续表

次序	山峰名	所在岛屿	海拔高度	凸起高度	高度差	纬度	经度
27	布卢桑火山	吕宋岛	1 565	1 547	18	12°46'09"N	124°03'24"E
28	拉泊山	吕宋岛	1 544	1 524	20	14°00'48"N	122°47'15"E
29	卡拉屯甘山	棉兰老岛	2 880	1 502	1 378	07°57'18"N	124°48'09"E

资料来源：PHILIPPINES MOUNTAINS，29 Mountain Summits with Prominence of 1500 meters or greater，http://www.peaklist.org/WWlists/ultras/philippines.html.

三、岛屿

吕宋岛是菲律宾全国第一大岛，绵延1万多千米，面积10.47万平方千米，约占国土总面积的35%。该岛西海岸有首都马尼拉（Manila），全国最大的港口马尼拉港。旅游胜地碧瑶（Baguio）市的东南方有岛内最高、全国第二高的山脉普洛格（Pulog）山，高2 955米。该地区由于山峰连接而成为广阔的高原，因此在行政区划上被辟为“高山省”。在地形上，该岛北部的中央山脉（Cordillera Central）与马德里山脉（Sierra Madre）并列由北向南延伸，处于两大山脉之间的卡加延（Cagayan）纵谷平原，盛产烟草。中央山脉为全岛的脊梁，山势庞大，平均高度达2 000多米。中央山脉南端与马德里山脉会合，继续沿东海岸前行，又与西海岸的三描礼士（Zambales）山脉成并列之势，该岛最大的中央平原位于二山之间。南部山势转向东南行，比科尔（Bicol）河顺半岛而流，沿河的狭长低地为该岛南部最大的平原。

棉兰老岛为菲律宾全国第二大岛，面积9.46万平方千米，约占全国面积的32%。东部的狄瓦塔（Divata）山脉呈南北向与东海岸并行，西部三宝颜（Zamboanga）半岛上的科迪勒拉（Cordillera）山脉与中部的中棉兰老山脉也呈南北走向。中北部的兰老（Lanao）和武经纶（Bukidnon）火山高原，海拔500～800米，南连菲律宾最高山峰阿波（Apo）火山，上有宽阔的兰老湖。阿古桑（Augusan）谷地位于兰老高原与狄瓦塔山脉之间，其下游河口地区农田渐拓，有海港城市哥达巴托（Cotobato）。苏禄群岛为三宝颜半岛的西南延伸，其陆上多火山，海岸多附有珊瑚礁。

除了吕宋岛和棉兰老岛外，其他一些较大的岛屿多数集中在米沙鄢群岛上，即萨马岛，面积1.33万平方千米；内格罗斯（Negros）岛，面积1.27万平方千米；班乃（Panay）岛，面积1.15万平方千米；莱特（Leyte）岛，0.72万平方千米；宿务（Cebu）岛，0.44万平方千米；保和（Bohol）岛，面积0.39万平方千米。此外，巴拉望岛，面积1.17万平方千米；民都洛（Mindoro）岛，面积0.98万平方千米；苏禄群岛从东北向西南排列，共29个岛屿，总面积约984.2平方千米，主岛为苏禄岛，霍洛岛为其首府。

四、平原

菲律宾的平原与河谷不多，主要分为内陆谷地平原和沿海平原两种。内陆谷地平原大多由于地下断层陷落作用或河流冲积而成，分布于吕宋和棉兰老这两个最大的岛屿上，主要有吕宋岛北部的卡加延谷地，总面积达5 000平方千米，是亚洲最大的烟叶产区；吕宋岛的中央平原，面积为卡拉延谷地的两倍，是著名的菲律宾粮仓；棉兰老岛东北部的阿古桑谷地，南北长约300千米，中部宽度最大处达40千米；棉兰老岛西南部的哥达巴托谷地，长400千米，中段宽度最大处达85千米，土地肥沃，适宜发展农业，在菲律宾经济中占有重要的地位。至于沿海平原，由于菲律宾东部沿海山脉从海洋边缘急剧隆起，各岛沿海平原难以伸展，加上山涧溪流的冲刷，形成断续间隔的小块冲积三角洲，宽度一般只有15千米左右。

第二节　河流湖泊

一、河流

菲律宾地处热带，为热带海洋性气候，终年多雨，且地形嵯峨，山地占全国土地总面积的四分之三以上，所以菲律宾境内河流众多，有132条之多，仅吕宋岛就有60多条，水资源十分丰富。然而菲律宾是一个群岛国家，国土破碎，绵延千里的大河流无法存在，加上菲律宾山地陡峭，所以河流多半源短流急，不利于航行。棉兰老河（Mindanao River）能航行的地段不长，河槽曲折，河边沼泽众多。卡加延河（Cagayan River）雨季船只可上溯240千米，旱季仅110千米。有意思的是，长约4 380米的著名的巴拉望岛地下河，除尾部的30米外，其余河段均可通航。

表1-2　菲律宾部分河流简介

所在地区	名称	流域面积（平方千米）	长度（千米）	源头	序次（按流域）
吕宋地区	阿布拉河	5 125	178	达塔山	6
	阿布劳格河	3 732	175	卡林加省	9
	阿格诺河	5 952	206	哥迪利拉山脉	5
	昂阿特河	—	—	马德雷山脉	—
	阿巴尧河	—	—	阿巴尧省	—
	内湖河	—	—	内湖支流	—

续表

所在地区	名称	流域面积（平方千米）	长度（千米）	源头	序次（按流域）
吕宋地区	比科尔河	3 770	94	巴托湖	8
	卡布瑶河	—	—	—	—
	卡加延河	27 300	505	卡拉巴略山脉	1
	加隆旁河	472	—	—	—
	伊富高河	—	—	—	—
	满加内特河	—	—	内湖支流	—
	马里基纳河	—	—	马德雷山脉	—
	莫隆河	—	10	内湖支流	—
	巴姆班根河	—	—	马德雷山脉	—
	邦板牙河	10 540	260	马德雷山脉	4
	潘吉尔河	51.14	—	内湖支流	—
	潘锡皮特河	—	9	—	—
	帕拉那克河	—	—	—	—
	巴石河	—	25	内湖	—
	圣胡安河	—	—	内湖支流	—
	圣克里斯托波尔河	—	—	内湖支流	—
	圣克鲁斯河	—	—	内湖支流	—
	萨旁巴后河	—	—	内湖支流	—
	Siniloan River锡尼洛安河	74.31	—	马德雷山脉	—
	打拉河	—	—	打拉省	—
	杜惹罕河	—	15	—	—
	图拉森河	—	9	甲米地省	—
	无米乐河	—	—	—	—
	瓦瓦河	—	—	—	—

续表

所在地区	名称	流域面积（平方千米）	长度（千米）	源头	序次（按流域）
米沙鄢地区	阿克安河	—	—	班乃岛	—
	巴尼卡河	—	—	班乃岛	—
	西拉旁安河	—	—	—	—
	罗格河	—	—	—	—
	里奥洛河	—	—	里奥洛	—
	贾拉乌尔河	1 503	123	班乃岛	17
	罗博河	—	—	比科尔	—
	班乃河	—	—	班乃岛	—
	希尔慕基河	—	—	波尔邦	—
	苏邦达库河	—	—	南莱特岛	—
棉兰老地区	阿古斯河	113.2	36.5	拉瑙湖	—
	阿古桑河	10 921	350	康波斯特拉谷	3
	布阿延河	—	—	—	—
	卡加延德奥罗河	1 521	90	卡拉屯甘山	—
	达沃河	1 700	160	南棉兰老	—
	古阿古阿河	—	—	—	—
	马伦贡河	—	—	—	—
	棉兰老河	23 169	373	尹帕苏贡山	2
	塔古姆河	—	—	—	—
	里布加农河	—	—	—	—
	塔高罗安河	1 704	106	马莱巴莱市	13

资料来源：http://en.wikipedia.org/wiki/List_of_rivers_of_the_Philippines.

二、湖泊

菲律宾湖泊众多，其中知名的有吕宋内湖（Laguna）和塔尔湖（Taal Lake），以及棉兰老的兰老湖（Lanao）。菲律宾最大的湖泊是内湖，长48千米，宽40千米，渔产丰富。兰老湖（Lanao）南北长35.5千米，东西最宽处27千米，面积357平方千米，高出海面2 300米，是全岛最好的修养地。此外，许多河流穿行于山谷间，飞流直下，形成景色壮观的瀑布。马里亚克里斯提纳大瀑布，位于棉兰老岛北部，比尼亚加拉瀑布高出33米，是菲律宾的景色奇观。

大多数菲律宾湖泊的形成与火山和地震活动密切相关：很多小湖泊是由死火山凹陷的火山口形成；有些湖盆是由于火山活动或板块运动造成的地陷而形成；其他的则由于山体滑坡、熔岩流以及火山尘造成通道堵塞而形成。

表1-3　菲律宾的部分永久性湖泊

序号	湖名	面积	类型
1	鳄鱼湖	23公顷	火山湖
2	阿姆布克牢湖	383公顷	水库
3	阿波湖	24公顷	火山湖
4	巴奥湖	177公顷	构造湖
5	巴巴布湖	5公顷	构造湖
6	巴拉南湖	25公顷	山崩湖
7	巴林萨萨尧湖	76公顷	火山湖
8	巴萨克湖	15公顷	构造湖
9	巴托湖	2 810公顷	构造湖
10	必拓湖	140公顷	火山湖

续表

序号	湖名	面积	类型
11	布希湖	1 707公顷	构造湖
12	布鲁安湖	6 134公顷	构造湖
13	布卢桑湖	28公顷	火山湖
14	布诺特湖	31公顷	火山湖
15	布提格湖	25公顷	构造湖
16	卡巴利安湖	15公顷	火山湖
17	卡里巴托湖	42公顷	火山湖
18	卡莉莱亚湖	1 050公顷	水库
19	凯央根湖	182公顷	构造湖
20	卡玛瑙安湖	3公顷	构造湖
21	坎德拉利亚湖	48公顷	构造湖
22	卡帕哈延湖	22公顷	火山湖
23	卡托尔湖	19公顷	构造湖
24	达基阿南湖	3公顷	火山湖
25	达库拉湖	12公顷	构造湖
26	达瑙湖	18公顷	火山湖
27	达瑙湖	680公顷	构造湖
28	达瑙湖	148公顷	构造湖
29	达瑙湖	28公顷	火山湖
30	达瑙湖	4公顷	火山湖
31	达袍湖	1 012公顷	构造湖

续表

序号	湖名	面积	类型
32	达赛湖	40公顷	构造湖
33	杜密拉嘎特湖	9公顷	火山湖
34	欧内斯廷湖	35公顷	火山湖
35	姑瑙湖	23公顷	火山湖
36	希姆邦湖	26公顷	构造湖
37	卡巴林安湖	2公顷	火山湖
38	卡兰加南湖	12公顷	构造湖
39	拉弥萨湖	463公顷	水库
40	内湖	93 000公顷	构造湖
41	拉瑙湖	34 000公顷	构造湖
42	拉瑙湖	2公顷	构造湖
43	伦纳德湖	70公顷	火山湖
44	利布敖湖	24公顷	火山湖
45	洛克湖	113公顷	构造湖
46	卢冒湖	1 680公顷	构造湖
47	鲁莫特湖	582公顷	水库
48	马比洛格湖	2公顷	火山湖
49	马嘎特湖	1 122公顷	水库
50	马霍克敦湖	22公顷	火山湖
51	迈尼特湖	17 340公顷	构造湖
52	马里曼嘎湖	12公顷	构造湖

续表

序号	湖名	面积	类型
53	马南内湖	11公顷	构造湖
54	蛮古熬湖	741公顷	构造湖
55	马帕努皮湖	648公顷	火山堰塞湖
56	貌寒湖	317公顷	火山湖
57	穆希卡普	15公顷	火山湖
58	那嘎叟温泉	3公顷	温泉湖
59	内里格湖	11公顷	火山湖
60	那拉潘湖	3公顷	构造湖
61	那帕里特湖	36公顷	构造湖
62	瑙汉湖	8 125公顷	构造湖
63	努伦甘湖	153公顷	构造湖
64	帕拉克帕金湖	43公顷	火山湖
65	帕拿貌湖	68公顷	火山湖
66	潘丁湖	21公顷	火山湖
67	潘塔邦安湖	5 923公顷	水库
68	抱威湖	403公顷	构造湖
69	皮纳孤尔布安湖	2公顷	火山湖
70	皮纳马洛伊湖	60公顷	构造湖
71	皮纳图博湖	183公顷	火山湖
72	普朗吉湖	1 985公顷	水库
73	普洛格湖	2公顷	火山湖

续表

序号	湖名	面积	类型
74	桑帕洛克湖	104公顷	火山湖
75	圣马科斯湖	24公顷	火山堰塞湖
76	圣罗克湖	882公顷	水库
77	撒尼湖	11公顷	火山湖
78	萨帕湖	112公顷	构造湖
79	色布湖	354公顷	构造湖
80	色伊特湖	59公顷	火山湖
81	辛古安湖	112公顷	火山湖
82	森库兰湖	49公顷	构造湖
83	塔尔湖	23 420公顷	火山湖
84	塔尔火山坑湖	121公顷	火山湖
85	谭博湖	79公顷	火山堰塞湖
86	提库湖	47公顷	火山湖
87	提姆普奥克	32公顷	火山湖
88	提拉贡达嘎特湖	4公顷	火山湖
89	瓦肯湖	70公顷	构造湖
90	乌雅安湖	28公顷	构造湖
91	弗纳多湖	—	构造湖
92	伍德湖	738公顷	构造湖
93	雅谷缅姆湖	1公顷	火山湖
94	扬波湖	5公顷	火山湖

资料来源：http://en.wikipedia.org/wiki/Lakes_of_the_Philippines.

第三节　气　候

一、气候类型

菲律宾群岛位于赤道与北回归线之间，属于热带海洋性气候，特征为温度较高，湿度重，降雨量大，台风多。不过菲律宾各地的气候特征有所差异，基于降雨量的分布，有四种公认的气候类型：

类型一：一年清晰地分为两季，11月至次年4月为旱季，其余时段为湿季；

类型二：没有旱季，从11月至次年1月有明显的降雨；

类型三：季节区分并不明显，11月至次年4月相对较干，其余时段较湿；

类型四：全年的降雨量分配大体平衡。

气候类型一：大马尼拉地区（Metro Manila）

月份	1月	2月	3月	4月	5月	6月	7月	8月	9月	10月	11月	12月	年
平均高温 ℃	30.2	31.1	32.8	34.3	34.2	32.4	31.3	30.8	31.1	31.2	31.0	30.3	31.73
日平均温度 ℃	25.6	26.1	27.6	29.1	29.5	28.4	27.7	27.4	27.6	27.3	26.9	26.0	27.43
平均低温 ℃	20.9	21.1	22.5	24.0	24.8	24.4	24.1	24.0	24.0	23.5	22.8	21.6	23.14
降雨量 mm	6.3	3.3	7.1	9.3	100.4	272.7	341.2	398.3	326.0	230.0	120.4	48.8	1 863.8
平均降雨天数	1.0	1.0	1.0	1.0	7.0	14.0	16.0	19.0	17.0	13.0	9.0	5.0	104

资料来源：http://en.wikipedia.org/wiki/Climate_of_the_Philippines.

气候类型二：布隆甘（Borongan）

月份	1月	2月	3月	4月	5月	6月	7月	8月	9月	10月	11月	12月	年
最高温度℃	33	31	33	32	35	36	35	37	35	35	34	33	37
平均高温℃	28	28	29	31	31	32	32	32	32	31	30	30	30.5
平均低温℃	21	21	21	22	23	24	24	24	24	24	23	22	22.8
最低温度℃	14	14	16	16	17	20	22	21	21	21	19	17	14
降雨量mm	640	430	320	260	240	230	180	140	180	330	530	640	4 120

资料来源：http://en.wikipedia.org/wiki/Climate_of_the_Philippines.

气候类型三：宿务市（Cebu City）

月份	1月	2月	3月	4月	5月	6月	7月	8月	9月	10月	11月	12月	年
平均高温℃	29.9	30.2	31.2	32.3	33.0	32.1	31.7	31.9	31.7	31.6	31.2	30.3	31.43
日平均温度℃	26.8	27.0	27.8	28.8	29.4	28.7	28.3	28.4	28.3	28.1	27.9	27.3	28.07
平均低温℃	23.8	23.7	24.4	25.4	25.9	25.3	24.9	25.0	24.8	24.7	24.7	24.2	24.73
降雨量mm	78.1	62.3	41.5	29.1	54.8	149.9	157.0	136.5	167.3	148.4	131.4	103.8	1 260.1

资料来源：http://en.wikipedia.org/wiki/Climate_of_the_Philippines.

气候类型四：桑托斯将军市（General Santos）

月份	1月	2月	3月	4月	5月	6月	7月	8月	9月	10月	11月	12月	年
最高温度℃	40	37	38	38	40	42	40	37	40	38	38	37	42
平均高温℃	31	31	32	32	31	30	30	30	30	31	31	31	30.8
平均低温℃	23	24	25	25	25	25	24	24	24	24	24	24	24.3
最低温度℃	18	18	20	20	17	21	20	19	20	21	21	21	17
降雨量mm	750	500	110	160	280	400	390	310	260	340	260	460	4 220

资料来源：http://en.wikipedia.org/wiki/Climate_of_the_Philippines.

特别气候：碧瑶市（Baguio）

月份	1月	2月	3月	4月	5月	6月	7月	8月	9月	10月	11月	12月	年
最高温度℃	26	27	27	28	27	26	26	26	26	27	26	26	28
平均高温℃	22	22	24	25	24	23	21	21	21	22	23	23	22.6
平均低温℃	11	13	14	15	16	16	16	15	15	15	15	13	14.5
最低温度℃	6	8	11	10	13	11	12	12	13	11	9	7	6
降雨量mm	20	20	40	100	400	430	1 070	1 160	710	380	120	50	4 500

资料来源：http://en.wikipedia.org/wiki/Climate_of_the_Philippines.

二、降雨量

菲律宾雨量充沛，终年有雨。但全国降雨量的分布因地而异，主要取决于湿空气的方向和山脉的区位。菲律宾的年降雨量在965毫米与4 064毫米之间浮动，大部分地区年均降雨量2 000 ~ 3 000

毫米，由北向南渐多，年平均湿度为77%。受东北季风影响，菲律宾多山的东海岸地区终年降雨，尤其11月、12月和1月降雨最多，其中碧瑶市、萨马岛东部（eastern Sarmar）和东苏里高（eastern Surigao）降雨量最大。西部是典型的季风气候区，旱季和雨季明显。南部（棉兰老岛大部）气候具有赤道地区的特点，终年多雨，没有明显的雨季和旱季。宿务岛和吕宋岛的卡加延谷地则因山岭屏蔽，年平均降雨量不到1 500毫米，是全国比较干燥的地区。哥特巴托（Cotabato）南部降雨量最小，其中的桑托斯将军市年均降雨量仅为978毫米。

5月至10月夏季的季候风给菲律宾群岛的大多数地区带去了强降雨。季候雨虽然雨量大，但不一定连带狂风巨浪。在菲律宾北部地区，至少有30%的年降雨量是由热带气流带来的，不过带给南部岛屿的不到其年降雨量的10%。迄今所知，影响菲律宾群岛湿度最大的热带气流发生在1911年7月，在24小时之内给碧瑶市带去了1 168毫米的降雨量。

三、气温

综合菲律宾所有的气象站，碧瑶市的除外，菲律宾全年的平均气温为26.6℃。最冷的月份为1月，平均气温25.5℃；最热的月份为5月，平均气温28.3℃，最热和最冷的月份温差不超过3℃，无明显的热季凉季之分，只有旱雨两季。在菲律宾各地，最高平均温度为33℃～39℃，最低平均温度为16.7℃～20.9℃，除高山地区外，其余地方年温差很小。在菲律宾，纬度并非气温变化的一个重要因素，然而海拔却造成了气温的巨大反差。设在三宝颜（Zamboanga）的菲律宾最南端气象站的年平均气温，与设在佬沃（Laoag）的最北端气象站的年平均气温差别不大。换句话说，就是在吕宋、米沙鄢和棉兰老各个沿海或近海地区测量到的年平均气温差别不大。而有着1 500米海拔高度的碧瑶市，年平均气温仅为18.3℃，这使得碧瑶市的气温和那些气候温和地区的相当，被认为是菲律宾的夏都。1915年《菲律宾科学杂志》的William H.Brown在海拔2 100米的Banahaw山顶主持了一项为期一年的调查，测量到的年平均气温为18.6℃，比低地的平均气温低了10℃。在马尼拉和大多数低地地区，气温很少高于37℃。菲律宾最高气温的纪录是1912年4月29日和1969年5月11日出现在Tuguegarao卡加延谷地的42.2℃，最低气温纪录是1903年1月出现在碧瑶市的3℃。

在菲律宾，日温差比年温差大。全国平均温度日差6℃～12℃。一般来说，雨季的日温差较小，旱季较大。不过，在海拔1 500米的碧瑶市，11月至翌年2月夜间最冷时可接近0℃，还有霜冻。其他一些海拔较高的地区每年也有温度很低的时候。

四、湿度

湿度指空气中的水分含量。由于高温和四周环水，菲律宾的相对湿度很高，月平均相对湿度在5月的71%和9月的85%之间浮动。高温加上很高的相对和绝对湿度，使整个群岛都让人觉得很热，特别是3月至5月令人不舒服，那时的温度和湿度都处于高位。

菲律宾的湿度很大，这主要是受环绕菲岛的海水的大量蒸发、每年不同季节不同季候风、热带国度的大量降雨等因素影响。第一点可以被认为是高湿度一般原因，全年在所有的岛屿都能观测到这一点。后两点在每年不同的月份和群岛不同的地区，在不同程度上影响湿度。在低温月份，即使菲律宾东部地区东北风盛行，降雨量更丰沛，湿度还是低于处于旱季的西部地区。从6月至10月，即使整个群岛普遍降雨，但由于西风和西南风盛行，菲律宾西部的降雨量更为丰沛，因此那里的空气湿度比东部地区的还大。

五、台风

在菲律宾，每年的11月至翌年5月，多有东北季候风。6月至10月多西南风，往往在群山西坡及西南坡凝聚成季候雨。此外，还有对菲律宾影响巨大的源自西太平洋加罗林群岛（Caroline Islands）和马绍尔群岛（Marshall Islands）一带的台风，其在每年夏秋两季都会有15~20次自马里亚纳群岛东南吹袭菲律宾，大部分皆横贯菲律宾的中部和北部，唯米沙鄢群岛以南地区很少受到台风影响。

菲律宾横跨在台风带上，每年的7月到10月遭受着台风的袭击。对吕宋岛东北部、比科尔岛和东米沙鄢地区而言，那些台风特别危险，马尼拉也周期性地遭到破坏。根据菲律宾大气、地球物理和天文服务局（PAGASA）从1948至2004年所作的统计，平均每年大约有20场风暴或台风进入菲律宾，每年登陆或穿越菲律宾的平均有9场。1993年有19场台风登陆菲律宾，是台风登陆次数最多的一年。台风登陆次数最少的年份是1955年、1958年、1992年和1997年，全年只有4次。

第四节　资　源

一、矿物

菲律宾位于环太平洋火山、地震带上，其地质构造和地理环境有利于矿床的形成，是世界上重要的矿产资源国。菲律宾国土面积相对较小，却拥有丰富的天然矿产资源，在世界矿产资源储量中占有的份额较大。菲律宾丰富的矿产资源主要分为贵金属矿、铁合金矿、贱金属矿、肥料矿、工业矿、宝石和装饰石矿等六类。菲律宾拥有许多世界级高品质的矿藏，是世界重要的铜、金、铬、镍、钴生产国和出口国，铁、煤、油气、硅砂等矿产资源也很丰富。目前已探明储量的矿藏中，就有金、铜、镍、铝、铬、钴、银、铅、锌等13种金属矿和磷酸盐矿、黏土、白云石、长石等29种非金属矿。根据菲律宾国家地质矿业局的数据，以单位面积矿产储量计算，菲律宾金矿储量居世界第三位，铜矿储量居世界第四位，镍矿储量居世界第五位，铬矿储量居世界第六位。根据1996年菲律宾国家矿业局公布的报告数据，菲律宾金属矿储量为71亿公吨，非金属矿储量为510亿公吨。①

（一）储量及分布

根据菲律宾投资委员会采用的2005年的数据，菲律宾的金矿储量为30.56亿公吨，铜为29.68亿公吨，镍为9.53亿公吨，铬铁为1 800万公吨，铁为4.10亿公吨，铝为2.92亿公吨。②

铜、金矿化物大多数出现在Central Cordilleras以及棉兰老的很多地方，主要的镍矿化物出现在巴拉望和苏里高。与之前发现的低品质、埋藏浅的矿区不同，菲律宾还新发现了有着世界级潜在储量的新矿区，即东南亚—西太平洋地区最大的未开发的铜金矿藏之一Tampakan铜矿，还有Far Southeast铜金矿和Boyongan铜矿。菲律宾矿产和地球科学局确认，在吕宋、米沙鄢和棉兰老地区都有含有矿藏的特定区域。菲律宾已发现的含矿陆地区域达3 000万公顷，另有约900万公顷的地域被认为在地质构造上含有金属矿藏，并且

① 《菲律宾矿产投资环境》，载《现代矿业》，2009年第3期，第136页。

② Philippine Board of Investments：*The Philippine Mineral Potential*，June 21，2011.

地域可能随着勘探和地质构图的持续而进一步扩大。①

表1-4 菲律宾的金属矿藏分布

所在地区	具体地址	矿藏
吕宋	吕宋中部山区	金、铜、铁、锰
	马德雷山脉北部	铬、镍、铜
	三描礼示	铬、镍、钴、铂、铜、金
	韦斯卡娅—奥罗拉	铜、金
	比科尔	金、铁、铜
	南他加禄	铜、金、镍、钴
米沙鄢	中米沙鄢	铜、金、锰
	萨马—东棉兰老	金、铜、铁、铬、镍、铂、锰
	巴拉望	铬、镍、钴、铂、金
棉兰老	中北棉兰老	铬、铜、金
	三宝颜半岛	金、铜、铬、铁
	南棉兰老	铜、金

资料来源：Philippine Board of Investments：*The Philippine Mineral Potential*，June 21，2011.

（二）开采与贸易

2010年菲律宾的镍产量约占世界产量的11%，产量较2009年增长了10%。其他的矿产品还包括白垩、铬、铜、金、海盐和银。同年，菲矿业部门对国内生产总值的贡献约为1.2%，产值相较2009年增长了11.5%，为菲吸引了2.775亿美元的FDI，占了同年吸收的FDI总数的32.72%。2010年，菲律宾的铜矿开采总数达58 412吨金

① Philippine Board of Investments：*The Philippine Mineral Potential*，June 21，2011.

属含量，黄金生产量为40.847千克，镍产量达172 991吨。①

表1-5 2006—2010年的矿物生产

矿物/矿物生产	单位	2007		2008		2009		2010	
		数量（单位：千克）	产值（单位：千克）	数量（单位：千克）	产值（单位：千克）	数量（单位：千克）	产值（单位：千克）	数量（单位：千克）	产值（单位：千克）
总计	—	—	102 235.7	—	86 895.9	—	106 160.5	—	144 382.8
金属	—	—	81 431.2	—	63 371.8	—	79 661.1	—	111 087.4
贵金属	—	66.5	40 485.8	49.8	43 025.6	70.9	53 484.2	81.9	71 698.4
金	KG	38.8	39 923.6	35.6	42 763.0	37.0	52 767.8	40.8	70 508.2
银	KG	27.8	562.2	14.2	262.6	33.8	716.5	41.0	1 190.2
贱金属	—	—	40 945.4	—	20 346.2	—	26 176.9	—	39 389.0
浓缩铜	DMT	88.1	7 479.4	92.8	6 029.2	203.4	10 818.4	236.8	15 775.7
浓缩铜含量	MT	22.9	—	21.2	—	49.1	—	58.4	—
浓缩镍	DMT	17.9	12 127.9	18.5	6 452.7	30.3	7 737.8	33.5	9 795.5
浓缩镍含量	MT	10.1	—	10.6	—	17.0	—	19.3	—
直接海运的镍矿石	DMT	7 380.3	20 354.9	5 459.1	7 715.5	8 283.1	7 070.1	13 172.5	13 198.1
矿石	MT	81.3	—	70.1	—	122.7	—	153.7	—
铬铁矿	DMT	16.6	92.6	15.3	109.4	14.3	126.3	14.8	117.1
化学级铬铁	DMT	11.7	42.3	—	—	—	—	—	—
耐热矿石	DMT	3.4	25.4	—	—	—	—	—	—
锌	DMT	16	823	4	39	22	424	20	503
非金属	—	—	20 804.5	—	23 524.1	—	26 499.4	—	33 295.4
斑脱土	MT	—	—	—	—	1.4	—	1.5	—
白垩	Bags	—	—	—	—	371 628.7	47 034.9	398 075.9	50 610.1

① Yolanda Fong-Sam, "The Mineral Industry of the Philippines", *U.S.Geological Survey*（USGS），2010 Minerals Yearbook：Philippines, July，2012, pp.2–3.

续表

矿物/矿物生产	单位	2007		2008		2009		2010	
		数量（单位：千克）	产值（单位：千克）	数量（单位：千克）	产值（单位：千克）	数量（单位：千克）	产值（单位：千克）	数量（单位：千克）	产值（单位：千克）
煤	MT	3 721.5	7 722.2	3 952.0	8 200.5	5 176.2	10 740.6	7 329.4	16 334.4
大理石（未加工）	Cu.M.	—	—	—	—	5.6	15.1	6.0	16.4
盐	MT	437.7	3 331.5	510.1	3 883.6	516.1	3 941.8	557.6	4 268.1
硅砂	MT	140.7	13.3	172.3	16.4	185.1	17.6	199.2	19.2
沙和砂砾	Cu.M	40 075.7	6 672.1	46 602.1	7 800.4	46 602.1	7 901.7	49 009.5	8 399.8
高岭土	MT	—	—	—	—	8.5	2.4	8.9	2.5
黏合原料	—	—	—	—	—	—	—	—	—
石灰石	MT	25 193.2	1 970.2	30 072.3	2 415.3	31 667.6	2 669.9	34 112.2	2 962.4
页岩黏土	MT	1 380.8	90.5	1 704.6	110.7	1 807.5	118.5	1 925.0	128.1
黏合硅砂	MT	221.4	38.5	269.5	48.0	283.6	50.1	295.8	52.5
其他	—	—	—	—	—	—	1 041.4	—	1 111.8

资料来源：http://www.nscb.gov.ph/secstat/d_natres.asp.

表1-6　菲律宾2010年的金属矿出口

分类	矿石	离岸价（百万美元）	占总值的%
贵金属	金	16.62	5.35
	银	2.55	0.82
贱金属	铜	7.41	2.39
铁及含铁合金	镍	276.42	89.06
	铬铁	7.39	2.38

资料来源：Philippine Board of Investments：*The Philippine Mineral Potential*，June 21，2011.

二、植物

（一）概况

菲律宾的植物群体至少有1.4万物种，占了世界物种总量的5%。有8 000多种开花植物或被子植物，33种裸子植物，1 100种蕨类植物，1 271种苔藓类植物，3 555种以上的真菌类，1 355种以上的藻类，790种地衣。其中被子植物占了马来植被区的22.5%，世界维管植物的3.8%。[①]在菲律宾所有的植物物种中，有26个属的开花植物和蕨类是本土的，其中茜草科4个，萝摩科3个，姜科2个，无患子科2个，槟榔科、紫苑科、大戟科、蝶形花科、芸香科、荨麻科、桑寄生科、野牡丹科各1个。也有4个属的本土蕨类植物：Psomiocarpa，Podosorus，Tectaridium和Nannothelypteris。这些本土属的物种中有17个是单一植物类型的。[②]

菲律宾的自然植被总体上是一张不同类型的森林构成的拼图，那些森林在结构、外观、植物构成上各不相同。主要植被可以分为12种类型：低地常绿雨林、半常绿雨林、半落叶林、石灰岩林、超碱岩林、滨海林、红树林、泥炭沼泽林、淡水沼泽林、低山雨林、高山雨林、亚高山林。

菲律宾平原和丘陵地带的大面积草地主要覆盖着白茅类和甜根子草类。这两者中，白茅更具扩张性，是一种生命力旺盛、生长快速的草。甜根子草是一个更高且更粗糙的物种，是丛生的。在中、北吕宋的松林地，其他种类的草取代了白茅和甜根子草。澳大利亚营草是一种低矮、终年生长的草，通常和一种粗糙、终年生长的草中国芒生长在一起。这两种草都具有抗火性。

① Philippine Plant Conservation Committee, *Philippine Plant Conservation Strategy and Action Plan*, pp.3–4.

② Philippine Plant Conservation Committee, *Philippine Plant Conservation Strategy and Action Plan*, p.5.

（二）龙脑香类森林

龙脑香类森林是印—马热带雨林中的主要森林类型。世界三大片热带雨林分布于印—马、热带美洲和热带非洲。这些热带雨林的特征是植被层次多，树种种类众多。所谓龙脑香类森林并非指龙脑香科植物的纯林，而是指由许多科的树种组成，但以龙脑香科植物的组分占优势的森林。

菲律宾的龙脑香类植物大多为中至大乔木，离地相当高才分枝，树高通常达40～65米，胸径或基径60～150厘米，有的粗至300厘米，树干通直。1984年，龙脑香类森林的立木材积80 520万立方米，占菲全国95 573万立方米的84.2%。在森林开发局辖下的10 765 279公顷林地中，生产性的龙脑香类森林有8 136 792 公顷，非生产性（保护区）的龙脑香类森林有1 421 812公顷。在全国651万公顷的商品林地中，龙脑香类占95.3%。菲律宾以龙脑香科植物生产的商品用材数量最多，以“桃花心木”的商品名广销世界各地。羯布罗香树脂可用来制造清漆、硝基漆和稀释剂，木材可用来做柱子和桩木，或者用来制薄板和胶合板、纸浆和纸张、硬板、家具等。

（三）非龙脑香类森林

菲律宾有3 000多种非龙脑香类植物，《菲律宾动植物指南》介绍了菲律宾所固有且与其主要森林类型有关的许多阔叶树种，以及从外国引进的一些用材、粮食、药用、薪炭、观赏和其他用途的树种，共6科，29种，6个亚种，15个变种和6个变型，但这只是其中的一小部分。

上面所介绍的是各科的重要树种，其中多数种与海拔0至1 000米的低地龙脑香类森林有关。该类森林最上层的优势树种多数为龙脑香类树种，其他科属的树种有橄榄属、人面子属、胶木属、朴属、蒲桃属、橄榄属等；中层的树种有双盘属、破布木属、柿树属、五亚果属、榕属、韶子属、山矾属等副木。最低层的非龙脑香类植物有藤黄属、水冬哥属和扁担杆属等。在海拔1 000至2 700米的低山林，樟科的新木姜子属、樟属和木姜子属是优势树种。具温和气候条件的地区其代表种为蒲桃属、新乌檀属、褐鳞木属和山茶属。这些树种联成热带山地栎树—月桂型森林的一部分。牡荆树林通常分布于由蜂巢结构的晶体珊瑚石灰岩构成的、土层浅薄的低山上，由油楠属、印茄属、合欢属、华来士树属、枣属、紫檀属、米仔兰属、决明属、Pteraspermum和野桐属等的某些种，以及小花牡荆（Vitex parviflora）所构成。红树林分布于河流入海口的近水低洼滩涂上，以及护堤泥、海湾、河口和礁湖等淡海水交界地带，由红树属、木榄属、角果木属、榄李属、木果楝属、海桑属和蜡烛果属等的一些种构成。菲律宾是个岛国，海滨树种遍布各地，其中典型的树种属于胡桐属、玉蕊属、木麻黄属、榕属、苹婆属、榄仁树属和银叶树属等。[①]

表1-7 菲律宾1991—2010年的木材产量 单位：千立方米

年份	原木[②]	板材	胶合板	饰面薄板
1991	1 922	726	321	54
1992	1 438	647	331	80
1993	1 022	440	273	65
1994	957	407	258	39
1995	758	286	290	19
1996	771	313	508	82
1997	556	351	484	62
1998	634	222	246	59
1999	730	288	243	89
2000	800	150	286	178
2001	571	197	292	135

① 林伯达：《菲律宾非龙脑香类植物简介》，载《福建热作科技》，1990年第3期，第36页。

② 原木包括锯材原木、饰面板材、纸浆用木材、木柱和木桩。

续表

年份	原木	板材	胶合板	饰面薄板
2002	403	163	350	172
2003	506	246	351	152
2004	768	339	386	180
2005	841	288	314	133
2006	1 036	432	317	95
2007	803	362	281	124
2008	815	358	235	101
2009	801	304	253	88
2010①	520	377	272	220

资料来源：http://www.nscb.gov.ph/secstat/d_natres.asp.

三、动物

菲律宾是17个最具有生物多样性的国家之一，也是全球生物多样性的热点地区，同时它也是全球新物种发现率最高的国家之一，过去10年发现了16种新的哺乳动物。因此，菲律宾物种的本土特有率上升了，并且有望进一步上升。

（一）哺乳动物

菲律宾有191种哺乳动物，其中8种濒临灭绝，13种有灭绝危险，30种易受伤害，1种快要有危险了，1种已经灭绝。哺乳动物中有很多物种是菲律宾本土特有的。诸如民都洛岛的野水牛，牛角呈V形，身躯矮小，但凶猛如虎。保和岛的眼镜猴，是世界上最小的猴子，体长仅15至18厘米，尾长22至25厘米，体重100多克，眼大而圆，好像戴着一副眼镜，性格倔强。巴拉望岛附近巴拉巴克岛上的鼠鹿，是世界上最小的鹿，身高不到30厘米，但行动敏捷，

① 初步统计

体毛呈条形，乌黑发亮，头毛为白色和暗橙色。此外，还有棉兰老岛的刺猬，吕宋岛北部山区的纹鼠等。

（二）鸟类

在菲律宾发现了612种鸟，其中194种为本土特有物种，3种是由人类引入的，52种是稀有的或只是偶尔出现的。其中的67种有在全球灭绝的危险，这包括红褐犀鸟和食猴鹰。红褐犀鸟是菲律宾特有的，在吕宋、萨马、莱特等11个岛上存在，生活在原始森林和次生林中。食猴鹰是菲律宾森林特有的一种鹰，翅膀褐白相间，头部羽毛蓬松，通常86至102厘米长，重4.7至8千克，是世界上最稀有、最大、最有力量的鸟之一，被宣布为菲律宾的国鸟。但濒临灭绝，主要原因是森林大面积砍伐造成其栖息地大量减少。

（三）爬行和两栖动物

在菲律宾群岛发现了332种爬行和两栖动物，其中215种是本土特有的。据认为，菲律宾总数114种蛇中有毒的不多于14种。菲律宾本土特有的淡水鳄鱼被称为“菲律宾鳄鱼”或“民都洛鳄鱼”，是在菲律宾发现的两种鳄鱼中的一种，另一种是体形更大的印度—太平洋鳄鱼或咸水鳄鱼。菲律宾鳄鱼由于河流开发以及过度捕鱼而造成数量不足，濒临灭绝。1982年该种鳄鱼的野生数量为500至1 000条，至1995年野生的只剩下100条。灰白蜥蜴是一种巨蜥，长约180厘米，体重超过9千克，至今仅在吕宋东部的龙脑香森林，以及邻近诸如波利略岛等几个菲律宾小岛上发现，主要栖息在树上，现有灭绝的危险。新近发现的班乃巨蜥出现在班乃岛上，是仅有的两种食果巨蜥中的一种。

（四）昆虫

在菲律宾发现有近2.1万种昆虫，其中大约70种是菲律宾特有的。此外，在菲律宾发现有915种蝴蝶，其中大约三分之一是本土特有的；发现的130多种斑蝥中有110种也是本土特有的。世界上最大的蝴蝶之一，也是菲律宾最大的蝴蝶Magellan Birdwing，是以菲律宾的探索者麦哲伦的名字命名的，在菲律宾及台湾的兰屿均有发现。

（五）水产

菲律宾专属经济区海域面积达220万平方千米，其中193.4万平方千米属深海水域。在菲律宾的海域中约生长着3 088 种海洋动物。面积为26.6万平方千米的海岸水域水深约200公尺，属近海捕捞区，其中河口湾渔场是东南亚最大的渔场，面积达176 200公顷。目前菲律宾已发现的海水鱼和淡水鱼共有约2 400种，其中最重要的几种海水鱼是：沙丁鱼、金枪鱼、黄鱼、马鲛、斑圆鲭及切齿鱼等。菲律宾所属海域中甲壳类海产品也十分丰富，对虾、明虾、螃蟹及青口等已进行商业性生产，并在国际市场上有广阔的销路，其中青口养殖发展很快，使菲律宾成为世界上最大的青口生产国。菲律宾内陆水域中的鱼类品种也很多，其中养殖最多的是遮目鱼、罗非鱼、鲶鱼和鲢鱼。

表1-8　菲律宾的陆地脊椎动物

分类	总的物种	本土物种	本土物种所占比例
哺乳类	174	111	64%
鸟类	395	172	44%
爬虫类	258	168	65%
两栖类	101	78	77%
总计	928	529	57%

资料来源：Renee Galang，*A Critical Review of Wildlife Conservation in the Philippines*，the Philippine Spotted Deer Conservation Foundation，2004，p.10.

第二章　人口和政区

第一节　人口与分布

由于菲律宾采取自由的人口政策，且家庭计划受天主教传统观念的影响，导致人口不断膨胀，稠密度跃居世界第12位。根据菲律宾《2010年人口与住房》的统计数据，截至2010年5月1日，菲律宾人口总数达到9 210万，比2000年的7 630万人口净增长了1 580万，增速达20.7%，比1990年的3 150万人口净增长了6 060万，增速达52.1%。[①]虽然与1990—2000年的年均增速2.34%相比有所放缓，但2000—2010年菲律宾人口仍然以年均1.9%的速度在增长。目前菲律宾人口估计为9 580万人，居全球第12位。菲律宾人口委员会报告说，菲律宾人口增长率为2.04%，虽然低于20世纪80年代的2.36%，但仍高居亚洲第一位，每年约有170万名婴儿出生。根据世界银行在《2009世界发展指示报告》的预测，菲律宾将会是东南亚地区人口增长率最高的国家，预计在2015年增至1亿人。

2010年菲律宾的人口密度平均达到308人/平方千米，比2000年的人口密度（255人/平方千米）多了53人/平方千米（增长了20.7%），比1990年的人口密度（202人/平方千米）多了106人/平方千米。菲律宾各地区的实际人口分布极不平衡。人口最稠密的地区是国家首都区，2010年人口密度高达19 137人/平方千米，是全国人口密度平均水平的62倍之多，也远远高于该地区2000年的16 032人/平方千米和1990年的12 830人/平方千米。除了国家首都区，其他五个行政

① “Household Population of the Philippines Reaches 92.1 Million”, http://www.census.gov.ph/data/pressrelease/2012/pr1 265tx.html.

区的人口密度也超出了全国的平均水平，分别是甲拉巴松区的758人/平方千米，中吕宋区的460人/平方千米，中米沙鄢区的428人/平方千米，伊罗戈斯区的366人/平方千米以及西米沙鄢区的342/平方千米。与此相反的是，还有三大行政区的人口密度低于100人/平方千米，分别是科迪勒拉区的82人/平方千米，民马罗巴区的93人/平方千米和棉兰老穆斯林自治区的97人/平方千米。①

2010年，在菲律宾全国的17个行政区当中，甲拉巴松区人口数最多，为1 260万人，紧随其后的是国家首都区的1 180万人，人数最少的是科迪勒拉区，仅有160万人。与菲律宾2000年的人口规模相比较，甲拉巴松区增长速度最快，达35.3%；其次是SOCCSKSARGEN区的27.6%，中吕宋区的23.5%；增长最慢的是伊罗戈斯区的13%。

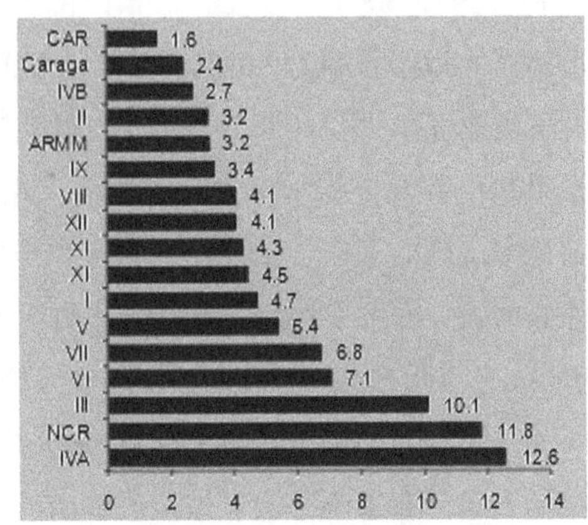

图2-1 2010年菲律宾的人口分布情况 单位：百万人

资料来源："Household Popuation of The Philippines Reaches 92.1 Million", http://www.census.gov.ph/data/pressrelease/2012/pr1 265tx.html.

① "The Population Density Increases by 53 Persons Per Square Kilometer Results From the 2010 Census", http://www.census.gov.ph/data/pressrelease/2012/pr1 267tx.html.

就家庭规模而言，2010年菲律宾全国的家庭数达到2 020万户，比2000年的1 530万户增长了32%，是1990年1 140万户家庭数的2倍。甲拉巴松区以283万户家庭数高居菲律宾各行政区的榜首，其次是国家首都区的276万户和中吕宋区的224万户。科迪勒拉区依然是家庭数最少的行政区，仅为263 851户。菲律宾全国家庭人口平均为4.6人，低于2000年的全国家庭人口平均数5人和1990年的5.3人。就区域家庭人口数量来看，棉兰老穆斯林自治区家庭人口平均数最高，达每户6人，其他区域的每户家庭人口平均数是：比科尔区每户4.9人，卡拉加每户4.8人，东米沙鄢、三宝颜、达沃区均为每户4.7人，国家首都区每户家庭人口平均数最低，只有每户4.3人。

菲律宾人口结构较为年轻化。2010年，菲律宾的全国平均年龄为23.4岁，其中男性的平均年龄为22.9岁，女性平均年龄为23.9岁。据2010年的人口统计数据显示，15岁以下的人口占总人口的33.4%，约3 070万人。其中5岁以下占11.1%，5～9岁占11.2%，10～14岁占11%。5～24岁的学龄人口占全国总人口41.8%，拥有投票权的18岁以上人口占全总人口的60.3%，60岁以上的人口占6.8%。就年龄与性别的分布而言，0～54岁的男性数量要高于该年龄段的女性，约占该年龄段的51%；相反，55岁以上的女性数量要高于该年龄段的男性，男性比重约占该年龄段的45.9%。在全国9 210万的人口数量中，男性比重（50.4%）要高于女性比重（49.6%），这使得男女性别比变为102∶100。在菲律宾，总抚养比率（Overall Dependency Ratio）[①]是61，这意味着每100个工作年龄人口需要负担受61个抚养者（54个小孩和7个老人）。

① 总抚养比率（Overall Dependency Ratio）指的是15岁以下和65岁及以上人口数目与每千名15至64岁人口相对的比率。

第二节　行政区划

根据菲律宾国家统计协调委（National Statistical Coordination Board，NSCB）公布的资料，菲律宾全国划分为吕宋、米沙鄢和棉兰老三大岛组，设有17个大区（包括国家首都区、科迪勒拉行政区和棉兰老穆斯林自治区），下设80个省、40个市、1 494个镇和42 026个村或社。①

表2-1　菲律宾的行政区划　单位：个

岛组	大区（Region）	省（Province）	市（City）	镇（Municipality）	村（或社）（Barangay）
吕宋	国家首都区	0	16	1	1 705
	科迪勒拉行政区	6	2	75	1 176
	I伊罗戈斯	4	9	116	3 265
	II卡加延河谷	5	3	90	2 311
	III中吕宋	7	13	117	3 102
	IVA甲拉巴松	5	16	126	4 011
	IVB民马罗巴	5	2	71	1 458
	V比科尔	6	7	107	3 471
米沙鄢	VI西米沙鄢	6	16	117	4 051
	VII中米沙鄢	4	16	116	3 003
	VIII东米沙鄢	6	7	136	4 390
棉兰老	IX三宝颜半岛	3	5	67	1 304
	X北棉兰老	5	9	84	2 022
	XI达沃区	4	6	43	1 162
	XII OCCSKSARGEN	4	5	45	1 194
	XIII卡拉加	5	6	67	1 311
	棉兰老穆斯林自治区	5	2	116	2 490
合计		79	117	1 506	41 993

注：数据截至2012年6月。

① 菲律宾统计与协调委员会（National Statistical and Coordination Board）网站，http://www.nscb.gov.ph/publication/psy/default.asp.

资料来源：*Regions*，*provinces*，*municipalities*，*cities and barangays in the Philippines*，National Statistical Coordination Board，NSCB，http://www.nscb.gov.ph/activestats/psgc/listreg.asp.

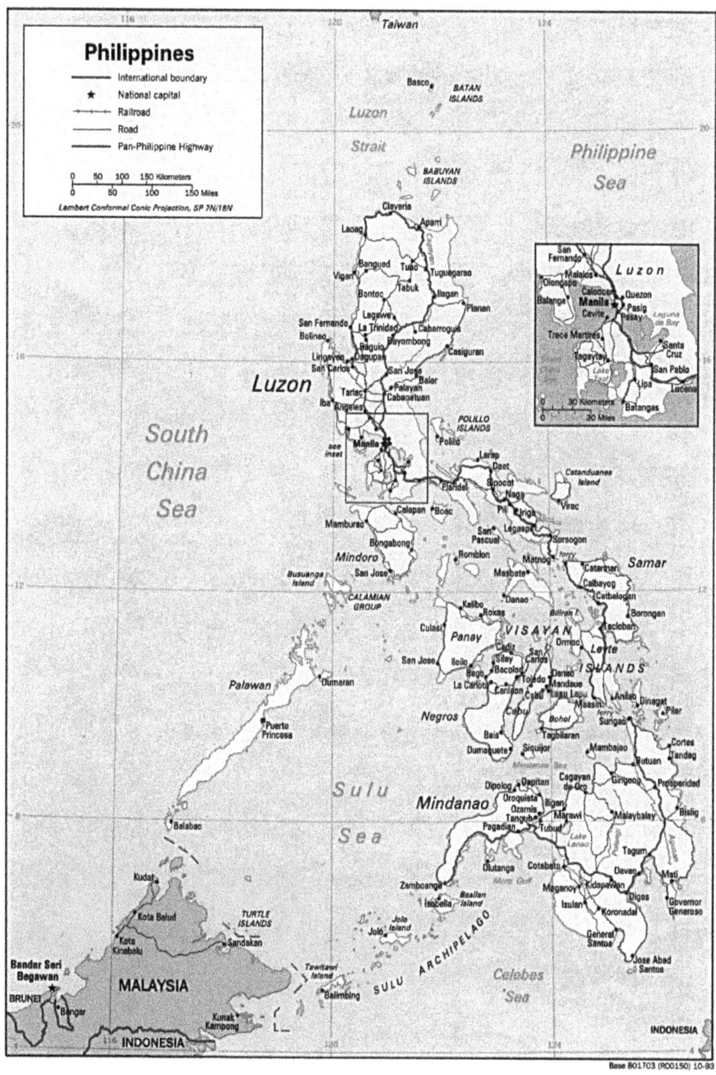

图2-2　菲律宾政区图

（一）国家首都区

国家首都区（National Capital Region），行政上简称NCR或“首都区”，坐落在马尼拉湾和湾内湖所组成的地峡中，地基为菲律宾最大的冲积平原，属于热带干湿季气候和热带季风气候。范围包括首都马尼拉市在内的16座城市，是直属菲律宾总统的全国首善之区。2010年，总人口为1 180万人。加上临近内湖省、甲米地省、黎萨省和比立勤省，通称大马尼拉地区，人口逾2 000万。

国家首都区是菲律宾的工商业中心，2007年国内生产总值（GDP）占全国的32%。全国三分之一的银行总部设于此，存款占全国的三分之二。在行政区划上，国家首都区又划分成马尼拉市、奎松城市、卡卢坎市、帕西格市、巴伦苏拉市、拉斯皮纳斯市、塔伊格、帕拉那克市、马卡蒂市、马里基纳市、孟廷卢帕市、帕塞市、马拉邦市、曼达卢永市、那沃塔斯和圣胡安德芒特等16个城市。

（二）科迪勒拉行政区

科迪勒拉行政区（Cordillera Administrative Region，CAR）是菲律宾唯一一个内陆大区，没有设立编号，包括高山省（Mountain Province）、伊富高省（Ifugao）、本格特省（Benguet）、阿布拉省（Abra）、阿巴尧省（Apayao）和卡林巴省（Kalinga）6个省，行政区位于吕宋岛中部，首府设在碧瑶市（Baguio City）。科迪勒拉有许多有色金属矿产，许多大公司集中在碧瑶市。碧瑶市也是菲律宾的夏都。伊富高省的巴拿威梯田有2 000年到6 000年的历史，被联合国列为世界遗产，菲律宾人自称其为“世界第八奇迹”。

（三）伊罗戈斯

伊罗戈斯（Ilocos Region）是菲律宾的第一大区，位于吕宋岛西北，包括南伊罗戈斯省（Ilocos Sur）、北伊罗戈斯省（Ilocos Norte）、拉乌尼翁（La Union）和班诗兰（Pangasinan）4个省。伊罗戈斯是菲律宾第三大种族伊罗戈斯族主要聚居区，总面积为13 055平方千米，2010年的人口为470万人，其中三分之二是伊罗戈斯人，另外三分之一是班诗兰人。首府是圣费尔南多。

（四）卡加延河谷

卡加延河谷（Cagayan Valley）是菲律宾第二大区，位于吕宋岛东部，包括5个省和3个市：巴丹群岛省（Batanes）、卡加延省（Cagayan）、伊萨贝拉省（Isabela）、新比实加耶省（Nueva Vizcaya）和奎里诺省（Quirino）以及卡加延市（Cagayan）、土格加劳市（Tuguegarao）和圣地亚哥市。卡加延土格加劳市大区首府设在土格加劳市，圣地亚哥市是当地的商业中心。卡加延河谷如同它的名称，整个大区基本覆盖在菲律宾最长的河流卡加延河的河谷地带。

（五）中吕宋

中吕宋（Central Luzon）是菲律宾的第三大区，位于吕宋岛中部，下辖奥罗拉（Aurora）、新怡诗夏（Nueva Ecija）、打拉（Tarlac）、三描礼士（Zambales）、巴丹（Bataan）、邦板牙（Pampanga）和布拉干（Bulacan）等7个省，总面积为21 543平方千米，2010年的人口为101万人，首府位于圣费尔南多。

（六）甲拉巴松

甲拉巴松（Calabarzon）是菲律宾第四A大区，位于吕宋岛上，面积16 230平方千米，2010年人口126万人，首府奎松城。下辖八打雁（Batangas）、甲米地（Cavite）、内湖（Laguna）、奎松（Quezon）和黎刹5个省。

（七）民马罗巴

民马罗巴（Mimaropa）是菲律宾西部一个大区，位于吕宋岛，由马林杜克省（Marinduque）、西民都洛省（Occidental Mindoro）、东民都洛省（Oriental Mindoro）、巴拉望省（Palawan）、朗布隆省

（Romblon）5个省等组成，区名来自于这些省的缩写。民马罗巴区总面积29 621平方千米，2010年人口为270万人。

（八）比科尔

比科尔（Bicol Region）是菲律宾第五大区，位于吕宋岛，面积14 544平方千米，2010年人口540万人，首府黎牙实比（Legaspi）。下辖阿尔拜（亚眉）（Albay）、北甘马粦（Camarines Norte）、南甘马粦（Camarines Sur）、卡坦端内斯（Catanduanes）、马斯巴特（Masbate）和索索贡（Sorsogon）6个省。

（九）西米沙鄢

西米沙鄢（Western Visayas）是菲律宾的第六政区（Region VI）。该政区是由6个省份组成：阿克兰省（Aklan）、安蒂克省（Antique）、卡皮兹省（Capiz）、吉马拉斯省（Guimaras）、怡朗省（Iloilo）、西内格罗省（Negros Occidental）。政区内有17个城市，怡朗市（Iloilo City）是政区中心。2010年人口为710万人。

（十）中米沙鄢

中米沙鄢（Central Visayas）是菲律宾的第七大区（Region VII）。它是米沙鄢群岛的一部分，由4个省份所组成：保和省（Bohol）、宿务省（Cebu）、东内格罗斯省（Negros Oriental）和锡基霍尔省（Siquijor）。政区范围是以宿务语作为母语的人口分布区来界定。本政区首府是宿务市。政区的土地面积为14 852平方千米，2010年人口680万人。

（十一）东米沙鄢

东米沙鄢（Eastern Visayas）是菲律宾的政区中，与其他政区没有土地边界的两个政区之一，另一个是民马罗巴。该政区被指定为第八政区（Region VIII），由6个省份组成：比利兰省（Biliran）、东萨马省（Eastern Samar）、莱特省（Leyte）、北萨马省（Northern

Samar)、萨马省(Samar)、南莱特省(Southern Leyte)。这些省份位于米沙鄢群岛最东边的莱特岛、萨马岛及比利兰岛。政区中心是塔克洛班市(Tacloban City),为莱特省的三个城市之一。卡尔巴由格市(Calbayog City)是西萨马省的两个城市之一,也是菲律宾国内最老的城市之一。2010年人口为410万人。

(十二)三宝颜半岛

三宝颜半岛(Zamboanga Peninsula)是菲律宾棉兰老岛西部延伸出的一个半岛,同时也是菲律宾的第九大区,下辖有北三宝颜省(Zamboanga del Norte)、南三宝颜省(Zamboanga del Sur)、三宝颜锡布格(Zamboanga Sibugay)省和半岛顶端的三宝颜市。三宝颜半岛北临苏禄海,南临西里伯斯海的摩洛湾,西为苏禄群岛,面积14810.7平方千米,2010年人口340万人。

三宝颜半岛是菲律宾棉兰老岛西部半弧形长条半岛,往西南伸向苏禄群岛与婆罗洲,面积约14 500平方千米。北面和西面濒苏禄海,南临莫罗湾(Moro Gulf)。达皮丹(Dapitan)港是中央特别市,位于第波罗东北方,是菲律宾国父黎刹1892—1896年的放逐地,现为黎刹国家公园所在地。半岛大部分居民是从米沙鄢群岛迁来的天主教徒,但穆斯林是一个强有力的少数民族。

(十三)北棉兰老

北棉兰老(Northern Mindanao)是菲律宾第十大区,位于棉兰老岛上,面积17 125平方千米,首府卡加延—德奥罗(Cagayan de Oro)。下辖布基农(Bukidnon)、甘米银(Camiguin)、北拉瑙(Lanao del Norte)、西米萨米斯(Misamis Occidental)和东米萨米斯(Misamis Oriental)5个省份。

(十四)达沃区

达沃区(或称大堡区,Davao),是菲律宾南部的行政大区。该政区被指定为第十一政区（Region Ⅺ），位于棉兰老岛东部，临菲律宾海和大堡湾，包括北达沃（Davao del Norte）、东达沃（Davao Oriental）、南达沃（Davao del Sur）和康波斯特拉谷省（Compostela Valley），总面积20 244平方千米。2010年人口430万人，首府为达沃。

（十五）**Soccsksargen**

Soccsksargen是菲律宾的一个大区，位于菲律宾棉兰老岛的中部。该政区被指定为第十二政区（Region XII），面积14 373平方千米。2010年人口410万人。

Soccsksargen旧称中棉兰老大区，在加入一个原属南棉兰老大区的省份后，改作今日的名称。此名称由大区内四个省及一个城市的缩写所组成，SoC-C-SK-Sar-Gen所代表的省份及城市为：SoC：南哥打巴托省（South Cotabato）；C：哥打巴托省（Cotabato）；SK：苏丹库达拉（Sultan Kudarat）；Sar：萨兰加尼（Sarangani）及Gen：圣多斯将军市（General Santos City）。因此，或许可以按各省及城市翻译后的缩写译为“南北哥苏库萨将大区”。

Soccsksargen的行政中心是科罗纳达尔市（Koronadal City），位于南哥打巴托省。在2004年3月30日以前，该大区的行政中心仍在哥打巴托市，之后迁移到科罗纳达尔市。

哥打巴托市（Cotabato City）在地理上虽然位于棉兰老穆斯林自治区的马京达瑙省（Maguindanao）之内，但行政上却属于Soccsksargen，享有独立的行政。不过，棉兰老穆斯林自治区在国会的席位却设于哥打巴托市内。在1987年穆斯林自治区成立之前，马京达瑙省属于中棉兰老大区，即现在的Soccsksargen大区。

流经哥打巴托市的棉兰老大河（Rio Grande de Mindanao）是本岛最长的河流，也是菲律宾第二长的河流。

（十六）卡拉加

卡拉加（Caraga）是菲律宾南部的行政大区。该政区被指定为第十三政区（Region XIII），位于棉兰老岛东北部和附近的岛屿上，包括北阿古桑（Agusan del Norte）、南阿古桑（Agusan del Sur）、北苏里高（Surigao del Norte）、南苏里高（Surigao del Sur）和迪纳加特群岛省（Dinagat Islands）5个省，总面积21 741平方千米，首府为布图安市（Butuan）。

（十七）棉兰老穆斯林自治区

棉兰老穆斯林自治区（Autonomous Region in Muslim Mindanao，ARMM）是菲律宾南部一个穆斯林自治大区，包括了以穆斯林人口为主的巴西兰省（Basilan）、南拉瑙省（Lanao del Sur）、苏禄省（Sulu）、塔威塔威省（Tawi-Tawi）、马京达瑙省（Maguindanao）5个省。该大区拥有自己的政府，驻于哥打巴托市。面积26 974平方千米，2010年人口为320万人。

由于菲律宾独特的历史和文化发展特点，在殖民地时期，菲律宾的穆斯林和天主教徒之间的冲突持续了几百年。菲律宾独立以后，南部棉兰老岛的穆斯林分离主义势力和政府之间进行了长达20多年的武装冲突，约有12万人在冲突中丧生。

第三节　主要城市

根据菲律宾亚洲管理研究所（Asian Institute of Management，AIM）一份2007年菲律宾城市全球竞争力调查，将菲律宾90座城市依规模分成大、中、小三个等级，再依生活质量、经商成本、地方经济活力、人力资源、基础建设以及地方政府效率等项目评分，选出了总计25座表现优异的城市。[①]以下选取几个主要城市加以介绍。

（一）马尼拉

马尼拉是菲律宾共和国的首都，素有“东方明珠”之称，是菲律宾总统府马拉卡南宫的所在地，也是全国最大的城市和政治、经济、文化、交通中心。它地处菲律宾群岛中最大的岛屿——吕宋岛西岸，也称“小吕宋”，濒临天然的优良港湾——马尼拉湾。

马尼拉建在巴石河两岸，河流把城市分成两大部分。1976年11月，菲律宾政府决定把马尼拉、奎松、卡洛奥坎、帕萨伊4个市和玛卡蒂等13个区合并，组成大马尼拉市，面积达636平方千米。马尼拉现有人口1 000多万，是亚洲最大的城市之一，也是亚洲最欧化的城市，有人称之为“亚洲的纽约”。

马尼拉是一座具有悠久历史的城市。它在印度文明、中国文明及中亚古文明的基础上，融合西班牙、美国的西洋文明，形成东西合璧的文化。1571年，西班牙殖民者黎盖斯比从马尼拉登陆，入侵并占领了菲律宾，然后在现在的马尼拉市中心——巴石河南岸建立了城堡和炮台。自那时起，这里便成了西班牙殖民统治当局的首府。1898年，美国人打进马尼拉，取代了西班牙对菲律宾的统治，随后又征服了附近的尼格罗族，把四周的乡镇和地区并入马尼拉，使马尼拉范围逐渐扩大。1901年7月31日，马尼拉被辟为菲律宾的特别城市，成了美国统治菲律宾的基地。从此，巴石河北岸的商业区内，大银行、大公司、大饭店等高楼大厦拔地而起。1946年7月4日，菲律宾正式独立，将马尼拉定为首都。今天的马尼拉，是一座市容整洁的热带花园城市，也是一座国际性的商埠。

马尼拉是菲律宾的经济中心，它集中了全国半数以上的工业企

① 《菲律宾最具竞争力城市排名，奎松市居首》，星岛环球网，http://www.stnn.cc/pacific_asia/200807/t20080706_808146.html.

业，主要有纺织、榨油、碾米、制糖、烟草、麻绳、冶金企业等，产值占全国的60%。近年来，跨国公司利用当地的人力资源优势，纷纷将呼叫中心等设在马尼拉，形成独具特色的全球服务外包基地。马尼拉还是菲律宾的重要交通枢纽和贸易港口，全国出口货物的三分之一和进口货物的五分之四集中在这里。

马尼拉集中了许多所高等学府，最著名的有菲律宾大学（University of the Philippines）、菲律宾亚洲管理学院（Asian Institute of Management）、雅典耀大学（Ateneo De Manila University）等，菲律宾的许多杰出人物都毕业于这些学府。

（二）奎松城

奎松市（Quezon City）是全国第一大岛吕宋岛上的城市区域，是菲律宾人口第一大城，也是1948年至1976年的首都。面积166.2平方千米。奎松市建市于1939年，市名源自前菲律宾总统曼努埃尔·奎松（Manuel L.Quezon）。今天的奎松市是马尼拉大都会的一个主要部分，菲律宾另有一个奎松省，位于吕宋岛东南部的甲拉巴松，其省名也是取自前总统曼努埃尔·奎松之名。由于奎松市曾经是菲律宾首都，所以有许多政府大厦和国会前址可见。菲律宾两所名门学府——马尼拉大学和菲律宾大学（分校）均坐落于此城。奎松市是菲律宾最富有的地方政府，市内建有许多宽广的公园、绿荫大道及许多住宅区和商业区。奎松市亦是菲律宾主要娱乐中心，许多电视节目、音乐及电影在此制作，所以被称为菲律宾的好莱坞。市民主要信奉罗马天主教。2002年，该市内新增两个主教辖区，分别是Cubao和Novaliches。

（三）宿务市

宿务（Cebu）是菲律宾最早开发的城市，被誉为“南方皇后市”（Queen City of the South）。1521年，葡萄牙航海家麦哲伦由西班牙航行到中南美洲，途中惊喜地发现了这个美丽静谧的小岛。宿务市位于宿务岛的东部沿海，是菲律宾第二大城市，仅次于马尼拉，系中央直辖市。宿务面积340平方千米，人口70多万。宿务市、曼达威市和拉普拉普市组成大宿务，总人口110万，是米沙鄢地区的经济中心。

宿务市由于地处战略位置，已成为一个高度发达的商业和工业中心，是马尼拉之外的最大的经济中心。玉米、椰子干、芒果、烟草、水产和木材等在经济中占重要地位。宿务拥有全国最大的椰子油提炼厂。此外，还有卷烟厂、糖厂、陶瓷厂和啤酒厂。宿务的贝壳工艺品制作业因有丰富的资源，产量很大。宿务常年温度在24℃～30℃，全年温度均衡；6～10月，降雨量平均为150毫米，3～5月降雨最少。宿务美丽的自然风光、独特而丰富的旅游资源强烈地吸引着海内外游人，每年有约40万国内外游客。宿务的海陆空交通十分便利，是菲律宾南部的海运和空运中心。菲律宾80%的国内航运以宿务港为基地，有20多条海运线通往国内40多个港口。

（四）达沃市

达沃市是菲律宾南部棉兰老岛最重要的城市，位于该岛东部，面积2 433.61平方千米，2007年常住人口136万人，加上流动人口超过200万，是菲律宾第三大城市。达沃市临达沃湾，是达沃区首府，为棉兰老岛主要港口和贸易中心。30多年前，它还是菲律宾的第六大城市，现在已经发展成为仅次于马尼拉和宿务的第三大城市。达沃市的战略位置使其不仅成为棉兰老岛地区南部以及整个棉兰老岛的贸易中心，同时也成为东盟东部增长区的贸易中心。达沃市也是菲律宾棉兰老岛空运、海运中心和繁忙的商业中心，每年吸引国内外大批游客到此游览。达沃还是南岛会议、展览中心，每年都举办很多展会，吸引着关注南岛事务、商务的人来此参会和参展。

达沃市属无台风区域，全年气候温和，无明显湿润或干燥天气，温度升降幅度在20℃～32℃间，年平均降雨量达到2 000毫米。由于四季如春，众多的椰林和香蕉园相互交错，环境幽静，达沃素有“南海乐园”之称，是菲律宾著名游览胜地。农业是达沃市最大的经济产业，盛产西瓜、芒果、榴莲、柚子、红毛丹果、草莓、菠萝等。

作为菲律宾南部的门户城市，达沃市与菲律宾主要城市之间的海陆空运输渠道都非常便利。从达沃市飞往菲律宾首都马尼拉只需1小时40分钟，而飞往宿务市只需40分种。达沃市拥有两个公有港口以及9个私有港口。

（五）碧瑶市

碧瑶（City of Baguio）是位于菲律宾吕宋岛北部本格特省的一个城市。1900年，美国人在Ibaloi村庄的遗址上创建了碧瑶。1909年9月1日，碧瑶市被菲律宾议政委员会（Philippine Commission）指定为菲国的“夏都”。

碧瑶原是菲律宾北方山区部落伊戈洛特等少数民族聚居的地方，建市至今才80多年。和马尼拉、宿务一起被认为是菲律宾华人的主要聚居城市。“碧瑶”这一称呼，当地土话意为“风景”，后来福建籍的华侨用闽南话称它为“碧瑶”，既谐音又雅气。古人称“瑶池”为“仙景”，云雾缭绕的迷人山城，碧瑶真的如仙境一般。这使它获得了三个雅称：夏都、松树之城和花都。碧瑶是一座建在海拔1 500米高山之上的山顶之城，四季如春，气温常年在20℃左右，这对地处热带的菲律宾的确是个难得的避暑胜地。马尼拉的气温与碧瑶相差很大，当马尼拉人在30℃以上的炎热高温下煎熬时，碧瑶的天气却可以穿夹衣。

碧瑶周围的金、银、铜矿含量十分丰富。20世纪初成立了开采公司，由政府和私人联合股份，但开采的技术仍然十分原始，以半手工操作为主，直到二战后才采用半机械的设备。其次是手工艺雕刻生产，产品销往全国各地及欧美东南亚一带。第三为蔬菜生产，战后五六十年代有许多华侨曾从事农业蔬菜生产。

碧瑶的文教事业凌驾其他省市之上，被称为菲律宾北部教育中心。全市有5所大专院校，40多所中小学，学生总数10万余人，占全市人口二分之一。全市有十多家电影院，五六家电台电视台。由于市民有阅读报刊的习惯，每天夜间均有派送报纸的专车。许多菲律宾的全国会议甚至国际会议都选择将碧瑶作为召开地点。在碧瑶，较为突出的风景区和名胜古迹有十几处。其中有矿景公园、万寿宫、海约翰美军休养所、菲律宾士官军事学校、罗列斯圣母纪念坛、普陀寺、少数民族博物馆等等。

（六）三宝颜市

三宝颜市是菲律宾最古老的城市之一。就人口而言，是菲律宾第六大城市；就面积而言，是菲律宾第三大城市。三宝颜（Zamboanga）位于菲律宾棉兰老岛三宝颜半岛上，与苏禄群岛遥望，濒临巴西兰海峡，面积1 483.384 9平方千米。处在狭窄的沿海平原，终年炎热，年平均降水量为900毫米。三宝颜建于1635年，曾被西班牙殖民者焚毁，后重建。1936年成为直辖市。三宝颜的名字来自马来语，意思是“鲜花之城”。“三宝颜”中的“三宝”是一种蒿杆，在潮水低的时候用来撑船的。三宝颜是摩洛人的黄铜和紫铜制品中心，也是贝壳集散地、重要的渔业基地。三宝颜主要经济行业是制造业和农渔业，是菲律宾沙丁鱼之都，是棉兰老岛的商业、工业、银行、教育、会展、旅游中心。三宝颜还是菲律宾的国际转运港，是中国香港—菲律宾马尼拉—澳大利亚航线必经之地。出口橡胶、珍珠、椰子、优质硬木、鱼类、麻和果品等，并进口大米。

三宝颜市最古老的少数民族是萨马人、苏巴农人、巴姚人和陶苏格人，从13世纪起他们就在这里繁衍生息。三宝颜市使用的方言受西班牙语的影响很深，是菲律宾甚至整个亚洲唯一一个大多数人说西班牙克里奥尔语的城市，70%带有克里奥尔语的痕迹，30%是本地方言。

（七）八打雁市

八打雁（Batangas）是菲律宾吕宋岛西南部港市，八打雁省首府，位于八打雁湾东北部，北距马尼拉约90千米，人口30万左右（2010年）。八打雁与马尼拉有铁路和公路连接，沿岸有航运的停泊港。而且它还是稻米、糖、玉米、椰子和鱼的集散地。

（八）黎牙实比市

黎牙实比（Legaspi）市位于菲律宾吕宋岛，是阿尔拜省的首府。黎牙实比位于阿尔拜省的东南部，是阿尔拜省唯一一座城市，也是贸易中心。这里土地肥沃，火山众多。

黎牙实比原为人名，是15世纪西班牙入侵菲律宾时的总指挥。1569年，西班牙国王任命黎牙实比为菲律宾总督。1572年，西班牙军攻占吕宋岛当年，黎牙实比在马尼拉病死。为纪念这位成功的殖民者和冒险家，于是将该城以其名字命名。

（九）卡加延—德奥罗市

卡加延—德奥罗市（Cagayan de Oro）是菲律宾棉兰老岛港市，东米萨米斯省首府，位于棉兰老岛北部的马卡哈拉湾南岸。17世纪曾作为西班牙传教站，建立城堡。横贯棉兰老岛北岸的公路由此通过。该地主要出口稻、玉米和椰干；进口鱼和鱼制品。

第三章　民族、宗教与习俗

第一节　民　族

一、概况

菲律宾是一个多民族的国家，2007年人口88 574，614人，2010年人口达9 210多万人[①]，有180多个本土民族（indigenous ethnic group），其中半数以上代表着独特的语言群体（unique linguistic group），讲171种本土语言（native language）。[②]此外，菲律宾还有华人、西班牙人、美国人、阿拉伯人、印度人、日本人、犹太人、韩国人、墨西哥人等非本土族群，有着西班牙语、英语、华语、阿拉伯语、日语、马来语、南亚语等外来语言。在人种特征方面，本土民族中的绝大多数属于蒙古人种马来类型，只有阿埃塔人属于尼格罗—澳大利亚人种尼格利陀类型。本土语言和方言属于南岛语系印度尼西亚语族。1962年，他加禄语被定为国语，英语为通用语言。

菲律宾民族的渊源非常复杂。据菲律宾著名考古人类学家拜也教授的研究，现在菲律宾的民族皆为外来移民的后裔，菲律宾历史上共有七次移民浪潮。在距今25万年前的旧石器时代，菲律

---

① 菲律宾统计与协调委员会网站，http://www.nscb.gov.ph/secstat/d_popn.asp.

② 维基百科英文网站，http://en.wikipedia.org/wiki/Ethnic_groups_in_the_Philippines和http://en.wikipedia.org/wiki/Languages_of_the_Philippines.维基百科有关菲律宾语言和方言的数据引自Ethnologue.而刘芝田的《菲律宾民族的渊源》（香港东南亚研究所、菲华历史学会合作出版，1970年，第15页）认为菲律宾有55个种族，讲137种方言，高伟浓编著的《菲律宾》（第195页）和胡才主编的《当代菲律宾》（第29页）都认为菲律宾有约90个民族。

宾就有通过陆桥移入的类似“爪哇人”的人类在那里栖息，此为第一次移民浪潮。这一波移民在冰河时代的末期就已经全部消灭了。在距今2.5万年前至1.5万年前的中石器时代，又有一种小黑人和古澳型沙盖族从南方迁入菲律宾，现今近于消灭的小黑人、巴格里道族和沙盖人就是他们的后裔，此乃第二次。距今1.5万年前至1.2万年前之间的中石器时代末期，有一种矮小圆头的原马来人循着小黑人过去迁入的路线进入菲律宾，其后裔分布在今菲律宾的山野丛林间，生活仍极为落后，此为第三次。约在6 000年前至5 000年前之间的新石器时代初期，有一种身材较高的水上民族，学名为“印度尼西安甲型”的移民，由北方乘独木舟或竹排木筏来到菲律宾，这是第四次。约在公元前2000年至公元前1500年之间的新石器时代的后期，有一批“印度尼西安乙型”的水上民族从中国南部沿海和安南迁到台湾和吕宋岛，此为第五次。约在公元前800年至公元前500年间的菲律宾青铜器时代，作为第五次移民的延续，又有一批在文化上较上一次进步的移民进入吕宋岛的北部，此为第六次。最后一次移民约在公元前300年至公元后300年之间，有一大批新马来人乘船来到菲律宾的南部。一路从婆罗洲的西海岸移入巴拉湾、民都洛，而至吕宋岛；另一路从西里伯海峡移入棉兰老岛，而至米沙鄢群岛。[①]此外，来自中国南方及亚洲其他国家的海商也对菲律宾民族和文化的发展作出了贡献，而殖民者东来后，一些非亚洲族群进入菲律宾更是加强了菲律宾民族渊源的多样性和复杂性。

民族众多，语言也众多。除了171种本土语言外，还有很多种

① 刘芝田:《菲律宾民族的渊源》，香港东南亚研究所、菲华历史学会合作出版，1970年版，第11–14页。

外来语言在菲律宾使用。1565年随着黎牙实比从墨西哥启航前往菲律宾，西班牙语开始被引入这个群岛。1593年，第一台印刷机在菲律宾问世。17世纪，西班牙各修会在菲律宾建立了第一批大学，其中有些被认为是亚洲最古老的大学。在西班牙王室通过墨西哥间接统治菲律宾时期，西班牙语是教育、贸易、政治和宗教用语。到了19世纪，西班牙语成了菲律宾的通用语，尽管主要是在受了教育的菲律宾人中使用。1899年短命的第一菲律宾共和国将西班牙语定为国语，宪法和国歌都是用西班牙语写的。1898年美西战争后，西班牙将菲律宾转让给美国，西班牙语的使用开始下降。1950年的人口普查显示，将西班牙语作为第一或第二语言来使用的菲律宾人仅为人口的6%。1990年的人口普查显示，西班牙语的使用者缩减为2 500人。1973年开始，西班牙语不再作为官方语言，1987年开始不再作为大学必修课。但是西班牙语还是被菲西混血者以及西班牙裔所使用。

菲律宾第一次接触英语是在1762年，这一年英国人开始入侵马尼拉。但是那个时期英语的使用很少，也没有持续的影响力。1898年至1946年，菲律宾处在美国的主权之下，英语成为一种重要语言。至今英语仍为菲律宾的官方语言。英语在菲律宾的商业、政府、立法系统、医药、科学和教育等方面是主导语言。

汉语普通话是菲律宾华文学校的教学媒介，也是中国大陆和海外华人的通用语。其分支闽南话是大多数菲律宾华人使用的语言，使用者多为来自中国福建省的移民后裔。另一分支广东话也在菲律宾华人中使用，使用者多为来自中国广东省的移民后裔。

阿拉伯语为一些穆斯林人所使用，自14世纪伊斯兰教传入后便成为宗教和教学用语。阿拉伯语主要在伊斯兰宗教学校使用，很少在官方文书或日常会话中使用，其功能和使用情况很像在天主教中使用的拉丁语。

二、本土主要民族

菲律宾民族众多，民族渊源错综复杂，其民族群体通常依照血统和语言界定自己的身份。现将菲律宾一些主要的本土民族作一简要介绍。

（一）米沙鄢人（Visayans）

米沙鄢人是一个本土民族，主要分布在米沙鄢群岛、民都洛岛南部沿海、巴拉望岛北部、棉兰老岛东部和北部沿海。米沙鄢人使用菲律宾中部地区的米沙鄢语，属于南岛语系印度尼西亚语族。该语有用拉丁字母拼写的文字，文化水平较高，主要有宿务语（Cebuano）、希利盖侬语（Hiligaynon）和瓦瑞瓦瑞语（Waray-Waray）三种方言，2000年的人口普查显示（见表3-2），以上述三种方言为母语的人数分别为2 000万人、700万人、310万人，总数达到了3 010万人，超过了总人口的39%。此外还有诺姆布罗玛依语（Romblomanon）（200 379人）、马斯巴特诺语（Masbateno）（53万人）、阿克那农语（Aklanon）（52万人）、吉那瑞语A（Kinaray-A）（105.1万人）以及库优依语（Cuyonon）（179 185人）等其他的方言群体。[①]米沙鄢人信仰天主教，但仍保有万物有灵信仰的残余。值得一提的是，还有一些种族语言群体，主要是信仰伊斯兰教的陶苏格人（Tausugs），使用的语言属于米沙鄢语，但是他们并不认同自己为米沙鄢人，只是用米沙鄢人身份来指称那些基督徒。相传

① 维基百科英文网站，http://en.wikipedia.org/wiki/Languages_of_the_Philippines.

米沙鄢人的祖先古代是从中国经吕宋岛迁入的。7世纪中叶至13世纪末，又有一批新马来人从加里曼丹岛逐渐迁入，他们相互融合逐渐成为米沙鄢人。米沙鄢人早期受印度文化影响，后来受西班牙和美国文化的影响。米沙鄢人过去擅长航海贸易，也喜欢抢掠，现主要从事农业，种植水稻、玉米、椰子、烟草等。

表3-1　米沙鄢语各语支[①]

语言	使用人数	资料来源
阿克那农语（Aklanon）	394 545	1990 census
阿提语（Ati）	1 500	1980 SIL
班托阿依语（Bantoanon）	200 000	2002 SIL
布图阿依语（Butuanon）	34 547	1990 census
卡鲁亚农语（Caluyanon）	30 000	1994 SIL
卡皮斯依语（Capiznon）	638 653	2000 census
宿务语（Cebuano）	2 004 350[②]	1995 census
库优依语（Cuyonon）	123 384	1990 census
希利盖依语（Hiligaynon）	7 000 000[③]	1995 census
伊依翰语（Inonhan）	85 829	2000 WCD
吉那瑞语A（Kinaray-A）	377 529	1994 SIL
马来依语（Malaynon）	8 500	1973 SIL

① 由美国国际语言暑期学院归纳。

② 仅限菲律宾。

③ 仅限菲律宾。

续表

语言	使用人数	资料来源
马斯巴特诺语（Masbateno）	350 000	2002 SIL
婆若哈侬语（Porohanon）	23 000	—
辣塔格侬语（Ratagnon）	—	2000 Wurm
诺姆布罗玛侬语（Romblomanon）	200 000	1987 SIL
马斯贝特—索索贡语（Sorsogon, Masbate）	85 000	1975 census
瓦瑞—索索贡语（Sorsogon, Waray）	185 000	1975 census
苏里高侬语（Surigaonon）	344 974	1990 census
陶苏格语（Tausug）	90 000①	2000 SIL
瓦瑞瓦瑞语（Waray-Waray）	2 437 688	1990 census
总计	33 463 654	—

资料来源：http://en.wikipedia.org/wiki/Visayans.

（二）他加禄人（Togalogs）

他加禄人是菲律宾第二大民族。2000年人口普查显示，以他加禄语为母语的人数为2 200万人，约占总人口的29%。主要居住在吕宋岛的中、南部，以马尼拉市及其周围地带为聚居区，部分居住在民都洛岛、马斯巴特岛和马林杜克岛。使用的他加禄语属于南岛

① 仅限菲律宾；全世界有102.2万人。

语系印度尼西亚语族，由拉丁字母组成的文字，1937年被选定作为国语的基础。菲律宾的国语Filipino事实上是他加禄语的一个标准化版本，全国大约有70%的人口能讲国语。80%以上的他加禄人信仰天主教。他加禄人是公元前3世纪由亚洲大陆迁来的新马来人的后裔，现在多混有华人和西班牙人的血统。该民族早期受印度文化影响，近代主要受西班牙和美国文化影响，是菲律宾各民族中经济、文化最发达的民族，在国内政治、经济、文化上一直处于优势地位。城市里的他加禄人大多经商或在政府机关工作，许多人在政府里担任领导职务。大部分他加禄人生活在农村，种植水稻、玉米等粮食作物，并广为栽种香蕉、椰子、芒果、咖啡等树种以及各种蔬菜、蕉麻、甘蔗、烟草等。

（三）伊洛克人（Ilocanos）

伊洛克人是菲律宾的第三大民族。2000年人口普查显示，以伊洛克语为母语的人数为770万人，约占总人数的10%。使用属于南岛语系印度尼西亚语族的伊洛克语，有文字。多数伊洛克人信奉菲律宾独有的教派——阿格里佩教，部分人信仰天主教，还有少部分人保持万物有灵的原始宗教信仰。伊洛克人因倾向迁徙而出名，其主要居住地是在吕宋岛西北部的低地和沿海地区，但是历经西班牙殖民统治时代的数个世纪一直到现在，今天的伊洛克人已经扩散到了中吕宋、马尼拉、米沙鄢群岛和棉兰老岛的一些城镇。很多的菲裔美国人是伊洛克人血统，在夏威夷，他们占了菲裔美国人人口的85%。[①]伊洛克人是1 000多年前迁入的新马来人的后裔，历史上受中国文化的影响，近代以来则受西班牙和美国文化的影响较多。他

① 维基百科英文网站，http://en.wikipedia.org/wiki/Ethnic_groups_in_the_Philippines.

们主要从事灌溉农业，种植水稻、玉米、烟草、甘蔗和薯类，是菲律宾群岛上第一个引种棉花的民族。

（四）比科尔人（Bicolanos）

比科尔人是菲律宾的第四大民族，使用比科尔语，属于南岛语系印度尼西亚语族，有本民族的文字，有阿尔拜比科尔语（Albay Bicolano）、中比科尔语（Central Bicolano）、艾里加比科尔语（Iriga Bicolano）、北卡坦端内斯岛比科尔语（Northern Catanduanes Bicolano）、南卡坦端内斯岛比科尔语（Southern Catanduanes Bicolano）等多种方言[①]，使用各种方言的群体之间相互难以理解。2000年人口普查显示，以北卡坦端内斯岛比科尔语和南卡坦端内斯岛比科尔语为母语的人口共有370万，约占总人口的4.8%。多数比科尔人是虔诚的罗马天主教徒，在比科尔地区，天主教堂每天都做弥撒。比科尔人分布在吕宋岛东南部近海地区、比科尔半岛以及卡坦端内斯岛、马斯巴特岛上，系铁器时代来自中国南方讲南岛语的移民的后裔，其中一些混有华人、阿拉伯人、西班牙人血统。在马尼拉—阿卡普尔科帆船贸易时代，比科尔地区是主要的造船基地，但是由于地处台风地带，该地区仍然是菲律宾经济最落后的地区之一，居民主要从事农业，种植水稻、番薯、豆类、可可、蕉麻等。

① 维基百科英文网站，http://en.wikipedia.org/wiki/Bicolano.

表3-2 菲律宾18种母语及其使用人数对应表（2000年人口普查）

语言	本土使用人数[①]	语言	本土使用人数
他加禄语（Tagalog）	2 200万	南比科尔语（Southern Bikol）[②]	120万
宿务语（Cebuano）	2 000万	马拉瑙语（Maranao）	115万
伊洛克语（Ilokano）	770万	马京达瑙语（Maguindanao）	110万
希利盖侬语（Hiligaynon）	700万	吉那瑞语A（Kinaray-a）	105.1万
瓦瑞瓦瑞语（Waray-Waray）	310万	陶苏格语（Tausug）	102.2万
北比科尔语（Northern Bikol）[③]	250万	苏里高侬语（Surigaonon）	60万
查瓦卡诺语（Chavacano）	250万	马斯巴特诺语（Masbateno）	53万
邦板牙语（Kapampangan）	240万	阿克那农语（Aklanon）	52万
冯嘉施兰语（Pangasinan）	154万	伊巴纳格语（Ibanag）	32万

资料来源：维基百科英文网站，http://en.wikipedia.org/wiki/Languages_of_the_Philippines.

三、本土少数民族

（一）摩洛人（Moros）

“Moro”一词的英文含义为“Moor”，是其他族群对菲南穆斯林的一个蔑称，不过一些菲律宾穆斯林却应用这一词并自豪地用“Bangsamoro”（意为“摩洛民族”）来称呼其家乡。摩洛人分

① Philippine Census，2000.Table 11.Household Population by Ethnicity, Sex and Region. 2000.

② Lobel, Jason. *An Satuyang Tataramon-Ethnologue.Albay Bicolano*（Dialects：Buhi, Daraga, Libon, Oas, and Ligao）.

③ Lobel, Jason. *An Satuyang Tataramon-Ethnologue.Central Bicolano*（Dialects：Naga, Legazpi, Daet, Partido, and Virac）.

布在棉兰老岛西部和西南部、苏禄群岛和巴拉望岛南部，由多个种族语言群体构成，主要有马拉瑙人（Maranaos）、马京达瑙人（Maguindanaos）和陶苏格人（Tausugs）三大亚族，（2000年人口普查）人口分别为115万、110万和102.2万，共327.2万，约占总人口的4.3%。此外还有一些较小的亚族，包括苏禄群岛的萨马尔人（Samals）[或称巴召人、巴交人（Bajaus）]、南三宝颜省的亚坎人（Yakans）、南棉兰老地区的伊拉农人（Illanuns）和桑吉尔人（Sangils）、巴拉望南部的美拉巴格兰人（Melabugnans）、卡加延群岛的贾马—马蓬人（Jama-Mapuns）等。摩洛人是由15至16世纪接受伊斯兰教的当地居民和来自印尼、马来亚的马来人混合而成，属于蒙古人种马来型，使用属于南岛语系印度尼西亚语族的多种语言，有阿拉伯字母组成的文字。摩洛人有独立的司法和教育系统，主要集中在哥达巴托市。

这些亚族群尽管都被称为摩洛人，但是他们在宗教信仰、血统、语言、风俗习惯、生活方式、历史背景等方面并不完全相同，并且一直到最近在政治上才彼此独立。大部分的亚族群信仰伊斯兰教，但亚坎人并不信仰伊斯兰教，散居在各小岛的巴召人没有宗教信仰；陶苏格人是虔诚的伊斯兰教徒，有“穆斯林中的穆斯林”之称，而巴召人和亚坎人在伊斯兰教义的遵守和实践方面并不热忱。马京达瑙人主要分布在南北哥达巴托省的棉兰老河流域，多数人从事农业，刀耕火种，有些人从事手工业，能制造各种武器。马罗瑙人主要分布在兰老湖周围地区，种植稻谷和玉米，并从事渔业、畜牧业和手工业。陶苏格人主要分布在苏禄群岛，住在内地的以务农为主，种植稻谷、玉米、椰子、木薯等；住在沿海的则以经商和航海著名，部分人从事渔业。萨马尔人分布在三宝颜半岛沿海地区及苏禄群岛南部，靠渔业和经商为生，长年生活在船上，有“水上吉普赛人”之称。亚坎人主要分布在巴兰西岛，从事旱地农业，种植稻谷和番薯，同时也捕鱼和狩猎。

（二）邦板牙人（Kapampangans）

邦板牙人分布在吕宋岛的中央平原，从巴丹省直到新怡诗夏省，使用邦板牙语，语音与他加禄语相似，有本民族的文字。据2000年人口普查，菲律宾以邦板牙语为母语的人数为240万人，约占总人数的3.1%。大部分邦板牙人是天主教徒。在西班牙殖民统治时代，邦板牙是有名的勇敢战士的来源地，在殖民军中有一支邦板牙分遣队帮助守卫马尼拉，以抵抗林凤的进攻，也帮助西班牙人同荷兰人、英国人及穆斯林袭击者战斗。在近代，邦板牙人连同他加禄人在菲律宾革命中扮演着主要角色。此外，邦板牙人因其烹饪才能而出名，特别是能做独特而又美味的食物，也因其友善和快乐而出名。邦板牙人现已逐渐同化于他加禄人，社会经济水平较高，主要从事农业，种植稻谷和甘蔗，也种植蔬菜和水果；手工业发达，刺绣手工艺达到很高水平。

（三）邦加锡南人（Pangasinan）

邦加锡南人分布在吕宋岛西北部的沿海地带。据菲律宾2000年人口普查显示，以邦加锡南语为母语的人数为154万人，约占总人口的2%。邦加锡南人的语言接近伊洛克语，有本民族的文字，现逐渐同化于伊洛克人。不过，到底是邦加锡南人源自伊洛克人还是相反，至今还没有结论。邦加锡南人是菲律宾最早同中国发生联系的民族之一，同中国人有着定期的贸易，也有中国人在那里长期定居，特别是在仁牙因湾附近的城镇。邦加锡南人多信奉天主教，主要从事农业，种植稻谷、玉米、芒果、甘蔗、烟草、椰子等。

（四）伊巴纳格人（Ibanag）

伊巴纳格人也称卡加扬人，分布在卡加延省、伊沙贝拉省和新比斯开省，在许多地方和伊洛克人杂居并逐渐同化于伊洛克人，人口50多万人[①]，是菲律宾最大的少数族群之一。伊巴纳格人使用伊巴纳格语，无文字。由于菲律宾政府力图取代少数民族语言，强加菲律宾语国语（Filipino）作为通用语，如今伊巴纳格语的使用人群减少了，据2000年人口普查显示，以伊巴纳格语作为母语的人数仅为32万，伊巴纳格语正慢慢被取代。不过国外的伊巴纳格人依然使用着伊巴纳格语。此外，很多的伊巴纳格人使用伊洛克语，伊洛克语多年来一直在排挤伊巴纳格语而成为地区占主导地位的语言。在经济上，伊巴纳格人主要种植烟草。

（五）伊巴坦人（Ivatan）

伊巴坦人是菲律宾的一个种族语言群体，是居于吕宋北部和台湾之间的巴丹群岛的主体居民，2000年人口普查，人数为15 834人[②]。伊巴坦人的母语是伊巴坦语，同伊洛克语很相近，属南岛语系，有两种方言，包括Basco和Ibayáten，可能还包括雅美语（Yami）。伊巴坦人普遍讲他加禄语和英语。尽管有些伊巴坦人还是保留有祖先崇拜和精灵崇拜，但大多数人是天主教徒。不过基督教的教派越来越多，特别是在巴丹群岛的一些主要城镇。有关伊巴坦人的历史，文献中没有多少记载，目前学者还是不能确定他们确切的族群起源，即史前的伊巴坦人到底是来自吕宋北部还是中国南部和台湾岛。伊巴坦人主要种植稻谷、玉米、甘蔗和各种蔬菜，还饲养水牛；手工业中纺织和编织较发达。

（六）桑巴尔人（Sambal）

桑巴尔人主要分布在三描礼士省、奥隆加坡市、邦加锡南省的玻璃脑和安达市。目前三描礼士省伊拜市以北的城市桑巴尔人占了大多数。2000年人口普查，人口为134 887人，使用桑巴尔语，提

① 维基百科英文网站，http://en.wikipedia.org/wiki/Ethnic_groups_in_the_Philippines.

② 菲律宾国家统计办公室网站，http://www.census.gov.ph/data/pressrelease/2002/pr0 285tx.html.

那语（Tina）、玻璃脑语（Bolinao）和波特兰语（Botolan）是其分支。桑巴尔语与邦板牙语和尚在黎刹省塔内市使用的古他加禄语十分相近，有本民族的文字。至今大多数桑巴尔人奉行偶像崇拜和自然崇拜。桑巴尔人主要从事渔业。现在桑巴尔人与吕宋岛的较大民族日益接近，北部的桑巴尔人同伊洛克人、南部的桑巴尔人同他加禄人由于杂居和通婚而出现了人种混合，生活习惯逐渐接近。

（七）部落群体（Tribal groups）

菲律宾有100多个基于高地和海洋而生活的部落群体[①]，他们是最少受西方和伊斯兰文化影响的群体。尽管一些吕宋的部落群体已经西方化，如在科迪勒拉行政区，基督新教占了主导地位，但生活在棉兰老和巴拉望的部落群体一般还是信仰万物有灵论，尽管棉兰老很多的部落群体奉行民俗回教（或称通俗伊斯兰教）。

1. 伊戈罗特人（Igorot）

伊戈罗特是菲律宾吕宋岛高山地区人们的称呼。伊戈罗特人也被称为山民（Cordillerano），一个近来非正式的吕宋山区部落民的称呼，试图在政治上纠正并避开“伊戈罗特”一词的争议，因为它含有野蛮、落后等负面的意涵，一些卡林加和伊富高人也不愿意接受“伊戈罗特”这一称呼。高山地区是伊戈罗特人的祖传居住地，包括阿布拉、阿巴尧、本格特、卡林加、高山、伊富高6个省及碧瑶市。伊戈罗特人分为6个种族语言群体：邦都人（Bontoc）、伊巴吕（Ibaloi）、伊富高人（Ifugao）、阿巴尧（Apayao）、卡林加（Kalinga）、坎卡奈人（Kankanai）。邦都人生活在中部高山省，使用邦都语，过去因其猎头习俗而闻名，主要从事农业，耕种梯田，保持较原始的

① Speech of Atty.Evelyn S.Dunuan for the Asian Regional Consulation on Poverty Reduction delivered at the Asian Development Bank，Ortigas Avenue，Pasig on October 1，2001.菲律宾国家本土民族委员会网站，http://www.ncip.gov.ph/resourcesdetail.php?id=1.

集体协作劳动方式。伊巴吕人生活在南本格特，使用伊巴吕语，从事传统农业，种植水稻。伊巴吕语与邦加锡南语相近，属于南岛语系马来波利尼西亚语族。伊富高人生活在伊富高省，使用四种不同的伊富高语，属于南岛语系印度尼西亚语族，无文字，保持万物有灵和多神信仰，也盛行祖先崇拜，因其梯田稻作而闻名，著名的“巴纳伟”（Banaue）梯田被称为“世界第八大奇迹”。阿巴尧人生活在北阿巴尧，阿巴尧河岸及其支流地区，使用阿巴尧语。以往有猎人头的习俗，从事刀耕火种式的旱稻种植，不过在周边邻人的影响下也开始从事水稻种植。男人负责清理林地，从事狩猎和捕捞，女人负责耕种和收割，处理家务并从事手工业。主要商品作物是咖啡。卡林加人分布在卡林加—阿巴尧省，部分居住在卡加延省，使用卡林加语。卡林加社会很重视血族关系，亲戚被认为有义务为任何一个成员所受的伤害进行复仇。但是争执通常由地方头人处理，他在听取各方意见后惩罚犯错者，这一和平协商制度将传统的战争和猎人头行为减至最低，并充当了一种血族关系和社会联系的肇始、维系、修复及强化机制。卡加林分为南北两支，北支被认为是菲律宾北部身佩饰物最多的民族（族支）。主要种植旱稻和水稻。坎卡奈人分布在高山省西部、南伊洛戈斯省东南部、本格特省北部及其他一些地区。坎卡奈人在山区的崎岖地带修建梯田以尽量扩大农作空间。

2. 鲁玛德人（Lumad）

“鲁玛德”（Lumad）为宿务语词，是katawhang lumad（意为“本土民族”）的缩写，意为“本土的”（native or indigenous），用来表示菲律宾南部的一群本土民族，这一名称被1986年建立的棉兰老本土民族联盟（LMPF）的代表正式采用，表示棉兰老非伊斯兰化本土族群的自我归属和集体人同。鲁玛德人包含有18个种族语言群体：阿塔人（Ata）、巴国波人（Bagobo）、板瓦恩人（Banwaon）、布拉安人（B'laan）、布基农人（Bukidnon）、迪巴巴翁人（Dibabawon）、希盖侬人（Higaonon）、麻蛮瓦人（Mamanwa）、曼达雅人（Mandaya）、蛮谷宛干人（Manguwangan）、玛娄波人（Manobo）、曼萨卡人（Mansaka）、苏班侬人（Subanon）、塔噶考娄人（Tagakaolo）、塔萨代人（Tasaday）、梯波伊尔人（Tboil）、特杜瑞人（Teduray）和乌波人（Ubo），生活在山区腹地、森林地带、低地及沿海地区，其中以棉兰老东南部达沃地区最多。

3. 芒扬人（Mangyan）

"芒扬人"是一个总称，包含有8个在民都洛岛发现的土著部落群体，每个都有自己的部落名称、语言和传统习俗。总人口大约在10万，但是没有官方的统计数据，因为要统计边远而又隐居的部落群体有很大的困难，很多的部落与外界没有联系。[①]从北到南，岛上的部落群体依次为：伊拉亚人（Irayas）、阿郎甘人（Alangans）、塔狄阿望人（Tadiawans）、托布伊德人（Tawbuids）、布熙德人（Buhid）、哈努诺人（Hanunoos）。南部海岸还有一个被称为惹他格弄（Ratagnon）的部落，岛东部一个被称为邦贡（Bangon）的部落可能是托布伊德人的一个分支，因为他们讲托布伊德语的西部方言。芒扬人各部落的语言相互之间难以交流，尽管共有一些词汇，倒是托布伊德语与熙德语比较相近。芒扬人传统的宗教信仰是万物有灵论。大约有10%的人皈依了基督教，包括罗马天主教和福音新教，《新约圣经》已以6种芒扬部落语言出版。芒扬人身材矮小，头发硬直，肤色较其他矮黑人浅，可能是尼格利陀人的一个支派。芒扬人大体上是生存农业从事者，种植各种甘薯、高地旱稻和芋头，也捕捉野猪和一些小动物，很多生活上与平原地区的人联系密切的就兜售诸如香蕉和姜之类一些经济作物。

① 维基百科英文网站，http://en.wikipedia.org/wiki/Ethnic_groups_in_the_Philippines.

4. 尼格利陀人（Negritos）

尼格利陀人是菲律宾群岛上最古老的民族，广泛地分布在吕宋岛东部和北部山区，以及棉兰老、民都洛、巴拉望和内格罗斯等岛屿的山林地带。他们文化落后，原有自己的语言，现改说马来语，无文字，信仰万物有灵的原始宗教。尼格利陀人与非洲的俾格米人有一些共同的身体特征，包括身材矮小，皮肤黝黑，毛发卷曲，但是他们的起源和前往亚洲的迁徙路线还是一个尚未解决的问题。尼格利陀人在各地有不同的称呼，住在吕宋中部的叫巴鲁牙斯（Balugas），住在伊洛克地区的叫阿埃塔（Aetas）、阿提或伊他（Ati，Ita），住在吕宋岛东部地区的叫杜麻牙斯（Dumagas），住在巴拉望的叫巴达克斯（Batacs），住在民都洛岛的叫芒扬人（Mangans）。他们种植旱稻、玉米，饲养家禽，捕鱼狩猎，过着半定居生活。

5. 巴拉望部落（Palawan tribes）

巴拉望是菲律宾最大的省份，有几个本土种族语言群体生活在那里，即塔巴努阿人（Tagbanuas）、巴拉望人（Palawanos）和巴塔克人Batacks），他们住在山区或者是沿海偏僻的村庄里。据称，12世纪后期或13世纪来自印尼麻诺巴歇帝国的马来定居者到达那里之前很早，这些部落群体的祖先就已经是那里的主人了。巴塔克人是游牧民族，散居在巴拉望岛东南海岸，部落的大小事情由酋长决定。塔巴努阿人居住在巴拉望岛最北端，是游牧式水手，有自己的音节文字，部分人已定居。巴拉望人和塔巴努阿人很相似，在过去，他们无疑是同一个民族。巴拉望人居住在彼此看不见的房子里，房子周围是一些小块的耕地，从事农业生产，主要种植旱稻。

四、华侨华人

中国人很早就移居菲律宾。黄滋生在其《十六世纪七十年代以前的中菲关系》一文中认为，“自公元七世纪起，即有华人移居菲律宾，这一说似较合理”，“至迟在唐代，我国同菲律宾就已存在贸易关系。由此推断，在唐朝时期，或具体说来是晚唐时期，我国就可能有移民在菲律宾”[①]。此一说立足于贸易与移民的关系，认为出于贸易自身的需要，受限于航海技术、自然条件(如季候风)，遭遇海难等因素，使得中国的出海商人和船员不得不在海外作短期或长期的居留。黄先生将海外贸易看作海外移民的主要诱因，与庄国土教授在《海外贸易与南洋开发与闽南华侨出国的关系——兼论华侨出国的原因》一文中的有关观点相一致，庄教授认为“古代闽南华侨出国主要与对外贸易相联系”[②]。而在时段上与Eufronio M.Alip在其《十个世纪的中非关系》(*Ten Centuries of Philippine-Chinese Relations*)一书中相关观点相一致，即“华人移居菲律宾由几个浪潮组成，即七世纪的移民，十六十七世纪的移民，以及十九世纪的移民”[③]。

最早明确记载华人在菲律宾居留情况的是西班牙殖民者。据史料汇编《菲律宾群岛》(*The Philippine Islands*，1493—1898年)所载，当1570年5月戈第抵达马尼拉时，发现那里住着40名已婚的中国人和20名日本人[④]；而当黎牙实比1571年再次进攻马尼拉时，发现居住在那里的华人有150名[⑤]。据Alip估计，至1565年黎牙实比登陆菲岛的时候，那里的中国人很可能不少于1 000人。[⑥]

随着西班牙殖民者开始殖民菲律宾，马尼拉与墨西哥之间大帆船贸易的建立，菲中贸易迅速发展，抵达菲律宾的华人也大大增加，

① 黄滋生:《十六世纪七十年代以前的中菲关系》，载《暨南学报》(哲学社会科学版)，1984年第2期，第34页。

② 庄国土:《海外贸易和南洋开发与闽南华侨出国的关系——兼论华侨出国的原因》,《华侨华人历史研究》1994年第2期，第55页。

③ Eufronio M.Alip, *Ten Centuries of Philippine-Chinese Relations*, Manila : Alip, 1959, p.23.

④ E.H.Blair and J.H.Robertson, *The Philippine Islands, 1493—1898*, Cleveland, The Arthur H.Clark Co., 1903, Vol.3, p.101.167-168.(以下简称BR)。

⑤ BR, Vol.3, pp.167-168.

⑥ Alip, *Political and Cultural History of the Philippines*, Manila, Alip and Sons Inc., 1954, p.279.

他们或为商人，或为工匠，或为劳工。至1584年，在菲中国人达4 000至5 000人，1588年达1万多人，1603年达2.5万人左右。1603年的第一次大屠杀后，在菲华人人数锐减。但到1639年第二次大屠杀发生前，华人人数又达到了3万人。第二次大屠杀后华人人数又锐减，但至1644年又有了2.5万至3万人，并且自1649年至1661年仅八连市场的华人都通常维持在1.5万左右。[①]1662年的第三次大屠杀后，西班牙王室将在菲华人人数限制在6 000之内，以致17世纪余下的时段内在菲华人人数一直未能恢复旧观，在17世纪80年代八连市场通常只有5 000至6 000名华人。[②]18世纪和19世纪前期，由于西班牙殖民政府的屠杀和驱逐，以及其他各项限制和迫害政策，在菲华人长时间维持在几千人左右，1839年达到11 575人后，1840年又骤降为5 729人，1849年才缓升至8 757人。[③]1850年菲律宾总督颁布法令，鼓励庄园主和种植园主进口华人农业劳工，从那时起，中国移民的数量几乎不受限制。到1864年全菲华侨已超过1.8万人，1876年达30 797人，1896年则达10万人。[④]

在菲律宾革命和美菲战争期间，菲律宾华侨为了躲避战乱，大量离菲。1903年，美国殖民当局对菲律宾进行人口普查，华侨仅有41 035人。1935年，华侨人口增至110 500人。[⑤]1939年，中国驻菲律宾总领事对旅居菲律宾的华侨进行一次全面登记，登记所得人数为13万，其中5万在马尼拉。[⑥]日本占领时期，菲华侨社会遭到了极大的破坏，生命财产受到了惨重的损失，华侨牺牲者估计达1万人，

① Wu Ching-Hong, *Historico-Economico Aspects of Sino-Philippine Relations, 1603—1762*, submitted to the Graduate School, University of the Philippines for Degree of Doctor of Philosophy in History, 1975, pp.536-542.

② BR, Vol.39, p.123.

③ 魏安国（Edgar Wickberg）著，吴文焕译：《菲律宾生活中的华人：1850—1898》，世界日报社、菲律宾华裔青年联合会出版，1989年版，第24、53页。

④ *Census of the Philippine Islands*, 1903, vol.1, p.490.

⑤ 《菲律宾华人现代史》，《世界日报》1983年1月17日。

⑥ Victor Purcell, *The Chinese in Southeast Asia*, London : Oxford University Press, p.497.

财产损失近2.5亿比索[①]，也有很多华侨逃离菲律宾。

菲律宾独立后，菲华社会发生了极大的变化。首先是华人人数大幅上升，创历史新高。20世纪80年代末，菲律宾华人人数在60万至80万人之间。[②]据庄国土教授的研究，2006年菲律宾华人的数量达到了150万。[③]其次，华人政治地位变化。在殖民地时期，菲律宾华人一直作为外来侨民被区别对待，受到殖民政府的各种政策歧视甚至是迫害，无政治地位可言。二战结束至70年代中期，菲律宾政府对华人实行的严厉入籍政策，使华人在菲律宾社会政治生活中长期处于边缘地位。1974 年中菲建交后，华人成批入籍，从侨民转变为公民，基本上享有与菲律宾土著同等的法律地位和政治权益，也因此提升了华人的经济地位。菲律宾华人在继续保持出色的经济活力的同时，也开始表达参政意识，谨慎地参与各种政治活动。[④]最后，华人经济地位的变化。自西属初期开始，华人就在菲经济中扮演重要角色，地位举足轻重。然而在由侨民向公民转变之前，菲律宾华人的政治地位低下，经济权益得不到保障。菲律宾独立后，华人政治地位的提升在一定程度上保证了其经济地位。

五、民族问题

菲律宾的民族问题，突出地表现为山地少数民族问题和摩洛人的分离主义问题。

（一）山地少数民族问题

山地少数民族是指生活在内陆山区、人口较少和主要从事狩

① 黄滋生、何思兵著：《菲律宾华侨史》，广州：广东高等教育出版社，1987年版，第463页。

② Edgar Wickberg，"Some Comparative Perspectives on Contemporary Chinese Ethnicity in the Philippines"，Asian Culture，1990，No.14，p.24.

③ 庄国土：《东南亚华侨华人数量的新估计》，载《厦门大学学报》（哲学社会科学版），2009年第3期，第64页。

④ 庄国土：《菲律宾华人政治地位的变化》，载《当代亚太》，2004年第2期，第12页。

猎、采集、捕鱼及简单农业的民族，在菲律宾有60多个这样的民族，他们在国家的政治、经济和文化生活中处于被边缘化的地位，成为"濒危"部落和民族。为了民族生存和发展，他们掀起了争取民族自决权的斗争。[①]

山地少数民族的边缘化是在历史上形成的。早在西班牙殖民者到来前，菲律宾的各山地少数民族已经有了他们关于土地使用和所有权问题的惯例与实践。尽管他们对于土地价值的概念不时变化，但土地所有权皆基于共同使用、族人和邻里产品共享。在西班牙殖民地时期，殖民政府引入法律，否认山地少数民族关于土地使用和所有权问题的惯例，通过"赐封制"将土地所有权授予王室，以致土地的授予权归西班牙国王，管理权归"封主"。在王室所有权下，殖民政府还实行"莫拉"法，规定所有山地少数民族的土地是受保护的，不得转让，因为它们属于国王。土地王室所有的概念被美国殖民政府所延续，政府颁布法律强化对公共土地的国家控制，因为西班牙时期没有有效的土地登记制度。1902年的496号法案《土地登记法》宣布，所有的土地都得进行登记，授权政府给任何合法申请者划拨一块土地。1903年178号法案规定，所有未登记的土地为公共土地，只有政府才有权力进行开发。

1987年的菲律宾宪法也保留了土地王室所有的概念，这体现在该宪法的第2款、第12条中。但是该宪法的第22款、第2条也规定，承认"在国家统一与发展的框架内本土文化群体的权利"，在穆斯林棉兰老和高山地区设立自治区。但是，国家宪法承认"国家发展背景"下山地少数民族的权利，并没有改变他们的境况。政府的政策和计划，如造林计划、1992年的全国保护区域一体化制度法案、

① 包茂宏:《论菲律宾的民族问题》，载《世界民族》，2004年第5期，第31页。

1995年的矿业法案和海外发展援助项目，在山地少数民族居住区域内实施。尽管实施这些计划和项目的本意是友善的，特别是那些出于保护森林以及帮助山地少数民族谋生以降低贫困率的计划，但另一方面，山地少数民族为谋生而使用土地的行为受到了限制。

除了祖先遗留下来的土地被侵占，所谓的“文明进步”和“现代化”计划也给山地少数民族造成了灾难性后果，包括经济贫困、政治上丧失自治权、社会失序和文化消亡等，导致部落或民族解体。

菲律宾各地的山地少数民族为了生存而展开了不屈的斗争。他们不追求民族分离或独立，只要求实践宪法规定的民族自决权。他们提出：第一，尊重祖居地并使其得以继承；第二，不受现实政治约束；第三，民族文化自决。为此他们成立了自己的政治组织“菲律宾少数民族协商会议”和“争取少数民族权利联盟”，每年开会商讨共同关心的问题，把协调好的立场报告政府，要求在政府保证少数民族权益的条件下达致民族一体化的目标。他们还有自己的武装，即在他们居住区活跃的两支军队：人民解放军和共产党领导的人民民主阵线。菲律宾各届政府均未能提出有效而又让少数民族满意的对策，山地少数民族问题仍是一个悬而未决的问题。[①]

（二）摩洛人的分离主义问题

“摩洛”一词是西班牙殖民者对居住在菲律宾南部的穆斯林族群的称呼，意味信仰伊斯兰教的摩尔人。摩洛人的分离主义运动发生于马科斯当政时期，现已部分演变为独立运动或恐怖主义活动。

摩洛人分离主义运动的根源始自殖民地时代，按照菲律宾学者马拉南的说法，“实际上穆斯林人从来没有做过菲律宾人，从来没有被当政的菲律宾政府征服过”[②]。在西班牙殖民者到来前，菲律宾南

① 包茂宏：《论菲律宾的民族问题》，载《世界民族》，2004年第5期，第33页。

② E.B.马拉南：《菲律宾的民族问题》，载《世界民族》，1987年第4期，第7页。

部已在大部分地区形成了分散的伊斯兰社会，伊斯兰教也由菲南部向北传到了马尼拉湾东岸。1571年占领马尼拉后，至1578年西班牙殖民者基本上完成了对菲律宾中、北部地区的殖民征服，随后便开始了向菲律宾南部的殖民征服，由此挑起了同菲南部穆斯林近乎300年的战争。至19世纪中期，西班牙殖民当局最终征服了菲律宾南部的穆斯林政权，但南部穆斯林与北方基督徒之间的仇恨没有消弭。

美治时期，殖民政府执行的同化政策严重冲击了穆斯林社会原有的结构和秩序，特别是当殖民政府借用天主教徒来实现各项政策举措时，不可避免地激起了穆斯林社会的反抗。最重要的是，殖民政府执行的土地政策和移民政策削弱了穆斯林的生存基础，压缩了他们的生存空间。1919 年的公共土地法规定所有土地为公共领地，每个天主教徒最多可以申请20公顷土地，每个穆斯林只能申请10公顷土地。通过土地政策的吸引和移民法的鼓励，棉兰老地区非摩洛人口的比重持续上升，由1903 年的24%升至1939年的66%，摩洛人口的比重则从1903 年的76%降到1939 年的34%。伊斯兰教义也激发了穆斯林对日益扩张的天主教的反抗。这一切都导致摩洛人与北方基督徒的矛盾进一步激化。[①]

菲律宾独立后，穆斯林聚居区的发展被忽视，穆斯林的社会、经济、文化地位不断下降，地区控制权逐渐落到了外来基督徒的手中。更主要的是基督徒源源不断地移居棉兰老地区，利用政府的各项政策剥夺穆斯林的土地。棉兰老非摩洛人的比重从1939年的66%迅速上升到1975年的80%，人均土地则由1939年的5公顷下降到

① 包茂宏:《论菲律宾的民族问题》，载《世界民族》，2004年第5期，第34页。

1960年的1.75公顷。[①]自1951年起，棉兰老岛和苏禄群岛爆发的起义日益频繁，60年代一批穆斯林青年学生和知识分子参与并领导反抗运动，使之逐渐演变成分离主义运动。目前，菲律宾南部主要的分离主义势力有摩洛伊斯兰解放阵线（摩伊解或MILF）、摩洛民族解放阵线（摩民解或MNLF）和阿布沙耶夫武装（Abu Sayyaf）。

第二节　宗　教

一、概况

菲律宾是一个多宗教国家，主要有基督教、伊斯兰教、佛教和本土的原始宗教等。根据2000年人口普查（见表3-3），总人口的92.6%为基督徒，其中罗马天主教徒占总人口的81%，新教徒占7.3%，伊格莱西亚教（Iglesia ni Cristo）占2.3%，阿格里佩教占2%。另一个大的宗教群体为穆斯林，占总人口的5.1%。信仰原始宗教的部落民占总人口的0.2%，佛教徒占总人口的0.1%，剩下的为其他宗教信仰者或无神论者。

表3-3　菲律宾不同宗教类型的人口比例构成

宗教信仰	人口普查		
	2000年	1960年	1903年[②]
基督教徒（Christian）	92.6%	92.9%	91.5%
罗马天主教徒（Roman Catholic）	81%	83.8%	91.5%
新教徒（Protestant）	7.3%	2.9%	—
伊格莱西亚教徒（Iglesia ni Cristo）	2.3%	1.0%	—
阿格里佩教徒（Aglipayan）	2%	5.2%	—

① Samuel K.Tan, *The Filipino Muslin Armed Struggle*, *1900—1972*, Filipinas Foundation, Inc., 1977, p.113.

② 源自：http://www.census.gov.ph/data/pressrelease/cent-qs.html

续表

宗教信仰	人口普查		
	2000年	1960年	1903年
佛教徒（Buddhist）	0.1%	0.1%	—
其他（Others）①	1.7%	2.1%	8.5%
无宗教信仰者（None/DK）	0.5%	—	—

注：1903年的人口普查，只将人口分成文明人(91.5％)和野蛮人(8.5％)，而文明人事实上全是罗马天主教徒。

资料来源：pewforum网站，http://pewforum.org/world-affairs/countries/?CountryID=163#1.

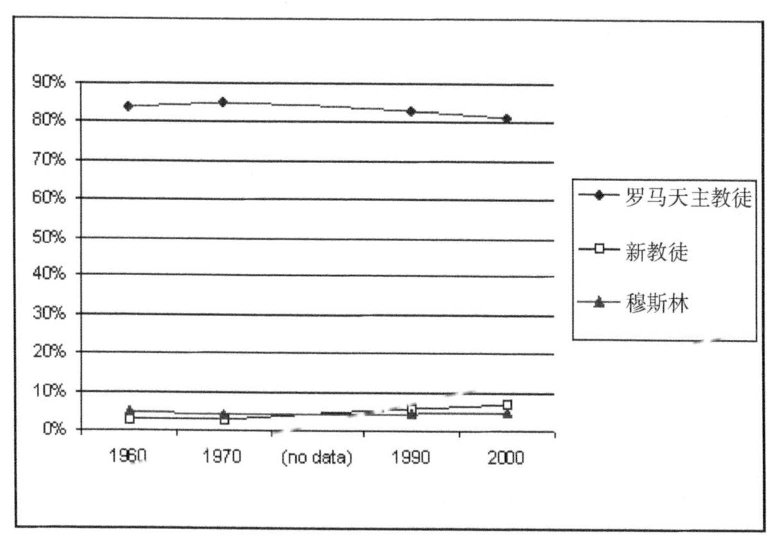

图3-1　菲律宾1960—2000年主要宗教类型的比例变化

资料来源：pewforum网站，http://pewforum.org/world-affairs/countries/?CountryID=163#1.

① 2000年的百分比包含了部落宗教，以前的普查数据没有这一分类。

表3-4 菲律宾不同宗教类型的人口数量

2000年人口普查	Code①	Number②
阿格里佩教徒（Aglipay）	DJ	1 508 662
吕宋、米沙鄢和棉兰老浸礼协会信徒（Association of Baptist Churches in Luzon, Visayas and Mindanao）	DJ	11 476
菲律宾浸礼协会基本教义派信徒（Association of Fundamental Baptist Church in the Philippines）	DJ	148 776
圣经浸礼派信徒（Bible Baptist）	DJ	176 112
佛教徒（Buddhist）	DJ	64 969
菲律宾浸礼会会议派信徒（Convention of the Philippine Baptist Church）	DJ	217 806
圣公会信徒（Episcopal）	DJ	161 444
福音派信徒（Evangelical）	DJ	2 152 786
菲律宾卫理公会传道会信徒（Iglesia Evangelista Methodista en Las Filipinas）	DJ	54 709
伊格莱西亚教徒（Iglesia ni Cristo）	DJ	1 762 845
国际浸礼传道会信徒（International Baptist Missionary Fellowship）	DJ	7 452
伊斯兰教徒（Islam）	DJ	3 862 409
耶和华见证会信徒（Jehovah Witness）	DJ	380 059
耶稣基督后期圣徒教会（Latter Day Saints）	DJ	181 485
路德教徒（Lutheran）	DJ	46 918
菲律宾浸礼传道会信徒（Missionary Baptist Churches of the Philippines）	DJ	25 547

① code指数据来源。
② 联合国统计署关于菲律宾2000年人口普查的统计数据和菲律宾国家统计局的统计数据有一些出入。

续表

2000年人口普查	Code	Number
菲律宾慈善教士协会信徒（Philippine Benevolent Missionaries Association）	DJ	107 890
罗马天主教徒（Roman Catholic）	DJ	61 862 898
救世军信徒（Salvation Army）	DJ	12 596
第七日复临教派信徒（Seventh Day Adventist）	DJ	609 570
南浸礼会信徒（Southern Baptist）	DJ	116 546
原始部落宗教信仰者（Tribal）	DJ	164 080
联合基督教会信徒（United Church of Christ）	DJ	416 681
联合卫理公会派信徒（United Methodist Church）	DJ	305 690
其他	DJ	1 113 190
其他浸礼会信徒（Other Baptist Churches）	DJ	69 158
其他卫理公会派教徒（Other Methodist Churches）	DJ	24 520
其他新教徒（Other Protestant）	DJ	340 765
无宗教信仰者（No Religion）	DJ	73 799
未知者（Unknown）	DJ	351 632
总计	DJ①	76 332 470

资料来源：联合国统计署网站，http://unstats.un.org/unsd/demographic/sconcerns/popchar/popchar2.htm.

二、主要宗教

（一）罗马天主教

罗马天主教由西班人殖民者传入菲律宾。当黎牙实比于1565

① DJ即Population de droit。

年开始在菲律宾建立殖民制度的时候，就在菲律宾推行赐封制度（Encomienda System），菲律宾人只有在受洗并登记为天主教徒之后才能获得土地，也不得不向所在区域的监护人（Encomendero）进贡物品以换取监护人保护他们的安全以及向他们传授基督教信仰方式。有四个受命将菲律宾土著基督教化的比较固定的教派：最早的是奥斯定会（Augustinians），同黎牙实比一同来到菲律宾；方济各会，1578年到达菲律宾；耶稣会，1581年到达菲律宾；多明我会，1587年到达菲律宾。他加禄地区主要由奥斯定会和方济各会负责，耶稣会也负责一小块地方；涧内（Parian）由多明我会负责；邦板牙省和伊洛克省被分派给奥斯定会；甘马粦省被分派给方济各会；米沙鄢群岛被分派给奥斯定会和耶稣会。棉兰老岛则由于穆斯林社会的激烈抵抗，使得天主教势力难以渗入。①现在菲律宾全国有16个教省（Ecclesiastical Province），即16个大主教管区（Archdiocese），下辖72个主教区（Diocese）。2000年人口普查，天主教徒占菲律宾全国总人口的81%。

（二）新教

19世纪末20世纪初，新教开始传入菲律宾，其多数教派主要由美国传教士在那时引入，也有一些创于菲律宾本地。1898年8月28日，美国占领军随军的卫理公会派牧师乔治·斯戴尔在菲律宾主持了第一次新教礼拜，有很多菲律宾人参加。1909年第一个菲律宾本土福音教会（Iglesia Evangelica Metodista en las Islas Filipinas or IEMELIF）成立。1921年大约19个独立的教派向股票和交易委员会（Security and Exchange Commission or SEC）登记。②第二次世界大战后，新教会团由1941年的38个增加到1967年的179个，1990年增加至368个。③现在菲律宾全国共有基督教合一教会、卫斯理会、浸礼

① 维基百科英文网站，http://en.wikipedia.org/wiki/Roman_Catholicism_in_the_Philippines.

② 维基百科英文网站，http://en.wikipedia.org/wiki/Protestants_in_the_Philippines.

③ 马燕冰、黄莺：《列国志—菲律宾》，北京．社会科学文献出版社，2007年版，第43页。

会传教会等25个主要的新教教派；有3个主要的教会联合会：1963年成立的菲律宾全国教会联合会（NCCP），1964成立的菲律宾福音教会联合会（PCEC）以及1990年成立的菲律宾耶稣运动（PJM）。

（三）伊格莱西亚教（Iglesia）

他加禄语Iglesia ni Cristo简称为INC或者Iglesia，意为 Church of Christ。伊格莱西亚教是源自菲律宾本土的最大的基督教组织，也是亚洲最大的独立教会。1914年7月27日，弗利克斯·马纳罗正式将伊格莱西亚教注册为独体法人，自任首席牧师。该教教义认为耶稣基督是该教的创始人，马纳罗是上帝的最后一位信使，因为最初的教会已经变节，他被派来重建原来真正的基督教会；认为罗马天主教会就是变节的教会，诸如三位一体之类的天主教条就是变节的证据；不相信三位一体，也不认为《圣经》证明了耶稣的神性和圣灵。该教从一开始就用菲律宾语布道，1914年在马尼拉就有一小撮支持者，至二战前已建立起一个全国性网络。战后，该教的教团人数从1936年的大约8.5万人增至1954年的20万人，1970年达到了50万人，至2008年该教在菲律宾已建立了5 000个教团。[①]2000年菲律宾人口普查，该教人口占到了其总人口的2.3%。

（四）阿格里佩教（Aglipayan）

“阿格里佩教”是菲律宾的独立天主教会，成立于1902年，为格利高里·阿格里佩神父所创立。该教否认三位一体教义和基督神性，并对天主教义进行了有利于民族独立的改革，否认罗马教皇的绝对权威，要求驱逐西班牙传教士，主张菲律宾自由独立。在宗教礼仪方面，允许神职人员结婚，但也保留了天主教的许多传统形式，在当时的社会中产生了很大的影响。该教主要分布在吕宋岛中部、

① 维基百科英文网站，http://en.wikipedia.org/wiki/Iglesia_ni_Cristo.

西北部和棉兰老岛北部地区，2000年人口普查时，信仰者占总人口的2%。

（五）伊斯兰教

伊斯兰教最先从苏禄群岛传入菲律宾，和乐岛（Jolo）的陶苏格族是最早的菲律宾穆斯林，是来自加里曼丹的马来穆斯林移民。1310年在和乐岛发现的一块墓碑上记载了墓主杜汉麦巴鲁是当地穆斯林移民的首领，可以推定13世纪末已有一批以商人为主的穆斯林移民来到了苏禄。1380年前后，第一位传教士阿尔·马赫来到苏禄传教。1450年，谢里夫·哈希姆从巨港来到苏禄传教，娶巴金达之女，继承了王国，自封为苏丹，创立了苏禄苏丹国。15世纪中叶已有伊斯兰教士来到棉兰老岛。1515年，马来半岛的柔佛王族谢里夫·卡本斯旺从柔佛率领随从来到马拉邦（Malabang）海岸，通过显示武力和联姻相结合的办法，和土著首领结为联盟，在棉兰老建立了马京达瑙苏丹国。到16世纪中叶，伊斯兰教已逐步从棉兰老向北传到了民都洛岛及其周边地区，并且继续向北传到了吕宋，出现了一批信奉伊斯兰教的巴朗圭和大督，诸如苏莱曼统治下的马尼拉巴朗圭。此后，历经西班牙殖民政权、美国殖民政权及独立后菲律宾政权，通过长期大量的战争和抗争，伊斯兰教在菲律宾的分布和发展才形成今天的局面。2000年菲律宾人口普查，穆斯林人口占全国总人口的5.1%，多属逊尼派，主要分布在南方各省的少数民族地区，教规与马来西亚相似。

三、其他宗教

（一）佛教

8世纪至13世纪期间，信奉大乘佛教的室利佛逝（Sri-Vishaya）

帝国曾将其势力扩张到菲律宾的南部群岛，故也将佛教传入菲律宾南部。13世纪后伊斯兰教、基督教相继传入菲律宾，致使菲律宾的佛教消失无影。近代汉传佛教的传入，始自1937年厦门的性愿法师赴菲弘法。目前整个菲律宾共有汉传佛教寺院39座，分别有比丘、比丘尼、清姑和居士所住持。2000年人口普查，佛教信徒占菲总人口的0.1%。汉传佛教传入之初，因信众多为闽南华侨，法师也都来自闽南，以闽南语作佛事课诵，乃至闽南特有带发出家修行的清姑也来到菲律宾。故早期菲律宾的整个佛教形式，犹如闽南佛教的翻版。1958年以后，由于台湾的外省法师、闽南以外的大陆法师的加入，使菲律宾佛教更多元化。①

（二）原始宗教

原始宗教是伊斯兰教、基督教等外来宗教进入菲律宾之前当地居民的一种图腾信仰，是一个扎根于人们思想中的信仰和文化道德观念的集合体，认为世界充满了精灵和超自然的力量，既有善良的，也有罪恶的，人们应该通过自然崇拜和祖先崇拜来尊重那些精灵和超自然力量。他们信仰万物有灵，把大自然作为崇拜的对象；相信灵魂不死，祭拜祖先，供奉用石头、木头以至金银制成的祖先偶像；供奉部落神灵。目前在菲律宾的一些山区少数民族中仍有很多人信仰原始宗教，2000年人口普查时，信奉原始宗教的人口占总人口中的0.2%。

此外，还有巴哈伊信仰（Bahá'í Faith）、印度教、锡克教、犹太教、小乘佛教、藏传佛教等外来宗教存在于当今的菲律宾，但信众都不多，且多为外来移民的后裔或外国国民。

① 林宏彦：《菲律宾佛教的传入与发展（1937—2008）》，台湾新竹玄奘大学宗教学系硕士论文，2008年。

第三节　风俗习惯与主要节日

一、风俗习惯

（一）服饰

据宋元时期的史籍记载，三屿国人“男顶拳〔发〕，妇人椎髻，俱披单衣”，麻逸国人“男女椎髻，穿青布衫”，民多朗国人“男女椎髻，穿短皂衫，下系青布短裙”，麻里噜国人“男女拳发，穿青布短衫，系红布缦”，而苏禄国人“男女断发，缠皂缦，系小印花布”。[①]至明代，沙瑶、呐哔啴，“男女蓄发椎髻，衣服无内外领，或用布丈余抄折，男子多袭以二三重，妇人一袭而止。男著皮履，妇人乃却跣足，足极细润，耳皆穿大孔，令可容极重金镂，衣服即锦绮，或甚奇细之布，必剪破服之，以衣服多为富”。[②]吕宋，“身衣衫裤，足穿皮履”。[③]至清代，莽均达老人“男女服短衣、丝缦，跣足”。[④]苏禄人“剪发裹头，去须留髯，衣裤俱短，绛帛系腰，露胫而著履”，“女椎髻跣足，短衣长裙，以幅锦披肩，能织竹为布”；[⑤]“男女俱无衣服，惟披搭绒一片遮其身”。[⑥]

现代菲律宾人的服饰相较以往变化很大。平时大多数菲律宾男士喜欢穿T恤衫、衬衣或者当地透明、白色的“巴隆”衬衣，穿西装裤。“巴隆”是菲律宾的国服，适用各种正式场合。菲律宾女士喜欢常年穿无领连衣裙，或下身围“纱笼”。多数菲律宾青年爱穿西式皮鞋，有些老年人则还穿用木、麻或草做成的拖鞋。菲律宾的

① 汪大渊著，苏继庼校释：《岛夷志略》，“三岛条”，“麻逸条”，“民多朗条”，“麻里噜条”，“苏禄条”，第23、33、60、89、178页。

② 张燮著，谢方点校：《东西洋考》，卷五《沙瑶、呐哔啴·班隘》，第99-100页。

③ 茅瑞徵：《皇明象胥录》，卷五《吕宋》，四库禁毁书丛刊，史部，第十册，第620页。

④ 《清朝文献通考》，第二册，卷二九七《四裔考五·莽均达老》。

⑤ 傅恒等撰，殷伟、徐大军、胡正娟点校：《皇清职贡图》卷一，第31页。

⑥ 叶羌镛：《苏禄记略》，《小方壶斋舆地丛钞》再补编七，第十帙，南清河王氏铸版，上海著易堂印行。

穆斯林男子多穿紧身短外衣和宽大长裤，围“纱笼”作腰带。到麦加朝圣过的教徒头上还围一条白色头巾或戴一顶白帽子。穆斯林妇女则上身穿紧身短袖背心，上有两排金属纽扣，下身穿紧口的宽大裤子，或者穿裙子，多结发髻，有时还裹着颜色鲜艳的头巾，爱戴手镯、项链或耳环。当然，菲律宾民族众多，文化各异，他们在穿戴方面也有一定的差异。除衣着装饰外，文身在棉兰老岛绝大多数民族和吕宋岛北部山麓及其附近沿海地区的小黑人中广泛流行。

（二）饮食

大米和玉米是菲律宾人的两大主食。约有70%的菲律宾人以大米为主食，约有30%以玉米为主食。对于大米做成的饭食形式，椰子汁饭是菲律宾人的最爱。玉米经过晒干、磨成粉之后也能做成各种食品。副食以各类蔬菜、海鲜、蛋禽及肉类为主。菲律宾人传统的进食习惯是用右手抓食，后受西方文化影响，西餐在城市流行，进食习惯已有较大改变。菲律宾人已习惯吃西餐，同时对中餐也感兴趣。菲律宾人嗜嚼槟榔，在待客中总少不了以槟榔来招待。

菲律宾菜肴讲究色彩悦目，注重菜品鲜嫩。口味一般不喜太咸，喜香、甜、微辣，调味品常用香醋、糖、辣椒、大蒜、胡椒、咖喱粉等。菜肴有辣味但不浓，可谓香辣可口、味美适中，这是近代长期受西班牙人烹调法影响的结果。菲律宾代表性菜肴有咖喱鸡肉、烤乳猪、烤猪腿、香蕉心炒牛肚、肉类炖蒜和虾子煮汤等，孵化到一半的鸡蛋和鸭蛋煮熟后也是菲律宾人喜欢的食物。

菲律宾是多族群的国家，族群不同，文化各异，各种族群在饮食方面还存在诸多不同。单从主食和佐食来看，菲律宾穆斯林人的主食是大米，有时也吃玉米和薯粉，佐食有蔬菜和水果等。比萨扬人的主食也是大米，但喜欢煮饭时放少量的盐，佐食有鱼羹、蔬菜和香料。他加禄人喜欢吃稍带咸味的米饭和玉米饭，以及蔬菜、水果。伊洛克人主食是稻米饭，佐以各种蔬菜，如豆类、番茄等。伊富高人的主食是稻米，贫困人家也吃番薯和玉米。伊戈罗特人的主食是大米和甘薯。矮黑人的食物是狩猎所获得的禽兽的肉、鱼、卵、野生水果、蜂蜜、初生的蜂虫和各种野生植物的根实。塔萨台人则以野薯为主食。此外，历史、宗教信仰等也是其中重要的影响因素，如菲律宾穆斯林人禁食猪肉、不喝烈性酒、不吃牛奶等。

（三）住房

高脚屋是传统的住房，目前农村大都保留这种传统的住房。它一般建在陆地、傍水或水上，离地1米到3米不等，四周围着竹篱笆。这种房屋的建造材料比较特别，墙用藤条片编结，屋顶用一种叫聂柏棕的叶子覆盖，地板用竹片铺垫，墙上往往会留一个长方形的口作窗户。室内干爽通风，但不设床，人就睡在“地”上。在城市，居民的贫富差距十分悬殊，因而住房的形式呈现多样化，有高楼大厦、花园别墅，也有十分简陋的纸屋和铁皮屋。富人往往住高楼大厦、拥有私人豪华别墅；一般居民多住在用破铁皮、旧木板和硬纸皮等勉强拼凑而成的矮小又不稳固的陋屋里。

（四）婚姻

菲律宾传统婚姻形式较多样，包括自由恋爱婚姻、包办婚姻、群婚制等，有一夫一妻制、一夫多妻制。男子在婚姻中处于绝对的“尊贵”地位，这与菲律宾男女比例严重失衡有很大关系，菲律宾女多男少，有些岛上男女比例是三比一，最悬殊的可达七比一，男子可以有多个配偶，而女子却常常为婚事发愁，老处女在菲律宾比比皆是。菲律宾人在恋爱中，男子多送给女方化妆品、水果、花束等，花的颜色以白色和桃色为佳，茶色和红色乃属禁忌之色。婚姻实行早婚制，少女十二三岁便被视为已达结婚年龄。菲律宾穆斯林的婚姻由父母决定。男方须通知媒人向女方家提出求婚，并交付聘金。婚礼仪式由伊斯兰阿訇主持，并举行盛大宴会款待客人。

菲律宾诸多族群的传统婚姻风俗差异也很大。比萨扬人一般禁止近亲通婚，但为避免财产外流，富人之家也不避近亲结婚。伊洛克人、他加禄人、卡林加人实行一夫一妻制，曼达亚人还保留一夫多妻制。卡林加人、曼达亚人、延吉安人婚姻由父母包办，在孩提6～7岁时，父母就为他订婚。摩洛人、阿埃塔人可以一夫多妻，但绝大多数家庭还是一夫一妻制的小家庭。土著人的婚俗比较奇特和原始，尚存有群婚制的残余。伊戈罗特人盛行自由试婚制，他们认为结婚的最大目的就是生儿育女，因此在青年男女正式结婚前，接连试婚好几次的现象屡见不鲜。伊富高人可以自由选择配偶，在婚前享有充分的性自由。巴召人允许多偶婚，婚姻多半由父母包办。巴拉湾岛的苗独族，实行“招标结婚”的习俗。父亲把女儿当商品出售，公开招标，谁出的价钱高，谁就娶其作妻子。而且不但未曾嫁人的姑娘被投标，已婚女子，只要有人看上，也可以出高价招标。

在菲华通婚方面，几乎都是男性华人娶菲律宾姑娘。由于华人与菲律宾人的文化传统、生活习惯等有很大差异，华人妇女嫁给菲律宾人的情况较少。但随着时代在变化，华人女孩不嫁菲律宾男人的观念也逐渐发生变化。

（五）丧葬

菲律宾是天主教占统治地位的国家，丧葬多数按照天主教的丧葬仪式，但由于各民族的宗教信仰或传统习俗不同，有的民族也有特殊的葬礼，如悬棺、海葬、土葬的习俗。

菲律宾萨达加村的村民为去世的亲人举办葬礼，往往是将装有已故亲人的棺材吊挂在悬崖上，或者安放入洞穴里。当地人认为，悬棺更加接近天空，从而使逝去的灵魂能得到永远的祝福。如今，这种悬棺习俗几乎完全消失。

以海为家的把扎人丧葬习俗是海葬。人们按照习惯把死者遗体放在木筏上，用纸剪成一些马头鱼来超度亡灵，然后让木筏漂向大海。伊夫加奥族以及附近的卡林加、邦特克、丁将等民族丧葬习俗是土葬。对于意外死亡的人在安葬前还要进行象征猎头的仪式，仪式结束后，才能将死者抬到山洞里埋葬。大约一年后，将死者的尸体掘出，洗骨之后再以普通的葬礼埋葬。这样，死者的亡魂才能进入祖先所在的灵魂世界。

（六）禁忌

在菲律宾，忌进门时脚踏门槛，当地人认为门槛下住着神灵，不可冒犯。拜访菲律宾人时，进门前脱鞋，不要窥视主人的卧室和厨房。老年人在菲律宾特别受到尊重，见面时要先向年长者问候、让座，一般情况下不能在老人面前抽烟。跟菲律宾人聊天，忌谈政治、宗教等敏感话题，人们常谈论教育、孩子等大众话题。菲律宾人喜爱打听私人情况，因此，与人谈话时要小声。在菲律宾收受或者赠送礼物不要当众打开，否则客人会有被当众羞辱的感觉。菲律宾人忌讳左手传递东西或抓取食物。他们认为左手是肮脏、下贱之手，使用左手是对他人的极大不敬。

菲律宾人很忌讳13这一数字和星期五。红色与茶色被菲律宾人视为不详之色，白色则受其珍爱。忌鹤和龟以及印有这两种动物形状的东西。菲律宾人不爱吃生姜，也不喜欢吃兽类内脏和腥味大的东西，对整条鱼也不感兴趣。还有，菲律宾人不喝牛奶和烈性酒。

（七）礼仪

由于菲律宾深受西班牙和美国的影响，当地人一般都喜欢模仿他们的生活方式，英语成为通用语言，衣着要求整齐。菲律宾上层社会盛行女士优先的风气，他们无论做什么事，一般都习惯对女士给予特殊的照顾，但在农村，妇女的地位却还是很低下。

菲律宾人在社交场合与客人相见时，无论男女都习惯以握手为礼。熟人或亲朋好友则常以拍肩膀示礼。年轻男子与长辈相见时，要吻长辈的手背，以示对老人的敬重；年轻姑娘见长辈时，则要吻长辈的两颊为礼。伊斯兰教徒见面时，要施双手握手礼；在户外相见若没戴帽子，则必须用左手捂头。菲律宾的一些原始部落的人与客人相见时，行握手礼的方式很独特，握过手后就转身向后走几步，意思是向对方表明身后没有藏刀，他们认为这才是真诚的、真正的握手。

茉莉花是菲律宾的国花，人们常向来客敬献茉莉花环，以表示他们对来访客人的纯真友谊之情。

（八）娱乐

斗鸡是由西班牙传入的，已成为菲律宾民间极为流行的一项娱乐活动。斗鸡方式五花八门，场面非常激烈。菲律宾人热爱舞蹈。菲律宾从南到北，每个地方都有标志着其传统文化特色的民族舞，如国舞“Carinosa”被视作菲律宾人的求爱舞，舞蹈“Malalatik”或称“Magbabao”是描述一场椰浆战的舞蹈，北部地区盛行著名的“La Jota Moncadena”舞，还有一种著名的求爱舞“Daling Daling”。

二、主要节日

菲律宾是世界上节假日最多的国家之一，全国各民族大大小小节日有几百个，其中全国性的节日就有20多个。充满民族、宗教韵味的热闹节日庆典，经常在各岛之间举行。菲律宾90%以上的居民信仰天主教，不少节日与天主教有关，此外，还有一些本国传统的节日。传统民风与外来文化的共同熏陶使菲律宾群岛的节日有着独特风情。

（一）法定节日

菲律宾每个月份有1～3个法定节日。有些节日大多数国家都有，但在菲律宾会给人不一样的感受。1月1日新年，新年与家人团聚是菲律宾的传统，人们汇集于各区教堂，充满虔诚和期望，参加新年的第一个弥撒。2月25日人民力量革命纪念日，纪念本国人民第一次通过群众起义推翻霸权暴政。3月15日圣周节，从棕榈主日（复活节前一个星期日）开始到复活节结束，是菲律宾最重要的假期，是为纪念耶稣上十字架而举行的整整一周的宗教庆祝活动。4月9日英勇纪念日，人们缅怀在第二次世界大战中为保卫国家而英勇牺牲的战士，向他们致哀。5月1日劳动节，菲律宾人的庆祝习惯与世界各国一样。5月花节，人们手捧花束和用花做的供品向圣母玛利亚致敬。6月12日独立日，纪念菲律宾在1898年6月12日脱离西班牙独立，结束长期的殖民统治。8月21日阿基诺日，纪念阿基诺被暗杀。10月1日开斋节。11月1日万圣节，为纪念已逝的亲人，在这天一家人会到墓园去献鲜花和蜡烛，并通宵守夜。11月30日博尼法西奥诞辰日，纪念为推翻殖民统治、争取菲律宾自由独立而牺牲的民族英雄。12月25日圣诞节，在黎明前举行弥撒敬礼，在这天人们互相赠送礼物，家人欢聚团圆。12月30日黎萨纪念日，纪念菲律宾伟大的民族英雄黎萨。12月31日新年前夕特别假日。

（二）民间传统节日

居住在菲律宾萨玛岛上的渔民信仰海神，认为海神会给他们一年带来好运气，因此在每年4月底5月初的鲭鱼渔汛期都会举行捕鱼节，祈祷每次出海捕鱼都能有丰厚的收获，海神能护佑渔民们平安归来。

居住在菲律宾巴纳哈一带的人们习惯过“圣伊斯多”节。圣伊斯多是勤劳的象征，当地人每年5月15日都要过圣伊斯多节来庆祝丰收。

5月18日至23日是血盟节，是菲律宾卡拉潘市居民的传统庆祝节日，节日里再现1 000多年前中国商人和本地芒雅族首领歃血为盟与当地人民通商交往的情景。血盟节是源远流长的中菲人民友谊的生动写照。

农历一月初一也是菲律宾的春节。在菲律宾的华侨、华人一直保持着中国的传统节日春节，其庆祝习惯与中国区别不大。

斗鸡运动在菲律宾可谓根深蒂固。每逢星期日，菲律宾全国各地都有斗鸡比赛。人们喜欢在惊险而残酷的斗鸡场面中得到一种精神的渲泄和满足。现在的斗鸡已发展成为一种赌博，每场输赢可高达1.5万美元。虽然斗鸡运动已给当地社会带来一定的负面影响，但要禁止人们在节假日斗鸡并非易事。

第四章　菲律宾简史

第一节　古代史（史前—1521年）

考古发掘资料证明，距今约四十万年前，即更新世中期，属于直立人系统的远古人类就已经在菲律宾吕宋岛北部的卡加延河谷活动，他们留下了大量石器和被他们猎杀的大批古哺乳动物遗骨。1936年在塔布克的一个山崖上发现了古哺乳动物的腭骨，经拜尔等学者鉴定，源自现已灭绝的菲律宾犀牛和原始象，属于远古大哺乳类动物。所发掘的石器大多数为片石石器，由黑哇石制作而成，既可用来加工制造木器，也可用于开割兽尸。石器系打制而成，体积较大者重达一千克以上。在已发掘的遗址中，在一处同时发现动物化石与石器的约占87%，这有力地证明了这些化石和石器并非偶然凑合在一起，而是相互关联的。菲律宾考古学家均认为那些遗址是使用旧石器的原始人类宰杀大哺乳动物的屠场。[①]此外，在卡加延河谷还发现了一件象牙刮削器，系由原始象或剑齿象的牙齿加工制作而成，现被认为是菲律宾的国宝，因为它雄辩地证明了更新世中期原始人类在菲律宾的存在。除了卡加延河谷外，菲律宾旧石器时代的遗址还有巴拉望岛上的很多岩洞，其中29处经考查发现曾被人类利用作为住处或葬址；最著名的是塔崩洞，1962年5月28日在该洞发现了更新世晚期的人骨化石，即塔崩人化石，年代约在2.2万至2.4万年前。塔崩人眉棱颇高，前额微向后斜，脑容量不低于近代

① 金应熙主编：《菲律宾史》，开封. 河南大学出版社，1990年版，第3页。

菲律宾人的平均数，是智人的早期代表之一。[1]他们是食物采集者，主要以植物和小动物为食，渔猎本领不高。

约公元前7 000年，菲律宾的石器文化有了较大的进步，表现出了显著的多样性和不平衡性。多样性表现为，除了片石石器外，又出现了两种不同制作技术的石器：一种为“细石器”，特征为体积很小，但非常锋锐，用黑曜石、燧石等尖锐石片制作而成；另一种为“和平石器”，特征为从两面或单面打制成拳头大的卵石，使之成为圆形、卵形或杏仁形的工具。不平衡性体现在片石石器传统在相当长的一段时间内仍然存在，同新石器并存。

大约公元前5 000年或更早一点，菲律宾开始进入新石器时代。相较于旧石器时代，新石器时代菲律宾的社会经济有了很大的进步：主要使用磨制石器，但旧有的石化石器继续保留了一段时期；约于公元前1 500年出现了陶器；人们开始原始耕种，种植木茨、芋头等根茎作物，后来还种植旱稻；开始驯养动物；社会分工有所发展；各地区间已有一定程度上的物物交换；贫富分化开始出现。

菲律宾的金属时代分为两个阶段，即早期金属时代和后期金属时代。前者在中吕宋和巴拉望持续的时间约自公元前700年到公元前200年，金属工具仅限于铜器和青铜器，未能完全取代石器，且青铜器为数不多，还是输入品。后者约自公元前200年持续到900年左右，开始出现铁器并逐渐被普遍使用。金属时代菲律宾的农业生产发展较快，水稻种植有了较大的发展；制陶和纺织这两门手工技艺发展迅速；商品交换关系开始发生并发展；造船技术大为提高；社会关系和社会组织以血缘和亲属关系为基础，尚未出现部落等组织；土地公有，但已出现贫富分化，人们普遍参加劳动。金属时代

① Robert B. Fox, *The Tabon Caves*, Manila, 1970, p.40.

的菲律宾仍处于原始社会。

直至16世纪西班牙人入侵前，菲律宾的社会发展是不平衡的。某些内陆地区还存在原始公社制，而在南部苏禄群岛和棉兰老岛西部等处则阶级社会已经确立。在菲律宾大部分地区，原始社会正处于分解过程的不同阶段中，社会明显带有过渡性质。[①]据估计，西班牙人入侵时菲律宾的人口不足100万，其中吕宋和米沙鄢的平原地区约占四分之三。巴朗盖（Barangay）是那些地区居民的基本社会组织，每个通常由30至100个家庭组成，人口100至500人，有少至二三十人的，也有多至2 000人的，但不多见。巴朗盖多在沿海或沿河地区，一般由数个巴朗盖形成村落，也有一村一个的。巴朗盖居民大都经营农业，已有相当明确的等级制度，出现了首领、自由民、依附民、家内奴隶等阶层。但从社会形态来看，那些地区尚处在具有过渡性质的原始社会末期的瓦解阶段。最重要的生产资料土地归巴朗盖公有。血缘关系是联系巴朗盖全体成员的纽带，在生产和生活中起着巨大作用。牢固的国家政权机构尚未出现。奴隶占有关系虽然存在，但仅停留在家内奴隶制阶段，奴隶劳动并未成为社会劳动的基础。与中、北部的吕宋和米沙鄢地区不同，菲律宾南部棉兰老岛和苏禄群岛的社会发展更快，在苏禄群岛、普兰吉河流域和拉瑙湖周边地区等处已先后形成了早期封建国家，这些国家已建立了比较完整的中央和地方政法制度，并成立了法庭、警察等强制机构。土地私有制已经确立，以苏丹为首的地主阶级掌握了大部分土地，佃户与奴隶耕种土地需要缴纳劳役地租和实物地租。

从10世纪至16世纪初，菲律宾同亚洲邻国的经济、文化联系

① 金应熙主编：《菲律宾史》，开封.河南大学出版社，1990年版，第47页。

显著加强，菲律宾史学界不少人称这一阶段为“贸易与联系的时代”。正是因为同中国联系紧密，中国典籍中留下了诸多菲律宾这一时期的相关记载。

明中叶前出现于中国典籍的菲律宾古国。据宋代典籍所载，宋代出现的菲律宾古国名（地名）有麻逸、三屿、白蒲延、蒲里噜、里银东、流新、里汉、三麻兰、沙华公、蒲端等共十个。据元代典籍所载，元代出现的菲律宾古国有麻逸、三屿、蒲端、麻里噜、沙胡重、苏禄、民多朗、答陪、海赡（胆）、巴弄吉、蒲里姥和东流里。对比宋元两代的典籍记载，宋代出现的菲律宾古国麻逸、三屿、蒲端、蒲里噜、沙华公至元代仍在，白蒲延也见载于已遗失的元人偰玉立撰的《清源续志》中，只是里银东、流新、里汉和三麻兰不再见于记载。至明代，宋元时期中国典籍所载的菲律宾古国，除了南部的苏禄外，都在明代典籍如《明实录》、《明会典》、《明史》、《殊域周咨录》和《东西洋考》中消失[①]，新出现了冯嘉施兰、吕宋、合猫里、猫里务、网巾礁老、古麻剌朗、沙瑶、呐哔啴等古国，其中以北部的吕宋和南部的苏禄最为强盛。那些消失的古国或已衰落，或被新的古国所取代。西班牙殖民者东来后，菲律宾南部的穆斯林古国存在的时间长短不一，苏禄存在至19世纪中叶，是菲律宾历史最长的古国；沙瑶和呐哔啴估计在18世纪后才被西班牙所侵占；网巾礁老系马京达瑙族所建，以族名其国，存在于15至19世纪；古麻剌朗建于元末明初，存在于15至16世纪。[②]

① 只有《星槎胜览》中有麻逸、三屿的专条，因其内容全部抄自前代《岛夷志略》等书，没有新增的内容，并且还有诸多的错误，所以难以证明麻逸、三屿两古国至明代还存在。

② 黄重言：《菲律宾古国考》，载《东南亚历史学刊》，1983年第1期，第36-37页。

表4-1 明中叶前出现于中国典籍中的菲律宾古国

	国名/地名	所载古籍[①]	今所在地[②]	国名/地名	所载古籍	今所在地
宋代	麻逸	《宋史》、《太平寰宇记》、《文献通考》[③]	民都洛岛，或兼指吕宋岛	三屿	《云麓漫钞》、《诸蕃志》	卡拉绵、巴拉望、布桑加诸岛。又说在吕宋岛西南沿岸
	白蒲延	《云麓漫钞》、《诸蕃志》[④]	巴布延群岛	蒲里噜	《云麓漫钞》、《诸蕃志》[⑤]	波利略岛
	里银东	《诸蕃志》	吕宋岛西北部的仁牙因	流新	《诸蕃志》	似指吕宋港，即今之马尼拉港
	里汉	《诸蕃志》	似指卢邦岛	沙华公	《岭外代答》、《诸蕃志》	棉兰老岛三宝颜地区
	蒲端	《宋史》、《宋会要辑稿》	棉兰老岛东北部的武端地区	三麻兰	《文献通考》	棉兰老岛三宝颜地区
元代	三屿	《元史》、《岛夷志略》[⑥]	卡拉绵、巴拉望、布桑加诸岛。又说在吕宋岛西南沿岸	麻逸	《南海志》、《岛夷志略》[⑦]	民都洛岛，或兼指吕宋岛
	蒲端	《南海志》	棉兰老岛东北部的武端地区	东流里	《岛夷志略》	今地无考
	麻里噜	《南海志》、《岛夷志略》[⑧]	马尼拉	沙胡重	《南海志》	似指《岭外代答》中的沙华公
	苏禄	《南海志》、《岛夷志略》[⑨]	苏禄群岛	民多朗	《南海志》、《岛夷志略》[⑩]	位于棉兰老岛
	答陪	《岛夷志略》、《新元史》	今地无考	海赡（胆）	《岛夷志略》、《新元史》	今地无考
	巴弄吉	《岛夷志略》、《新元史》	未知是否为《诸蕃志》中之巴吉弄。一说巴吉弄指今布桑加岛。	蒲里娩[⑪]	《岛夷志略》	波利略岛

① 很多古国（地）名见于诸多古籍，此处不全列。

② 引自中山大学东南亚历史研究所1980年所编的《中国古籍中有关菲律宾资料汇编》的相关注释。

③ 《宋史》、《文献通考》兼作摩逸，《太平寰宇记》作摩逸。

④ 《云麓漫钞》作白蒲迩。

⑤ 《云麓漫钞》作蒲里唤。

⑥ 《岛夷志略》作三岛。

⑦ 《南海志》作麻叶。

⑧ 《南海志》作麻里芦。

⑨ 《南海志》作苏禄。

⑩ 《南海志》作文杜陵。

⑪ 蒲里娩即蒲里噜。

续表

	国名/地名	所载古籍	今所在地	国名/地名	所载古籍	今所在地
明代	合猫里	《明史》	吕宋岛南部的甘马磷省	冯嘉施兰	《明史》	吕宋岛西部的班诗兰省
	吕宋[①]	《明史》	吕宋岛的马尼拉一带	古麻剌朗[②]	《明史》	棉兰老岛
	猫里务[③]	《明史》	吕宋岛南面的布里亚斯岛	苏禄	《明史》	苏禄群岛
	沙瑶	《明史》	棉兰老岛北部的锡布盖地区	呐哔啴	《明史》	棉兰老岛北部的达比丹地区
	网巾礁老	《明史》	棉兰老岛南部的哥达巴托一带	—	—	—

中国典籍所载的明中叶前的菲律宾社会。宋元两代中国典籍所记载的菲律宾古国，不过是一些酋长统治的“团聚千余家，夹溪而居”[④]，“凭高依险，编茅为屋”[⑤]的大的聚落或部落而已，社会生产力极为落后，菲商用来同华商交换的产品除了木棉布外，都是天然的土产品，即使是中国典籍所载有着多个属国的麻逸，其用来交易的产品在宋代也只是黄蜡、吉贝、珍珠、玳瑁、药槟榔、于达布，在元代仅为木棉、黄蜡、玳瑁、槟榔、花布，也大多属天然土产；只是成书于元末的《岛夷志略》才提到三岛、麻逸、民多朗、麻里噜、苏禄等国有煮盐、酿酒、织布等手工业。[⑥]明代典籍的记载与宋元典籍的记载相较更为简略，也未见各邦国的社会生产力有大的提

① 西班牙殖民者东来后，指西班牙殖民政权。

② 《殊域周咨录》作麻剌国。

③ 猫里务和合猫里同国异名之说首见于《东西洋考》，其实并非一地，黄重言认为猫里务乃是合猫里的属国。

④ 赵汝适著，杨博文校释：《诸蕃志》，卷上《麻逸国》，北京.中华书局，1996年版。

⑤ 赵汝适著，杨博文校释：《诸蕃志》，卷上《三屿、蒲里噜》，北京.中华书局，1996年版。

⑥ 中山大学东南亚历史研究所：《中国古籍中有关菲律宾资料汇编》，北京. 中华书局，1980年版，第17–19页。

升。合猫里国“土瘠多山，人知耕稼”；沙瑶、呐哔啴则“物产甚薄”；苏禄国则“地瘠寡粟麦，民率食鱼虾，煮海为盐，酿蔗为酒，织竹为布”。[①]

至于风俗习惯，据宋元典籍所载，麻逸国人诚实守信，华商贸易时将货物赊给蛮贾，待蛮贾将货物转贩他岛换回土产后再偿付华商。[②]三屿国人却得不到华商信任。华商在三屿贸易时不敢上岸，即使议好了价钱上岸交易，也要留下几个蛮人在船上做人质，交易毕再返还人质。[③]沙华公、白蒲延和蒲里噜等国皆好劫掠。沙华公，“其人多出大海劫夺，得人缚而卖给阇婆”[④]；白蒲延则“大掠流鹅湾，同巡检战而溃”[⑤]；蒲里噜则“人多猛悍，好攻劫”[⑥]。麻逸和麻里噜俗尚义。据《岛夷志略》载，在麻逸“凡妇丧夫，则削其发，绝食七日，与夫同寝，多濒于死；七日之外不死，则亲戚劝以饮食，或可全生，则终身不改其节；甚至丧夫而焚尸，则赴火而死”[⑦]；在麻里噜“若番官没，其妇再不嫁于凡夫，必有他国番官之子孙，阀阅相称者，方可择配，否则削发看经，以终其身”[⑧]。此种守节殉夫习俗，连同“有铜佛像，散布草野，不知所自”[⑨]的记载，说明当时菲律宾受印度文化的影响较深，印度宗教已传入菲律宾。

据明代典籍所载，沙瑶、呐哔啴“男女蓄发椎髻，衣服无内外

① 张廷玉等：《明史》，卷三二三《沙瑶、呐哔啴传》和《合猫里传》，三二五《苏禄传》，北京.中华书局，1974年版。

② 赵汝适：《诸蕃志》，卷上《麻逸国》。汪大渊著，苏继庼校释：《岛夷志略》“麻逸条”，北京.中华书局，1981年版。

③ 赵汝适著，杨博文校释：《诸蕃志》，卷上《三屿、蒲里噜》，北京.中华书局，1996年版。

④ 周去非著，屠有祥校注：《岭外代答》，卷三《东南海上诸杂国》，上海.上海远东出版社，1996年版。

⑤ 叶适：《水心文集》，卷二四《周镇伯墓志铭》，瓯：清乾隆乙亥刻本。

⑥ 赵汝适著，杨博文校释：《诸蕃志》，卷上《三屿、蒲里噜》，北京.中华书局，1996年版。

⑦ 汪大渊著，苏继庼校释：《岛夷志略》“麻逸条”，北京.中华书局，1981年版。

⑧ 汪大渊：《岛夷志略·麻里噜》

⑨ 赵汝适著，杨博文校释：《诸蕃志》，卷上《麻逸国》，北京.中华书局，1996年版。

领，或用布丈余抄折，男子多袭以二三重，妇人一袭而止。男著皮履，妇人乃却跣足，足极细润，耳皆穿大孔，令可容极重金锩，衣服即锦绮，或甚奇细之布，必剪破服之，以衣服多为富。字亦用纸笔，第画不可辨。筑版为城，竖木复茅为宫。拜则两手和南，伸身直伏；跪，屈足而俯，两手支地。人多奉佛，在处礼拜寺甚夥。[①] 凡入寺者将死，堆柴坐其上，自下焚之。男女之禁甚严，夫行在前，其妻与人嘲笑，夫径刃其妻，所嘲笑之人亦不敢逃，听其刺割。盗不问大小，辄论死。其人愿到家与妻子别，辄听去，及期，妻子自送诣酋，酋令架高棚，登棚自剖其腹。孕妇以水灌之，仍用水涤所生子，置子水中，生而与水习矣。"[②]古麻剌朗"其国有百余州，有城四重。国人不荤食，有佛宇四千区，四万余妓每日歌舞以献佛饭。王出入乘象，戴金冠，从者骑马持剑随之"[③]。网巾礁老人则"最凶悍，海上行劫，舟若飘风，遇之无免者。然特恶商舶不至其地，偶有至者，待之甚善"[④]。吕宋"人颇质朴，不喜诉讼"[⑤]。

第二节　殖民地时期（1521—1945年）

一、西治时期（1521—1899年）

（一）西属菲律宾殖民政权的建立

横渡太平洋的壮举首先是由葡萄牙籍航海家费迪南德·麦哲伦进行的。他的好友弗朗西斯科·塞拉诺写信告诉他在马鲁古群岛的东面还是一片汪洋大海，这使他坚信香料群岛和亚洲大陆距离美洲

① 此处指伊斯兰教与清真寺。

② 张燮著，谢方点校：《东西洋考》，卷五《沙瑶、呐哔啴·班隘》，北京.中华书局，1981年版，第98、100页。

③ 罗曰褧：《咸宾录》，卷六《古麻剌朗》，北京.中华书局，1983年版，第164页。

④ 张廷玉等：《明史》，卷三二三《合猫里传》，北京.中华书局，1974年版。

⑤ 郑晓：《皇明四夷考》，明乾庆元年（1567），海盐郑氏刊本，卷下。

西海岸很近，他决心追随哥伦布的足迹，寻找一条通向香料群岛的新航路。他给远在香料群岛的塞拉诺的信中写道："不久我将和你在一起，若非通过葡萄牙的路线，则是通过西班牙的路线。我的事业总是要朝着这个目标前进。"[①]同时，西班牙王室对葡萄牙所垄断的利润丰厚的香料贸易垂涎已久，并且根据16世纪初盛行于西班牙国内的地理学观点，认为香料群岛应该属于西班牙所有，而通往香料群岛印度洋航线已为葡萄牙所控制，所以迫切希望开辟一条通往那里的新航线。麦哲伦绕道南美向西航行直达马鲁古群岛的建议对葡萄牙来说显得多余，却迎合了西班牙的需要，得到了西班牙国王查理一世的欣赏和大力支持，他为麦哲伦提供了充足的人员和物资装备，并在远征队的准备过程中每周都过问具体情况，多次下达谕令为远征队排除障碍。[②]

1519年9月20日，麦哲伦率船队离开圣卢卡港，1521年3月16日，船队的瞭望哨发现了萨马岛上高高耸起的山岗，这就是菲律宾的再发现[③]，是欧洲人第一次西向航行登上亚洲的土地，西班牙终于开辟了一条通往东方的新航道。但由于航线偏北，麦哲伦原本是寻找香料群岛，却阴差阳错地来到了菲律宾群岛，意外带来了西班牙殖民帝国版图的拓宽。17日，麦哲伦率远征队在萨马岛旁边一个荒无人烟的小岛合茫夯（Homonhon）岛登陆建立临时营地。28日，麦哲伦率船队来到距离合茫夯岛不远的利马萨瓦（Limasawa）岛。统治这个岛的大督名叫科兰布（Kolambu），麦哲伦通过欺骗及利诱的

① McCarthy, *Spanish beginnings in the Philippines, 1564—1572*, Washington, D.C., The Catholic University of America, 1943, p.8.

② Nicholas P. Cushner, *Spain in the Philippines : from Conquest to Revolution*, Quezon City, Ateneo de Manila, 1971, pp.11–13.

③ G.F.Zaide, *The Pageant of Philippine History : Political, Economic, and Socio-Cultural*, Manila, Philippine Education Company, 1979, Vol.1, p.184.

手段，取得了他的信任并与其歃血为盟，结成兄弟，这是菲律宾纪年史中第一次歃血盟约。与远征队随行的教士佩德罗·德·瓦尔德拉马还在该岛上举行了第一次天主教弥撒，麦哲伦乘机宣布岛民已经皈依天主教，利马萨瓦岛并入西班牙王国的神圣版图，并将之命名为圣·拉萨罗（St.Lazarus）岛，在一座山顶上竖起一个十字架，上面摆放一顶木制的西班牙王冠，以示西班牙王室的权力。4月7日，在科兰布的带领下，麦哲伦率领船队来到了宿务，远征队继续运用武力威胁与欺骗相结合的手法，最终使宿务岛上的大督拉贾·胡马旁（Humabon）接受了天主教洗礼，接受西班牙国王的统治，同意以武力帮助麦哲伦成为那一地区的首领。麦哲伦在所到之处树立十字架以证明那些地区已成为西班牙国王的神圣领土，因为根据与查理一世订立的合同，麦哲伦被授命担任那些被发现领土的最高长官并具有世袭权。但他当时没有力量去直接统治那些广阔的领土，希望找一个代理人来代为统治，他看中了胡马旁，所以召集宿务所有的酋长，命令他们服从胡马旁的统治，同时要求所有岛民皈依天主教，否则没收一切财产，并处以死刑。其后，两千余宿务岛居民皈依了天主教。

然而，麦哲伦远征队的殖民活动遭到了马克坦岛（Moctan）首领锡拉普拉普（Cilapulapu）的坚决抵制。他派人告知胡马旁，他绝不会背弃传统宗教，对于背弃者，他会联合其他酋长对之进行讨伐。4月27日凌晨，麦哲伦率领60名远征队员直接攻打马克坦岛，决定杀一儆百，以树立西班牙人的权威。战争的结果出人意料之外，西班牙人的火力优势无法发挥，麦哲伦死于非命。战争的失败与麦哲伦的死，也让胡马旁开始反叛。5月1日，他假借宴会之名诱歼了20余名远征队员，其余的队员仓惶逃离宿务岛，辗转来到了马鲁古群岛的蒂多雷岛，在那里装满香料之后，于1522年9月6日回到了西班牙的塞维利亚港，完成了人类历史上第一次环球航行。

麦哲伦远征队环球航行成功后，“西班牙的历代国王都对在东方建立一个立足点表示出极大的兴趣”[①]。查理一世立刻在西班牙西北角的拉科鲁尼亚（La Corunia）港设立了一个“香料贸易局”，意想利用这个港口来和葡萄牙的里斯本竞夺香料贸易，“收获麦哲伦发现的果实”[②]。为了鼓励勘探“西方群岛”，查理一世还授予最初前往的五支远征队以33种特权。

1525年7月24日，一支以洛阿萨（Fray Garcia Jofre de Loaisa）为首的西班牙远征队从拉科鲁尼亚港启航，前往东方，洛阿萨被任命为香料群岛的省督，并被授权“统治任何其他大陆和岛屿”。但是该远征队一路上多灾多难，极不顺利。1526年7月30日，洛阿萨病逝，他的两任接替者也在一个多月内相继死去。[③]9月20日，远征队终于到达了棉兰老岛。由于供应无法得到满足，10月15日远征队决定前往宿务，结果却被西北季风吹到了蒂多雷。[④]由于远征队人员损失太重，无力在那里与葡萄牙人对抗，只能等候援救。[⑤]

1526年4月3日，查理一世组织的另一支远征队在锡伯斯坦·卡博特（Sebastian Cabot）率领下从塞维利亚启航，结果卡博特误将拉普拉塔河当成通向太平洋的海峡，以至于在河区转悠了三年一无所

---

① Nicholas P.Cushner, *Spain in the Philippines*, p.39.

② Nicolas Zafra, *Philippine History: Through Selected Sources*, Quezon City, Alemar-Phoenix Publishing House, 1967, p.25.

③ Clements Markham translated and edited, *Early Spanish Voyages to the Strait of Magellan*, London, Printed for the Hakluyt Society, 1911, p.50.

④ Nicolas Zafra, *The Colonization of the Philippines and the Beginnings of the Spanish City of Manila*, Manila, National Historical Commission, 1974, p.26.

⑤ Nicholas P.Cushner, *Spain in the Philippines*, p.23.

获，最终只好于1530年8月带着残余队员返回了西班牙。[①]

奉查理一世之命，征服墨西哥的著名冒险家科尔特斯组织了自麦哲伦之后开向远东地区的第三支西班牙远征队，于1527年10月31日从墨西哥的萨瓜塔内霍启航。该远征队除了要营救或搜寻麦哲伦及其后两支远征队的人员或船只下落之外，还负有一个重要使命，即“选择一个理想的定居地作为殖民据点，同时探寻从东方返回新西班牙的航路”。该远征队也遭遇了一系列的不幸。最后仅剩旗舰“佛罗里达”号于1528年2月抵达棉兰老岛，在那里与岛民发生冲突而无法立足，被迫驶向蒂多雷，在那里与洛阿萨远征队的余部会合。此后，科尔特斯两次试图返回墨西哥，结果都失败，他本人也于1529年10月9日死于海上。走投无路的其他远征队员，最后都投降了葡萄牙人。[②]

自从“维多利亚”号返航之后，在长达数年的时间里，西班牙和葡萄牙为了香料群岛一直争吵不休，都要求对这些岛屿的所有权。为了平息双方争议，1529年4月22日，西班牙和葡萄牙两国缔结了《萨拉戈萨条约》，西班牙以35万金杜卡特（ducat）的价格，把双方的分界线划在香料群岛以东297.5里格之处。[③]这样一来，不仅香料群岛成了葡萄牙的领土，就连菲律宾也都划到葡萄牙一方。

1529年4月22日，西、葡两国《萨拉戈萨条约》签订后，西班牙人并未放弃继续拓殖菲律宾群岛，染指香料群岛的野心。[④]1542年

① Martin J.Noone S.S.C., *General History of the Philippines*（1521—1581）, vol.1, pp.162-165.

② Nicholas P.Cushner, *Spain in the Philippines*, pp.24-29.

③ BR, Vol.1, p.226.

④ Keith Whinnom, *Spanish in the Philippines*, Journal of Oriental Studies, 1954, Vol.1, p.173.

11月1日，一支在墨西哥装备的远征队在Villalobos率领下从纳维达德港（Navidad）出发，于1543年2月2日到达棉兰老岛。为了补给粮食，远征队于3月初开往了萨兰加尼岛（Sarangani）。在那里，他们采用武力手段进行掠夺，遭到了岛民们的顽强抵抗，维拉洛博斯被迫派出小分队到棉兰老岛沿岸各地四处搜寻。在各地岛民的打击下，远征队无法建立殖民据点，被迫转往马鲁古群岛。1546年4月，维拉洛博斯死于安汶岛，远征队陷于崩溃，残留的队员则辗转经印度回到了西班牙。[①]

1556年，菲利普二世继任为西班牙国王，他一继位就开始谋划向远东地区扩张，首当其冲的就是菲律宾群岛。1559年9月24日，他命令墨西哥总督路易斯·韦拉斯科负责装备一支前往东方的远征队。1564年11月21日，远征队在黎牙实比的率领下由墨西哥的纳维达德港启航。这支远征队的主要使命为：尽力使当地土著皈依天主教，探明当地物产，探索返回新西班牙的安全航路。此外还授命黎牙实比在适当的地方建立殖民地，与土著维持“最稳固的友好关系”[②]。1565年2月13日，远征队到达萨马岛附近，在获得补给之后南下先后来到了莱特岛和利马萨瓦岛。[③]远征队后来又来到了保和岛，黎牙实比在取得岛民们的信任后获准上岸，并按菲律宾人的传统与当地首领卡图纳歃血为盟。4月22日，远征队开始向宿务进发，黎牙实比决心将宿务建成西班牙的第一个殖民据点，作为征服菲律宾的基地。在非武力占有的企图受挫后，远征队集中所有炮火向那里的村落轰击。6月4日，宿务首领图帕斯被迫与黎牙实比签订和

① 金应熙主编：《菲律宾史》，开封：河南大学出版社，1990年版，第100页。

② BR, Vol.2, p.63.

③ BR, Vol.2, pp.202-205.

平条约，规定：图帕斯及其人民承认西班牙的统治；岛民得向西班牙人进贡；黎牙实比承诺保护他们不受敌人攻击；双方相互进行贸易；冒犯西班牙人的宿务人要交给黎牙实比按西班牙法律处罚。[①]该条约的签订是菲律宾开始沦为西班牙殖民地的标志。1565年由菲律宾到墨西哥的归程航线开辟后，黎牙实比获得了墨西哥方面源源不断的支持，实力得到了充实，开始以宿务为据点，不断向萨马、莱特、班乃、内格罗斯、棉兰老等诸岛屿派出探险队，拓宽势力范围。1569年1月又决定在班乃岛建立第二个殖民据点。后又在米沙鄢地区建立了一系列殖民据点。1569年8月14日，西班牙国王正式任命黎牙实比为菲律宾总督，隶墨西哥总督府管辖。[②]1570年5月，黎牙实比派戈第率领远征队开始对马尼拉进行第一次攻击，后由于后援不继退回了班乃。1571年4月，黎牙实比率领远征队主力开往马尼拉，并于5月16日再次占领了马尼拉，6月最终征服了马尼拉。6月24日，西班牙人在马尼拉建立市政厅，并修筑堡垒、教堂，逐步建立起一座全新的西班牙城市，马尼拉也最后成为西班牙在菲律宾殖民统治的中心。至1578年，西班牙人基本上完成了对菲律宾中、北部地区的殖民征服，随后开始了向菲律宾南部的殖民征服。在一连串的征讨行动后，西班牙人陆续在棉兰老岛一带的岛屿群设立了殖民据点，“自此，被这些据点所形成的面所构成的岛屿群，大体上形成人们今日所称的‘菲律宾群岛’”[③]。西班牙在菲律宾的殖民统治得以初步确立。

---

① G.F.Zaide, *The Pageant of Philippine History*：*Political, Economic, and Socio-Cultural*, Vol.1, p.237.

② BR, Vol.3, p.66.

③ 李毓中:《遗落在东亚的美洲岛屿:西属菲律宾殖民地的形成与变迁》,《历史月刊》2002年12月号,第61页。

（二）殖民制度

1. 行政官僚体系

西班牙人在菲律宾建立了一套高度中央集权的行政管理体系[①]，驻在马尼拉的中央政府统治整个菲律宾殖民地，中央政府下辖各省政府，省政府下辖各市镇政府，代表西班牙国王的总督处在这一官僚体系的最顶端。[②]黎牙实比远征菲律宾四年之后，菲利普二世于1569年8月14日正式发布诏令，任命他为菲律宾总督[③]，这是菲律宾殖民地殖民制度构建之肇始。

按惯例，总督皆由国王从印度事务委员会提供的候选名单中选任。但到1720年左右，总督皆为墨西哥的新西班牙副王临时委派，然后由国王加以确认或重新委任他人。[④]总督的薪资，普遍认为除了最初每年8 000比索的固定工资[⑤]外，还有数量不等的津贴和各种特殊收入，合计收入应有2万比索左右[⑥]，后期甚至达4万比索[⑦]。总督任期一般为八年，可以连任，但很少有人能够做满任期。1569年到1761年的192年间共有38任，平均五年一任。[⑧]19世纪以后，总督更换更为频繁，92年间换了61任总督，平均任期仅一年半。对于总督职位的继任，征服初期制度不完善，无一定成规。1664年4月2日，西班牙王室正式颁令对菲律宾总督的继任作了明确规定：总

① Alip, *Philippine History: Political, Social, Economic*, Manila, Alip and Sons Inc., 1958, p.238.

② Robert Ronald Reed, *Hispanic Urbanism in the Pilippines*, *Journal of East Asiatic Studies*, Vol.11, p.79.

③ BR, Vol.3, p.62.

④ Alejandro M.Fernandez, *The Spanish Governor General in The Philippines*, Queon City, University of The Philippines Law Center, 1971, p.5.

⑤ BR, Vol.1, 49-50.

⑥ Alejandro M.Fernandez, *The Spanish Governor General in the Philippines*, Queon City, University of the Philippines Law Center, 1971, p.13.

⑦ John Foreman, *The Philippine Islands*, New York, Charles Scribner's Sons, 1899, p.232.

⑧ BR, Vol.17, pp.285-297.

督若因死亡或其他意外事故无法视事，则由马尼拉王室最高法院接管其民事和行政权力，首席法官为军事长官暂掌军事。[①]1720年9月8日，西班牙王室再次对总督的继任制度作出调整，总督职位空缺时由马尼拉大主教继承。[②]1762年马尼拉设立副总督一职，规定总督职位空缺时由副总督继任。[③]至于总督的权限，在所有西班牙帝国内的官职，没有比菲律宾总督享有更大的权力，总督可运用政治、军事、司法和宗教等职权。在政治方面，总督有权控制和监督所有的行政官吏，毋须经国王同意即可任免官吏。在军事方面，总督是菲律宾武装力量的总司令，负有保卫菲律宾的重任。在司法方面，总督是马尼拉最高法院（Royal Audiencia）的主席（直至1861年为止），有权任命法官，并终止来自西班牙的法律或不予执行。在宗教方面，总督是皇家副保护圣徒（Royal Vicepatron），有权管理教会事务。此外，总督并有权收税、颁发条例以便地方官吏遵循、赦免罪犯、监督贸易和工业。[④]同时为了制约总督的权力，西班牙王室除了通过最高法院和教会的势力来制衡外，还出台了一系列制约措施，主要有终任审查制度和巡视制度。[⑤]

至于地方政府，殖民当局在中央政府下划分行省。早在1571年，邦板牙就被划入行省的范围，到16世纪末17世纪初殖民当局开始在菲律宾群岛地区全面实行行省制度。[⑥]到龙其虑总督（1580—1583年）

① BR, Vol.17, pp.313-314.

② Charles Henry Cunningham, *The Audiencia in the Spanish Colonies as Illustrated by the Audiencia of Malina（1583—1800）*, Berkeley, University of California Press，1919, pp.339-340.

③ Alejandro M.Fernandez, *The Spanish Governor General in the Philippines*, Queon City, University of the Philippines Law Center，1971, pp.11-12.

④ 陈宏瑜：《菲律宾政治的发展》，台北.商务印书馆，1980年版，第108-109页。

⑤ The Supreme Court of the Philippines, *The History of the Philippine Judiciary*, Manila, Published by the Philippine Judiciary Foundation，1998, p.63.

⑥ Alejandro M.Fernandez, *The Spanish Governor General in the Philippines*, Queon City, University of the Philippines Law Center，1971, p.59.

任职时，行省数量达15个，到17世纪初达17个。[①]省督为行省的最高长官，根据法律该由国王任命，但实际上往往由马尼拉总督指派。[②]省督最主要的职责就是在所辖区域内执行来自马尼拉的指令；作为地区内最高长官，兼有行政和司法职能；负责各自区域内的军事防御、镇压叛乱与骚动、征发兵役。省级行政机构之下还有大小不等的城镇和村落。城镇和村落都是在前西班牙时代的土著聚居区的基础上设立的，首领都是当地居民，具有一定的自治性质。城镇首领为镇长，下辖一定数目的警察和官吏作为辅助人员。每个城镇又下辖若干个村落，即巴朗盖。村长由巴朗盖成员担任，负责调解村民关系、解决争端、征收贡赋。在人口稠密的地区，殖民当局通常设立城市，按照颁定的专门宪章组织市政府。每个市建立一个市政厅，由市长、市议员、警长、秘书等组成，其中市长拥有司法和行政权。

2. 司法体系

最高法院是西属菲律宾司法制度的典型代表，在整个西班牙殖民时代其作用独一无二。1583年5月5日，菲利普二世发布敕令建立马尼拉王室最高法院，敕令细致、明确地规定了马尼拉最高法院的职责、权限、工作流程、人员构成、薪酬以及其他一些与司法相关的事务。[③]根据敕令，最高法院主席由总督兼任，下辖三名联席法官和一名起诉检察官以及其他一些必需的辅助官员。[④]1584年5月，马尼拉最高法院正式成立。王室最高法院最初建立的目的是解决菲岛的司法纠纷，但它在建立和发展过程中，除了司法职能外，还兼

① Alip, *Political and Cultural History of Philippines*, Manila, Alip and Sons Inc., 1954, p.162.

② Charles Henry Cunningham, *The Audiencia in the Spanish Colonies as Illustrated by the Audiencia of Malina (1583—1800)*, Berkeley, University of California Press, 1919, p.28.

③ BR, Vol.5, pp.274-318; Vol.6, pp.35-44.

④ BR, Vol.5, p.274.

具立法机关、行政机关，甚至管理教会的职能。[①]

关于司法职能，最高法院拥有了对菲岛地区所有初审过的民事和刑事案件进行复审的权力，同时还被赋予了所有涉及政府和官员案件以及马尼拉城周围五里格范围内的刑事案件的初审权。在民事诉讼方面，最高法院不仅拥有民事案件的复审权，也拥有一些民事案件的初审权。在刑事诉讼方面，马尼拉最高法院可以受理来自所有菲律宾群岛居民的上诉。马尼拉城五里格内发生的刑事案件一般由最高法院法官直接进行初审，情节特别重大的则委派专门的调查人员以最高法院的名义进行审讯。

关于行政职能，为了在政府事务管理上给总督以有效的帮助和制衡，西班牙国王授权允许最高法院参与审核殖民地政府的财政预算、起草年度报告，要求总督在制定有关殖民地行政的某些政策和法律时，必须与最高法院协商一致。最高法院还有权对总督的命令提出异议，并向国王直接汇报。此外，如果总督职位临时空缺，最高法院将在新总督到达前临时代行总督职权，军事指挥则由首席法官负责。

（三）西班牙统治下的菲律宾社会

1. 菲律宾的天主教化

不管是在征服阶段，还是在随后三百余年的殖民统治中，天主教会都发挥了巨大的作用。

西班牙天主教会的传教士同西班牙远征队一同踏上了菲律宾土地。据载，麦哲伦船队中的佩德罗神父先后施洗了2 200多人，包括胡马旁和他的王后。[②]

---

① Charles Henry Cunningham, *The Audiencia in the Spanish Colonies as Illustrated by the Audiencia of Malina*（*1583—1800*）, Berkeley, University of California Press，1919, p.1.

② BR, Vol.1, p.324；Vol.33, p.159.

1565年黎牙实比远征队启航时，有五名奥斯定会士同行。第一个接受奥斯定会士施洗的菲律宾人是宿务首领图帕斯的一个侄女，图帕斯本人也于1568年3月21日受洗皈依天主教。随着西班牙人征服范围的扩大，奥斯定会也继续向周围的班乃、马斯巴特、甘马粼等地区扩展，最后随远征队一起发展到以马尼拉为中心的吕宋地区。1571年奥斯定会在马尼拉兴建了该会的总教堂和修道院，即"圣奥斯定教堂"，它是菲律宾境内最早的教堂。1574年和1575年又有两批奥斯定会修士来到马尼拉，1575年3月7日，奥斯定耶稣圣名省正式在马尼拉成立，至1760年该会在菲岛共有传教士1 693名，辖有教民37万余人。[①]

紧随奥斯定会而来的是方济各会。1577年6月24日，第一批共15名方济各会修士来到马尼拉。[②]方济各会对天主教化菲律宾贡献重大。在1578年方济各会的第一次教团会议上，普拉森西亚按照美洲殖民地的经验，建议在菲律宾实行"移民并村"计划，即把分散在各个巴朗盖里的菲律宾人聚集到较大的村庄和市镇里，将居住在山上的部族迁至沿海低地居住，并积极倡导修建公共设施，以利派遣传教士传教，这一政策对天主教在菲律宾的迅速传播作用重大。方济各会传教士还倡导学习菲律宾的民族语言以用于传教布道，这一举措有力地推动了菲律宾民族语言的发展。

1581年抵达马尼拉的耶稣会是第三个来到菲岛的修会。1593年，耶稣会士在菲律宾建立了该会的第一个传教点，1594年又有14名耶稣会士来到菲岛，并建立了永久传教团。1651年，在菲律宾的耶稣会传教士已达96人，到1768年被逐出菲律宾时已拥有传教士

① BR, Vol.48, p.58.

② G.F.Zaide, *The Pageant of Philippine History: Political, Economic, and Socio-Cultural*, Manila, Philippine Education Company, 1979, Vol.1, p.305.

148名，98个传教点，下辖教民209 527人。[①]

两名多明我会神父于1581年与耶稣会士同船到达菲律宾，即刚刚被任命为首任马尼拉主教的萨拉萨尔神父及其随从。1587年7月21日，多明我会派遣的正式使团到达菲律宾，由15名教士组成，其中5名留在了马尼拉并建立了多明我会圣玫瑰省，修建了圣多明各修道院；其余4名去了巴丹，6名去了冯嘉施兰，这两个地区后来都成为多明我会重要的传教区。

奥斯定重拾会的第一批传教士于1606年来到菲律宾，并迅速在马尼拉郊外的巴贡巴扬地区建立了自己修会的修道院和教堂。在整个17世纪，共有270名该会成员在菲律宾地区传教。[②]

传教士们接踵而来，菲律宾的天主教化被大幅推进。1576年，菲岛仅有13名修会传教士，1586年已经增加到94人，1594年迅速攀升至267人。据学者统计，在西班牙统治的300年间，西班牙各天主教派派到菲律宾的传教士共达1万人左右。[③]与此同时，受洗奉教的菲律宾原住民人数急遽上升。西班牙进入菲律宾的前5年仅有100人受洗皈依天主教，1583年约有10万人受洗，1594年受洗者有28.6万人之多，到1622年更是突破了50万人，而当时菲律宾群岛总人口也不过60万人左右。[④]到17世纪中叶，除了山区和棉兰老岛穆斯林地区外，四分之三的菲律宾人都已经皈依了天主教。天主教的影响渗透了菲岛社会生活的各方面，教堂取代了原始的偶像，十字架、圣像、祭台到处可见，教会在菲律宾人接受洗礼时也给他们

---

① G.F.Zaide, *The Pageant of Philippine History : Political, Economic, and Socio-Cultural*, Manila, Philippine Education Company, 1979, Vol.1, p.306.

② 施雪琴:《西班牙天主教在菲律宾：殖民扩张与宗教调适》，厦门大学博士学位论文，2004年，第69页。

③ 陈烈甫:《菲律宾的历史与中菲关系的过去与现在》，台北. 正中书局，1968年版，第70页。

④ BR, Vol.19, pp.285–287.

加上了教名，西属菲律宾地区基本上完成了天主教化。

2. 菲岛的主要经济活动

西班牙王室不仅在西班牙本土继续净化天主教信仰，还将传播天主教作为海外殖民的重要目的之一，让西班牙传教士与殖民者在海外相伴相随。正是由于西班牙王室对在海外传播基督福音的重视，作为帝国东方前哨站的菲律宾群岛，不仅是西班牙传教士传教的目的地，还被视为谋建“东方天主教王国”的前进基地。Edward Gaylord Bourne认为，“从一开始，菲岛的西班牙人居留地是一个宗教社团，准确地说不是一块殖民地，被建立和治理是出于宗教利益，而不是商业或工业利益。那些居留地是基督教前哨基地，传教力量由此可以部署到中国、日本等国家”[①]。此外，菲岛在海外殖民征服中的战略重要性是西班牙王室最终没有将之放弃的重要原因之一。正是因为西班牙更多地着眼于菲律宾在其海外殖民征服和传教事业中的战略地位，再加上菲律宾本身经济落后、资源贫乏，使西班牙对于发展本地区经济缺乏信心，在18世纪60年代前的200年间，西班牙人在菲律宾最重要的经济活动莫过于推行委托监护制和大帆船贸易。

西班牙人到达菲律宾后，沿用了原来在美洲推行的土地制度。征服菲岛后，西班牙人很快就把他们在美洲实行多年的委托监护制引进到了菲律宾。早在1567年7月，黎牙实比就写信给菲利普二世，请求王室实行“委托监护制”，以奖励其部下对国王的忠诚，1568年11月，菲利普二世在回信中正式答应了他的要求，允许其在菲岛分配监护地。1571年，黎牙实比在宿务进行了第一次分配：宿务港和宿务城分配给王室，岛上的其他土地则分派给随行的征服者。此

① BR, Vol.1, pp.48–49.

后，“委托监护制”就在菲律宾各地广泛地推行起来。到1572年黎牙实比去世时为止，已经分出监护地143处。[①]在委托监护制下，监护主们的横征暴敛摧残了菲律宾本来就不太发达的生产力，严重阻碍了其社会经济发展。随着大帆船贸易的逐渐繁荣，监护主们为了谋取更大的利益，纷纷离开领地跑到马尼拉城投身于激烈的贸易竞争中，管理领地反而成为他们的副业，委托监护制日渐衰落。1721年，西班牙国王菲利普五世下诏，凡是已经无主的监护地立即收归王室，不再分配给任何人，从法律上结束了委托监护制。

1565年，乌尔德内塔由菲律宾北上发现由西太平洋沿岸返回美洲大陆的航线后，往返亚洲与美洲之间的“太平洋航线”得以形成。从1565年到1815年的250年间，这条航线上的贸易完全处于西班牙的垄断之下，其间每年有1至4艘吨位不等的西班牙船只从马尼拉起航前往墨西哥的阿卡普尔科。这条航线上的贸易，欧美学界一般称其为大帆船贸易。大帆船贸易对菲律宾殖民地来说至关重要，“在西班牙统治的大部分时间里，马尼拉和阿卡普尔科之间的帆船贸易已经成为菲律宾群岛经济史的最主要内容”[②]。“由中国商人或澳门葡人运往菲律宾的丝货，在到达马尼拉后，除一小部分在当地消费，或向日本输出以外，绝大部分或几乎全部都由大帆船转运往西属美洲出售”[③]。正因为中国商品一直是大帆船船货的主要内容，所以墨西哥人往往称大帆船为“中国之船”（Nao de China）。[④]

除了丝织品外，经大帆船输往墨西哥的还有大量的中国生丝。西班牙议会于1727年开会时宣称：大帆船自菲运美的货物（以生丝

① 邱普艳：《西属菲律宾前期殖民统治制度研究》，2009年厦门大学博士论文（未刊），第116页。

② Nicholas P.Cushner, *Spain in the Philippines : from Conquest to Revolution*, Quezon City, Ateneo de Manila，1971, p.127.

③ 全汉昇：《中国经济史论丛》，第465页。

④ 沙丁等著：《中国与拉丁美洲关系史》，郑州.河南人民出版社，1986年版，第54页。

为主)，虽然以4 000包为最高限额，但是通常都多至1万或1.2万包。[①]运抵墨西哥的中国生丝多半在那里加工织造，然后运往秘鲁出售。运销于美洲各地市场上的中国丝货，在拥有大量银子的西班牙人看来，售价虽然低廉，事实上已经远较原来成本为高。再加上需求增大，销路扩展，丝货贸易的利润自然也非常大。[②]以1587年为英国人Cavendish所掠的*Santa Anna*号为例，当时的菲岛王室财库管理人Román和菲岛最高法院院长兼临时总督Vera宣称，该船装载的货物在墨西哥的总的销售价值会超过200万比索，并指出马尼拉在那些货物上的投资超过100万比索。[③]1599年7月21日，王室驻菲岛财务官Hieronimo de Salazar y Salcedo写信给国王，“陛下应该像过去一样让您的臣民自由地与中国进行各种商品的贸易，但要垄断和禁止生丝贸易，要求从中国开来的每艘商船载5担生丝来——这个数量很小，付予那些商船合理的价格，再将这些生丝送往墨西哥，在那里零售，将会获得400%的利润，这样，中国商船载来生丝就能(为王室府库)生利”[④]。1602年，Rio主教Fray Martin Ignacio de Loyola写道，“在过去20年，(中国丝货)贸易仅由菲岛西班牙居民经营，他们往往赚取1 000%的利润”[⑤]。菲岛总检察官Martin Castaňos曾于1620至1621年间搜集马尼拉及利马的丝货价格资料，加以比较后发现，派遣一艘载重200吨的大帆船，自马尼拉载运各种生丝及丝织品至利马出售，可获净利200万比索。[⑥]1638年，一位西班牙海军将领Hieronimo de Baňuelos y Carrillo在墨西哥写道，“当时

① 转引自全汉昇的《中国经济史论丛》，第465页。

② 全汉昇:《中国经济史论丛》，台北.稻禾，1996年版，第467页。

③ William L.Schurz, *The Manila Galleon*, p.308.

④ BR, Vol.11, p.111.

⑤ BR, Vol.12, p.60.

⑥ BR, Vol.19, pp.304-306.

自马尼拉把品质最差的中国生丝和棉桃运往墨西哥出售，可获得400%的利润”①。1640年，耶稣会士Diego de Bobadilla，S.J.撰写了《菲律宾群岛记》一文，其中谈到，“所有那些货物（以中国丝货为主）被出口到墨西哥，在那里当场销售，获利丰厚，我不相信世界上还有比那更有利可图的贸易”②。中国输出的货物并不以生丝及丝织品为限，但这些丝货因为价值大而体积、重量小，宜于远道运输，故以马尼拉为转运口岸，每年都由大帆船大量运往出售。经营大帆船贸易的西班牙人，因为中国丝货的运销美洲，给他们带来了巨额的利润，故在1565年以后的200余年内，自菲运美的商品，以这些中国货的价值为最大。③大体上说，菲墨间经营丝货贸易的净利润，约为投资额的100%至300%，因时而异。④

经马尼拉转口输入墨西哥的中国商品主要是丝货，不过根据陈国栋教授近年来对16—17世纪东亚绵布的研究看来，可能这些丝织品中包含了相当数量的中国绵布。运往美洲大陆的中国瓷器价值虽不高，但是在数量上仍是相当可观的，因此至今在墨西哥境内的许多博物馆内，仍藏有许多明清时期的中国瓷器。美洲大陆的银矿需使用大量的水银，使得美洲大陆对水银的需求极大，而中国云贵一带价廉物美的水银吸引了墨西哥殖民地西班牙矿主的注意，由于水银这项商品牵涉太多殖民母国的水银专卖利益，因此一直没有获得太大的突破。⑤

---

① BR，Vol.29，p.77.

② BR，Vol.29，p.308.

③ 全汉昇：《中国经济史论丛》，台北．稻禾，1996年版，第472–473页。

④ William L.Schurz，*The Manila Galleon*，p.190.

⑤ 李毓中著：《菲律宾简史》，南投．国立暨南国际大学东南亚研究中心出版，2003年版，第24–25页。

西班牙殖民者征服菲律宾之后近200年的时间里，将带有浓厚封建色彩的经济制度移植到菲律宾，使菲律宾长期停留于自给自足的庄园经济，社会分工无法扩大。18世纪的下半叶至19世纪，菲律宾的社会发展进入了一个新的阶段。“七年战争”后菲律宾遭到了严重破坏，在恢复经济的过程中，菲律宾殖民当局试探发展菲律宾本地的商品生产。18世纪70年代巴斯科总督就任后，立即着手制定菲律宾的经济发展计划，鼓励私人集资开发当地资源，奖励农业、矿业和丝织业生产，推广棉花种植、丝织和榨糖生产的最新方法。他在商业方面让殖民政府继续垄断大帆船贸易，但一定程度地放弃了“锁国”政策，放松了对马尼拉港的管制，允许一定数量的外国商船驶入马尼拉，与殖民政府进行官方贸易。为了达到开发资源、发展农业生产、充实殖民政府财力的目的，巴斯科采取了一系列措施。1781年，巴斯科成立了“国家之友经济协会”，目的是引进技术，发展农工商业，奖励经济作物种植，进行职业教育。[①]巴斯科采取的另一项经济措施是实行烟草专利制度，政府全部垄断烟草生产，强迫农民种植。巴斯科的经济措施取得了一定的成功，并引起了西班牙王室的重视。1785年“菲律宾王室公司”成立，公司活动遍及菲律宾商业和农业的各个领域。18世纪中叶后实行的一系列经济措施，在巴斯科总督执政期间收效很大，这在客观上推动了菲律宾商品经济的发展，使菲律宾的经济形式发生质变，走出自然经济状态。19世纪30年代，马尼拉港正式向国际贸易开放，菲律宾经济被纳入了资本主义世界经济体系。

① 金应熙主编:《菲律宾史》，开封.河南大学出版社，1990年版，第267-268页。

二、美治时期（1899—1935年）

（一）菲美战争

到了19世纪，随着菲律宾资产阶级的形成，特别是新型知识分子的崛起，菲律宾人的民族意识开始形成和发展，各阶级的不满渐渐汇合，随着1892年7月7日革命组织“卡蒂普南”的诞生，菲律宾进入了以武装斗争争取民族解放的阶段。1896年8月，菲律宾爆发了反西革命，革命浪潮迅速席卷中吕宋和吕宋西南部及北部，并扩展至民都洛和班乃以及棉兰老北部。革命在1897年12月严重受挫后转入低潮，至1898年初又重新高涨，革命不仅摧毁了西班牙的殖民统治，还催生了菲律宾共和国。然而就在反西起义再次兴起之际，美西战争爆发。1898年4月25日，美国国会批准正式向西班牙宣战，5月1日，美国亚洲舰队司令杜威率领舰队闯入马尼拉湾，一举摧毁了那里的西班牙舰队，封锁马尼拉，并于8月13日占领了马尼拉。1898年12月10日美西签订《巴黎和约》，规定西班牙把菲律宾割让给美国，收受2 000万美元作为抵偿。从香港回国再次领导革命的阿吉纳尔多，鉴于西班牙的殖民统治迅速土崩瓦解，于6月12日在甲米地发表了独立宣言，宣布菲律宾已经从西班牙统治中解放出来。1899年1月21日，菲律宾革命政府颁布宪法；1月23日，菲律宾第一共和国诞生，阿吉纳尔多当选为共和国总统，马比尼被任命为内阁总理兼外交部长。

美军占领马尼拉后，成立军政府，计划将统治权扩展到整个菲律宾群岛，导致菲美关系紧张。1899年2月4日，美军一名步哨开枪打死了马尼拉市郊德尔蒙特兵营的一名菲律宾士兵，挑起了菲美战争。2月5日，菲律宾共和国正式向美国宣战。

在战争的开始阶段，菲律宾军队由于缺乏准备而处于被动，无法抵挡美军的猛烈进攻。然而菲律宾军队的激烈抵抗也大出美国的意料之外，使得美军需要很多的兵力来驻守马尼拉和一些已经占领的地方，而要占领整个菲律宾群岛则需要更多的兵力。但是从2月底到3月间，援兵从美国源源开来，使得美军有更多的力量展开新的攻势。虽然美军新的军事攻势由于菲律宾军队顽强抵抗而收效有限，但美国方面的政治攻势却成功地造成了革命阵营的分裂。1899年3月4日，美国派遣的"第一届菲律宾委员会"即舒尔曼委员会抵达马尼拉。4月4日，该委员会发表《告菲律宾人民书》，许诺将给菲律宾自治；给予菲律宾人个人自由；公正的文官制度；发展工农业，修筑道路；兴办教育和改善卫生等。[①]这份宣言获得了菲律宾保守分子的支持，使得一些地方政府出现了动摇和投降，后来菲律宾共和国政府内部也发生了分裂，以佩德罗·帕特尔诺和费利佩布恩·卡米诺为首的妥协派开始寻求向美国妥协，希望达成"体面的协定"，并因美方的政治和军事双重攻势而逐渐在共和国政府内部得势。妥协派的掣肘加上军事上的失利，导致1899年的战局对菲律宾已极为不利，共和国岌岌可危。10至11月，美军分别由劳顿、惠顿和麦克阿瑟指挥分三路进攻，占领广阔的地区，夺取了菲律宾共和国的大量军需品和武器，以及粮秣库、火药厂、陆军部的卷宗和国库，连司库员、内政部长和国会主席都落入了敌手，菲律宾军队的主力被击溃，已不能进行正规作战了。11月12日，菲律宾共和国召开了一个短期会议，会上决定转入游击战。到1899年末，菲律宾共和国政府实际上已经不存在了，游击战争进行得非常艰难。1901年3

① 金应熙主编:《菲律宾史》，开封.河南大学出版社，1990年版，第416页。

月23日，阿吉纳尔多被擒，并在美方的利诱之下于4月1日宣誓效忠美国，随后又在4月19日发表宣言，规劝菲律宾人民接受美国统治，停止流血。随着阿吉纳尔多的投降，绝大多数起义将领都先后投降，菲律宾的独立战争失败了，菲律宾第一共和国也随之灭亡。

（二）殖民制度

美菲殖民体系的构建始自"第二届菲律宾委员会"，即塔夫脱委员会。在军政府时期，根据美国陆军部长的特令，塔夫脱委员会于1901年1月31日通过了第82号法令（也称镇政府法典），2月通过了第83号法令（也称省政府法典），开始组建镇、省级地方政府，共建立了765个镇、35个省。另据1901年7月31日通过的法令，马尼拉被划为特别市。根据上述法令成立的镇政府设有镇务会议，设民选正、副主席各一人，任期2年；镇司库、秘书由主席任命，由镇务会议批准；镇政府的职权为征税、管理镇的财产、建筑房屋等。省委员会设三个成员：省长、财务长官和公务长官，起初均由塔夫脱委员会任命，后来省长和公务长官由选举产生。镇政府的活动受省政府监督，而省政府则完全处在由美国人控制的"行政局"的严密监督之下。同时司法权则完全掌握在美国人手中，菲律宾最高法院由一位首席法官和6名陪审官组成，在14个司法区建立了初审法院，美国人占据了最重要的法官位置。

1901年3月2日，美国会通过了《斯普诺修正陆军拨款法案》，规定美国在菲律宾建立文治政府，授权美国总统着手构建。7月4日，文治政府在马尼拉就职，威廉·塔夫脱任民政长官。9月1日，菲文治政府建立了内政、商业和警察、财政与司法、公共教育四个部，"菲律宾委员会"的委员担任各部部长。"菲律宾委员会"变成了立法机关，委员由5名增至9名。但文治政府的成立并不意味着军政的完全结束，在菲南摩洛地区，军政统治持续到了1913年。

1902年7月1日，美国会通过了《菲律宾法案》，是美菲殖民政府第一个组织法案。法案规定在菲律宾宣布完全和平，在公布人口普查后两年成立一个民选的菲律宾会议，履行众议院的职能，由“菲律宾委员会”履行参议员职能，两院共同行使立法权。但“菲律宾会议”实际上只在形式上拥有立法权，殖民总督和“菲律宾委员会”对它的决议有批准和否决权，美国会更有权改变、补充和取消它通过的任何法律。法案还规定，菲律宾最高法院的法官由美国总统任命，由美国参议员批准，成员多由美国人组成，拥有复审权，有权审查、修正、补充和取消菲律宾各级法院的任何判决。法案还规定，民政正、副长官，“菲律宾委员会”委员，各部部长均由美国总统任命，由美国参议员批准。法案还规定，任命两名菲律宾人常驻美国会，但只有发言权，没有否决权。法案中还包含一个权利法，规定把民主自由扩展到菲律宾，保障菲律宾公民任何人身和财产不受侵犯，享有民主、自由和选举权。根据1902年的组织法案，1907年7月30日举行了第一次“菲律宾会议”选举，主张“立即、绝对、完全独立”的国民党获全胜。

1916年，美国会通过了第二个组织法，即《琼斯法案》，也称《菲律宾自治法》。该法案给予了菲律宾人较大的自治权，规定政府各部部长均由菲律宾人担任，经总督任命，由参议员批准；建立一个选举产生的参议院，取代“菲律宾委员会”，参议员任期6年；原菲律宾会议成为众议院，众议员任期3年。法案规定，行政权由总督行使，总督由美国总统任命，经美国参议院批准。总督有权任命地方官吏；批准或否决菲律宾立法机关所通过的法案；有权监督和控制全部政府机关。立法权属于由参、众两院组成的立法机关。不过，涉及菲律宾移民、通货、制币等问题的法案，未经美国总统批准，都不能成为法律。司法权授予最高法院和低级法院。最高法院法官均由美国总统任命，经美国参议院批准。1916年《琼斯法案》所确立的殖民政体一直存续至1935年。

（三）美国治下的菲律宾社会

1. 经济发展

1909年8月5日，美国会制定了调整美菲贸易关税的法案即《佩恩—奥尔德奇法》，规定美国商品输入菲律宾完全免税，也不限制数量，菲律宾商品输入美国则区别处理。这一法案的施行，使得美国在菲律宾进出口贸易中所占的比重快速上升，地位大变，至1917年居于垄断地位。同时，这一法案的施行还促进了菲律宾经济的畸形发展，几种供出口的经济作物的生产飞速发展。1910至1913年，糖、麻、椰品和烟的出口占总出口值的93.15%。①

第一次世界大战促使菲律宾经济短暂繁荣，因为战争期间国际市场对菲律宾的一些原料和农产品需求大增。因为农产品出口是菲律宾经济的基础，所以对外贸易直接反映了其国内经济的发展。1910至1914年，平均每年的对外贸易额为1.992亿比索；1914至1918年平均贸易额达3.069亿比索，平均每年的贸易顺差达4770万比索。其中麻、糖、椰油等几种主要出口产品的增长十分显著。②同时菲律宾还建立了一系列的国有企业，殖民政府征收的税赋、通过拨款资助的方式予以建立，如国家煤炭公司、铁矿公司、国家银行、马尼拉铁路公司、国家石油公司、水泥公司等。但是，由于菲律宾

① Vicente B.Valdepenas, Jr.Germelino M.Bautista, *The Emergence of the Philippine Economy*, Manila, 1977, p.117.

② 金应熙主编:《菲律宾史》，开封. 河南大学出版社，1990年版，第482-483页。

的经济完全卷入了世界市场，后者的波动对前者的影响十分巨大。1920至1922年以及1929至1933年的世界经济危机都严重波及菲律宾经济。

2. 土地政策

至于殖民政府的农村土地政策，总的来说是维护大地主土地所有制，保持前资本主义的剥削方式，以博取地主的支持。美国占领菲律宾之后，继承了曾属于西班牙国王的所有土地。1902年，美菲殖民政府制定了土地《登记法》。由于西班牙时期土地登记混乱，没有地契发放的完备记录，加上农民对土地法令不关心，致使无地契的农民为数众多。土地登记法的施行，反而使得掌控土地登记法庭的人肆意掠夺农民的土地。

3. 教育

兴办教育在美国殖民政策中占有重要地位。早在军政府时期，美军就在其占领地区开办学校，每所学校配一名英语老师。1901年1月21日，“菲律宾委员会”通过了74号法令，规定建立公立教育制度，设立公共教育局，由总学督和“菲律宾委员会”任命的另外4名成员组成。法令还规定从美国聘请1000名教师来菲律宾，月薪定为75至125美元；所有公立学校均以英语为教学语言。1903年，菲律宾已办起2 962所学校，其中公立学校1 633所，私立学校1 004所，教会学校325所，学生总数为266 362名，其中74.8%属于公立学校学生。[①]1908年在马尼拉创办了菲律宾大学。

4. 宗教

随着美国征服菲律宾，美国的新教传教士也大量涌入菲律宾，他们在民众中布道，宣讲新教教义，规劝菲律宾人改宗新教。据统

① U.S.Bureau of the Census, *Census of the Philippine Islands*, 1903, Vol.3, p.688.

计，1918年菲律宾已有30万人改宗教徒。[①]

三、自治时期（1935—1941年）

（一）《独立法案》的通过

1932年12月17日，美国会通过了《海尔—哈卫斯—加亭法案》，也称为《菲律宾独立法案》，规定在十年过渡期后给予菲律宾独立。在过渡期间，菲律宾成立自治政府；自治宪法由民选的宪法会议制定，经由美国总统批准；美国总统有权取消菲律宾通过的任何法律；美国政府仍然掌控菲律宾的外交，并为保证美国公民权益而干涉菲律宾内政；美国最高法院仍然对菲律宾行使裁判权；英语继续作为学校的教学语言。过渡期满，菲律宾必须保证美国投资者的权益，保留美国在菲所有军事基地的领土主权。法案还规定了过渡时期菲美间的特殊关税，即美国商品输入菲律宾仍然免税，但菲律宾商品输入美国，得从自治第五年起征收5%的关税，并逐年递增5%，直至达到美国规定的外国商品的全部进口税率。

然而，由于菲律宾广大民众的反对，菲律宾立法会议于1933年10月17日通过了46号决议，拒绝接受《海尔—哈卫斯—加亭法案》。1934年3月24日，美国总统罗斯福签署并颁布了《泰丁斯—麦克杜菲法案》，以替代《海尔—哈卫斯—加亭法案》。前后两个法案的差异仅在于，《泰丁斯—麦克杜菲法案》规定：在过渡期满后，把陆军基地交回菲律宾，暂时保留海军基地，两年后由双方政府谈判确定去留问题。1934年4月1日，菲律宾参众两院联席会议通过决议，接受《泰丁斯—麦克杜菲法案》。1935年2月，菲律宾制宪会议制定

---

① G. F. Zaide, *The Republic of the Philippines：History, Government and Civilization*, Manila, 1963, p.225.

了10年过渡期的宪法，规定在菲律宾成立自治政府；10年后宣布独立，成立菲律宾共和国；自治期间，菲律宾全体公民仍将效忠美国，自治政府承认并接受美国最高权力，对美国保持忠诚和效忠。宪法规定，行政权属于总统，正、副总统由选民直接选举产生，任期6年；立法权属一院制的立法会议；司法权属最高法院和地方法院。1935年5月14日，菲律宾就自治宪法举行全民公决，结果大多数选民投票赞成。9天后美国总统罗斯福批准了该宪法。

自治宪法通过后，菲律宾便进行自治政府总统选举。1935年9月17日进行了投票，奎松和奥斯敏纳分别当选为自治政府的正、副总统。同年11月5日举行了隆重的自治政府成立大典，正、副总统宣誓就职，宣告成立菲律宾自治政府。自治政府设立了9个行政部门，各部部长均由菲律宾人担任，并建立了一院制的"国民会议"。根据"国民会议"通过的第3号法令，改组了司法部。最高法院成员由9人减至7人，创立了由15人组成的上诉法院；将全国分成9个司法区，并改组了初审法院。

（二）自治时期的国家建设

1. 国防建设

1936年1月，菲国民会议通过了自治政府第一号法令"国防法"，规定建立一支1.9万人的常备军，另外每年培训后备军4万人，预计到1946年拥有后备军40万人；置备鱼雷艇50至100艘，轻型轰炸机250架。但由于经费和执行力问题，5年多时间内菲律宾仅训练了13万人，置备飞机40架和鱼雷艇2艘，培养飞行员约1万人。[①]

① 金应熙主编:《菲律宾史》，开封.河南大学出版社，1990年版，第526页。

2. 经济建设

1935年12月，菲律宾自治政府通过了第2号法令，创建国家经济委员会，其任务是在经济和财政问题上向政府提供咨询，包括如何促进工农业发展，如何推进农作物和产品多样化，如何进行税收改革等，并制定经济发展计划。根据国家经济委员会的建议，奎松政府改革了税制，建立了国家信贷机构，以增加国库收入，促进生产发展。

在自治时期，菲律宾的经济取得了一定的发展。菲律宾主粮和主要农产品之一的稻谷，其种植面积从1936年的204.87万公顷扩大到1941年的228.919万公顷，产量相应地由4 221.96万卡瓦增加到5 412.994万卡瓦。[①]第二位的主粮和重要饲料玉米，种植面积由1936年的68.501万公顷增至1941年的96.692万公顷，相应的产量则由637.069万卡瓦增至1941年的936.49万卡瓦。[②]农作物糖和烟的生产也有所发展。采矿业则是发展最快的行业，贱金属的产值由1934年的10.2万比索升至1941年的近1 400万比索，金银矿产值由1935年的3 200万比索升至1941年的6 460万比索。[③]但自治时期菲律宾产业的发展也存在发展不平衡，过于依赖国际市场等不足。总的来说，自治时期的菲律宾还是一个落后的农业国。

3. 文化教育

自治政府在文化教育方面的政策带有鲜明的民族性。根据1936年2月19日通过的第19号行政命令，菲律宾创建了国家教育委员会，其任务是向政府提供教育政策的相关建议，以便进行教育改革。

① Andres V.Castillo, *Philippine Economics*, Manila, 1957, p.199.

② Andres V.Castillo, *Philippine Economics*, Manila, 1957, p.202.

③ 金应熙主编:《菲律宾史》，开封.河南大学出版社，1990年版，第528–529页。

自治政府在教育方面进行了一定的改革。在教科书方面，自治政府推动采用菲律宾人所著的新教科书和补充读物，以替代旧课本。在课程设置方面，重视研究菲律宾本国历史；发扬民族文化；注重爱国主义教育，向菲律宾青年灌输民族主义和爱国主义思想。菲律宾全国小学义务教育免费，政府还鼓励私人办学，并成立私人教育局以进行监督管理。

所以，自治时期菲律宾的教育事业有所发展，体现在学校、教师和学生数量的增多。1935—1936年菲律宾的公立学校有7 830所，教师27 921名，在册学生1 236 791人；1940—1941年则公立学校增至12 057所，教师增至43 754名，在册学生增至2 027 957人。同期私立学校的数量由500所增至884所，在册学生人数由99 392人增至171 134人。[①]

此外，1937年12月30日菲律宾颁布134号总统令，宣布他加禄语为国语的基础，进而于1940年6月7日宣布国语是菲律宾的正式语言，规定于1946年7月4日生效。

四、日治时期（1942—1945年）

（一）日本入侵

由于菲律宾在西太平洋地区重要的战略地位，使之成了日本南进的必争之地。1941年12月8日，在偷袭珍珠港数小时之后，日本战机便飞临菲律宾上空，轰炸了达沃、图盖拉加奥、碧瑶、伊巴等地，并于中午狂炸了美军的克拉克空军基地，摧毁了三分之二的飞机。12月10日，日本飞机又对甲米地的海军基地进行了

① G.F.Zaide, *Philippine Political and Cultural History*, Vol.2, Philippine Education Co., 1957, p.327.

毁灭性打击。这样在战争一开始，日军就夺取了菲律宾群岛的制空权和制海权。

12月8日，日本先遣部队在台湾与吕宋岛之间的巴坦群岛登陆，10日在吕宋岛北部的阿帕里和该岛西海岸的美岸登陆，12日又在吕宋岛东南部黎牙实比登陆，19日又开始在菲南部的达沃与和乐登陆。日先头部队的任务是控制登陆地区的机场，为日主力部队登陆铺路。

12月下旬日军主力开始登陆。20日，本间雅晴指挥的第14军的43 110名士兵由85艘运输船载送，开始在仁牙因登陆，并未遭到多少有力的抵抗。24日，一支7 000人的日军在拉蒙湾登陆，击溃了帕克将军指挥的1.6万名美菲军。日本两军登陆后，从南北两面夹击马尼拉。美菲军司令麦克阿瑟23日决定将军队撤至巴丹半岛，24日就将司令部迁到了科雷吉多岛，同日，自治政府总统奎松和政府要员以及美国高级专员都退到了那里。27日，麦克阿瑟宣布马尼拉为不设防城市。1942年1月1日，美军且战且退，一路炸毁桥梁，成功撤至巴丹。1月2日，在毫无抵抗的情况下，日军开进了马尼拉。2月20日，奎松接受罗斯福总统的意见，带着家眷和幕僚乘潜艇前往华盛顿去组织流亡政府。

日军对巴丹半岛的进攻，由于易守难攻，且美菲军顽强抵抗，一度受挫，且伤亡惨重。随着援军的到来，4月3日，日军发动总攻，4月9日，巴丹守将金克少将下令投降。防御设施坚固的科雷吉多岛不仅人满为患，特别是巴丹陷落后，军事上也处于十分不利的地位。5月5日，2 000名日军在强大火力的掩护下强行渡海登岸，虽伤亡近半，却成功抢占了滩头阵地。6日，温赖特少将升起白旗，率1.5万士兵投降。他还下令菲岛各地的美菲军全部投降，至6月9日，有组织的抵抗结束了。

（二）日本在菲律宾的统治

法西斯统治进入马尼拉后，日军总司令就宣布美国对菲律宾的占领已经结束，接着在政治、经济、教育文化等领域推行了一系列法西斯政策。

日军占领当局在政治上实行军事专政。日军一方面对任何反抗或不合作行为予以惨酷镇压和血腥屠杀，将所有工厂、银行、学校、教会、印刷厂和剧院都置于军事管制之下，建立“邻组”以强化法西斯警察制度，将战前的一切政治组织、文化协会、工会等团体解散或宣布为非法。一方面对菲律宾社会上层人物进行拉拢和利用。1942年1月23日，日军总司令对何尔盖·瓦尔加斯这位原奎松总统的行政秘书发布了第1号命令，责成他组织中央行政政府“行政委员会”，并规定了该委员会的职权范围。行政委员会统辖内政、财政、司法、农商、教育卫生和公众福利、公共事业等6个部，由日军总司令任命行政委员会委员任各部部长，同时受行政委员会主席领导，各部由1名日本顾问以及若干助理顾问指导。日本顾问掌握着政府实权，对行政委员会进行严密监视。行政委员会未经日军总司令批准也不能任命任何官员。1号命令还责令成立一个咨询机构“国务会议”，很多社会贤达被胁迫加入。地方政府和各级法院与自治政府时期大致相同，大多数官员均保留原职。

为了进一步笼络菲律宾地主资产阶级的上层人物，以巩固统治，1943年日本准予菲律宾“独立”。当年1月28日，日本首相东条英机在国会宣称，日本希望准予菲律宾“完全独立”。6月28日，日军占领当局发表了《菲律宾独立纲要》等文件，规定菲律宾“独立”之后要在军事上为日本帝国提供一切便利，为日本生产战争特需物资，政治上由日本顾问所领导。在日军当局的操纵下，9月4

日还炮制了一部宪法，当月23日进行了国会和总统选举，原自治政府高等法官劳雷尔当选总统。10月14日，菲律宾共和国正式宣布成立。日本则宣布“撤销”军事管制，承认菲律宾“独立”，并于当天签订“日菲同盟”条约，规定日菲两国在政治、经济和军事上进行合作，以确保大东亚战争的胜利。

日军占领当局极力控制菲律宾的教育和文化，使之为日本的战争政策服务，一方面严禁任何反日言论与书刊，一方面极力宣扬泛亚主义。1942年2月17日，日军总司令向行政委员会主席瓦尔加斯发出了第2号命令，对菲律宾教育规定了六项原则，第一条便规定：要让菲律宾人了解菲律宾是“大东亚共荣圈”中的一员，以及在“大东亚共荣圈”内建立新秩序的真正意义。六项原则中还规定了要普及日语，逐渐停止使用英语。在教学内容方面，凡是宣传英语与反日的相关内容一律删除。占领当局还对报刊出版以及文艺喜剧严格管制。

经济上，日军占领当局强行改变菲律宾的农业结构，最大限度地掠夺菲律宾资源来为其战争服务。因日本的纺织业需要大量棉花进口，日军占领当局极力压缩甘蔗和烟草的种植面积，扩大棉花和亚麻的种植，仅1942年就打算将1.2万公顷甘蔗地改种棉花，预计收获3.7万担脱子棉花。[①]在日本占领时期，水稻的种植面积也大为减少，由1941年的231.9万公顷减为1944年的145.4万公顷。[②]贸易和工业完全由日军占领当局所控制，日本人在贸易、工业和矿业方面取得了支配地位。但由于战争的巨大破坏，工矿业生产未能恢复。

① T.A.Agoncillo, *The Fateful Years : Japan's Adventure in the Philippines, 1941—1945*, R.P.Garcia Pub.Co., 1965, Vol.2, p.527.

② 金应熙主编:《菲律宾史》，开封.河南大学出版社，1990年版，第583页。

第三节 独立后的菲律宾

一、美军重占与菲律宾独立

（一）美军重占

日本侵略者对菲律宾人民的屠杀，对菲律宾资源的肆意掠夺，激起了菲律宾广大人民的反抗，抗日游击战争烽烟四起，参加抗日游击队的菲律宾人计有27万人。[①]到了1944年，随着美军的反攻，日本在菲律宾的法西斯统治开始走向末路。9月9日与10日，美军哈尔西第三舰队的舰载机开始空袭棉兰老，12日和13日又空袭了米沙鄢群岛。9月21日和22日，第三舰队的舰载机轰炸了马尼拉，摧毁了日机405架，10月10日至14日又袭击了冲绳、吕宋和台湾，摧毁日机502架。12月26日莱特战役基本结束，日军死亡80 557人，798人被俘，第16师全军覆没。[②]12月15日，美军在民都洛登陆。1945年2月3日，美国先头部队进入了马尼拉。至3月3日，马尼拉的日军已被肃清。日本战败投降后，在菲律宾负隅顽抗的第14军司令官山下奉文大将于8月21日奉命停战，9月，他和他的残兵败将相继向美军投降。

美军一面对日本占领军进行毁灭性打击，一面忙着接管菲政权。攻取马尼拉后，美军司令麦克阿瑟倾全力恢复美国在菲律宾的殖民统治，对菲律宾抗日武装力量反目成仇。1945年2月5日，马尼拉的战斗尚未结束，美军却下令解除参与攻打马尼拉的人民抗日军的武装，对其强行缴械。7日，美军又指示马克朗匪军在马洛洛斯活埋了人民抗日军第77支队的109名战士，并任命马克朗为马洛

---

① Saburo Lenaga, *The Pacific War*, *1931—1945*, New York, 1978, p.172.

② ［美］道格拉斯·麦克阿瑟著：《麦克阿瑟回忆录》，上海师范学院历史系翻译组译，上海. 上海译文出版社，1984年版，第125页。

洛斯市长。2月22日，人民抗日军的总部人员也遭到了美军反间谍大队的逮捕。一方面美军又利用菲律宾“民政局”来扼杀人民抗日军在解放区建立的地方民主政权，强行撤换地方民主政府官员，然后多由美国远东陆军部队的官员接任。由于菲共一味的妥协，幻想和平的议会斗争，结果人民抗日军被缴械遣散，抗战的胜利果实被美国人夺走了。

因为菲律宾的战后经济恢复完全依赖于美国的援助，虽然得到经济援助不多，结果“美国援助”完全控制了菲律宾的财政和金融。相反，美国资本家却利用援助菲律宾这一机会渗透到了菲律宾的各个经济领域，掠夺菲律宾的农产品和其他自然资源。美国人通过经纪商用极低的价格大量收购马尼拉麻，并且用旧衣服来偿付。在生产凋敝、烽火尚存的1945年，美国人却从菲律宾运走了79.1万美元的椰干、马尼拉麻等农矿产品。[①]此外，菲律宾的石油产品、汽车配件等的供销和港口货物运输都被美国公司所垄断。

虽然1945年2月27日菲律宾自治政府得以重建，但是美军统帅麦克阿瑟却任用亲信，通过菲律宾民政组（Philippine Civil Affairs Unit）、反情报部队（Counter Intelligence Corps）等美方机构独揽一切行政权力，把自治政府总统奥斯敏纳完全撇在一边。菲律宾民政组在登陆莱特岛之前就已建立，下设公案、司法、财政、运输、供给、救济、医药卫生、工程、劳工等9个分组，由麦克阿瑟的亲信惠特尼准将主持。在美军重新占领的地区，一切重要事务都出于民政组，而省、市各级官员的任命则由民政组和反情报部队共同决定。[②]

---

① Shirley Jenkins, *American Economic Policy Toward the Philippines*, California, 1954, p.98.

② 金应熙主编：《菲律宾史》，开封.河南大学出版社，1990年版，第620页。

（二）菲律宾独立

战后东南亚各国人民反对殖民主义、争取民族独立的运动蓬勃发展，在菲律宾也不例外，尽管美帝国主义和菲律宾的反动势力想方设法企图阻止菲律宾独立。迫于压力，美国会于1945年12月宣布，将本该于当年11月11日举行的菲律宾总统选举推迟到1946年4月23日进行。选举如期举行，自由党提名的候选人罗哈斯战胜了国民党提名的候选人奥斯敏纳，罗哈斯的竞选伙伴季里诺也当选为副总统。自由党还赢得了多数国会席位，在参议院，自由党占13个席位，国民党占11席，众议院自由党占65席，国民党和民主同盟占36席。5月28日，罗哈斯和季里诺在马尼拉举行了隆重的就职典礼，就任菲律宾自治政府最后一任正、副总统，他们也将在7月4日独立的那一天就任菲律宾共和国的正、副总统。7月4日，菲律宾独立，菲律宾共和国宣布成立。

二、独立初期的菲律宾

（一）政治

1948年4月15日，菲律宾罗哈斯总统在克拉克空军基地突发心脏病死亡，副总统季里诺按宪法继任总统。罗哈斯病死后，自由党内部孕育着分裂。总统季里诺和参议院议长阿韦利诺因争当自由党总统候选人而相互攻击，最后阿韦利诺以自由党的名义另组政派，与季里诺对抗。因此在1949年的大选中，自由党出现了季里诺和阿韦利诺两位总统候选人，国民党则推出前日本傀儡政府“总统”何塞·劳雷尔参加总统竞选。结果季里诺靠“武力、金钱和骗术”以微弱优势赢得了1949年的总统选举。[①]由于季里诺政府不得民心且政绩平平，1951年的国会选举，执政的自由党惨败给国民党，季里

① 丁曼:《恬不知耻的季里诺》，载《世界知识》，1952年第38期，第15页。

诺本人也丧失了美国的支持。1953年大选来临时，虽然失去了美国的支持，总统季里诺仍想凭借手中的权力和自由党的竞选机器来争取连任。同党的国防部长麦格赛赛深获美国支持，羽翼已丰，也一心想要当总统。为了与季里诺竞选，麦格赛赛从1952年8月起便同国民党密谈，想转向加入国民党，成为该党的总统候选人。1952年11月16日，麦格赛赛同国民党资深政治家劳雷尔、雷克托等人达成秘密协议，1953年2月辞去国防部长职务，当年3月宣布加入国民党，并很快成了该党的总统候选人。在美国的大力支持下，麦格赛赛于1953年11月的总统选举中获得了70%的选票而成为菲律宾共和国第三任总统。

1957年3月17日，麦格赛赛因飞机失事身亡，副总统加西亚继任总统。当年大选的总统候选人共有四位，除了加西亚外，还有进步党候选人曼纳汉，自由党的尤洛，民族主义公民党的雷克托。结果加西亚在票数分散的有利条件下以总得票数41%的微弱优势当选总统，自由党的马卡帕加尔当选副总统，形成菲律宾历史上第一次正、副总统分属不同政党的局面。然而加西亚政治上的民族主义倾向为美国所不容。在1958年冬被揭露的一场政变阴谋中，与美国中央情报局联系紧密的国防部长巴尔加斯牵涉其中，被迫辞职。美国中央情报局还直接插手1959年的参议院改选，在自由党人和进步党人之间穿针引线，给他们提供巨额竞选经费，拉拢他们联合反对加西亚方面的候选人。美国的干预却并不十分成功，国民党在改选的8个席位中夺得5席。但与加西亚最密切的帕霍在竞选中惨败，自由党的马科斯所得票数最多，美国中央情报局据此认为加西亚可能在1961年的大选中被击败，于是决定支持自由党的候选人马卡帕加尔。由于国民党最高执政当局内部相互倾轧，争权夺利并贪污腐化，结果在1961年的大选中，马卡帕加尔以较大的优势击败了加西亚，当选为菲律宾共和国第五任总统。

（二）经济

二战给菲律宾造成的物质破坏是东南亚地区最严重的，怡朗、宿务、奎松、甲米地、碧瑶、三宝颜等大、中城市几乎成为一片废墟，首都马尼拉的损失最为惨重，十分之九的建筑物被毁坏了。农村地区同样受到了严重破坏，成千上万个村庄被日本人烧毁。据菲律宾人口普查办公室的估算，战争造成的直接经济损失达12.95亿美元。虽然战后美国为了弥补菲律宾在战争中所遭受的损失，向其提供了一定的经济援助，但由于损失过于严重，仍是杯水车薪。这使得战后菲律宾经济恢复缓慢。

另一方面，美国却加紧对菲律宾经济的掠夺与控制。就在菲律宾独立的当天，美菲签署了《美菲关于菲律宾独立后过渡时期中的贸易和有关事项的协定》，规定美菲双方将执行《贝尔贸易法案》。该法案的基础就是延长自由贸易时期，给予美国人最优惠的贸易待遇，规定在菲律宾独立后，美菲必须保持所谓的“自由贸易”制度，优惠贸易权将延长28年，直至1974年7月3日止。该法案使得美国能够继续控制菲律宾的对外贸易，使菲律宾继续成为美国资本家垄断下的原料供应地和倾销商品的市场。由于进出口贸易极不平衡，生产水平低下，以及税收不足，菲律宾的经济形势非常严峻。1950年，美国总统派出经济调查团到菲律宾，试图为菲律宾找到和解决经济上的难题。根据调查团的建议，1950年11月14日，菲总统季里诺和美在菲经济合作委员会主席威廉·福斯特缔结了《经济和技术合作协定》。1951年4月27日，季里诺又和美国驻菲律宾大使迈伦·考恩缔结了《美菲经济和技术合作执行协定》。这两个协定使得菲律宾在经济上更依赖美国，美国当局有可能随时随地更直接地影响和控制菲律宾的经济和政府行政事务。通过一系列不平等条约，美国垄断资本加紧向菲律宾输出资本，美洲银行、大通银行、福特公司、费尔斯通公司、威斯汀豪斯公司、通用电气公司等许多金融组织和垄断公司纷纷前来投资，垄断了菲律宾的加工、采矿、交通运输、公用事业和对外贸易等重要经济部门。

面对严峻的经济问题和经济形势，季里诺政府采取了一定的应对措施。为了应对进出口贸易不平衡问题，菲政府在1949年实行了部分进口控制和外汇管制，在一定程度上遏制了美国商品的进口狂潮，1950年又实行外汇控制，使美国资本家不能随意将在菲赚取的利润汇回本国，以此矫正国家的收支平衡。这种统制措施一直持续到1962年。面对农村普遍贫困的问题，菲政府通过建立农业信贷和市场机构来发展农业。为了改善外汇短缺和财政赤字的状况，季里诺政府还建立了一个关税委员会，开始修改1909年制定的关税法。季里诺政府的一系列措施，使菲律宾经受住了50年代初期经济危机的冲击。由于朝鲜战争爆发，菲律宾的出口收入快速提高，由1949年的2.54亿美元上升到1953年的4.04亿美元。1951年6月，菲律宾的财政年度收支达到了平衡。1950至1953年期间的国民收入增加了28%。与1950年相比，生产指标上升了35%，农业生产上升了32%，采矿业上升了61%，制造业上升了40%。①

麦格赛赛当选总统后，1954年6月菲律宾国会通过决议，同意麦格赛赛总统成立新的机构“国家移民和善后管理局”，代替“土地和移民开发公司”，负责移民和垦殖服务。为了发展农业，麦格赛赛政府还向农民提供农业贷款，并实施新的“农业租佃法”，给予佃农比分成制更多的自主权和更大份额的收成。但是麦格赛赛政府的土地改革并没有获得多大的成功。

加西亚继任总统后，一方面实行经济紧缩政策，限制信贷并严

① Frank H.Golay, *The Philippines : Public Policy and National Economic Development*, New York, 1961, pp.87–89.

密管制外汇，以缓解政府的财政危机；一方面又推行“菲人第一”的经济政策，规定菲律宾公民为从事工商业而申请外汇的，应较外国人得到优先配给；如果菲律宾企业意图进入外国人控制的经营领域，菲律宾政府将采取必要步骤予以帮助；在外汇配给中，凡是菲人资本占60%或以上的合资企业也可得到优先。但是美国政府不仅抗议“菲人第一”的经济政策，还通过各种途径施加压力，迫使菲律宾政府全部撤销外汇和进口统制。最后在美国的压力下，加西亚政府软化、后退了，保证不动美国在菲律宾的特殊利益，并同意逐步撤除经济统制。

马卡帕加尔当选总统后，1963年8月8日，菲国会通过了土地改革法案。该法案要求完全废除租佃制度，由政府征用地主超过75公顷的那部分土地，将之卖给无地的佃农去耕种，地主们将得到公平的补偿：30%的土地银行股票，70%的土地银行抵押债券。然而由于该法案带有很大的妥协性和不彻底性，广大农民仍然受着地主的剥削。1962年1月21日，马卡帕加尔宣布全部取消外汇统制并停止进口配额制。马卡帕加尔政府还实行了自由企业、吸引外资的政策。这几项政策使得美国资本加强了对菲律宾经济的控制。

（三）外交

总体上来说，独立之初的菲律宾在军事外交方面十分依赖美国，也深受美国的影响与控制。在菲律宾独立的第一天签署的《美菲总关系条约》就规定，美国保留为了美菲两国共同防御而保持使用的基地和基地的必要附属物及与基地有关的权利；在菲律宾尚未有外交机构的国家和组织里，或在菲律宾代表不在场的情况下，美国将代表菲律宾的利益。[①]1947年3月14日和3月21日，美国与罗哈斯政府分别签署了《美菲军事基地协定》和《美国对菲律宾军事援

① 金应熙主编：《菲律宾史》，开封.河南大学出版社，1990年版，第638页。

助协定》。《美菲军事基地协定》为期99年，规定美国政府拥有保持使用在菲律宾的23处军事基地的权利，并可根据需要扩大基地、变换基地或增加基地，在基地享有全部司法权，包括对违法的菲律宾人的司法权。协定还对美菲军事协作的其他诸多方面进行了规定。《美国对菲律宾军事援助协定》规定，美国政府向菲律宾派遣军事顾问团，为菲律宾政府装备和训练军队，顾问团成员从菲律宾政府领取薪金和特别补助费，顾问团享有豁免权和特权。在外交上，菲律宾坚定追随美国，奉行反共政策，一方面对国内的共产党武装进行征剿，一方面对外敌视社会主义国家和人民。菲律宾不但不与社会主义国家建交或发展任何其他形式的正式关系，甚至在联合国大会上都不愿意按字母顺序与波兰人民共和国的代表坐在一起。菲律宾外交部还禁止外交官出席由社会主义国家外交官在联合国或其他国家举行的招待会或宴会。

季里诺政府公开要求美国保障其外部安全，在1950年6月与美国签订了《扩充美国在菲律宾军事基地的协定》，为美国的侵朝军队提供转运基地。朝鲜战争爆发后，季里诺总统以承担联合国义务为名，派出了一支五个营的武装部队，参加侵朝战争。1951年，美菲签署《美菲共同防御条约》，菲律宾被更紧地绑在了美国的战车上。但季里诺政府只是在对日政策上没有追随美国。

麦格赛赛登上总统宝座后，菲政府继续对菲共和菲人民解放军武装进行围剿，对外奉行反共政策。1954年9月，麦格赛赛倡议召开了马尼拉会议，随后菲律宾加入了反共的《东南亚条约组织》，并在越南和台湾问题上盲目追随美国的政策。尽管麦格赛赛政府在外交上追随美国，但这一政策遭到了执政党内部民族主义者的强烈反对，因而受到了一定的牵制。

加西亚总统的民族主义倾向明显，体现在其1957年大选获胜后实施的施政纲领中，如通过采行“菲律宾人第一”政策及类似措施来完成菲律宾的经济独立，通过解决美国人“同等权利”问题来建立菲律宾人作为自由民族的尊严。然而，加西亚政府的经济民族主义政策受到了美国的强烈抗议与抵制，最后被迫退让。在外交上，加西亚政府也十分软弱，屈从于美国。1959年，美菲就军事基地问题举行谈判，菲方希望收回美军事基地的司法权，却无果而终。加西亚政府同时又坚持敌视社会主义的政策，一方面颁布《反颠覆法》，从法律上取缔菲共和菲人民解放军；另一方面在外交上同南越、南朝鲜和台湾等往来甚密，拒不承认中华人民共和国。

在马卡帕加尔政府时期，菲律宾在经济上全面向美国资本开放，在一些重大问题上仍然顺从美国的旨意。1961年，菲政府派出400名作战人员帮助老挝镇压人民反抗。1964年7月和1965年3月又派遣经济技术小组和医疗救护小组约100多人前往越南战场，参加越战。但是在强大的反美民意面前，菲政府又不得不稍微调整其外交政策。马卡帕加尔将菲律宾的独立日由每年的7月4日改为6月12日，即菲律宾第一共和国发表《独立宣言》的日子。1963年8月，马卡帕加尔政府单方面宣布废除《美菲总关系条约》。此外，马卡帕加尔还在“回到亚洲”政策的幌子下在东南亚国家中开展了一系列的外交活动。

三、马科斯统治时期

（一）政治

1965年的大选来临时，马卡帕加尔违背了自己1961年向自由党主席、参议院议长马科斯所作的不竞选连任的承诺，再次谋求总统职位，结果使得执政的自由党因为总统选举而分裂。为了赢得总统选举的提名，马科斯效法前总统罗哈斯和麦格赛赛，毅然退出自由党，跳槽到国民党。受美国以及势力雄厚的糖业集团一派的支持，加上马科斯的能言善辩以及民众对马卡帕加尔政绩的失望，结果击败后者成为菲律宾共和国的第六任总统。

当选总统后，马科斯以灵活的政治手腕掌控了众议院，并且争取到了参议院在立法上的合作；整顿了政府各部门，裁减人员，提高效率；在最高法院的支持下，撤销马卡帕加尔总统下台前对1 000多名政府官员的提拔和任命。1967年的中期选举中，马科斯总统支持的候选人赢得了参议院8个席位中的6席。尽管牢固地掌握了菲律宾的政治局势，但马科斯第一任期内的菲律宾社会并不十分安定。人民解放军在中吕宋地区再度活跃起来，1967年发展到近1 000人。菲共也开始公开活动，1968年12月26日至1969年1月7日召开了重新建党代表大会，制定了新的党纲，选举了以何塞·西松为首的新的中央领导机构，提出了建立和扩大农村革命根据地，以农村包围城市的武装斗争路线。1969年3月29日，菲共将1948年底组建的人民解放军改编命名为“新人民军”，并颁布了《新人民军守则》。仅1969年下半年，新人民军在游击战中打死政府军警200多人。同时菲南部穆斯林反抗政府的活动日益增多，他们袭击各种政府机构，反抗他们的土地被侵占。1968年5月，前哥达巴托省省长马达兰建立了“穆斯林独立运动”，后改名为“棉兰老独立运动”，寻求建立一个“棉兰老和苏禄伊斯兰共和国”。

由于马科斯牢牢控制着政治局势，1969年大选来临时他毫无争议地成为国民党的总统候选人，他在党内的主要竞争对手吉纳罗·麦格赛赛投奔了自由党，成为了自由党的副总统候选人。相反，自由党由于争夺总统候选人提名的人数较多而处于四分五裂，最后奥斯敏纳被正式提名为总统候选人。在美国的支持下，马科斯最后以压倒性多数赢得了连任。

然而，马科斯连任后，菲律宾的社会动荡局势并未得到改善。70年代初，菲共领导的武装斗争和群众运动正在扩大，越来越多的青年学生投奔菲共，控制了一些地方城镇。1970年，马科斯总统下令取缔“棉兰老独立运动”，但同年该组织中的激进青年成员成立了“摩洛民族解放阵线”，穆苏瓦里教授担任主席，寻求建立“摩洛民族共和国”。相应地，当地穆斯林与基督徒的冲突，穆斯林武装与政府军警的冲突急剧增加。在马尼拉还发生了一系列的工人罢工斗争，青年学生和知识分子的游行示威。此外，菲律宾统治集团内部的权力斗争也加剧了，利益集团之间矛盾不断，政治谋杀事件大增。

尽管如此，马科斯政权的统治尚且稳固。1971年11月10日，菲律宾成功举行制宪会议选举。1971年6月初，制宪会议的全体代表着手进行修宪工作，制宪会议通过决议，将总统制改为议会制，至1972年7月，宪法草案初步完成。为了让新宪法获得通过，使其第二任期满后能够将统治延续下去，马科斯竭力夸大所谓共产主义颠覆政府的威胁，并蓄意制造紧张局势，为实行军事管制寻找借口。1972年9月21日，马科斯签署第1081号总统令，宣布全国处于紧急状态，实行军事管制。1972年11月29日，修改宪法会议正式批准新宪法草案，菲律宾政体由总统制改为议会制，总统作为象征性国家元首，总理拥有实权，对议会负责。在新旧宪法的过渡阶段，将成立临时国民议会，成员以马科斯总统为首，包括副总统、两院现任议员和制宪会议委员，并成立临时政府。但何时终止临时国民议会及临时政府，何时举行大选，将由马科斯总统个人作出决定，新宪法草案没有作出明确规定。马科斯原计划于1973年1月8日就新宪法举行全民投票，后来却改成以“公民集会”的投票方式来代替，3.5万名“公民集会”代表中选出的4 600名代表投票批准了新宪法。1973年4月2日，最高法院裁定新宪法具有法律效力，马科斯总统的权力合法化了。

1977年12月17日的公民投票决定，马科斯可以在临时国民议会成立后继续担任总统和总理，随后，马科斯宣布第一次立法议会选举将于1978年4月举行。1978年2月1日，马科斯总统宣布，国民党决定改名为“新社会运动党”，由支持“新社会运动”的国民党人、自由党人和其他民间团体、无党派人士组成联合阵线，参加临时国民议会竞选，马科斯本人担任这个新联盟的主席。而一些反对派人士则组成人民权力党参加竞选，在马尼拉地区推出21名候选人，以前参议员贝尼尼奥·阿基诺为首。结果，“新社会运动”联盟在选举中大获全胜，人民权力党虽然在马尼拉地区获得了40%的选票，但21名候选人却全部落选。1978年6月12日，临时国民议会召开，马科斯宣誓就任菲律宾共和国第一任总理，同时兼有总统和总理的所有权力。但是马科斯以国内政治局面还不能令人放心为借口，迟迟不予解除军事管制。1980年8月29日，菲8个反对党宣布组成统一民族民主反对组织，发表声明要求马科斯立即终止军事管制，并举行大选。

在各方势力的反对下，1981年1月17日，马科斯宣布停止实施军事管制法令。但为了确保自己的权力，马科斯又决定由国民议会考虑修改宪法，采用法国式总统制。新宪法规定，总统必须年满50岁，任期6年，可连选连任；总统有权任免总理及14人执政委员会；总统所采取的官方行动在任内和退职后都免受法律诉讼。1981年4月，新宪法由“公民投票”通过，6月，马科斯在无人竞选的情况下当选为总统，任命比拉塔为总理。

尽管取消了军事管制法，举行了大选，菲律宾的政治局势仍在恶化中。1981年4月的“公民投票”遭到了34%的人口抵制，统一民族民主组织拒绝参加当年6月的大选。当年9月18日，马尼拉爆发了自军管以来最大规模的群众示威游行，提出了“打倒马科斯”的口号。同时，新人民军和南部穆斯林的武装斗争仍在开展。马科斯政权内部也出现了剧烈矛盾。1983年8月21日，菲律宾反对党领袖贝尼尼奥·阿基诺自美返菲在马尼拉国际机场被枪杀。此事件激化了本来就很紧张的政治、社会和经济矛盾，成了政治爆炸的导火索。阿基诺夫人和反对派公开宣称马科斯是凶手，并发动了一系列群众集会、游行示威、罢工、罢课等抗议活动。阿基诺的葬礼有上百万人参加，成为菲律宾历史上空前浩大的一次群众示威抗议活动。此后，反马科斯政府的浪潮迅速蔓延全国，要求马科斯立即辞职，严惩凶手。马科斯总统在强大的舆论压力下，被迫下令成立调查委员会展开调查。调查委员会1983年11月开始工作，调查历时整整1年，结果显示，所谓的共产党嫌犯加尔曼不可能是凶手，谋杀阿基诺是有预谋的。1985年1月，菲律宾国家检察院向法院正式控告贝尔将军等25名军人和1名商人与谋杀案有关。经过漫长的审判，1985年12月2日，法庭作出终审判决，宣布贝尔将军等26名嫌犯无罪释放，确认枪杀阿基诺的凶手是加尔曼。然而判决的结果并未被阿基诺夫人和反对派所接受，他们愤怒地呼吁所有的菲律宾人都站出来争取自己的权利和自由，反马科斯政府的呼声反而越来越大了。1984年5月的国会选举中，反对派在200个席位中夺得63席。阿基诺事件还引起了执政集团内部的矛盾以及美国对菲政策的变化。到了1985年，美国一再向马科斯施压，催促他提前举行总统大选。综合权衡之后，马科斯于1985年11月4日宣布提前举行大选，在与反对派讨价还价之后将大选日期定在1986年2月7日。

菲反对派一直四分五裂，经过选前的几次分化组合形成了两大派别：一派以统一民族民主组织为核心，总统候选人为该组织主席劳雷尔；另一派支持阿基诺夫人为总统候选人。后来经过美国驻菲大使和马尼拉大主教海绵·辛居中调停，在总统候选人登记截止的最后时刻，两派达成协议，阿基诺夫人和劳雷尔分别登记为反对党的正、副总统候选人。由此开始了马科斯政权和反对派势力的决定性较量。

（二）经济

马科斯一上台就将施政重点放在发展经济上。他上任时，菲律宾国库枯竭，财政赤字和政府公债近40亿比索。政府每天的财政收入仅为400万比索，支出却达600万比索。他在施政的第一年，就采取了各种政策措施使菲律宾经济秩序得以恢复，使政府摆脱了困境，不过远未达到理想目标。除了对内采取各种经济措施，他还积极对外争取经济援助和私人投资，以改善恶劣的经济形势和实施土改激化。马科斯于1966年下半年亲自前往美国和日本争取投资，并于1967年9月制定了《投资奖励法》，宣布鼓励外国投资是菲律宾的基本国策。受这一法律的推动，外资在菲投资总额的比重明显增大，1969年达54.9%，1971年达64.7%。

在经济发展计划中，马科斯将发展农业作为当务之急。政府一方面于1966年提高粮价以刺激生产，一方面继续购进大米。同时，马科斯政府宣布继续实施前政府制定的《农业土地改革法》，并且采取了一系列的措施，使土地改革取得一定的进展，但是未能取得预期的成功。

获得连任后，马科斯还是面临诸多经济问题。由于选后政府亏空严重，外汇储备不足，推高了本来就严重的通货膨胀，政府外债和财政赤字进一步扩大。1970年2月，政府再度将比索贬值，由此又造成价格飞涨，工业生产停滞，失业率增加。

在军事管制时期的前一阶段，即1973至1975年，菲律宾的粮食生产和出口导向型发展战略取得了一定的成就，经济增长很快；

后一阶段，即1976至1980年，则经济局势逐渐恶化。1972年10月21日，马科斯签署关于解放佃农的法令，宣布将在全国范围内进行土地改革，把佃农从土地的束缚中解放出来。由于统治集团内部地主阶级代表的抵制，实施土改法困难重重，没有达到预期目标，但由于政府实施了一系列土改措施，农民们的总收入有所增加，整个农业部门的增长率也有所提高，1973至1976年的增长率为5.3%。受世界经济发展的影响，菲律宾的经济发展明显加快，1960至1970年的国民生产年平均增长率仅为5.1%，而1973至1979年期间的增长率为6.6%。1976年菲律宾初步实现了大米自给，1977年还有余粮出口，基本上改变了经济作物依赖出口，粮食依赖进口的经济结构。在新的优惠和特权的吸引下，一批资本密集型大企业在外资的投资下兴建起来，工业得到了较大的发展。经济发展让菲律宾马路纵横交错，高楼林立，高级旅馆鳞次栉比，豪华壮观的国际会议中心、文化中心、艺术中心等不断出现。然而，在经济发展的同时，贫富悬殊也在不断扩大，并且经济发展变得越来越依靠外国资本。由于国外借贷是菲律宾在70年代以后发展经济筹集资本的主要形式，使得菲律宾的借款数额一直在持续上升，到1980年底时，外债总额达到120亿美元，成为亚洲债务最重的国家。

到了1980年代，由于受世界经济危机的冲击，菲律宾的经济一直呈下降趋势，经济困难越来越重。1981年的GDP增速为3.7%，1982年仅为2.6%，1984和1985年GDP分别下降了6%和5%，战后首次出现负增长；财政赤字也越来越大；外贸出口不断萎缩，贸易逆差不断扩大；外债负担越来越重，1983年达到了246亿美元，成为世界十大债务国之一，1985年更是高达256亿美元。经济衰退也导致生产紧缩和失业人数猛增。

（三）外交

马科斯总统在执政之初，提出了具有浓厚民族主义色彩的“菲律宾第一”的口号。在国际事务中，从本身的民族利益出发，继续调整自己的对外政策，开始考虑改变完全依附于美国的僵硬外交政策。马科斯就任后，很快就向国会提交了一份紧急援越议案，要求国会批准派遣一支2 000人的工兵部队赴越助战，并且拨款3 500万比索作为经费。由于遭到诸多反对，马科斯只得施展各种政治手腕，最终议案于1966年7月在参议院获得通过，并在1967年的国会例会上通过了2 500万比索的援越菲军拨款。然而，由于国际舆论的强烈谴责和菲国内政治局势的变化，马科斯总统又不顾尼克松政府的反对，毅然在1969年底全部撤回了赴越参战的菲军事人员。1970年4月，美国军事干涉柬埔寨王国，菲律宾拒绝对柬埔寨的朗诺政权提供任何军事援助。

同时，菲政府还积极发展同其他发展中国家、社会主义国家之间的友好关系。1966年6月3日，菲律宾与马来西亚正式恢复外交关系，互派大使。1967年8月，菲律宾、印尼、马来西亚、新加坡和泰国的外交部长在曼谷发表《曼谷宣言》，宣布成立东南亚国家联盟。马科斯也试图在社会主义国家中寻找新的贸易伙伴。1968年，马科斯下令取消了不与共产党国家进行直接贸易的禁令，准许进行有限度的贸易，允许菲律宾的贸易代表团和友好人士访问中国。1970年代，国际形势发生了重大变化，发展中国家的民族主义势力更加发展，菲律宾为了适应形势也在外交上进行了相应的调整。1975年5月，马科斯在全国企业家会议上发表演说，提出6项外交方针：（1）在广泛领域内强化与东盟各国的关系；（2）大胆执行与社会主义国家建交的政策；（3）试图与第三世界各国建立密切关系；（4）继续与日本的互惠关系；（5）支持阿拉伯国家的正义斗争及中东和平的确立；(6)将原来的美军基地变为与亚洲现实相配合的新基地，以健全与美国的关系。1973年5月，菲外长罗慕洛要求美军撤出菲律宾的基地。从1976年4月起，美国被迫同菲律宾开始了长达4年多的军事基地问题的正式谈判。1979年1月2日，双方正式签署新的军事基地协定。在新协定中，菲律宾重申了对基地的主权；任命一名菲律宾人担任基地司令官；菲律宾武装部队担任基地外围的治安任务；基地面积削减为10 003公顷，其余土地由菲律宾收回；每5年进行一次对基地协定执行情况的检查；美国继续使用在菲律宾的军事基地，支付5亿多美元的租金；美军不能介入菲律宾的内部冲突，当菲律宾遭到外来侵略时，菲律宾政府将要求美国的援助。1982年12月，菲美双方又签署了菲律宾在美国基地内实施关税、移民和检疫法律的协定。

东盟成立以后，菲律宾一直是其发展的积极推动者，为加强东盟的团结，加强成员国之间的政治、经济、社会和文化交流作出了重要贡献。1975年4月17日，马科斯总统首先提出召开东盟首脑会议的建议。1977年8月在吉隆坡召开的第二届东盟首脑会议上，马科斯总统宣布菲律宾将采取具体措施放弃对沙巴的主权要求。1978年8月，菲律宾与马来西亚签署边界协议，马来西亚保证不再支持菲律宾南部穆斯林的反政府活动。

20世纪70年代，菲律宾与社会主义国家的政治、经济和文化关系有了新的发展。1973年，菲律宾先后与波兰、捷克斯洛伐克、民主德国和蒙古建立了外交关系。1975年6月7日至11日，马科斯总统夫妇应邀前来中国进行正式访问，并签署《联合公报》，宣布两国正式建立外交关系，此后中菲签订了一系列的合作协议。1976年5月，马科斯总统夫妇访苏，两国正式建立外交关系。

四、"二月"革命和阿基诺夫人执政

（一）"二月"革命

经过激烈的竞选活动，总统大选投票于1986年2月7日如期举行。然而，由于选举充满了贿选、欺诈、暴力等弊端，从一开始就受到了反对党的指责。2月16日，国民议会正式宣布马科斯总统领先阿基诺夫人150多万票，赢得了选举，前者于2月25日宣誓就职。

但是，反对党人并不认输，认为马科斯利用欺诈行为获得了虚假的胜利，阿基诺夫人表示要发动一场声势浩大的全国民众不服从运动来迫使马科斯总统下台。公布选举结果的第二天，阿基诺夫人和反对派就在马尼拉举行盛大集会，抗议政府的选举舞弊行为。2月22日晚，国防部长恩里莱和拉莫斯将军发动兵变，在国防部大楼召开记者招待会，宣布同马科斯总统决裂，转而支持阿基诺夫人。兵变发生后，马科斯以武装部队总司令的名义派遣部队平叛，结果被调部队或者投奔了反对派，或者消极应对。马科斯号召平民携带武器到总统府保卫他的安全，响应者也寥寥无几。24日，拉莫斯将军向马科斯发出最后通牒，若不下台就要进攻总统府。但马科斯仍然于25日早上在总统府举行总统就职仪式。同时阿基诺夫人也在马尼拉郊区一家"菲律宾俱乐部"宣誓就任总统。然而，9个小时之后，马科斯总统便携带家眷、亲信乘美国飞机逃亡到了夏威夷。马科斯王朝的垮台，菲律宾民众的力量是决定性的，同时菲律宾天主教会、军队兵变和美国政府的作用也非同小可。

（二）阿基诺夫人治下的菲律宾

1. 政治

阿基诺夫人执政后，便宣布废除《1972年宪法》，解散国民议会，筹组制宪委员会以制定新宪法。1986年10月15日，新宪法制定完成，规定总统任期6年，不得连任；总统直系亲属不得担任政府重要职务；实行美国式两院制；军队不得参政，不得支持任何政党。1987年2月2日，菲律宾就新宪法举行全民投票，结果以76%的支持率获得通过。1987年5月11日，菲律宾举行国会参、众两院选举，共有四派政治势力参与角逐，即人民权力党、民主大同盟、新社会运动党和人民党。6月25日，选举署公布参议员选举结果，结果执政党获得压倒性胜利，夺得总数24席中的22席。6月30日的选举署公布众议员选举结果，执政党和独立人士获得162席，反对党获得29席。7月27日，菲律宾参、众两院分别举行开幕仪式，结束了总统令治国的时代。1988年1月18日，菲律宾举行地方官员选举。经过此次选举，科·阿基诺政府选出了全部的民选官员，完成了新政府的整个组织构造。

阿基诺夫人还在国内推动和解。1986年2月25日就任总统后，阿基诺夫人立即成立由萨隆加领导的“研究立即释放政治犯委员会”，下令释放包括菲共前主席何塞·西松和新人民军领导人布斯凯诺在内的400多名政治犯。6月组织政府代表团同菲律宾左派组织——全国民主阵线谈判。11月26日，菲政府和菲共达成60天的停火协议。不过1987年1月6日开始的第二阶段的谈判并未取得任何进展，谈判陷入了僵局。1987年2月9日，菲政府同摩洛民族解放阵线在马尼拉举行初步谈判，伊斯兰教三大武装组织，即摩洛民族解放阵线、摩洛民族解放阵线改革派和摩洛伊斯兰解放阵线，均派代表出席，但是进展不大。

尽管如此，科·阿基诺政权并非完全稳固，在其总统任内发生了7次军人政变。

2. 经济

科·阿基诺总统上台后，菲律宾经济进入了一个转型期。阿基诺夫人对旧的发展模式进行了调整，开始在经济领域进行自由化改革，引入出口导向型工业化发展战略。1986年阿基诺夫人上台后，菲国家经济发展署颁布了《1987—1992年中期经济发展计划》，设定了经济增长目标，阐述了经济发展的指导原则，并采取了一系列相应的政策措施。第一是增加资金投入，以刺激经济发展。阿基诺夫人上台后，经过磋商，国际货币基金组织同意菲律宾政府通过扩大公共开支来刺激国内需求，激发私营部门扩大投资和增加生产，争取国外官方援助来填补由此产生的财政赤字。1990年，菲律宾获得的国外官方援助达14.28亿美元，1986至1991年平均获得9.56亿美元。此外，阿基诺夫人还通过提高工资来刺激消费，以发展经济。第二，加大农村土地改革力度。1987年7月，科·阿基诺政府颁布了《全面土地改革计划》，规定全国80%以上的耕地和65%以上的农户将被包括在土地改革计划中。但是该土改计划并未得到严格执行。不过还是取得了一定的成绩，在阿基诺夫人执政的6年中，菲全国共分配土地172万公顷，超过马科斯执政时期土地分配数量的4.7倍。第三，推行经济自由化与私有化。科·阿基诺执政期间，开始在经济领域实施自由化改革，为私营经济提供较为广阔的活动空间。在自由化改革方面，科·阿基诺政府于1986年对出口税进行改革，并放宽多种货物的进口限制。在推行经济私有化方面，科·阿基诺在其《1987—1992年发展计划》中提出了解决国有企业问题的方案，即限制设立国有企业，出售国有企业资产，建立国有企业业绩评估制度，加强对国有企业的监督和控制。到1992年9月，科·阿基诺政府出售了274项政府资产，完成了国有资产私有化计划的61.4%。第四，扩大外资引进，放宽投资领域，引入出口导向型工业化发展战略。1987年，科·阿基诺政府颁布了《1987年综合投资法》，以指导国内外投资，1991年6月又颁布了《1991年外资投资法》，给予了外资较大的鼓励和活动空间。主要措施有：放宽引进外资的限制；引导外资向劳动密集型行业和落后地区投资；鼓励外资投资于出口型企业，吸引跨国公司到菲律宾开展业务。

3. 外交

阿基诺夫人上台后推行“发展外交”，即通过国际合作来实现菲律宾的政治和经济重构，将其作为处理对外关系的一项国家举措。这一原则指导了菲律宾同世界其他地区的交往。为了追求“发展外交”，科·阿基诺政府采取了一系列的举措。1988年在马尼拉主办了第一届新恢复民主政体国际大会。随着1993年重新恢复民主政体国际大会在尼加拉瓜召开，这一会议的召开被制度化了。菲律宾与印度、越南和缅甸加强了关系。菲律宾主办了第一届西班牙—亚太会议，立意于加强受西班牙文化影响的国家之间的联系。菲律宾建立或改善了与西亚以及伊斯兰国家组织成员国的关系。

菲美关系对菲律宾而言仍是最重要的双边关系。1986年9月，阿基诺夫人第一次对美国进行国事访问，在美国参、众两院联席会议上发表演讲。美国会议员戴着黄丝带对其表示支持。在其演讲之后，美国众议院以203票对197票通过议案，同意为其新政府提供2亿美元的紧急援助。但是菲美在军事基地问题上没能达成一致。1991年6月15日，皮纳图博火山爆发，摧毁了美军的苏比克海军基地。靠得更近的克拉克空军基地则被完全摧毁，被迫关闭。早在《1947年军事基地协议》到期之前很久，菲美两国政府就开始了紧密的磋商，最后达成了《菲美友谊、和平与合作条约》，据此菲律宾会向美国出租军事基地。然而，1991年9月13日，菲律宾参议院拒绝批准这一条约。12月27日，科·阿基诺总统正式通知美国于1992年底撤离。

1986年11月，科·阿基诺总统访问日本，裕仁天皇会见了她，并为二战期间日本在菲律宾犯下的罪行致歉。在这次访问中，菲日签署了新的对外援助协议。科·阿基诺还于1989年前往日本参加了裕仁天皇的葬礼，1990年参加了明仁天皇的登基大典。一系列互访加强了菲日两国的经济和贸易联系，使得日本投资者和游客大量涌入菲律宾。

1988年，科·阿基诺第一次对中国进行了国事访问，同邓小平总理举行了会谈，两位领导人讨论了菲中经济关系。科·阿基诺总统还访问了其在福建的祖籍地。

五、拉莫斯执政时期

（一）政治

1991年12月，拉莫斯宣布竞选总统，但他在菲律宾民主战斗党的提名角逐中输给了众议长拉蒙·米特拉。随后他宣称不公平，并退出了该党，组建了人民力量党，邀请宿务省长做他的副总统候选人。1992年5月11日，他以微弱优势打败了农业改革部长米里亚姆·圣地亚哥，仅获得了23.58%的选票，为菲律宾史上最低的多数票，并且他的竞选伙伴也输给了参议员约瑟夫·埃斯特拉达。

拉莫斯总统一上台就开始推动国内和解，呼吁各派捐弃前嫌，并公开呼吁右翼反叛部队、摩洛民族阵线和菲共领导的游击队放下武器，与政府和解，并向他们提出大赦计划。他签署共和国7636号法案，使之成为法律，该法案取消了《反颠覆法》，因此一度非法的菲律宾共产党的成员资格变得合法了。1996年，菲律宾政府与摩洛民族解放阵线签署了最终和平协议。

1995年5月8日，菲律宾举行议会选举和地方选举。选举充满了暴力和骚乱，据菲律宾国家警察局统计，有5人因选举而死亡，选前有200多个地方出现骚乱，选举当天有300个地方出现骚乱。拉莫斯执政联盟在参议院赢得9席，在众议院也赢得多数席位。

在拉莫斯执政后期，曾竭力想修改《1987年宪法》，科·阿基诺和天主教会发动了大规模的抗议，终于阻止了他推行修宪计划。

（二）经济

1992年5月拉莫斯上台后，便出台了《1993—1998年中期发展计划》，提出到2000年将菲律宾建成一个新兴工业化国家，将人均GDP由720美元增加到1 000美元。拉莫斯政府一方面加大经济改革的力度，一方面更加注重经济的协调发展，并为此采取一系列的政策措施。首先是加强基础设施建设，为经济的持续发展奠定基础。拉莫斯上台后，将自由化改革引入了基础设施建设之中，并开始实施"旗舰计划"，很快在全国的增长中心地区选定并开始实施96项战略基础设施项目，涉及道路、运输、水资源、电力等。1994年，菲政府对涉及基础设施建设的BOT的覆盖范围加以扩展，包括了固体废物处理、信息技术、卫生与教育设施、数据库网络以及由政府批准的其他项目。其次，加大金融改革力度，为经济的平稳发展创造良好的运行环境。拉莫斯上台后，加大了对金融业的调整和改革。一是进行机构调整，扩展银行部门的业务范围；二是进行股市现代化改造，提高融资能力；三是取消外汇管制，为外资引进和扩大外贸创造条件；四是加强对金融机构的监管，稳定金融秩序；最后，全力推行出口导向型工业化发展战略，为经济的持续发展提供动力。拉莫斯政府上台后，一方面改善投资环境，扩大外资引进规模；一方面加快经济区建设，促进外向型经济的发展；一方面促进中小企业的技术改造，提高国际竞争力。

至1998年4月止，拉莫斯政府制定了79项有关经济改革的法规，对经济领域的调整和改革在深度和广度上都超过了此前的任何一届政府。在推行经济改革的同时，拉莫斯政府还高度重视经济的平衡发展。1993至1997年间，菲GDP年均增长4.46%。

（三）外交

拉莫斯政府在外交政策方面，确定了四大优先的核心目标，即提升国家安全，推进经济外交，保护海外的菲律宾劳工和菲律宾国民，向国外树立菲律宾的良好形象。拉莫斯总统通过一系列国事访问和首脑峰会，推进对外贸易，增进国外对菲律宾投资和官方发展援助。为此，菲律宾政府展开了一系列的外交行动。由菲律宾提议，1992年东盟通过了《南海各方行为宣言》，着眼于增进互信，避免声索国之间的冲突。1994年，菲律宾与印尼、马来西亚和文莱一同创建了“BIMP东亚增长区”。1994年东盟地区论坛创设，成为亚太地区唯一政府层面进行的多边安全对话机制。《1995年移民劳工和海外菲律宾人法案》为更有力地保护海外菲律宾劳工确定了一个行动方案，创设了法律援助基金和国民援助基金，在外交部任命一名移民劳工事务法律助理，级别等同于副部长。1996年，菲律宾成功举办了APEC峰会，达成了《APEC马尼拉行动计划：1996》协议。1996年9月2日，菲律宾政府和摩洛民族解放阵线签署了《棉兰老和平协议》。

六、埃斯特拉达与阿罗约执政时期

（一）政治

1. 埃斯特拉达执政时期

由于拉莫斯总统在其任期末寻求修改宪法，以谋求连任，当时作为副总统的埃斯特拉达连同前总统科·阿基诺、海绵·辛大主教、格洛丽亚·马卡帕加尔·阿罗约参议员以及其他政治领导人，在黎刹公园领导了一场反修改宪法集会，抗议拉莫斯及其支持者的宪法修改行动，动员了约50万民众参加。寻求连任失败，拉莫斯转而支持他的朋友，当时的众议长德贝内西亚（Jose de Venecia）参加1998年的总统选举，让本想参与总统竞选的阿罗约作为他的竞选伙伴，竞选副总统。然而电影明星出身的埃斯特拉达，享有很高的民意支持度。他提出的优先发展农业，并以此带动经济振兴，消除贫困，以及发展教育、打击贪污犯罪、严惩腐败等主张，受到广大选民欢迎。在1998年5月11日的大选中，他以史无前例的高得票率战胜对手而当选为菲律宾共和国第13任总统，而他的竞选伙伴安贾拉却惨败于阿罗约。6月30日，即将卸任的总统拉莫斯陪同他的继任者埃斯特拉达前往菲律宾第一共和国的摇篮——布拉坎省马洛洛斯镇的巴拉索延教堂进行宣誓就职。当天下午，埃斯特拉达在黎刹公园的基尼诺大看台发表就职演说，在菲律宾遭遇亚洲金融危机以及恶劣天气带来诸多农业问题的境况下就任总统。

由于摩洛伊斯兰解放阵线寻求建立一个独立的伊斯兰国家，尽管与菲政府达成了一些协议，但针对政府军和平民的袭击仍然继续。这些袭击不仅影响了菲律宾的外在形象，也吓退了菲律宾所急需的外来投资。此外，埃斯特拉达政府还认为该组织与基地组织有联系。2000年3月21日，埃斯特拉达总统宣布对该组织全面宣战。战争期间，菲律宾天主教主教会议曾要求埃斯特拉达总统与该组织实现停火，但埃斯特拉达总统反对这一主张，认为停火或激起更多的恐怖袭击。在接下来交战的3个月里，该组织的总部、13个主要营地和43个次级营地都被政府军攻陷，并且都处在菲政府的控制之下，领导人哈希姆·萨马拉逃往马来西亚。7月10日，埃斯特拉达前往棉兰老，在那里升起了菲律宾国旗以象征胜利。

但是埃斯特拉达总统不久就被各种侵吞财产和腐败指控所纠缠。2000年10月，一位公认的赌博业经营者，即南伊洛克省省长路易斯·辛森，宣称他个人从非法赌博业赢利中拿了4亿比索给埃斯特拉达作为酬劳，并从政府给烟农供销合作社的价格补贴中拿了1.8亿比索给他。辛森的宣称在菲全国激起了轩然大波，这一骚动在2000年11月13日众议院对埃斯特拉达进行弹劾时达到了顶峰。

由于参议院弹劾法庭的多数成员是埃斯特拉达的政治盟友，2001年1月16日，该庭以11票对10票裁定，不打开据称含有不利于总统的指控证据的信封。由众议员和律师组成的控方小组退出弹劾法庭，抗议这一投票结果。当天晚上，反埃斯特拉达的抗议者聚集在黎刹靖国神社前，一场政治骚乱随即发生了，要求埃斯特拉达辞职的呼声空前响亮。接下来几天，抗议人数达到了几十万。看到全国性的政治骚乱，19日，菲武装部队决定撤销对总统的支持，转而效忠副总统阿罗约。20日，最高法院宣布总统的位置空缺。当天中午，最高法院宣布埃斯特拉达"建设性地"辞去了他的职位，首席大法院让宪法规定的继任者阿罗约宣誓就任菲律宾总统。

2. 阿罗约执政时期

作为副总统的阿罗约在2000年10月就辞去了内阁职务，与总统埃斯特拉达渐行渐远。最初她顶住政治盟友的压力，公开反对埃斯特拉达，最后则要求后者辞职。埃斯特拉达下台后，就丧失了刑事豁免权。2001年4月的最后一周，菲律宾反腐败法庭以盗窃国家财产的指控下令逮捕埃斯特拉达和他的儿子乔斯。几天之后，埃斯特拉达的支持者聚集在黎刹靖国神社，抗议他的被捕。埃斯特拉达被捕后长期被软禁，2007年9月12日被反腐败法庭以盗窃国家财产罪等罪行，一审判处终身监禁，但允许他继续处于软禁状态，同年10月25日又被阿罗约总统赦免。

除了面临埃斯特拉达支持者的挑战外，阿罗约总统还面临着军事政变的威胁。2003年7月27日，菲律宾发生了橡树林军事政变，陆军上尉吉纳尔多·甘巴拉和海军少尉安东尼奥·特里兰尼斯率领一群武装士兵占领了马卡迪市雅诗阁马卡迪服务公寓，向菲律宾人展示阿罗约政府的腐败。2006年2月24日，菲当局揭露了一场接管政府的阴谋，据称牵头者为达尼诺·林将军和其他右翼军事冒险主义者。为此阿罗约签署了1017号总统公告，并以此为基础宣布全国处于紧急状态。

2003年10月，阿罗约宣布参加2004年5月的总统竞选。结果阿罗约大胜对手100多万票。2004年6月23日，菲国会宣布阿罗约和诺利·德卡斯特罗分别为正、副总统。然而一年之后，阿罗约选举舞弊传言越来越多，并激发了大规模的抗议，她的内阁主要成员辞职，并催促阿罗约也辞职下台。但是阿罗约否认她影响了选举结果，坚称自己公平地赢得了选举，顶住了社会各方面的压力，没有辞职。这一选举争议让阿罗约在2005年遭遇了弹劾，不过弹劾案未能通过。2006年她又遭遇弹劾，不过弹劾案在众议院也没有通过。2007年，律师艾伦·帕圭亚对阿罗约提出弹劾指控，认为她涉及贿赂。2008年10月13日，对阿罗约的长达97页的第四份弹劾指控提交到了众议院，上有3位众议员的签名，指控阿罗约腐败、司法外杀戮、施用酷刑和非法逮捕。

2007年的中期选举，阿罗约阵营在参议院赢得3席，众议院赢得123席。在第二任期内，阿罗约也曾想修改宪法，同样未能如愿。

(二)经济

1. 埃斯特拉达执政时期

尽管埃斯特拉达政府有着很强的经济团队，但是未能利用好前届政府所取得的成就，并因用人唯亲、不称职和腐败而饱受批评，因此导致外国投资者对菲律宾失去了信心。在埃斯特拉达总统任期的第二年，他被指控对其一个朋友涉嫌操纵股市所展开的调查施加影响，这使得外国投资者的信心受到了更大的破坏。炸弹威胁、爆炸、绑架和其他犯罪行为所造成的社会动荡也加剧了各种经济问题。气候变化所造成的极端天气也破坏了埃斯特拉达政府的经济表现。到埃斯特拉达政府末期，菲律宾的财政赤字翻了一番，由1998年的490亿比索增至了1 000多亿比索。尽管如此，1999年菲律宾的

GNP增长率由1998年的0.1%增至了3.6%，GDP增长率由1998年的-0.5%增至了3.2%。1999年的政府负债达2.1万亿比索。国内债务总计为9 867亿比索，外债522亿美元。

与其竞选总统时的政纲相一致，埃斯特拉达上台后推行了农业改革。他的政府扩大了“全面农业改革计划”的覆盖范围，延伸至农村无地的农民。在埃斯特拉达任总统的第二年，总共分了52.3万公顷土地给30.5万名农民。1999年9月，他发布151号行政命令，也即“农民信托基金”，允许小型农场经营自愿合并为中大规模的联合企业，后者能获得长期资金援助。1999年，菲政府划拨了一大笔资金用于农业项目，实现了6%的产出增长，增速在当时是创纪录的。农业的增长也使得1999年的通胀率由1月份的11%降为11月份的3%多一点。

2. 阿罗约执政时期

阿罗约拥有经济学硕士和博士学位，是一位经济学家。她上台后，将经济工作作为其总统职责的核心。根据菲律宾国家经济和发展局的数据，从2001至2008年第一季度，菲律宾的GDP平均增速为5%，高于科·阿基诺时期的平均3.8%，拉莫斯时期的平均3.7%，埃斯特拉达时期的平均3.7%。2007年，菲律宾的经济增速为30年来之最，GDP增速超过了7%。

但是联合国和当地调查研究公司的研究结果显示，阿罗约时期的贫困率上升了，而不是下降了。一份联合国2008年的比较研究报告显示，菲律宾在改善贫困方面落后于其亚洲邻国，诸如印尼、泰国、越南和中国。报告还显示，2003至2006年菲律宾的贫困人口增加了380万。2001年3月，菲律宾的饥饿人数之多创下纪录，并且自2004年6月开始，又7次打破这一纪录。2008年12月的数据创下了新的纪录，23.7%的菲律宾家庭，或有430万户在挨饿。由于全球经济危机，2008年8月，菲律宾的年通胀率由2007年的2.8%升为12.5%，为17年来的新高。随着燃料和能源价格的下跌，2008年12月通胀率又降为8.8%。

阿罗约政府进行的主要经济改革就是，在2005年11月执行了一部备受争议的增值税法，立意于辅助财政创收，以填补国家巨大的财政赤字。她的政府最初定了一个目标，即于2010年实现国家财政平衡。税收措施提升了对政府财政能力的信心，对稳定比索的币值很有帮助，使之成为2005至2006年东亚表现最好的货币。在她任总统的前几年，她推行了一项有争议的经济政策，即假日经济，调整假期以延长周末，目的是促进国内旅游，让菲律宾人有更多的时间和家人在一起。

（三）外交

1. 埃斯特拉达执政时期

埃斯特拉达政府继承拉莫斯政府的外交政策，聚焦于国家安全、经济外交、援助海外国民和塑造国家形象。菲律宾继续处在东南亚地区和多边舞台的前沿，1998年7月成功主办了东盟部长会议，1999年3月与中国就南中国海问题举行会谈，采取措施以增进互信。埃斯特拉达总统还通过访问强化了与周边邻国或地区的双边关系，包括越南、泰国、马来西亚、新加坡、中国香港、日本和韩国。菲律宾派出了一个108名观察员组成的代表团前往印尼，监督那里的议会选举。菲律宾还在安全、防务、打击跨国犯罪、经济、文化、保护海外菲律宾劳工和菲律宾人等领域参与合作行动。

1999年，菲美签署了第二份《访问部队协议》，该协议获得了参议院批准。该协议的要旨为：要求美国政府在想要逮捕或拘留任何访问美国的菲律宾职员的时候要通知菲律宾当局；如果菲律宾政府提出要求，美国政府要让有关当局放弃管辖权限以支持菲律宾，对美国国务院或国防部有特殊利益的案例除外。1999年11月24至28日，埃斯特拉达总统在菲律宾的国际会议中心主办了第三届非正式东盟首脑会议。总统会见了东盟其他9国和3个对话伙伴国中国、日本和韩国的领导人。

2. 阿罗约执政时期

阿罗约政府的外交政策聚焦于与美国、东亚和东南亚国家以及海外菲律宾劳工工作和生活的国家强化关系。菲律宾是东盟的创始国之一。由于东盟成功地撬动了大国资源，在东亚乃至亚太的经济、安全对话与合作中扮演着主导者角色。随着东盟一体化的推进，东盟对于其成员国而言，不仅是一个庞大的市场，而且还是一个进行安全合作和文化交流的良好平台。所以菲律宾非常重视东盟一体化进程的推进及其相应的机制创建，并利用后者在区域经济、安全对话与合作中的主导性作用为其经济、安全利益服务。2007年，菲律宾在宿务市成功主办了第12届东盟首脑会议。

在菲美关系方面，阿罗约政府与美国建立了紧密的双边关系。“9·11事件”后，阿罗约是第一批对美国领导的全球反恐联盟表达支持的世界领导人之一，也是美国反恐战争最亲密的盟友之一。伊拉克战争爆发后，2003年7月，菲律宾派了一支包含有医生和工程师的小规模人道主义分遣队前往伊拉克。但由于菲律宾卡车司机克鲁斯被绑架，菲律宾政府于2004年撤回了部队。

2007年8月21日，阿罗约政府要求菲律宾参议院批准与日本签订的40亿美元的贸易交易。这一交易将提升菲律宾对日本的出口，为菲律宾创造30多万个工作岗位。日本还承诺雇佣至少1000名菲律宾护士。但是菲律宾反对党控制的参议院拒绝批准这一交易，理由是有毒废物将会被送到菲律宾。菲律宾政府则否认了这一点，因为外交照会写明了：菲律宾将不接受日本废弃物以换取日方的经济让步。

第五章　政　治

第一节　政治制度

一、宪法

菲律宾是一个共和制国家。菲律宾1987年宪法恢复了1935年宪法中所规定的美国式三权分立政治体制，即总统行使行政权；立法机关由两院制的国会组成，行使立法权；司法机构行使独立的司法权。

1987年宪法为菲律宾的现行宪法。1987年2月2日，菲律宾就新宪法举行全民投票，结果以76%的支持率通过了新宪法。新宪法规定，国家主权属于人民，政府的一切权力来自人民；国家政策的基本原则是制止战争，人民的权力高于一切；菲律宾政府遵循国家根本利益的原则，坚持不懈地奉行独立自主的外交政策；确保社会正义并完全尊重人权；诚实而正直地服务于大众；规定地方政府具有自治权，以及保护家庭，促进教育、文艺、体育、私营事业、农村和城市改革的发展，保证妇女、青少年、城市平民和少数民族的权利。实行行政、立法、司法三权分立政体。总统拥有行政权，由选民直接选举产生，任期6年不得连任；总统直系亲属不得担任政府重要职务。总统无权实施戒严法，无权解散国会，不得任意拘捕反对派；禁止军人干预政治；保障人权，取消个人独裁统治。军队不得参政，不得支持任何政党；对美国的军事基地维持到1991年协议期满后由公民投票决定是否再延长；明确规定菲实行经济开放政策，鼓励外资进入，鼓励和负责实行公正的土地分配；规定要将穆斯林聚居的棉兰老和北吕宋科迪勒拉地区划为特别自治区。国会由参议院和众议院组成，参议院有24名议员，由全国选民投票选出，众议院由250名众议员组成，其中200名由各地区选民投票选出，另50名由总统直接任命。

新宪法规定以下三种情况可对宪法进行修改：(1)经由四分之三的国会议员投票赞成；(2)宪法大会提出修宪建议；(3)经由12%的全体选民提交修宪请愿书，且每个选区的选民人数必须超过3%。在第一、二种情况下，任何对宪法的补充案或修正案在国会批准之后，必须不得早于60天和迟于90天付诸全民公决，多数赞成即生效；在第三种情况下，当选举委员会对请愿书的合法性予以确认之后，该修正案须在相同时间内付诸全民公决。

二、国会

“议会”也称“国会”。根据菲律宾的1987年宪法，菲律宾议会由参议院和众议院两部分组成，共274名议员。参议院由24名议员组成，由全国直接选举产生，任期6年，每3年改选二分之一，可连任两届。参议员必须是在菲律宾本土出生、年龄在35岁以上、在其选区内已登记的非文盲公民，且在选举前已在菲律宾居住两年以上。参议院设主席，由参议员选举产生。任何条约和国际协定都需经参议院全体成员三分之二的多数票通过方可生效。众议院由250名议员组成，其中200名由各省、市按人口比例分配，从全国各选区选出；25名由参选获胜政党委派，另外25名由总统任命，但不包括非宗教人士、各种社会组织(如城市贫民、农民、妇女和青年)成员及宪法认定已连任三届期满后的众议员。众议员任期3年，可连任三届。众议员必须是年龄在25岁以上、在菲律宾本土出生的非文盲公民，以及选前已在其选区内居住一年以上的已登记选民。众议院设议长，由众议员选举产生。参、众两院各设一个选举庭，对涉及国会议员选举争议的有关问题作最后仲裁。每庭设9名成员，其中3名是由菲律宾首席法官任命的最高法院法官，其余6名成员则分别由参、众两院成员中按照各党派比例选举产生。参、众两院均有立法权，但众议院拥有更大的权力，所有关于拨款、岁入、关税税率、增税、地方请援等方面的法案均由众议院起草和提出。参议院也可提出修正案。国会通过的法案，必须提交总统，经总统签署后方成为法律。如果遭到否决，法案须由国会两院复议，如果两院分别以三分之二多数重新通过，再次提交总统，总统在接到两院的法案后30天内无论签署或否决，该法案也自动称为法律，总统无权再加以否决。

国会是菲律宾的最高立法机构。其主要职权是：制定法律；选举议长、内阁总理；决定对外宣战或媾和；检举违宪事件和弹劾违法官员。国会三分之二多数赞成即可宣布战争状态。在战时和紧急状态下，国会可以暂时授权总统行使必要的权力，实行某一公开宣布的政策。总统、副总统、最高法院法官、宪法规定的委员会成员和检察长如有违法行为，国会有权弹劾，将其免职或判罪。所有其他公职人员和雇员的免职，不需经过弹劾。提出弹劾的权力属于众议院，但参议院有审理和裁决一切弹劾案件的权力。国会在每年7月的第四个星期一召开例行年会。总统有权随时召开特别会议。1987年宪法将国会会期延长至11个月以减少总统在国会闭会期间滥权的可能性。国会议员享有某些司法豁免权，但同时也有许多限制，全体国会议员在其任职期间的财务和收入情况必须公开，而且他们在任议员期间除担任内阁总理和阁员职务外，不得在政府和其他部门任职。不得出席司法机构或其他行政机构的听证会为他人辩护。议员在出席会议期间，不受法律干涉和逮捕。若出现需要停止或开除某一议员职务时，必须经过三分之二的议员投票同意，方可生效。2010年7月26日开幕的菲律宾第15届国会首次会议上，胡安·庞塞·恩里莱和费利西亚诺·贝尔蒙特分别当选为参议长和众议长。

三、政府

（一）总统

根据现行的1987年宪法规定，菲律宾国家行政权由总统行使，总统是国家元首、政府首脑兼武装部队总司令，由全国直接选举产生，任期6年，不得连任。任何继任总统任职4年以上者都不得再次参加总统选举。副总统可以连任两届（每届6年），由选民投票选举产生。总统大选日为大选年5月的第二个星期一，就职日为6月30日。选举中如果出现两个相同的最高票数，则由国会投票决定。当选总统、副总统者必须是原生菲律宾人，是在菲律宾居住不少于10年的已登记选民，年龄在40岁以上，有一定的文化程度。总统有权签署法令、颁布经国会通过的国家法律；接受外国使节的国书，对外代表国家；必要时召开国会特别会议；在征得国会任命委员会同意后，有权提名委任政府各部长、驻外使节、上校以上军官和宪法授权委任的其他司法、行政官员；主持内阁会议，领导各行政部门和各级政府，执行宪法和法律规定的各项任务和职责。如果总统否决一项法案，那么该法案必须再经国会以三分之二多数通过才能成为法律。总统无权解散国会，无权实施戒严法。在遭受侵略、发生内乱时，若公共安全需要，总统可以暂时取消人身保护令并在全国和部分地区实行军事管制，但时间不超过60天。在作出决定后，总统必须亲自并以书面形式向国会提交报告，国会例会或特别会议至少需半数以上国会议员进行联合投票，可对总统的决定予以否决。总统必须遵守国会的决议。军管法不得中止宪法的正常实施。总统有权对已经被判罪的人予以缓刑、减刑和赦免。总统又受国会、内阁和人民的监督。但内阁多数成员向参议院议长和众议院议长提出对总统不能行使其职权的书面声明时，即应由副总统代行总统职权；如总统不同意上述声明，而内阁多数成员又坚持声明，并于5日内再次重申上述声明时，国会应就此作出决定。如有三分之一以上众议员提出对总统的弹劾案，并经过参议院聆讯有三分之二参议员赞同，可对总统进行弹劾，解除总统职务或取消其担任菲律宾共和国任何职务的资格。宪法还规定，总统、副总统在任职期间不得有其他兼职，不得从事任何营利性活动。总统任期内，其配偶及与总统有血缘关系的亲属不得充任国会各种委员会、监察署成员，以及政府机构、政府所属公司的负责人。

菲律宾的现任总统为贝尼尼奥·阿基诺三世。

（二）内阁

宪法规定行政权属于总统，总统、副总统和内阁组成菲律宾共和国中央政府。总统提名委任各部部长组成内阁（副总统也可被任命为内阁部长）。总统府是总统官邸和办公处，也是菲律宾中央政府的首脑机关。中央政府的主要职权为：实施宪法和法律；负责国家的内政、外交、国防、经济、文化和社会生活等各方面具体事务；制定和执行有关政策措施；领导政府各部门和各级地方政府工作；向国会提出议案和立法建议；任免政府官员和工作人员；指挥和控制军队、警察，维护社会秩序和国家安全。内阁设有20多个部级机构。另外，总统国家安全顾问、总统执行秘书、总统发言人、内阁秘书也都是内阁成员。总统执行秘书为文官长，他既掌管总统府的日常事务，同时又是总统在国内事务方面的首席顾问，被戏称为“小总统”。

四、司法机构

菲律宾的司法权属最高法院和各级法院。最高法院又称大理院，由1名首席法官和14名陪审法官组成。菲律宾最高法院和中级法院的法官都不是选举产生的，而是先由司法与律师理事会向总统推荐名单，每个空缺推荐3名候选人，经任职委员会同意后，再由总统从中挑选1人加以任命。每届任期为4年。司法与律师理事会由最高法院首席法官、司法部长，以及国会代表、律师代表、法律教授、最高法院退休法官和私营部门的代表各1名组成。首席法官为该理事会当然主席，司法部长和1名国会代表为当然成员。当选的各级法官均需是在菲律宾出生的公民。最高法院法官必须年满40岁以上，曾任初级法院法官或在菲律宾从事法律工作15年以上。最高法院（包括中级法院）的法官任期可至70岁或无能力履行职务为止。菲律宾的法官都受过良好的教育，其中大多数人毕业于著名的菲律宾大学法学院，有的在担任法官之前当过政府部长或国会议员。

根据菲律宾宪法规定，最高法院是国家的最高司法机关，拥有最高司法权。最高法院下设上诉法院、地方法院和市镇法院，以及反贪污法院、税务法院等专业性法院。最高法院有如下权限：对重大案件、违宪案件、中级法院上诉案件的审理权；对国内法律的解释权；对引起争议的法律、条约、国际和行政协定或总统发布的法令、公告、命令、指示、条例的最终裁决权；对司法部门官员和职员的任命权；对中级法院及其工作者的行政监督权；对中级法院法官的处分权和解职权。最高法院有权监督一切法院及其成员。最高法院有权根据文职官员的有关法律，任命司法部门的官员和职员。最高法院受理的所有案件，必须在24个月内结案。根据宪法规定，最高法院应在每次国会例会开幕后的30天内，向总统和国会提交司法工作的年度报告。

五、国旗国徽

（一）国旗

菲律宾国旗形状为长方形，长宽比为2∶1。旗面左侧为白色等边三角形，内有一金色太阳，各角有一颗黄色五角星，一共三颗。右侧为蓝、红两色的直角梯形，平时蓝色在上，战时红色在上。太阳象征自由，八道较长的光束代表最初起义的八个省，其余光束代表其他省。三颗五角星代表三大地区：吕宋、米沙鄢和棉兰老。蓝色象征和平、真理与正义；红色象征勇气；白色象征和平与纯洁。

图5-1 菲律宾战时的国旗

图5-2 菲律宾平时的国旗

（二）国徽

图5-3　菲律宾国徽

菲律宾国徽的图案、意义与国旗相同，盾徽下半部分增加了两个动物图案：左下部分是蓝地上的白头鹰，说明美国对这个群岛的统治；右下部分红地上的金狮，则采用当时西班牙王国国旗上的竞狮图形，代表西班牙统治时期。自由的光芒照耀这两个殖民主义的标记，象征菲律宾人民经过艰苦卓绝的斗争终于彻底摆脱了殖民主义统治，获得独立和自由。

第二节　政　党

菲律宾是亚洲最早实行政党政治的国家。至于菲律宾政党政治的发展，自治时期为国民党一党执政，独立前夕至1972年为国民党与自由党轮流执政，1973至1978年政党政治中断，1978年后恢复党派活动。1986年后，菲律宾的政党政治空前活跃，政党为数众多。菲律宾的政党政治虽然移植于美国，但其运作却与美国不太相同。在菲律宾，很多政党都没有自己统一的章程、明确的政治纲领和意识形态，政党组织极为松散，党内派系斗争激烈，分裂频繁。以2010年的菲律宾大选为例，菲律宾有如下主要政党：

一、菲律宾自由党

菲律宾自由党成立于1945年11月24日，由当时的参议员罗哈斯、季里诺等人建立，是从当时的国民党内分裂出来的一个政党。

从成立时间上来看，该党是菲律宾第二老牌的政党。该党的著名领导人有罗哈斯、季里诺、马卡帕加尔、阿基诺等。阿基诺三世当选为总统后，该党成了菲律宾现行的执政党，控制了菲律宾的众议院。2010年总统大选，阿基诺三世的得票率为42.08%，远超得票第二的埃斯特拉达。该党现在参议院占有4席，众议院占有91席。

二、菲律宾民众力量党

菲律宾民众力量党是菲律宾的一个平民政党，现由前总统埃斯特拉达所领导。该党最初名为“菲律宾民众党”，源自乔治·安东尼奥1990年5月组建的“经济复苏行动计划”的一个分支组织。“经济复苏行动计划”组织于1990年10月4日正式启动，最初只有21名成员。随着全国范围内成员招募的开展，该组织不断壮大。把协助提高菲律宾人民的生活，特别是通过有效的社会和经济改革来提高贫困者和弱势群体的生活作为奋斗目标，菲律宾民众力量党被作为一个政党为民众所接受。1992年该党第一次参与选举，让当时的参议员埃斯特拉达作为副总统候选人和其他地方候选人一起参选，结果埃斯特拉达获得了压倒性的胜利。在1998年的总统选举中，该党与其他政党结成联盟，组成“菲律宾爱国民众党”，后者成为当时最大的政党，推出的总统候选人埃斯特拉达成功当选为菲律宾第13任总统。在2004年的总统大选中，该党与菲律宾民主战斗党和菲律宾民主一战斗党结成联盟，组成菲律宾联合联盟（Koalisyon ng Nagkakaisang Pilipino），支持候选人费尔南多·坡参选菲律宾总统。2010年大选，该党推出埃斯特拉达为总统候选人，结果获得了26.25%的选票，输给了现任总统阿基诺三世。该党现在参议院占有2席，众议院占有5席。

三、菲律宾国民党

国民党是菲律宾现今最老牌的政党，成立于1907年。在20世纪的大部分时间里执政于菲律宾。该党是为着菲律宾的独立而创建的，追求构建现代民族国家，主张实行有效自治，在1907至1916年控制了菲律宾议会，1916至1935年控制了菲律宾立法会，1935至1941年自治政府时期为执政党。在20世纪的后叶，该党是菲律宾执政权的主要竞逐者，麦格赛赛总统（1953—1957年）、加西亚总统（1957—1961年）和马科斯总统（1965—1978年）均出自该党。但自1971年以来，该党或者是没有参与总统大选，或者是参选失败。最近一次的2010年总统大选，该党候选人曼纽尔·维亚的得票率为15.42%，得票数名列第三。该党的现任主席为曼纽尔·维亚。在参议院占有5席，在众议院占有21席。

四、菲律宾基督徒穆斯林民主力量党

菲律宾基督徒穆斯林民主力量党在菲律宾是一个居中偏右的政党，基督教和伊斯兰教的民主精神深刻地影响了该党的意识形态。该党成立于2009年，由最初的基督徒穆斯林民主力量党和自由菲律宾运动（Kabalikat ng Malayang Pilipino）合并而成，现今被称为力量—自由菲律宾运动—基督徒穆斯林民主党。2010年总统大选，阿罗约因任期限制不能参加竞选，该党推出的候选人吉尔伯特·泰多罗竞选失败，得票率仅为11.33%，得票数名列第四。该党现在参议院占有3席，众议院占有35席。

五、奋起菲律宾党

奋起菲律宾党成立于2004年，在2007年的选举中未参加任何联盟。该党的意识形态为基督教民主、大众民主、社会民主和基督教左派。2010年大选，埃迪·维拉努埃瓦作为该党的总统候选人，坡费克托·亚赛（Perfecto R.Yasay）作为副总统候选人参选，结果失败，得票率仅为3.12%，在多名候选人中得票数位列第五。现任主席为埃迪·维拉努埃瓦，在参议院和众议院均未占有席位。

六、新国家—新菲律宾志愿者党

新国家—新菲律宾志愿者党是前参议员理查德·戈登个人的政党，其口号是“我们是一场运动的献身者，该运动致力于将菲律宾改造为一个新国家，一个新菲律宾”。新国家—新菲律宾志愿者党源自新国家—新菲律宾志愿者运动，即20世纪90年代初在苏比克湾市政局服务的志愿者团体所开启的运动。2009年4月27日，由3万多名志愿者组成的新国家—新菲律宾志愿者运动正式启动，仪式于历史性的马克坦战役488周年之际在马尼拉宾馆举行。马克坦战役是菲律宾人反抗殖民入侵的第一次胜利。新国家—新菲律宾志愿者运动主席利昂·赫雷拉说，运动的启动仪式定在马克坦战役的周年举行，是因为菲律宾的第一位民族英雄拉普拉普酋长（Lapulapu）是运动的鼓舞力量之一。参议员理查德·戈登作为主旨发言人加入运动，让运动大为增辉。2009年11月17日，新国家—新菲律宾志愿者运动正式被选举委员会认定政党。2010年该党主席理查德·戈登参加总统大选，结果败北，得票率仅为1.39%。该党现在参议院和众议院都没有席位。

七、菲律宾民主—人民力量党

菲律宾民主—人民力量党现在由菲律宾副总统比奈所领导，系由两个政党——菲律宾民主党和人民力量党合并而成。菲律宾民主党由阿基里诺·皮门特尔和一群马科斯政府的反对者成立于1982年。1983年菲律宾民主党和前参议员贝尼尼奥·阿基诺于1978年建立的人民力量党组成联盟，1986年两党合并，组成菲律宾民主—人民力量党，成为当时最大的单个反对团体，与马科斯竞逐总统职位。选前菲律宾民主—人民力量党又与参议员塞尔瓦多·劳雷尔领导的另一个反对团体联合民族民主组织结成联盟，推出科拉松·阿基诺和塞尔瓦多·劳雷尔为正、副总统候选人，与马科斯阵营对垒。1987年，联合民族民主组织解散了。1988年，菲律宾民主—人民力量党分裂成两派：阿基里诺·皮门特尔领导的皮门特尔派和何塞·许寰戈领导的许寰戈派。当年许寰戈派又和众议长雷蒙·米特拉领导的人民力量党合并，组成菲律宾民主战斗党。

2010年大选，该党的副总统候选人比奈力压其他竞逐者，成功当选。目前该党在参议院占有2席，在众议院占有4席。

八、民族主义人民联盟

由于与当时的国民党领导人、副总统萨尔瓦多·劳雷尔在准备1992大选的问题上意见不合，当时的黎刹省长艾西德罗·罗德里格斯带领一些国民党的成员离开了国民党，于1991年建立了民族主义人民联盟。该党是前总统埃斯特拉达时代的执政联盟菲律宾爱国民众党的成员党之一，在埃斯特拉达被弹劾下台后脱离执政联盟，成为独立党派。在2004年的选举中，该党在众议院夺得53个席位。目前该党在参议院拥有2席，在众议院拥有31席，拥有9个省长职位，6个副省长职位。

九、新社会运动党

新社会运动党成立于1978年，充当支持时任总统的马科斯召开临时国民大会的政党联盟的“保护伞”，是马科斯统治时期的政治工具。在后马科斯时代，该党于1986年重组为一个政党。该党的现行领导人为伊梅尔达·马科斯。该党在众议院占有1席。

十、全国团结党

在力量—自由菲律宾运动—基督徒穆斯林民主党发生内讧后，该党的一部分成员离开了该党，建立了全国团结党。全国团结党在2011年10月5日菲选举委员会的一份决议中，被接受为一个全国性政党，现为众议院自由党领导的联盟的一部分。2012年9月26日，该党举行了第一次全国大会，决定在即将到来的2013年的中期选举中支持自由党、国民党和民族主义人民联盟结成的联盟。该党的现任主席为帕布鲁·加西亚。该党在众议院占有34席，占有15个省长职位。

十一、改革党

改革党由前国防部长瑞纳托·维亚所建立，在他未能获得1998年大选的总统候选人提名后便离开了当时的执政党基督徒穆斯林民主力量党，建立了改革党。他选择当时的冯嘉施兰省长奥斯卡·奥伯斯作为竞选伙伴，但最终输给了埃斯特拉达。在2004年大选中，该党支持前参议员和教育部长拉沃尔·罗科作为总统候选人。该党的总部设在比科尔，强调社会进步与民主，在众议院占有1席。

十二、菲律宾民主战斗党

菲律宾民主战斗党成立于1988年。1991年该党举行全国大会，提名众议长雷蒙·米特拉为总统候选人，然而提名排第二的前国防部长拉莫斯脱离该党，组成人民力量党，并赢得了1992年的总统选举。1994年，该党与拉莫斯的人民力量党组成联盟“人民力量—民主战斗联盟”，参与1995年的议会中期选举，结果在两院赢得了多数席位。1997年，该党与其他两党合并组成菲律宾爱国民众战斗党，支持时任副总统埃斯特拉达作为总统候选人参与1998年的大选。目前该党在参议院占有1席，众议院占有1席，拥有1个省长职位。

就政党规模而言，根据2010年的选举结果，菲律宾基督徒穆斯林民主力量党为第一大党，得票率为37.46%；自由党为第二大党，得票率为19.49%；民族主义人民联盟为第三大党，得票率为15.90%；第四大党为国民党，得票率为10.88%；第五大党为菲律宾民众力量党，得票率为2.50%。

第三节　政治特点

一、家族政治

（一）家族政治特征

尽管菲律宾的政治民主化进程已经推行了半个多世纪，但其民主却不尽人意，动荡与暴力总是挥之不去，这有违其“亚洲民主橱窗”之称谓。造成这一现象的重要原因之一就是菲律宾的家族政治，“每一个家族就是一个利益集团，这些集团盘根错节，掌握着地方选票，并与中央政府有着密切的联系，并拥有私人武装”。①

家族政治是菲律宾政治文化的重要特征，由来已久。菲律宾的

① 马燕冰：《选举暴力下的菲律宾：政治仍难正常化》，载《世界知识》，2009年第24期，第33页。

家族成员自出生的那一天开始必须效忠于家族，这样才能从家族中取得保护和支持。数代的亲族聚集在一起形成一个核心，通过联姻和教父制度向外扩展，形成庞大的家族或集团势力。庞大的家族能令每个家族成员在困难的时候获得援助，在参选时获得更多的选票，从而增强了参政的基础保证。在家族制度下，家族成员得服从家族安排，为家族的荣耀和声望而努力。反过来，家族的地位和势力决定了他们自己的地位和势力。因而政治成为政治家族的“一种事业，一种运动，一种赌博”[1]。这种家族政治文化折射在菲律宾政坛所呈现的图景便是，菲律宾国会成了望族子嗣的集中地；政治人物往往不忠于政党而忠于家族，在私情怂恿之下，政客们另投党派、倒戈、反目的现象时有发生，政党的凝聚力很不稳定；由于宪法规定众议员任满三届不得连任，到期的议员便积极安排自己的亲属或政治盟友继续占据席位，以维持本家族的影响力；参议院更是充斥着贵族子弟；血缘和亲缘关系打造了菲律宾政坛；激烈的政治竞争和高昂的竞选经费，令普通菲律宾人通过参政保护和实现自身权益的希望非常渺茫。菲律宾政坛的风云变幻与政局起伏，很大程度上与美式民主和家族政治的结合变异相关，美式民主“移植”菲律宾并未实现所谓的“完全民主”，菲律宾事实上仍在践行着自己独特的家族政治文化。

家族政治的形成在菲律宾有着深远的历史渊源。在西班牙殖民者到来之前，菲律宾社会处于一种封建制与奴隶制的混合形态，巴朗盖是主要的政治实体。在巴朗盖社会，已经形成了以效忠、服务达图（Datu）（即首领、酋长）个人为核心的主人—依附民关系。在西班牙统治时期，菲岛的西班牙人数量始终不多，他们无法对广阔

① 陈鸿瑜：《菲律宾政治发展》，台北．商务印书馆，1980年版，第67页。

的乡村地区实行直接统治，只得将原先巴朗盖的酋长或首领任命为地方行政长官，通过后者进行间接统治。这些酋长或首领利用殖民者给予他们的政治特权，大肆掠夺土地等财富，从而成为特殊的权贵家族。美国殖民者入主菲律宾后，开始将美国式的民主制度引入菲律宾。然而，初来乍到的美国人也得依赖当地上层来进行治理，因而将民主的门槛设得非常高，选举权被局限在原先的上层家族范围内，自然而然地上层家族也就掌控了地方政治权力。因此，民主制度的引进，使得原先的上层家族一跃而成“政治家族”。菲律宾独立后，虽然选举限制性条件越来越少，但政治家族或政治权贵把持权力的局面没有改变，只不过是殖民者让出的中央政权也变成了政治家族角逐的目标而已。

政治家族或家族集团凭借手中的经济和公共资源不断巩固家族根基，菲律宾政坛的角逐变成了家族之间的博弈。菲律宾独立后的15位总统中至少13位沾亲带故，国会议员大部分来自多个名门望族。从2007年的选举可以看出，众议员绝大多数来自政治家族或与其有密切关系，纯粹平民出身而当选的议员只有11人；参议院则全由“贵族”子弟所掌控。2010年选举的情况也是如此。2011年10月1日，《菲律宾星报》发表评论员文章《政治家族仍然掌控国会》，作者援引了亚洲管理政策中心研究院（Asian Institute of Management Policy Center）的一份研究报告，报告显示，来自政治家族的议员代表着人均收入低、贫困程度高的地区；更重要的是越来越多的政治家族成员正在获得国会席位，1987年宪法规定的国家政策“保证均等获得公共服务机会，禁止法律界定的政治王朝”面临失败。该研究报告还指出：（1）2010年选出的第15届国会（众议院）议员中至少115席，也就是68%有亲戚是第12届、13届、14届和15届国会的议员，或者是2001年、2004年、2007年和2010年当选的地方官员。（2）有144席议员与2001年、2004年和2007年选出的其他议员或地方官员有关联。根据他们所作的财产、负债和资本净值申报，来自政治家族的议员（平均资本净值5 200万比索）似乎比那些非政治家族议员（平均资本净值4 200万比索）更加富有。（3）政治家族成员也主导着主要政党的成员构成。力量—自由菲律宾运动党的76%，自由党的57%，民族主义人民联盟的74%，国民党的81%的成员来自政治家族。（4）26～40岁的议员中有77%属于政治家族，41～55岁的议员中有64%来自政治家族。[①]此外，现任总统阿基诺三世是菲律宾民主偶像贝贝尼奥·阿基诺和他的妻子、前总统科拉松·阿基诺唯一的儿子。借着他母亲去世所激发出来的支持者的情感，以及人们对阿罗约普遍的不满，同时顶着显赫的政治家族的光环，阿基诺三世于2010年5月压倒性地赢得了总统选举。

（二）政治家族之间的斗争

菲律宾基本上一直被160多个家族王朝所控制。[②]政治家族之间的争斗长期在不同的政府层面发生。当前上演的政治家族之间的争斗中，最突出的莫过于现任总统阿基诺三世与前总统阿罗约之间的争斗，实则为两个家族或者是两个集团之间的争斗，美国《时代》杂志称之为“王朝决斗”。

2010年6月29日，即将上任的阿基诺三世宣布，将设立一个“真相委员会”，调查将卸任总统阿罗约及其朋党所涉及的罪行。阿基诺三世说，委员会将调查阿罗约在任期9年半时间所涉及的一连串争议行为，包括用欺诈手段赢得2004年总统选举的行为。但

① Global Balita, October 1，2011, http://globalbalita.com/?s=Political+dynasties+still+dominate+Congress

② 马燕冰：《选举暴力下的菲律宾：政治仍难正常化》，载《世界知识》，2009年第24期，第33页。

是由阿罗约提名的法官控制的最高法院一直与阿基诺三世的意见相左。2010年，最高法院在三个重要案例中作出了不利于政府的裁决，包括计划成立一个委员会调查阿罗约。2011年8月9日，菲律宾政府禁止前总统阿罗约出境。阿罗约被指控在竞选总统期间挪用数亿比索的政府资金充当竞选经费。司法部门要求至少将阿罗约列入移民检查站“观察名单”60天，她的丈夫已于前一周被列入该名单。列入该名单的人员不能离开国境，除非得到政府批准。2011年11月15日，最高法院以8票赞成、3票反对的投票结果裁定：司法部长莱拉·德利马当月早些时候发出的对阿罗约出国的禁令“违宪”，取消该禁令，阿罗约可以出国就医。最高法院同时颁布临时限制令，要求司法部和移民局停止执行针对阿罗约夫妇的出国禁令。政府则以最高法院裁决尚未生效为由，仍然拒绝阿罗约出境。就在15日当晚，德利马亲自下令，移民局官员将要出国的阿罗约夫妇堵截在机场。11月18日，最高法院召开特别全体会议，拒绝“重新考虑”针对政府阻挠阿罗约出国所颁布的临时限制令，同时要求司法部长德利马10天内说明为何藐视法院命令。当天选举委员会通过决定，接受司法部和选委会联合调查组的建议，向法院起诉阿罗约，控其在2007年参议员选举期间操纵选举结果。被调查组建议起诉的还包括前选举委员会主席阿巴洛斯、前司法部长阿拉加、前马京达瑙省长安达尔·安帕图安等前政府高官。在接到选举委员会针对阿罗约涉嫌“破坏选举”的起诉数小时后，大马尼拉地区帕赛市地方法院于当天下午针对阿罗约及前马京达瑙省省长安达尔·安帕图安、该省前选举官员贝多尔等3人发出逮捕令。12月13日，前任选委会主席（chief election official）被捕，被控帮助阿罗约操纵棉兰老岛的议会选举。12月中旬，188名众议员联名签署投诉书，要求参议院对最高法院首席大法官科罗纳启动弹劾程序，声称他腐败，作出偏袒阿罗约夫人的判决。阿基诺三世也公开批评科罗纳领导下的最高法院的廉政问题，他列举了一连串最高法院的裁决，认为是受利益驱动而非根据法律作出的。首席大法官则将这次弹劾努力描述成企图破坏司法系统，他在一次对法院雇员的演讲中声称，他将“和所有胆敢摧毁法院和司法制度的人战斗”。12月28日，菲律宾监察专员办公室正式向反贪法庭指控阿罗约夫人及其丈夫米格尔·阿罗约以及前交通部长门多萨、前选举委员会主席阿巴洛斯等人，涉嫌在“国家宽带网”项目中收受巨额贿赂。受理此案的反贪法庭第四分庭3名法官2012年1月3日正式下令，要求移民局阻止阿罗约夫人等人出境，涉案被告如要出境须事先征得反贪法庭批准。菲参议院弹劾法庭2012年5月29日以20票对3票裁定，科罗纳瞒报资产，违反宪法，背叛公共信任。据菲法律，科罗纳将不得继续担任现职，今后永远不得出任公职，成为菲历史上首位遭弹劾下台的首席大法官。

2011年11月24日，菲最高法院公布判决，裁定阿基诺家族将其所有的路易西塔庄园近四分之三总计4 915.7公顷的土地分给6 296名耕农。另外，由于庄园部分土地已被售出用作住宅区和建设高速公路，最高法院命令庄园所有者向耕农支付大约3 000万美元的经济补偿。2012年4月24日，菲最高法院维持先前的判决，阿基诺家族必须把他们名下的路易西塔庄园近5 000公顷土地中的4 300公顷，分售给当地6 296名农民，但价格将远低于阿基诺家族之前要求的每公顷100万比索。那些土地的最终分售价格需由土改部决定，但土改部先前订出的价格是每公顷4万比索。

此外，阿基诺三世一上台就通过司法检察机关频频对效忠前政府的将领进行起诉和调查。2011年9月，以涉嫌贪污3.03亿比索为由，菲政府突然逮捕菲军前审计官卡洛斯·加西亚少将，此人掌管菲军财政达10年之久。埃斯特拉达和阿罗约一手扶植起来的军界强人帕尔帕兰少将，也被菲政府提起"渎职"指控。

（三）菲律宾主要的政治家族

菲律宾的政治家族众多，势力也此消彼长。菲律宾的spot网站列出了菲律宾的10大政治家族。具体如下[①]（顺序不分先后）：

1. 阿基诺家族

阿基诺家族的势力范围在打拉省。该家族的参政史可以追溯到西班牙时代。其祖上塞尔维拉诺·阿基诺在马洛洛斯议会里面任代表，正是该议会起草了菲律宾的第一部宪法。随着其第四代成员贝贝尼奥·阿基诺三世任菲律宾共和国第15任总统，阿基诺家族成员仍然在菲律宾政坛中掌控着重要职位。在2010年的大选中，阿基诺三世以1 500多万票当选菲律宾第15任总统，毫无疑问成为当前阿基诺家族最出色的成员。

2. 许寰戈家族

许寰戈家族是打拉省有名的大地主。家族先祖迈利西奥（Melecio）于1907至1909年任打拉省第一选区的第一位代表。老何塞·迈利西奥的儿子，于1957年取回了颇具争议的路易西塔庄园。该家族的第三代科拉松·许寰戈与贝贝尼奥·阿基诺二世结婚，使得打拉省这两个最有权势的家族联结在一起，至今掌控着该省。自1961年至今，打拉省第一选区的众议院席位一直在许寰戈家族成员中流转。通过1986年的人民革命，通过科拉松·阿基诺，许寰戈家族的政治

① http://www.spot.ph/newsfeatures/46 524/top-10-high-profile-clans-in-philippine-politics/1

影响力达到了马拉卡南宫。

3. 马科斯家族

自1925年以来，马科斯家族一直是北伊洛克省一股政治势力，当年家族先祖马里亚诺·马科斯担任该省第二选区的代表。从那时起，北伊洛克省的政治就成了马科斯家族的事务，家族成员轮流在众议院和省政府任职。在家族成员费迪南·马科斯成为菲律宾总统后，该家族在该省的声望更为显赫。迄今为止，强人费迪南·马科斯是菲律宾历史上任期最长的总统，自1965至1986年一直统治菲律宾，直到今天，费迪南和伊梅尔达的夫妻统治仍是热门话题，他们的儿子小费迪南是现行菲律宾政坛中最显眼的马科斯家族成员。

4. 马卡帕加尔—阿罗约家族

这个来自邦板牙的家族，自其先祖迪奥斯达多1949年赢得了众议院议席之后，便开始了其参政史。他进而于1957至1961年担任菲律宾总统，他的女儿格洛丽亚·马卡帕加尔—阿罗约追随他的脚步，也于2001至2010年担任菲律宾总统。目前马卡帕加尔—阿罗约家族仍然主导着邦板牙的地方政治，也主导着南甘马鄰和西内格罗斯地区的政治。

5. 比奈家族

比奈家族将马加迪变成了他们的势力范围。这个家族于1986年打下了他们的政治根基，当时科拉松·阿基诺总统任命杰约马尔·比奈为马加迪市长。比奈自1986至1998年担任马加迪市长，之后他做医生的妻子艾莉妮塔自1998至2001年继任市长。比奈又于2001至2010年担任马加迪市长，接着他的儿子杰约马尔·欧文继任。

6. 埃杰西多—埃斯特拉达家族

自电影明星约瑟夫·埃斯特拉达于1969年成为圣胡安市长，该市成为埃杰西多—埃斯特拉达家族的政治势力范围超过40年了。该家族在内湖省也有影响力，约瑟夫·埃斯特拉达的侄子埃杰西多三世是现任省长。这个政治家族于1998至2001年达到了其权力的顶峰，其时约瑟夫·埃斯特拉达任菲律宾总统。尽管约瑟夫·埃斯特拉达2010年再次参选总统失败，埃杰西多—埃斯特拉达家族还是在政府中占有一些最具有影响力的岗位。当今他的儿子欣圭似乎成了埃斯特拉达家族最显眼的成员。

7. 瑞维拉家族

瑞维拉家族证明，娱乐圈的光环在菲律宾政治中是宝贵的。该家族的从政肇始者、前动作明星老雷蒙于1992年开始让该家族涉足政治，他先前没有任何治理经验。他的儿子，演员小雷蒙，和他同名，也和他一样从政。小雷蒙于1998至2001年担任甲米地省省长，现为参议员；其妻拉妮（Lani）现为甲米地省第二选区的新科众议员；其兄埃德温现为甲米地省巴库尔（Bacoor）市长。

8. 卡耶塔诺家族

这个来自达义市的家族可以将参议院称为第二故乡了。该家族的从政先行者热纳托·卡耶塔诺1998至2003年担任参议员，之前还担任过两年众议员。他的孩子们跟随他的步伐从政，其中两位，即皮亚和艾伦·彼得为现任参议员。

9. 辛森家族

当从政先行者何塞·辛森1968年成为维甘市长，南伊洛克省的辛森家族开始了他们的从政历程。几乎何塞所有的孩子都在政府任职，最显著的是现行南伊洛克省省长路易斯·辛森。路易斯的兄弟艾瓦瑞斯托于1987至1992年任南伊洛克省省长，他的姐妹“甜蜜女孩”担任过菲律宾福利彩票办公室主任，他的儿子罗纳德是现行南伊洛克省第一选区的众议员。

10.安帕图安家族

20世纪60年代安帕图安家族就开始在马京达瑙省有名了。当1986年从政先行者老安达尔被任命为沙里夫·阿瓜克长官后，该家族的权势得到了进一步的保障。老安达尔后来担任了省长。这些年来，该家族缔结了诸多的政治盟友，以助于提升其政治资本。老安达尔的儿子塞尔第是前任穆斯林棉兰老自治区主席。尽管卷入了马京达瑙大屠杀，安帕图安家族还是维持了他们在马京达瑙的影响力。老安达尔的外甥西蒙·达图玛依现为马京达瑙省第二选区的众议员。

二、教会与政治

如前文所述，菲律宾宗教众多。因为罗马天主教徒占了菲律宾总人口的绝大多数，所以罗马天主教在菲律宾的影响最大，对菲律宾政治的影响也最大。

（一）西属时期

天主教对菲律宾政治的影响由来已久，具体地说，自传入的那一刻就已经开始了。因为在西班牙殖民者尚未到达菲律宾，还在美洲进行殖民征服的时候，就与西班牙天主教会在殖民征服与统治方式上存在分歧。西班牙人入主菲律宾之后，殖民当局实行的是政教合一政策，教会当局与行政当局联系非常紧密，均为殖民统治机构的一部分。所以在西班牙统治时期，天主教会对菲律宾政治的介入很深，突出表现在行政当局与教会当局的合作与冲突上。

按照西班牙的殖民制度体系，殖民当局的行政当局和教会当局分别作为国王和教皇的代表管理殖民地的世俗和教会事务，双方之间应是相互合作、相辅相成的关系。为了“国王的利益”和“上帝的利益”，双方在征服和天主教化菲律宾群岛方面进行了很好的合作，这是西班牙能够长期、有效维护其在菲律宾的殖民统治的重要原因。西班牙传教士一进入菲律宾，就全力投入宣传天主教义，皈化菲律宾人，同时又积极参与殖民当局的日常事务管理。另一方面，殖民行政当局也努力为教会的传教事业提供各种便利，并从财政上予以全面支持，时常请传教士参与行政事务的讨论和决策。由于菲律宾的西班牙人始终不多，人手不够，地方上的西班牙官员很少，这使得在地方上传教的西班牙传教士对地方行政事务的影响非常大，他们既是各种医疗及慈善团体的最高首领、教育和税务巡视员，也是市镇选举和各项公共事务的监督员。各城镇教区的神父实际上就是教会和政府的综合体，几乎掌握着地方的一切大权，是西班牙殖民统治最有效的捍卫者。[①]

然而，纵观西班牙在菲律宾的殖民史，有关殖民当局中行政当局和教会当局之间冲突的记载比比皆是，矛盾突出表现在大主教和总督之间。在殖民征服初期，德拉达神父和萨拉萨尔主教就与殖民行政当局不合。1572年，菲律宾的奥斯定会传教士一致决定派遣迭戈·赫雷拉前往马德里，向西班牙国王报告西班牙殖民者在菲律宾的种种不轨行为，提交了著名的“奥斯定会1573年备忘录”，其中详细描述了菲律宾居民的悲惨状况，请求国王另派总督来管理菲律宾，制止那些暴力行为。此次状告让西班牙国王撤消了拉维萨里斯

① 邱普艳：《西属菲律宾前期殖民统治制度研究：从征服到17世纪中期》，厦门大学2009年博士论文（未刊）。

的总督职务，改命桑德为菲律宾的总督。1581年，马尼拉第一位主教萨拉萨尔到任，行政当局和教会当局争斗变得更加激烈。第二年，萨拉萨尔主教主持召开了菲律宾历史上的第一次宗教会议，会议通过了一份抗议书，宣称要捍卫菲律宾人民的“天赋权利”。会后他派遣桑切斯神父回西班牙向国王汇报，建议在马尼拉设立最高法院。1590年，达斯马里纳斯任总督后不久也与萨拉萨尔主教发生了一系列争执，争论的中心就是教会和殖民政府双方各自的管辖范围和修会教士对地方民政的干预问题。达斯马里纳斯在写给国王的信中对教会进行了一系列控诉，声称他们没有什么政策不反对，没有什么事情不掺和，使菲律宾人民只知道有教区神父，不知道有国王，听令于神父而不听令于总督。①

进入17世纪，菲律宾行政当局和教会当局的冲突仍不断发生。1606年，马尼拉的殖民官吏给西班牙国王写信，要求国王调查教会教士干预地方行政、滥收税款的事件。由于冲突激烈，1636年，科奎拉总督甚至派兵软禁并放逐了格罗雷大主教。然而，兼任墨西哥神圣查询法庭专员的奥斯定会士帕特尼纳利用萨尔塞多总督触犯大帆船贸易商人利益的机会，策动马尼拉商人、市议员、军官团和各修会联合行动，于1668年10月9日发动政变，逮捕了萨尔塞多总督，随后将其囚往墨西哥出庭答辩，结果致其在途中愤病交加而死。1683年，巴尔加斯总督逮捕了帕尔多大主教，并将其放逐到林加延。但1684年得到复职的帕尔多立即对巴尔加斯处以“破门”罪，要求其每天身穿麻衣，头系绳索，手持蜡烛到教堂忏悔，方能获得赦免。1719年，时任总督布斯塔曼特获悉教会密谋要将其推翻后，抢先逮

① 金应熙主编：《菲律宾史》，开封.河南大学出版社，1990年版，第189页。

捕了大主教奎斯塔、各修会首领、神圣查询法庭官员等，然而教会人员挑起骚动，暴徒冲进了总督官邸，总督父子均被杀。由于教会势力越来越强大，1720年，西班牙王室宣布嗣后总督不能视事时，大主教可代理其职务。到了西属后期，菲律宾天主教会和传教士对菲律宾政治的影响更是达到了顶峰，教区神父几乎在市政府的每一个部门都起着重要作用。

（二）美属时期

到了美属时期，殖民政府实行政教分离政策，菲律宾天主教对政治的影响大为削弱，“教会不但已经基本从政治中分离出来，甚至退出了社会主流，成为社会中平静的‘观众’”。[①]美属时期，菲律宾殖民地政权的结构完全沿用宗主国——美国的模式，实行三权分立，作为菲律宾传统政治力量的宗教势力基本上被排除在各级殖民政权之外。殖民地政府为了巩固统治，必须设法消除西班牙统治时期天主教会获取的种种政治和经济特权，因而采取了一系列软硬兼施的政策。首先，借助菲律宾人和菲律宾的新教徒来排挤西班牙天主教势力。其次，借助罗马天主教会的威力迫使西班牙天主教会交出手中的权利。最后，在文化教育领域大力推行“美式”政策，以美国思想文化取代天主教在菲律宾人民宗教信仰中的传统地位。殖民政府的政策从各个方面剥夺了天主教会的特权，从根本上打击了天主教会势力，彻底扭转了西班牙时期菲律宾天主教会的强势局面。

---

① Wilfredo Fabros, *The Church and its Social Involvement in the Philippines*, 1939—1972, Adeneo de Manila University Press, 1988.转引自吴杰伟的《菲律宾天主教对政治的介入》，载《东南亚研究》，2005年第6期，第17页。

（三）菲律宾共和国时期

独立后，菲律宾仍然采取宗教信仰自由和政教分离原则，天主教会仍然没有直接参与政治的空间，但是美式民主的引入使其能够通过民众影响政治的运作。

尽管实行政教分离，但天主教会作为菲律宾社会的主要精神力量这一现实没有改变，各级神职人员变成了广大教徒的精神领袖。天主教神父在履行宗教职务的同时，积极引导和鼓励广大教徒从事各种社会活动，在活动中扮演领导角色。由于天主教在菲律宾的信徒众多，群众基础广泛，自然会对菲律宾政府的政策，特别是关乎民众日常生活和道德规范的政策，产生巨大影响，尤其是当政府的政策与基督教义发生冲突的时候。人口增长过快问题一直是关乎菲律宾社会和经济发展的重要问题，但菲律宾政府控制人口增长的企图却遭到了天主教会的反对。天主教会在生育问题上主张严格执行罗马教廷的戒律，即不准离婚，不得实行计划生育，不得堕胎。另外，在执行死刑的问题上，菲律宾天主教会遵循天主教义，一直予以反对，并通过民众和道德的力量向政府施压，这使得政府在死刑执行问题上政策反反复复。

菲律宾天主教会不仅影响政府的政策，还影响政治活动，例如在选举时，通过发表支持或反对某位候选人的言论来影响选民的投票意向和投票热情；在社会秩序混乱的时候，承担一定的维持社会秩序的责任，直接参与政治活动。1986年和2001年的“人民力量”运动，是现代菲律宾天主教会影响政治的典型。

三、军人与政治

现代民主政治中有一条基本原则就是文官控制军队，军队要保持政治中立，要国家化。独立后，菲律宾军队肩负着两项使命：一是对外抵抗外来入侵，保卫国家安全；二是对内维持法律和秩序以维护社会安全。[①]

然而，到了马科斯时期，菲律宾军队的职能发生了变化。马科斯上台后竭力将军队建成效忠自己的力量，为此他多次扩充和整顿军队。1972年他在国防部长恩里莱领导的军队的全力支持下，宣布全国实行军管，并再次扩军，将军队一下子由6万人增至27.5万人。他还大肆建设民兵后备队，把民兵队伍发展到数十万人。[②]军管法颁布后，菲律宾军队的地位发生了很大的变化，军队“要维护整个菲律宾的法律和秩序，防止和镇压各种非法暴力，打击各种反叛、暴乱行为，迫使人民服从马科斯颁布的或根据他旨意颁布的法律、法令、命令和条例”[③]。军队成了马科斯管理政权、治理国家的核心权力体系。在军管前期，菲律宾军队主要参与对社会经济的管理工作，代表政府对经济部门实行控制与监督。军队接管了杰森托集团公司，并有越来越多的军官进入国营、私营公司的董事会。到20世纪70年代末，政府文职机构中开始出现越来越多的军官，许多军官被任命为穆斯林地区的省长，或麻烦较多的吕宋地区的市长，连“南部菲律宾发展公署”、“内湖发展公署”、“监狱总局”、“全国住房公署”等部门也均由现役或退役军人领导。军队一方面参与政府事务，一方面维护政府的统治。实行军管之初，军队就查封了8家大报纸，禁止电台和电视台播放非官方评论，并以阴谋叛乱、勾结共产党等罪名逮捕了3名省长、36名市长、11名制宪会议代表，其中包括自

① 张锡镇：《当代东南亚政治》，南宁.广西人民出版社，1995年版，第315页。
② 曾有情：《马科斯：成也军队，败也军队》，载《思维与智慧》，1999年第12期，第40页。
③ 张锡镇：《当代东南亚政治》，南宁.广西人民出版社，1995年版，第313页。

由党总书记阿基诺、4名国会议员、16名报刊出版人和专栏作家以及100多名受到怀疑的警方人士、学生领袖。军队还勒令公民交出私人拥有的枪械，控制了铁路、航空、通讯及大众传媒。1972年，军队宣布建立军事法庭，有权审理关于军队的案件和“其他案件”。由于“其他案件”的概念极其含糊，导致军事法庭不断扩大司法权。至1974年，军队共成立了20个军事法庭，审理了6 092个案例。凡是军方认为属颠覆政权、暴乱、谋杀等案件的均由其审理。①

马科斯时期实行军事管制，政府对军队的依赖性大为增强，使得军队干政、贪污腐败、见风使舵和朋党之风潜滋暗长，并成为传统。②所以在1986年之后，虽然菲律宾重新走向民主化，但菲律宾的军人并没有轻易放弃对政治的影响或控制，政变或兵变是他们影响政治的重要手段。

在科拉松·阿基诺政府时期，前后发生了7次政变或兵变。1986年7月6日，阿基诺夫人上台后不到半年，大约380名军人和1 500名马科斯的支持者拥护反对党领导人阿托洛·托伦蒂诺为“代总统”，此乃第一次政变，完全是一场闹剧。同年11月12日，传言国防部长恩里莱和前总统马科斯势力图谋政变，但被政府军及时制服。1987年1月27日，前军事学院院长苏梅尔准将等几位高级军官占领了电视台和空军司令部的一个基地，结果被政府军以武力平定。同年4月18日，一名少校发动了第四次政变，结果由于规模小而被迅速化解。同年8月28日，“军队改革运动”领导人霍纳桑上校率1 350名军人发动了第五次流血政变。政变部队分乘坦克和装甲运兵车从北部的新怡诗夏省军营开到马尼拉，几乎攻下

① 王辊:《菲律宾与印尼军人政治参与的比较》，载《东南亚研究》，2004年第2期，第43页。

② 翟坤:《忠诚与背叛——略观菲律宾近20年之军人政变史》，载《世界知识》，2003年第16期，第27页。

了总统府，并先后占领了武装部队的总参谋部和国防部所在的阿吉纳尔多军营以及多处战略要地，包括空军大本营比拉莫基地、4座电视台以及广播电台等。菲律宾全国至少有6个省的驻军倒向叛军。在菲律宾第二大城市宿务，叛军占领了机场、省政府和市政府大楼，并软禁了省长和市长。菲律宾政府军出动了飞机、大炮和坦克，并发射了空对地火箭等，才平息这场历时30个小时的军事政变。[①]1989年12月1日，马尼拉发生了第六次军事政变，也是迄今“规模最大，手段最狠，战斗最激烈，损失最惨重，后果最严重”的一次政变。前后参加这次政变的有8 600人，政变军队不仅动用轻武器、重武器、卡车、坦克，而且还动用了飞机，不仅攻占了空军司令部所在地比利亚莫尔空军基地和陆军司令部所在地博尼法西奥军营，控制了两家电视台，并逼向总统府，还公然出动飞机轰炸了第9频道电视台、保安军司令部、武装部队总司令部和总统府。政变持续了9天，在前几天的战斗中就至少有95人被打死、250多人受伤。[②]如果不是美国的干预，叛军在“青年军官联盟”领导人丹尼尔·林上校的指挥下，差点推翻了阿基诺政府。1990年10月4日，诺布尔营长在南部棉兰老地区发动第七次军事政变，妄图建立“棉兰老国”，结果失败。

2001年，阿罗约通过第二次“人民力量”革命上台后，有关推翻她的军事政变传闻不绝于耳。2003年7月27日，一批1995至1997年毕业于菲律宾军事学院的军官发动了兵变，结果在7月28日夜晚经谈判获得和平解决。2006年2月22日，菲律宾军方宣布挫败了一起企图推翻阿罗约政府的军事政变阴谋；2月24日早晨，军方

① 翟树耀、毕先芸:《震惊菲律宾的军事政变》，载《瞭望》，1987年第37期，第8页。
② 王如君:《菲律宾政变风云》，载《国际展望》，1989年第24期，第17页。

再次宣布挫败另一起兵变阴谋。2月24日上午，总统阿罗约宣布菲律宾全国进入紧急状态，以应对不断出现的军事政变阴谋和声势浩大的反政府游行。2007年11月29日，一批因卷入2003年政变正在法庭受审的菲律宾前军人突然逃出法庭，迅速占据了附近一家豪华酒店，要求阿罗约下台。政府军随后采取武力强攻，逼迫政变军人走出酒店，结束了这场危机。

第六章　经　济

第一节　经济概况

菲律宾位于亚洲大陆的南缘，是商业和贸易的中转站，具有良好的区位优势，同时还拥有丰富的自然资源和充足的劳动力资源，这些为菲律宾经济的发展提供了良好的条件。最近十年来，菲律宾经济增长率年均保持在5%左右，GDP的总量从2001年的763亿美元到2011年的2 247亿美元，成为世界第四十三大经济体。菲律宾的经济结构以农业和工业为主，服务业、工业和农业产值分别占国内生产总值的47%、33%和20%。三大产业吸纳的就业人数从2005年的3 231万人上升到2011年的3 719万人，其中吸纳人数最多的为服务业，其次为农业。菲律宾经济发展很不平衡，吕宋岛经济发展水平最高，其工业和农业都居全国第一位，大部分的工业集中在马尼拉大都会的市郊。区域经济也发展得很不平衡，以最发达的马尼拉地区和最贫穷的棉兰老岛2002—2009年生产总值为例，2002年前者是后者的47倍，到了2009年这一比值为42倍，发展不平衡并没有得到扭转。

菲律宾自然资源丰富，矿藏主要有铜、金、银、铁、铬、镍等20余种。巴拉望岛西北部海域有石油储量约3.5亿桶。菲律宾的地热资源预计有20.9亿桶原油标准能源。水产资源也很丰富，鱼类品种达2 400多种，其中金枪鱼资源居世界前列。菲律宾的主要粮食作物是稻谷和玉米。椰子、甘蔗、马尼拉麻和烟草是菲律宾的四大经济作物。

菲律宾实行出口导向型经济模式，第三产业在国民经济中有突出的地位。20世纪60年代后，菲律宾采取对外开放政策，积极吸引投资，经济得到显著发展，并在1982年被世界银行评为“中等收入国家”。90年代初，菲律宾采取了一系列的经济振兴政策，经济得到全面的复苏，经济保持了较快的增长。1997年亚洲金融危机爆发，使菲律宾经济增长速度受到影响，但是对菲律宾的冲击不是特别的大。自2000年以来，菲律宾经济年均增长率为5.1%，超过了过去20年的平均增长率。截至2010年，菲律宾国内生产总值达到1 887亿美元，人均国内生产总值为2 007美元。2011年国内生产总值增长率仅为3.7%，远远低于2010年的7.3%的增长率。

菲律宾的对外出口严重依赖电子产品，2010年电子产品的出口占总出口的60%。在电子产品中，又主要集中在半导体产品，它占电子产品出口的77%。这种出口结构使菲律宾严重受国际市场对该产品的需求的影响，导致国内电子产品产业链需要不断调整以应对国际市场的变化。当前，受欧债危机和中国最近经济下滑的影响，菲律宾电子产业面临着出口下降的窘境。2011年下半年，菲律宾商品出口呈下降趋势，但是其他东南亚国家的出口却不断上升。

菲律宾国内保持着温和的通货膨胀，政府积极配合国际货币基金组织实行紧缩的货币和财政政策。亚洲开发银行在《2012年亚洲发展展望报告》中对菲律宾今后两年的发展持乐观态度。[①]尽管如此，菲律宾需要相当强劲的增长以不断减少贫困和失业。截至2012年3月，菲律宾的失业率创下历史新高，达到34.4%；失业人口1 380万，超过2009年的34.2%的纪录。根据东盟贸易处数据显示，截至2012年8月，在菲律宾1 643个市中，795个市的贫困率为32.19%～60%；而67个市的贫困率超过60%；2003—2009年，市级贫困率平均为37.5%。现在菲律宾政府正致力于推动服务业和制造

① 亚洲发展银行（ADB），http://www.adb.org/publications/asian-development-outlook-2012-confronting-rising-inequality-asia.

业的发展，为穷人创造更多的就业机会。

菲律宾国内面临着失业和就业不足的难题，由于国内提供的就业岗位的需求远远不能满足劳动力的供给，向外输出劳力成为许多菲律宾人的选择。[①]因此，有将近900万，也就是占菲律宾总人口的10%长期在外国工作。这虽然是菲律宾国内经济不能提供足够岗位的表现，但是这些在外工作的菲律宾人的汇款对经济的发展和平衡国际收支却具有重要作用。在菲律宾国内，很多劳动者从事低端的工作，实际工资水平也呈下降的趋势。此外，国内收入差距过大的现象也普遍存在。在菲律宾，基尼系数（Gini Coefficient）[②]已经达到0.45，处于收入差距较大的阶段。贫困率从1991年的33.1%下降到2003年的24.9%，但是这几年贫困率呈现上升的趋势，在2009年达到了26.5%。

与东南亚其他国家相比，菲律宾的固定资产投资占GDP的比重处于相对较低的水平，并呈现下滑的趋势。2000年，固定资产投资占GDP的比重为20%，但是到了2011年，这一比重下降到19.3%。当前亚洲各国的经济都在不断历经转型，从低产出产业到高产出产业的转变，劳动力从农业转向工业及服务业，出口向高附加值和多样化方向发展。这些国家的经济正从技术的进步和制造业的升级中保持着各国的竞争力，通过这些转变使经济得到持续的发展，并且能够不断减少失业和贫困。但是在菲律宾，工业占GDP的比重从1980年的39%降到2011年的32%，其中制造业仅占GDP的22.4%，只吸纳了8.3%的就业。经济的增长反而是依靠服务业，在过去7年中，业务流程外包（BOP）快速扩张，为经济提供强劲动力。但是，BOP吸纳的就业量只有1%，因为它需要技术相对娴熟的工人，因此单纯发展BOP不能实现经济包容性增长的目标。

① ［日］井方贤治:《国外劳工汇款所支撑的菲律宾经济》，载《南洋资料译丛》，2007年第1期，第31页。

② 基尼系数是用来衡量收入分配公平程度的指标。数值在0与1之间，数值越小表示分配越公平；0.4–0.5表示收入差距较大。

菲律宾政府采取财政巩固措施，使国内债务状况得到了改善，降低了政府的利息负担，从而使财政脆弱性逐渐减轻。2012年5月，菲财政赤字仅为230亿比索(约合5.6亿美元)，政府债务总额与国内生产总值之间的比重降到近十年来的最低，约为51%。此外，海外劳工的汇款增加了菲律宾外汇储备，这些都改善了菲律宾的投资环境。鉴于此，2012年7月，国际知名信用评级公司标准普尔将菲律宾长期外币、菲中央银行和菲开发银行的信用评级从BB上调至BB+，这离投资级别仅一步之遥。

菲律宾国家经济发展署在2011年发布了菲律宾《2011—2016年中期发展规划》，提出实现包容性增长、创造大量就业和减少贫困等三大战略，根据该规划，2011—2016年菲律宾政府要实现的主要经济和社会指标为：GDP的增长保持在7%～8%，到2016年实现人均收入上升至3 000美元，在未来20年使人均收入上升至5 000美元；在减贫方面，到2015年贫困率降至16.6%，比1991年的33.1%减半；创造就业方面，每年创造100万个就业岗位，促使失业率保持在6.8%～7.2%。[①]

菲律宾的所有制形式包括国家所有制和私人所有制。尽管从1987年开始，菲律宾对国有企业进行了私有化改造，但是仍然保留了一批政府拥有或者控制的公司。目前这些国有公司总共有158家，在2008年底总资产达到4.29万亿比索。国有公司承担着政府赋予的行政职责，如进行公共工程、保障性住房的建设等，同时它也享受着国家给予的补贴，但是由于监管不力等原因，对这些公司的补贴成为财政的巨大包袱。阿基诺政府上台之后，开始重视这些问题的严重性，加大对国企的监管和加快私有化的进程。

① 菲律宾国家经济发展署,http://devplan.neda.gov.ph.

私有企业在菲律宾经济中占有越来越重要的地位，特别是在国家加快国有企业私有化进程后，私营企业的数量越来越多，私营资本成为经济发展的主要力量，带动了资本市场的发展，同时私有企业在增加就业方面也有重要贡献。随着私有企业的增多和国有企业的减少，政府财政收入将得到提高，对国企的补贴将减少，使政府有更多的财力投入社会民生和改善投资环境，同时也扩宽了所有制结构。

第二节　主要经济部门

一、农业

菲律宾地处热带地区，以热带海洋性气候和热带雨林气候为主，大部分是山地、丘陵和高原，这种气候特点和地理状况对农业的构成和分布有很大的影响。热带经济作物椰子、菠萝、香蕉等成为菲律宾农业生产中的重要种类，同时由于其所跨纬度相对较小，造成农作物相对单调，因此除了热带作物外，菲律宾需要进口大量的小麦、谷物等农产品。菲律宾耕地面积有493.6万公顷，永久农田有422.5万公顷，永久牧地有12.9万公顷，林地有7.4万公顷。农业耕地占总国土面积的32%，其中耕地和永久农田各占51%和44%。

菲律宾的农业在其国民经济中占有重要地位。从农业的生产总值上来看，在20世纪60—80年代不到GDP的三分之一，有时甚至只有五分之一；从发展速度上来看，1984—2003年，农业平均增长速度只有1.7%，而同时期GDP平均增长速度却为2.6%；从产出来看，在过去30年里，农业产出也远比工业和服务业少。尽管如此，农业在创造就业方面却功不可没。在2005年，有将近五分之二的就业岗位源自这一领域。如果加上以农业为基础的加工业和服务业，农业创造了40%的GDP和提供了三分之二的就业岗位。

菲律宾农业近年来发展非常迅速，2010年，农林渔业占国内生产总值的13.9%，到了2011年下降至11%，从业人口约占总劳动人口的33%。2011年前三季度的数据显示，按2000年不变价格计算，农业部门（农、林、牧、渔）保持了4.7%的增长，成为菲律宾经济的主要驱动力之一。主要出口农产品为：椰子（26%）[①]，主要出口市场为美国（42%）和荷兰（39%）[②]；新鲜香蕉（9%），出口市场为日本（53%）和中国（16%）；糖（7%），主要出口市场是美国（68%）和日本（13%）；菠萝及其制成品（6%），主要市场是美国（41%）和新加坡（17%）。

菲律宾农业受气候的影响很大，由于地理位置处在热带地区，容易受到台风的侵袭和特殊天气条件的冲击。2011年9月，台风“纳沙”袭击了菲律宾主岛——吕宋岛平原产粮地带，破坏了农业设施，并影响了作物的正常生长。仅2011年第四季度的三次台风就使菲律宾的经济下降了1.54%，全年由台风造成的损失约占GDP的0.63%。2010年，菲律宾的农业受到厄尔尼诺天气条件的影响，导致持续干旱，给菲律宾农业造成至少1.2万亿比索（约合2.45亿美元）的损失，受灾农作物主要包括稻米、玉米以及水果、花卉等经济作物。这使其农业从2009年的零增长变为下降0.5%，对GDP的增长贡献为–0.1%。

菲律宾对农业的投入十分有限，导致农业科技的研发和推广工作困难重重。化肥和农药投入严重不足，致使在2008年菲农业部公开承认无法实现水稻总产量1 733万吨的目标。据调查，该年由于化肥价格的飙升，农民投肥量下降了30%。此外，由于农业科技的落后，杂交水稻在水稻生产中的比例很小。截至2009年，杂交

① 括号内的百分数表示该产品出口占总农产品的比重。

② 括号内的百分数表示该产品出口到不同市场的比重。

水稻种植面积为197 076公顷，仅占水稻面积的4.6%。据菲律宾农业部门的统计，在2001—2009年间17个季度种植中，杂交稻和常规稻的平均产量分别为5.98吨/公顷和4.39吨/公顷，杂交稻比常规稻增产36.32%。因此，菲律宾非常注重杂交稻的推广，菲律宾农业部GMS水稻项目办正逐渐扩大杂交稻种植面积，力争在2013年达到814 349公顷，占水稻种植面积的19.1%。

菲律宾通过对外贸易进口国内不生产或者供给不足的农产品，同时输出本国产量丰盛的产品。例如菲律宾的化肥市场，国内只能提供比较单一的种类，其中作为菲律宾最重要的化肥品种——尿素，需要全部依靠进口。此外，菲律宾还进口温带水果类产品，如苹果、柑橘、橙子等。菲律宾输出的产品主要是椰子、蕉麻、糖和烟草，这在菲律宾国民经济和国际市场上占有很重要的位置：椰子生产和出口均位居世界第一位；亚麻产量占世界总产量的85%，是世界亚麻市场的主要供应国；此外，菲律宾是世界十大产糖国之一，也是亚洲第五大弗吉尼亚烤烟生产国。

菲律宾和中国农业合作发展迅速。1999年，两国农业部签署了《关于加强农业及有关领域合作协定》；2000年，双方有关部门签署中方向菲方提供1亿美元信贷协议书；由中方援建的“中菲农业技术中心”于2003年3月在菲竣工；中国优良杂交稻种和玉米在菲试种成功，现正逐步推广；2004年，两国签署了《渔业合作谅解备忘录》；2007年1月，两国农业部签署了《关于扩大深化农渔业合作的协议备忘录》。

（一）主要粮食作物

1. 水稻

大米是菲律宾人的主要食品，菲律宾人均消费大米约为90千克，但是由于国内资源、技术、投入等多方面因素的限制，大米的供给不能完全满足国内对大米的需求，因此菲律宾每年需要从国外进口大量大米来弥补缺口。菲律宾近几年一直是世界稻米的主要进口国。2012年，菲律宾国家粮食署宣布进口50万吨大米，比2010年的300万吨有大幅度的减少，这源于菲律宾种植面积的扩大和技术的改进。为了尽快实现大米的自给，政府正致力于兴修灌溉设施，使水稻一年三熟成为可能，同时敦促银行增加农业方面的贷款以提高投入。

2. 玉米

玉米是菲律宾的重要农作物，主要种植在南部的棉兰老岛、米沙鄢岛。玉米产量中超过一半是黄玉米，主要用于饲料，其余为白玉米，用作制造玉米粉和制作淀粉。2011年，玉米产量达到了697万吨，比2005年增加了32.7%。尽管如此，菲律宾的玉米产量还是不能满足国内的需求，特别是遇到特殊的天气，造成干旱导致玉米减产。2010年受厄尔尼诺现象的影响，仅卡加延地区的玉米收获面积就减少了7 000公顷。因此，每年菲律宾仍然需要从国外进口以满足国内的需求。为了提高玉米产量，减少进口，菲律宾政府积极从中国引进杂交玉米种子，鼓励农民种植杂交玉米。杂交玉米的产量是普通玉米的5倍，每公顷可以达到5吨的产量。此外，菲政府还通过扩大玉米种植面积等措施缓解玉米产量不足的困境。为了进一步解决菲国内饲料加工业对玉米等原料短缺的局面，菲政府还通过财政免税等手段加大国外玉米对菲的出口。菲律宾进口玉米的主要供应国是美国、中国和阿根廷。

3. 小麦

菲律宾不生产小麦，因此国内所需的小麦需要进口。菲律宾原先对从东盟进口的小麦收取3%的关税，对从非东盟地区进口的小麦收取5%的关税；对从东盟地区进口的面粉征收5%的关税，对从非东盟地区进口的面粉征收7%的关税。但在2012年初，为了平衡进口小麦的面粉厂与面粉进口商之间的利益，菲律宾贸工部已经将小麦的进口关税永久取消。2011年，菲律宾饲料加工商进口了107万吨小麦，同比增长11%。饲料小麦的主要供应国是澳大利亚。

（二）主要经济作物

1. 椰子

椰子是菲律宾最重要的经济作物，也是菲律宾在世界上出口位居前列的产品，其中椰子油出口量世界第一。菲律宾拥有优越的自然条件、肥沃的土地和充沛的雨水，为椰树大规模的种植提供了可能。椰子的种植面积在2010年达到了356万公顷，占农业用地的26%，种植的地域遍及菲律宾大部分省份。菲律宾的椰树种植主要集中在吕宋岛东南部、米沙鄢群岛和棉兰老岛沿海地区。2011年，菲律宾椰子总产量达到1 524万吨，比2010年有所减产，使得椰肉产量下降，造成供应紧张，同时也对椰子油的产量产生了影响。2011年，椰子油出口82.34万吨，比2010年下降了38.7%。

尽管产量减少了，但是椰子销售额却在增加。据菲律宾椰子管理局统计，2011年椰子出口额为19亿美元，比2010年的16亿美元增加了20.28%，约有39种椰子产品及其副产品销售到至少100个国家。其中销售额最多的是椰子油，达到14亿美元，比上一年增加了12%；排名第二的是椰蓉，销售额为2.9亿美元。

2. 芒果

菲律宾是世界第七大芒果生产国，主要的芒果产区为西北萨扬区、中吕宋区和棉兰老岛区。菲律宾芒果产量约占世界总产量的4%。据世界粮农组织（FAO）的数据，2005年菲芒果种植面积为95万公顷，单产13吨/公顷。菲律宾芒果有三个品种，分别为

Carabao、Pico和Katchamita。菲律宾芒果种植者分为三种类型：第一种是商业芒果种植者，一般由城市中心的专业人员和承包商组成；第二种是果园种植者组成的公司，采用公司与农场结合的经营模式，产销一条龙；第三种是小生产者，每户都拥有5～20棵芒果树，小生产者生产的芒果超过芒果总量的一半，前面两种所占的比例很小。

菲律宾芒果产量在国内水果产量中排名第三位，在世界排名第七位（2005）；芒果鲜果出口在世界上也是排名第三位。菲律宾芒果总产量的6%用于出口，出口量的90%是鲜果，其余为芒果加工品。

2005年，菲律宾芒果最大出口国为日本，占有日本65%的市场；其次为墨西哥，占有其28%的市场份额。自从菲律宾加入世贸组织后，中国、韩国等市场对菲律宾芒果的需求也在不断扩大。

3. 橡胶

菲律宾年均气温在摄氏二十多度，降水量丰富，适合橡胶的生长。菲律宾的商业橡胶种植史有100多年，在1905年从巴西引进橡胶品种后，就在国内大面积的种植。目前，菲律宾的橡胶种植面积为13万公顷，拥有4 000万株成年胶树，每年乳胶产量达到42万吨。菲律宾天然橡胶种植区主要集中在东南部的棉兰老岛，种植面积超过9.2万公顷，但是还有一些未开发的地方，据菲律宾农业部的预估，在棉兰老岛实际有120万公顷土地适宜种植天然橡胶。目前，菲律宾有3.1万个橡胶农场，7.5万人从事天然橡胶种植。和芒果种植者一样，橡胶的种植者也大多是以小胶园主为主导，生产的胶量约为全国总产量的90%。

菲律宾70%的橡胶用于生产轮胎和建筑用橡胶产品，30%用于非轮胎橡胶产品，如手套、医用橡胶产品、玩具产品、汽车用橡胶配件等。菲律宾40%的天然橡胶用于出口，主要出口国为马来西亚、中国和新加坡。菲律宾的橡胶制造业吸纳了大约1.5万名劳动力，主要集中在160家橡胶企业，平均每家企业拥有90名员工。

为了进一步促进菲律宾橡胶业的发展，菲律宾农业部、橡胶工业协会及当地政府会同外国投资者在2006年制定了15年的橡胶发展计划。该计划包括将橡胶种植面积扩充到100万公顷，争取在2020年出口额达到9.60亿美元。该目标将为菲律宾提供至少100万个就业岗位。现在，菲律宾政府正积极引进外国投资者，加快橡胶业的发展。

4. 香蕉

菲律宾是世界上第三大香蕉生产国，也是菲律宾产量和出口额最高的水果，香蕉产业是菲律宾最大的国民收入来源，占农业总产值的4.36%。香蕉种植面积达到41.8万公顷，其中约有50%分布在棉兰老岛区，其他的分布地区有南他加禄区、卡加拉区和米沙鄢西部。目前菲律宾的主要香蕉种植品种有香牙蕉、沙巴、卡达巴、拉卡坦及贡蕉等。

菲律宾政府对香蕉产业持扶持政策，加上国际市场中香蕉需求量呈上升趋势，近年来菲律宾香蕉种植面积缓慢上升。尽管如此，菲律宾香蕉的单产产量很低，1998—2007年，香蕉的平均单产产量低于全球平均水平。

菲律宾是世界上主要的香蕉出口国之一，日本是菲律宾香蕉最大的进口国，每年约有一半的香蕉出口到日本，占日本香蕉进口总量的七成。中国是菲律宾香蕉第二大出口市场，2011年，菲律宾向中国出口了35.8万吨香蕉，价值人民币7.1亿元。香蕉业作为菲律宾第五大出口产业，每年可以为菲律宾赚取高达7.2亿美元的外汇。

香蕉业出口的兴盛与否，不仅直接关系到蕉农的收入，还会影响大量的配套服务工业工人的收入，牵涉到菲律宾国内大约20万人的就业问题。因此，可以看出香蕉业对菲律宾经济和就业的重要性。

二、畜牧业和渔业

（一）畜牧业

20世纪80年代，菲律宾政府开始重视畜牧业的发展，积极从新西兰等国引进奶牛优良品种，制定奶牛发展计划，并出台了扶持养殖的政策。目前，菲律宾普通奶牛年产奶2.1万吨，水牛型奶牛年产奶1.28万吨，羊年产奶0.47万吨。自产奶中，大约只有56%直接销售市场，供社会消费，其余44%则为家庭自己消费、加工和喂养小牲畜。

菲律宾是牛奶及奶制品消费国。据菲律宾乳业署报道，菲律宾有8 000万人口，其中城市人口有3 000多万，每年需求牛奶及奶制品230多万吨。而菲律宾自身生产能力极低，每年只能生产1万吨左右，不及总消费量的1%。供需之间的突出矛盾决定了菲律宾要从国外进口总消费量的99%来供应市场，并且每年的进口量不低于170万吨左右，仅次于小麦进口量，是菲国第二大进口农产品。近年来，菲律宾政府采取了积极的扶持政策来发展畜牧业和乳业，投资规模逐年递增，具有非常良好的市场潜力。

2006年，肉类总产量达到239.3万吨，比1990年增长了1倍多；蛋类产量为60万吨，比1990年增长62%；而奶产量却减少了40%。菲律宾畜牧业产值占农业的30%左右。畜牧业生产主要有水牛、猪、山羊、鸡、鸭等，其中猪和鸡都是畜牧业的主体，占80%左右。

菲律宾水牛数量从2007至2011年持续不断地下降，特别是在2011年出现了创纪录的–5.97%的增长，过去五年水牛的总数量平均每年以2.34%的比例在下降。菲律宾黄牛存量在2011年下降了2.04%，黄牛总数在各大区域都有减少，总体上来看，从2007到2011年，黄牛数量每年以0.46%的速度在递减。2011年猪的总量比2010年减少了大约8.17%。过去五年，猪的存栏量以2.15%的比例在减少。2011年，羊的总量比上一年下降了大约7个百分点，平均每年以0.97%的速度在减少。鸡的存量在2011年保持了一个上升的趋势，比上一年大约增长了2.41%。在过去五年，鸡的存量以平均4.80%的速度在递增。鸭的数量在2011年比2010年下降了1.38%，在2007至2011年间，鸭的数量在以每年0.06%的比例减少。

表6-1 菲律宾主要畜牧产品产量 单位：万吨

种类	1990年	2006年
全脂鲜牛奶	1.5	1.2
山羊肉	2.7	3.5
水牛肉	4.3	7.0
牛肉	8.2	16.7
猪肉	68.4	146.7
奶类	2.0	1.2
肉类	107.8	239.3
蛋类	37.3	60.2

数据来源：世界粮农组织（FAO）统计数据，http://www.fao.org.

近年来，菲律宾畜牧业总体增长缓慢，2008年第一季度出现4.19%的负增长。为扭转这一局面，菲律宾农业部已经开始实施“四点行动计划”，主要内容分别为投入4 000万、5 000万和2 000万比索用于疫病防治、生猪饲养和饲料业。

（二）渔业

菲律宾拥有7 107个岛屿，海岸线长17 460千米，专属经济区面积220万平方千米，领海面积达26.6万平方千米，大陆架为18.46万平方千米，珊瑚礁区域约2.7万平方千米，这非常有利于海洋生物的生长，使菲律宾拥有了丰富的海洋资源，为渔业的发展提供了条件。

菲律宾丰富的海洋资源包括2 300多种鱼类、上百种海藻和上千种海洋无脊椎生物，是世界海洋及沿岸生态系统最丰富的国家之一。菲律宾渔业资源丰富，并且水产品是最便宜的蛋白质来源。渔业为菲律宾的食品安全、经济作出了很大的贡献。竹筴鱼、沙丁鱼和鲔鱼是商业及沿岸自治渔业之主要渔获。海草、虱目鱼和吴郭鱼为水产养殖主要品项。

渔业是菲律宾国民经济的支柱产业之一，发展也比较迅速，1977—2009年间渔业产量增长了33.65倍。菲律宾是全球第八大渔业国，近十年来，菲律宾渔业成为推动农业（农林牧渔）发展的主要动力之一，约占农业的24%。2011年渔业产量为497万吨，比2010年略微下降了0.04%。但从前面的数据来看，2010年比2009年增长了1.6%。根据菲律宾渔业暨水产资源局统计，水产养殖发展非常迅速，2003—2008年间增加了48.5%，达到241万吨；沿岸自治渔业同期增长了26.8%，于2008年达到133万吨；商业外海渔业则增长了24.7%，产值为123万吨。

从产值来看，水产养殖业是最大宗的渔业生产，2008年的产值达到817亿比索，占渔业总产值的37.8%；第二大产值的是沿岸自治渔业，产值710亿比索，占总产值32.9%；第三大产值的是商业捕鱼，产值632亿比索，占渔业总值的29.3%。

菲律宾2008年生产160万吨海草，占水产养殖总产量的69%；

虱目鱼产量约35.1万公吨，占14.6%；吴郭鱼产量25.7万公吨，占10.7%。2008年，自治渔业总产量为115万公吨，而十项主要鱼种就占了49%，其余51%为其他近海捕捞鱼种。近海捕鱼的品种多样，金枪鱼、大眼竹筴鱼、圆竹筴鱼、印第安沙丁鱼四种各占约6%，其他品种比例较小。淡水养殖的品种主要是罗非鱼，约占95%；咸淡水养殖、海水养殖主要为遮目鱼，占海水养鱼量的99%。

菲律宾的养殖业发展较快，在1980年约占渔业生产的16%，到了2009年几乎占了其一半。菲律宾是世界第二大海藻养殖国家，海藻养殖约占整个养殖产量的68%，但由于海藻产量高，价格比其他水产品相对较低。菲律宾捕捞技术和捕捞装备比较落后。菲律宾捕捞渔业实行捕捞许可证制度，对商业捕捞渔船和个体从事渔业捕捞生产的渔业工人发放许可证，管理渔业的机构是菲律宾农业部下属的渔业水产资源署（BFRA）。

近几年来，菲律宾渔业也遇到些难题。比如渔场环境的污染、过度捕捞及恶劣天气对捕捞的影响等。由于菲律宾气候不稳定，菲律宾的捕捞渔业经常受到恶劣天气的影响，因此，菲律宾政府鼓励养殖户大力发展渔业养殖。为此，政府将养殖业划为国家经济增长的重要行业，采取了一系列的措施，如2003—2005年实行的罗非鱼扩张计划、遮目鱼计划、海藻项目、鲍鱼发展计划等。

自2002年以来，由于水产养殖大量生产，渔业生产每年平均增长率维持在7%左右，2009年则滑落至2.6%，2011年更是大幅减少，但水产养殖依然是发展最蓬勃的领域。

菲律宾拥有大量的鱼类消费人口，超过150万人受雇于渔业，鱼货加工产业也遍布全国。美国是菲律宾渔业出口最大国，占25%；日本占13%，德国占10%，这三国是菲律宾渔业主要出口市场。渔业出口贸易对于许多沿海地区之就业及收入非常重要。2008年，菲律宾鱼制品出口值达到6.78亿美元，进口值为1.95亿美元，其中一部分用于加工再出口，当年净出口盈余为5.73亿美元。菲律宾2011年三个主要渔业省份的水产品产量比2010年减少137 659.21吨，降幅为18.18%。

三、林业

菲律宾地处热带，阳光充足，雨水充沛，非常适宜树木的生产，拥有丰富的森林资源。菲律宾森林面积为676.6万公顷，占国土面积的22.7%，主要的森林类型有龙脑香林、松林、红树和苔藓林。此外，菲律宾还拥有丰富的竹藤资源，据调查，在龙香林中的竹藤贮量（按长度计算）分别为4.6亿米和10.7亿米。其中，藤还是菲律宾一种最重要的商业性非木材林产品，椰子人工林和橡胶林也占了相当大的比重。

吕宋岛东北部的卡加延山谷拥有150万公顷的森林，森林覆盖率为43%，是菲律宾最重要的木材生产区。这里的龙脑香原始林占菲律宾全部龙脑香林的40%。阔叶林主要分布在巴拉望岛，松林集中在海拔800米处及北吕宋岛的中科迪勒拉山脉，红树林主要在棉兰老岛。

菲律宾作为木材生产国，林业在其国民经济中占有很重要的位置。龙脑香类植物和松树都是菲律宾非常有经济价值的树种。在20世纪60年代，木材工业的创汇额曾居所有工业之首。80年代以后，木材工业的优势地位逐渐减弱。

菲律宾虽然有将近700万公顷的森林面积，但是菲律宾环境与自然资源部指出，菲律宾的森林分布十分支离破碎，非法采伐严重，从2005年以来，非法采伐造成的森林面积平均每年减少8.9万平方米，森林覆盖率下降1.4%。林业的滥砍滥伐造成水土流失，遇到台风时可能产生大规模的山洪爆发，森林的存在原本可以阻挡这些水流的冲刷。因此，在2012年来自卡加延德奥罗市的议员向菲众议院提交的关于建议对非法采伐者最高判处终身监禁的议案得到批准，议案中建议对非法采伐、收集和经销非法木材价值达到50万比索的人最高可判处终身监禁。

在菲律宾林产品贸易中，锯材尤为引人注目。在原木进出口额不断减少的情况下，锯材的进出口额却有增有减，但总额远远高于原木。2000年到2009年，原木进出口额从4 586万美元下降至689万美元，而锯材进出口额从2000年的6 915万美元上升至顶峰时期2005年的1.789亿美元，虽然之后开始下滑，但到2009年仍然有2 767万美元的进出口额。

菲律宾的锯材进口国主要是美国、加拿大和马来西亚。2000—2009年，菲律宾从美国进口的锯材（包括预切材）除2004年外均超过2 000万千克。从加拿大进口的锯材2000年仅为712万千克，但2004—2005年猛增6倍多，超过5 300万千克，其后又减至2008年低谷的1 854万千克。菲律宾对马来西亚的进口量变化很大，从2000年的1.6亿千克到2009年的1 200万千克，锯材量的急剧减少，大大影响了菲律宾的锯材进口总量。

锯材在菲律宾林产品出口额中占有重要比重，但从2000年以后经历了下降—增长—下降的过程。2000年的出口额为2 046万美元，2005年降至849万美元，2007年增至1 457万美元，之后受美国次贷危机影响，在2009年下降至963万美元。在出口的国家中，特别值得注意的是中国，因为中国的进口量增速最快，在2000年仅为4万千克，到了2009年达到1.4亿千克，占菲律宾锯材出口的81%。菲律宾近几年以锯材为首的木材产业发展较快，与中国进口的快速增长有很大的关系，这也从侧面反映了2000年以来中国经济的迅猛发展，尤其是建材家居行业。

四、矿业

菲律宾拥有丰富的矿产资源，在世界矿产资源储备中具有重要地位，主要的矿产有金、铜、镍、铝、铬和钴。据菲律宾环境与资源部地质矿业局的统计数据，菲律宾金矿储量位居世界第三，铜矿储量居世界第四，镍矿储量居世界第六。现已探明的金属矿产有13种，非金属矿产有29种。金属矿产中，铜矿占了大部分，占比为56%；其次为镍矿，比重为19%；锰、铬、金的比例为21%。菲律宾的优势矿产有红土镍矿、铜矿和金矿，其中镍的储藏量为12.7亿吨，铜为37.16亿吨，金为1.36亿吨。

（一）矿产资源简介

1. 铜矿

菲律宾铜矿资源非常丰富，在1998年探明的储量为700万吨，是世界重要的铜矿生产国之一。铜矿的产量经历了一个由高峰到低谷，再到缓慢恢复的过程。1980年铜矿的产量为30.45万吨，而到了2000年则只有3.06万吨，此后开始回升。菲律宾的铜矿主要是斑岩铜矿，主要分布地区为北部吕宋岛的三描礼士省、本格特省新比斯开省和南部棉兰老岛的北苏里高、北三宝颜省、东达沃省、南可打巴托省以及中部的宿务省。

目前菲律宾铜矿的生产水平是比较低的，铜矿的生产处于垄断状态，由菲莱克矿业公司主要经营。在2007年，其铜矿产量占全国总产量的90%。从长远来看，菲律宾铜矿具有很大的发展潜力。

2. 镍矿

菲律宾镍矿资源也很丰富，镍矿的总储量为10.9亿吨，占金属矿总产量的15.5%。2008年镍储量为94万吨，居世界第11位。菲律宾镍矿多为高镍含量的铁矾土，大部分处于浅土层，易于开采，成本较低。从地区分布来看，镍矿主要分布在东达沃省和巴拉旺省，储量分别为4.757亿吨和4.071亿吨，其他有较大规模的镍矿资源还有北苏里高省、北阿古桑省和三描礼士省。

镍矿的开采是在露天的情况下进行的，因此受气候条件的影响很大。虽然厄尔尼诺现象对农作物的生长产生了很大的不利影响，但是对镍矿的开采却是很有利的。厄尔尼诺现象使旱季延长，大大增加了露天开采的时间，使镍产量得到大幅度的提升。

3. 金矿

菲律宾金矿业的发展比较稳定，平均年产30多吨。金矿的生产主要来自小规模的矿山，1991年金矿产量25.95吨，到了2003年增加到37.84吨，在2007年为38.79吨，总的说来，产量波动幅度不大。菲律宾金矿主要分布在碧瑶、帕拉卡莱、马斯巴特和苏里高，以复合矿和冲积矿的形式存在。

（二）矿业经济发展状况

菲律宾目前有大量的矿产资源没有开发，有近三分之一的国土面积下面储藏着丰富的金、铜、镍、铬铁和锰，但目前只有1.4%得到勘探和开采。菲律宾矿业曾是推动菲律宾经济增长的重要动力，在20世纪60年代到80年代间，矿业出口占全国总出口总额的一半，出口产值占GDP的6%～10%。此后由于受国际市场价格、环境保护因素和国内经济政治环境的影响，矿业开始下滑，到2000年矿业在国内生产总值的比重仅为1%。

自从2001年阿罗约总统执政以来，政府采取了一系列的措施以振兴矿业经济，矿业产值在大幅度增长，从2001年的290亿比索到2005年的502亿比索，其间增长了73.1%。2006年后随着国际矿产品价格的大幅度增长，菲律宾矿产值也不断增加，在2007年产值达到了1 015亿比索。在矿业出口方面，2007年，矿产品出口额为25.48亿，占全国出口总额的5.2%。

（三）矿业制度法规

菲律宾有关矿业的法律法规和行业准则在《菲律宾宪法》、《菲律宾矿业法》和菲律宾矿山联合会中均有体现。《菲律宾宪法》（1987）规定，菲律宾所有自然资源归国家所有，任何勘探、开发和利用自然资源的活动都要受到国家的全面监督与控制。国家有权通过合作生产、合资和产品分享协议与菲律宾公民、菲方控股公司和社团（菲方至少占60%股份）共同开发矿产资源。《菲律宾矿业法》（1995）则规定了管理体制，例如菲律宾国家环境和自然资源部作为主管部门，负责管理、开发和合理利用矿产资源，以及发布相应的法规。2004年，菲律宾高等法院通过了一项法律，允许外国公司持有本国矿产项目100%的股权，这为外资进入菲律宾矿业提供了法律依据。

菲律宾矿业联合会旨在推进更好地开采、利用矿产资源，并使其与经济、环境和社会政策不冲突，联合会主要成员来自勘探业、采矿业和矿石加工业等。此外，1998年还成立了一个菲律宾矿产勘查协会的非盈利机构，主要代表矿产勘查行业设立的。

菲律宾矿山勘探和开采许可主要包括：勘探许可（PE）、矿产品分享协议（MPSA）、合作矿产品分享协议（CPA）、合资协议（JVA）、金融和技术援助（FTAA）、采石场许可（QP）、砂开采许可（SAG）、小型矿开采许可、矿产品加工许可、原矿运输许可。

五、能源

长期以来，能源的短缺制约着菲律宾经济的发展。菲律宾传统能源储备匮乏，自给率仅为21%左右。据菲律宾能源部统计，2007

年菲石油产量仅占国内能源总供给的1.6%，天然气占7.7%，煤炭占4.6%。但是可再生能源的开发潜力巨大，在菲律宾能源总供给中，可再生能源的占比为41.8%，其中供热方面可再生能源的贡献度高达65%，这要归功于菲律宾农村从可再生的植物中获取燃料的习惯。在电力供应方面，火电仍然占据主导地位，占到供电总量的三分之二，地热、水电等可再生能源发电总量占比为三分之一。菲律宾电力供应不能满足国内需求，因而具有很大的发展空间；同时由于供应量的限制，致使菲律宾的电价高企，在广阔的农村还尚未通电，特别是边缘地区，如棉兰老岛地区电力供应常常不能满足居民和工业的用电，需求阶段性停电，影响着菲律宾人民的生活和经济的发展。

（一）石油

菲律宾的石油开采可以追溯到1896年，大规模的开采是在20世纪50—70年代。“1972年石油勘探和开采法”以其具有吸引力的合同条款和宽松的财政制度，刺激了在巴拉望西北部沿海的石油勘探和开采。90年代，菲律宾艾尔康石油公司发现了西利纳帕坎（West Linapacan）油田，并在两年后的1996年开始投产。同时期，壳牌公司也发现了菲律宾迄今为止最大的油气田——马拉帕亚油气田（Malampaya gas field）。这个油气田在2002年进行商业化的生产，为吕宋岛地区提供清洁能源的电力供应。马拉帕亚油气田提供的能源占吕宋地区能源需求的40%。在吕宋岛北部陆上，菲律宾国家石油公司在1994年发现了圣安东尼奥油气田（San Antonio Gas Field），目前它正向周边的地区输送清洁的天然气。

菲律宾目前潜在石油储存量达到89亿桶，在东南亚国家中排名较前。菲律宾国内石油生产主要是由菲律宾国有石油公司主导，最先开始原油生产是在2001年，平均产量仅为1 000桶/日，之后不断上升，到2003年稳定在2.5万桶/日的水平；平均石油消费量在

2004年达到33.3万桶/日。2011年，菲律宾原油产量为2.7万桶/日，世界排名第62位；平均石油消费量为31.6万桶/日，世界排名第42位。近年来，由于国内经济相对不太景气，其石油消费量也在逐年下降，由2001年的34.5万桶/日下降至2005年的31.4万桶/日、2011年的25.6万桶/日。

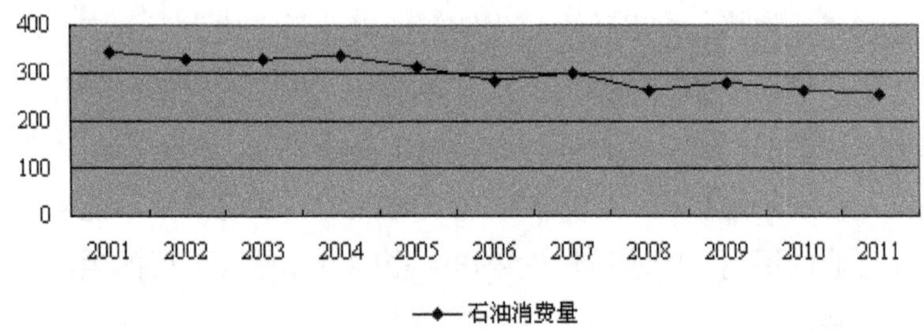

图6-1　菲律宾石油消费量（2001—2011年）　单位：千桶/日

资料来源：BP，*Statistical Review of World Energy 2012*，p.9.

为了保证本国石油的供应，减少外汇流失，菲律宾政府在积极引进外资的同时，也不断加快走出的步伐。2010年，菲律宾国家石油公司旗下的勘探公司计划在秘鲁和哥伦比亚投资勘探石油，以保证本国石油的供应。由于菲律宾石油严重依赖进口，因此国际油价的变动对菲律宾经济的发展影响很大。在向国外进口石油的同时，菲律宾政府为了保护本国的炼油产业，会对进口的原油和成品征收2%～3%不等的进口税，对国内的市场油价也进行调控。

（二）天然气

菲律宾的天然气储量十分丰富。菲律宾天然气储存量在2008年为3.48万亿立方英尺，它们大部分集中在马拉帕亚油气田。菲律宾在2009年探明的天然气储存量为985.4亿立方英尺，世界排名第51位，而在2008年全年天然气的消费只有29.4亿立方英尺。马拉帕亚油气田是菲律宾历史上发现的最大的油气田，同时也是外资持股最大的油气开发项目。壳牌菲律宾公司作为发展者持有45%的股份，雪佛龙公司持有45%的股份，还有菲律宾国家石油公司持有10%的股份，共同出资45亿美元开发这个项目。马拉帕亚油田在2001年下半年被批准开采，从2002年开始全年生产，当时日产量为481万立方英尺，到了2007年日平均产量为999万立方英尺。作为菲律宾最主要的石油天然气生产基地，马拉帕亚占全国天然气总量99%，占石油天然气液体产量97%以上，这些天然气专供吕宋岛的三个发电厂。

菲律宾天然气生产始于2000年，2001年天然气产量陡增，2006年经历了一次大的下滑，之后又重新达到甚至超过2001年的产量。2010年，菲律宾天然气产量为1 030亿立方英尺，世界排名53位；天然气消费量为1 010亿立方英尺，世界排名第71位。菲律宾上游石油天然气工业共有42家公司参与工作，其中有5家国家石油公司、4家跨国石油公司、11家澳大利亚外资勘探公司、10家菲律宾上市公司以及其他12家公司。5家国家石油分别为：菲律宾国家石油公司（PNOC）、中国海洋石油总公司（CNOOC）、马来西亚国家石油公司子公司、科威特石油公司和日本石油勘探公司。跨国公司有壳牌公司、埃克森美孚、雪佛龙公司等。

（三）煤炭

菲律宾是煤炭消费大国，煤炭对电力生产的贡献达到了27%。除了煤炭发电之外，水泥行业对煤炭的消费也达到了20%。煤炭工业最近几年发展迅猛，1988—2002年煤炭生产量平均在150万吨，但是在最近三年产量达到300万吨。2011年煤炭生产更是达到创纪录的517万吨，煤炭消费则为1 121万吨。从1988年开始，菲律宾开始从外国进口煤炭，从开始的130万吨到2005年的700多万吨，主要的进口国为印尼、中国、澳大利亚和越南，分别占进口比重为

49%、32%、10%和7%。

菲律宾煤炭资源潜在总储量为25.3亿吨，2005年发现的露天煤储量达到4.6亿吨，占总储量的18%。因此，菲律宾如果加强勘探和开发，完全有实现能源自给计划的潜力。

（四）电力工业水平

菲律宾在发电部门采取独立发电商[①]方式，积极促进民间企业参与电力部门的业务。2001年，菲律宾制定《电力改革法》，力图通过改革降低电价。2009年，菲律宾全国总装机容量为1 600万千瓦，据菲律宾能源部估计，要满足电力的需求，今后20年需要新增1 700万瓦电力，年均增加4.6%。与此同时，菲律宾正在对电力公司进行私有化改造，以提高发电量，进一步降低电价。根据能源省2004—2013年电源开发计划，峰荷电力将由2003年的8 509MW提升至2013年的16 390MW。菲律宾的电源装机以煤电、油电、水电、天然气和地热机组为主。

表6-2　菲律宾历年装机容量构成统计　单位：百万千瓦时

年份	1987	1990	1995	2000	2005	2006	2007
油电	2 790	3 136	5 425	4 987	3 663	3 602	3 616
水电	2 142	2 153	2 303	2 301	3 222	3 257	3 289
地热	894	888	1 154	1 931	1 978	1 978	1 958
煤电	535	525	850	3 963	3 967	4 177	4 213
天然气	—	—	—	3	2 763	2 763	2 834
非传统能源	184	167	NA	NA	26	26	26
合计	6 545	6 869	9 732	13 185	15 619	15 803	15 937

资料来源：菲律宾能源部（Department Of Energy），http://www.doe.gov.ph/

① 独立发电商（Independent Power Producer）是指作为一个实体企业而非公共事业单位向个人、企业生产销售电力。

从以上统计数据可以看出，菲律宾总体装机容量中，从2005年开始火电的比重最大，同时由于菲律宾是岛屿国家，水资源比较丰富，因此在2005年之前水电一直占据着主导地位，2007年装机容量为3 289MW，占比20.64%。2000年以后，菲律宾开始发展天然气发电，当年天然气发电量只有3MW，但是到了2007年就已经达到了2 834MW，在这期间天然气发电保持了较为稳定的增长。

从2001—2010这十年的电力生产和消费来看，菲律宾电力生产从2001年的470亿千瓦时到2010年的677亿千瓦时，十年间增长了44%。其中主要的电力消费为居民、工业和商业用电，随着菲律宾经济的不断增长，各个领域的电力消费都在增加。从电力生产地区来看，吕宋岛电力生产量占了绝大部分，2010年，吕宋岛电力生产占了总生产的80%左右。维萨亚岛和棉兰老岛电力生产量大致持平，但都远远低于吕宋岛。

（五）石油工业税费制度

菲律宾上游的石油工业采取的税费制度允许百分之百的外资参与，这在亚太甚至全球都很有竞争力。菲律宾采用产量分成合同方式与承包商进行利润的分配，分配比例为税后利润承包商占30%～45%，政府占55%～70%。当菲律宾公司参与到石油工业开采中并达到一定比例的时候，在计算利润时可以将政府的补贴扣除，扣除的范围是在1.5%～7.5%之间。菲律宾上游石油工业财税体制中禁止国家以任何形式的无偿参与，但是在有菲律宾公司参与时，菲律宾国家石油公司不得占有超过10%的份额，没有菲律宾国内公司参与时，不得超过15%。这样的制度安排，可以有效地限制垄断，尽可能地扩大竞争范围，促进石油工业的开发，增加产量。

（六）菲律宾2009—2030年能源发展计划

根据菲能源部网站公布的《2009—2030年能源规划》，菲律宾在2030年石油和天然气的目标产量分别为7.59亿桶和2 694万亿立方英尺，届时菲授予企业的开采合同将从目前的34个增加到117个，而这一目标的实现要靠在吕宋岛地区尤其是巴拉望岛西面的南海海域发现的16个大的油气田来实现。菲律宾经济对油气开采依赖的加重，是菲方近年来在南海问题上屡屡挑起事端的主要原因之一。

六、加工制造业

（一）发展历史

菲律宾工业的基础是在19世纪最后几十年西班牙殖民统治时期建立起来的，只有少量的工业在1880年代开始发展，而且大部分都是在生产食品、烟草和饮料。在20世纪的前40年，菲律宾工业发展得十分缓慢并且是无序发展。工业的扩张方向主要是农产品加工（甘蔗和椰子）、服装制造、陶瓷、玻璃、木制和藤制家具。那段时期末发生了第二次世界大战，工业产品主要面向国内市场，而那时菲政府利用进口配额以及严格的外汇管制来保护国内工业。但是在1970年代后，保护的形式转变为用关税和外汇。

大多数工业的增长出现在20世纪50年代。1960年，工业总产值占国民生产总值的比例为20%，然而那些后来加入东盟的国家在当时所占的比例只有9%到13%。但是到了50年代末期，工业的增长速度降了下来，这是由于用进口替代方式进行生产的产品几乎没有了，当时政府没有及时进行政策的调整，才导致这种情况的发生。到了70年代，菲律宾调整了出口商品走向，再加上比索的自由浮动、《出口刺激法案》（1970年）、出口加工区项目（1972年）等，菲律宾经济得到了持续的发展。在80年代初，政府工业政策的重点仍然是用进口替代来保护国内产业。到了80年代中期，非传统制造业如电子产品、家具、木材生产、时装、鞋子以及皮革等，展现了它对菲律宾经济增长起着越来越重要的作用。这些行业大多依赖进口原材料进行组装，或者在菲律宾的经济特区进行再加工。当时这些自由区有巴丹自由贸易区、碧瑶和宿务。

菲律宾是一个劳动力过剩的国家，供过于求的劳动力市场为菲律宾的加工制造业提供了廉价的劳动力。菲律宾政府也十分支持劳动力密集型产业的发展，比如纺织业、电子设备组装等。但是，加工制造业所吸收的只是很小的一部分人。如今，菲律宾的制造业并没有跟上其邻国那样的转型步伐。

（二）加工制造业发展现状

菲律宾的制造业主要包括半导体和电子器件、计算机及其配件、制衣以及食品加工等。制造业缺乏特色，没有国际竞争力，没有大型的世界级的公司，从2002—2012年没有一家公司进入财富世界500强。根据菲律宾国家统计局在2008年发布的有关制造业的统计报告，菲律宾有4 603家制造业企业雇佣人员超过20个，其中半导体和电子器件产业雇人占14.7%，制衣业占9.6%，食品加工业占7.8%，计算机及配件占5.1%；制造业的产值为3.1万亿比索（约合670亿美元），其中炼油业占14.9%，半导体与电子器件占14.1%，食品加工业占6.5%。

制约菲律宾制造业发展的因素很多，长期的基础设施落后、法律上的障碍、官员腐败、政府低效和电力不足等原因，都导致菲律宾引进外资不足，在菲投资的企业有的也想撤资。2012年7月，美国汽车巨头福特公司宣布于年底关闭在菲律宾的工厂，这不是第一家在菲律宾关闭工厂的公司，之前一些国际知名公司如英特尔、宏碁、高露洁、飞利浦、保洁、东芝等企业相继关闭了在菲律宾的工厂。福特公司认为，在菲律宾缺少汽车零配件供应无法形成集群效应，也就是菲律宾基础配套设施差，满足不了企业生产的要求。此外，在菲律宾投资面临很大的政策风险，不同的执政者对各个时期的政策都会有较大幅度的调整，存在着不确定性，这也是投资者考虑再三的原因。还有菲律宾政府对本国的投资采取保护措施，规定外资持股不得超过40%，而且需要繁琐的审批程序，为官员寻租提供了空间，同时挫伤了投资者的投资热情。

菲律宾本国制造业发展滞后，统计数据显示，1990年，菲律宾国内制造业占GDP的比重为25%，但是到了2010年，这一比例下降到了21%。在过去几十年中，尽管菲律宾的纺织业在不断地扩大，但加工制造业所占的比重却没有得到增加，而在同期，经济表现更好的印尼、马来西亚和泰国，农业比重较少，工业和服务业比重均得到大幅度的增长。

据菲律宾众议院对1986—2007年间菲制造业的调查报告，制造业占菲律宾工业产出的71%，占GDP的24.6%，制造业就业人数占总就业人数的9%，但是制造业创造就业占总就业人数的比例明显低于邻近的经济体。

从2011年制造业的表现也可以看出它衰退的迹象。菲律宾国家统计局数据显示，在2011年最后一个月，制造业同比下降了7.8%，这是菲制造业连续第三个月萎缩。除了电子行业外，机械行业（–27.6%）、食品制造业（–27.3%）、纸业（–18.7%）、皮制品业（–14.5%）和纺织业（–10.5%）均出现下滑，2011年全年制造业增长仅为1%。

薄弱的制造业吸纳的就业人数很少，国内就业岗位的不足促使菲律宾人走向海外寻求就业。前面的数据显示制造业只能满足国内9.3%的就业，而菲律宾所有劳动力中只有28%的人能获得工作，而其中全职工作的仅有11%～12%。制造业的落后影响着外来投资，也影响着国内的就业水平。

七、交通运输业

（一）交通运输业概况

菲律宾的交通以公路与海运为主，铁路运输不发达，且主要集中在首都所在的吕宋岛，铁路总长1 200千米。菲律宾交通运输水平的地区分布很不均衡，吕宋岛的交通水平远远高于其他地区；在一些边远地区，交通运输状况十分落后。

公路是菲律宾最重要的交通设施，现在公路里程约20万千米，客运量占全国运输总量的90%，货运量占全国运输货运量的65%。公路的密度在地区分布上相差很大，首都马尼拉地区的公路密度最大，在棉兰老岛等偏远地区公路密度较低，有的地方甚至没有。国内汽车生产量也可从侧面反映菲律宾的公路状况。尽管菲律宾实行比较开放的汽车产业政策，但是汽车市场发展缓慢，2000—2007年泰国汽车生产量增幅在200%以上，而菲律宾国内汽车增幅不足1%。

水运对菲律宾民众往来和货物运输具有重要作用。菲律宾是一个岛屿国家，各个岛屿间的交往除了航空外就属海运最为方便了，群岛之间有四通八达的渡船航线网络。水运总长3 219千米，全国有大小港口数百个，最为重要的是马尼拉港、宿务港、怡朗港、三宝颜港和达沃港，其中马尼拉港为菲第一大港。岛际间的航运主要由私营企业承担，海上航运设施较为陈旧，海上灯塔严重不足。此外，菲律宾陆地地区也有众多河流，比如棉兰老河、卡加延河等，但由于地形原因，河道曲折，水流湍急，不适合航行。

菲律宾的航空业起步较早，其航空公司是东南亚地区成立最早的。现在，菲律宾共有163个机场，国内航线遍布40多个城市，各主要岛屿之间都有航班，与30多个国家签订了国际航运协定，主要的机场有马尼拉的尼诺·阿基诺国际机场、宿务的马克丹国际机场和达沃机场。菲律宾国内航空运输主要由菲律宾航空垄断，菲航同时也和国外主要航空公司开辟了菲律宾到世界各国、各主要城市的航线，如菲律宾航空公司和中国南方航空公司每周有马尼拉到中国厦门的航班。马尼拉市是全国的空运中心，这里开辟了飞往世界各主要机场的航线。

菲律宾铁路交通不发达，一方面岛屿间的阻隔限制了铁路的修建，另一方面菲律宾国内地形地貌也不利于铁路的修建与维护。因此，铁路运营里程短，明显落后于东南亚其他国家。所以，在菲律宾，还是主要依赖公路运输。

（二）交通运输业发展规划

为改善菲律宾基础设施落后的现状，菲律宾政府提出公私合作伙伴关系（PPP）项目，加强与私人部门的合作，共同兴建大型、基础性的设施工程。其中就有加快交通设施改进的项目。

（1）建设连接全国的跨海公路网。该投资约400亿比索，路网位于维萨亚斯，包括西部、中部和东部三条跨海通道，将新建和扩建相关道路以及跨海滚装船设施，建成后将充分发挥公路交通和海上运输的作用，大大缩短从吕宋岛通过维萨亚斯到棉兰老岛的时间，并且降低运输费用。

（2）大马尼拉疏堵工程。为缓解马尼拉的拥堵，同时为其他地区提供发展机会，菲政府将在克拉克和苏比克地区建设世界级的空港和海港，对北吕宋高速公路进行扩宽和改造，以缓解马尼拉到中吕宋的交通拥挤问题。

（3）开发南吕宋交通走廊。政府将投资约220亿比索发展南吕宋高速公路、Tagalog Arterial高速公路以及南部铁路连接马尼拉与八打雁（Batangas）地区。

此外，菲律宾政府还将继续改善马尼拉市区的交通，加强棉兰老岛基础设施的的建设，实现全国道路交通普遍改善的目标。

八、电信业

近几年随着菲律宾经济的发展，菲律宾电信业也得到了蓬勃的发展，特别是移动业务的增长，带动了整个国民经济的增长。由于菲律宾岛屿众多，固定电话需要铺设电缆，这样成本比较大，因此移动业务更具优势，固定电话业务反而停滞不前。2007年，菲律宾全国固定电话用户只有300多万户，普及率不到5%。在菲律宾政府打破垄断后，国内移动电话运营服务商增加到了7家。移动和宽带业务是菲律宾政府重点发展的对象，2006年底，移动电话用户数达到4 300万户，普及率达到了50%。

菲律宾从20世纪80年代末开始电信业的自由化，90年代开始全面展开。当时的马科斯政府遇到经济不振、财政枯竭和外债负担重等一系列难题，在世界货币基金组织和世界银行的建议下，进行了经济自由化改革，推动了公共部门（电力、电信、交通）的国有企业私有化，这不仅减轻了沉重的财政包袱，还使这些企业重新焕发出活力。菲律宾电信业改革的基本思路是打破垄断，引进竞争者，运用市场化的运作方式，使企业注重效益，控制成本，增强竞争力。菲律宾政府采取了向国际电话关口站和蜂窝移动电话运营商发新的营运许可证，出台一系列法律法规以使国内各电信服务商网络相连、开放国内卫星通讯市场等。菲律宾政府致力于建设一个开放、有效、有一定技术的电信营运网络，使之更好地服务于国民经济的发展。同时，菲政府也鼓励国内运营商与外资进行合作，引进外国先进的技术和服务，采取的是发展中国家经常使用的以市场换技术的方法。

菲律宾电信业自由化取得了很好的效果，使寻呼服务商、固定电话服务商的数量都不断增加，国内电话的覆盖率和普及率都得到了提高。菲律宾长途电话公司（PLDT）还增加了新产品的服务，如电话身份识别、三方通话和电话禁用等。电信业的开放在激活国内相关产业发展的同时，也吸引了国外资本的涌入，中国华为、中兴通讯以及西门子、摩托罗拉、诺基亚和爱立信等通讯服务商纷纷进入菲律宾这一市场，为菲律宾电信业的发展带来了资金和技术。

尽管菲律宾政府在20世纪进行了电信业去垄断化的改革，但是仅仅是从完全垄断到寡头垄断，从原来的一家独大到现在几家大型运营商控制着菲律宾的电信市场。其中，固定运营商有PLDT、Digitel、INNOVE和BAYANTEL，这四家的用户总数占菲律宾固定电话市场总量的90%；主要的移动运营商有Globe、SMART和PILTEL，它们的移动用户数占整个市场移动用户数的95%。

菲律宾电信的监管部门是国家通信委员会（NTC），但它要接受菲律宾交通通信部的监督（DOTC）。国家通信委员会是在1979年菲律宾为建设信息化基础设施和发展通讯业的背景下建立的，该机构的主要职能是负责通信广播等牌照的发放、频率分配及监督运营商等。

根据菲律宾的相关法律及菲律宾加入WTO的承诺，外资在菲律宾基础电信业的的最高持股比例不得超过40%，这限制了外资的进入，目前在菲律宾电信行业的外资主要有新加坡电信（持有环球电信20%的股权）和日本的NTTDoCoMo（持有PLDT14.7%的股份）。

中国与东盟自由贸易区在2010年正式启动后，根据《服务贸易协议》，菲律宾将在WTO承诺基础上作出新的承诺，这将降低中国企业进入菲律宾电信、建筑等领域的门槛。目前，在电信市场设备方面，中国的华为、中兴已经进入菲律宾市场。2005年，华为技术公司接到菲律宾电信运营商SunCellular高达2亿美元的增设移动通信基站的项目，这将大大提高该运营商的运营容量，有效扩大用户数量。此外，中兴通讯成为了菲律宾新锐运营商MTI的战略合作伙伴，协助其在马尼拉地区的网络建设并针对菲律宾的网络特点设计了个性化的服务方案。通过对外开放，菲律宾加快了电信业的建设步伐，实现了双赢。

九、建筑业

菲律宾的建筑业是由公共工程与公路部负责管理，但是在建筑业各种交易费用的征收、对环境的保护规定和对外国公民的限制方面涉及很多部门。比如在土地交易这一环节，除了环境与自然部、土地管理局等土地管理部门外，还有房产与城市发展协调委员会和国家经济发展署等直接或间接控制土地使用。

2006年，建筑业的总产值约为46亿美元，占当年GDP的3.9%，增长速度达到7.3%。但是根据《全球建筑视角》杂志和牛津经济研究员联合发布的《全球建筑2020报告》，菲律宾的建筑业发展前景并不乐观，在今后五年里，菲律宾建筑市场增速仅能达到全球建筑市场增速的一半。菲律宾的建筑业主要靠政府推动，而菲律宾多年来财政赤字和外债规模居高不下，政府的投入有限，从而制约了建筑业的发展。因此，该报告预测菲律宾2014—2020年建筑业产值将面临缩减。

菲律宾与房产有关的各种税费有10种，其中税种包括：资产收益税、增值税、当地交易税、印花税、地产税以及特别教育基金税；

费用包括：公证费、资产注册费、地产代理费及法定费用等。外国公民可以拥有公寓和其他住宅的所有权，但是想要有私有土地、住宅和商业建筑所有权，就必须先成立一家公司，按照相关的规定才能取得。外国公民同时也可以租借菲律宾的地产，首期为50年，期限满了之后可以续租。对于在菲律宾出生并且移民国外获得外国国籍这种具有双国籍的情况，菲律宾允许其拥有100%的地产权。

截至2006年3月1日，菲律宾建筑商评委员会（PCAB）共颁发了3 355个建筑商资格许可证，其中原有建筑商占95%，新注册的建筑企业占5%。从规模上来看，获得AAA或AA资信的大企业占总数的6.1%，中等企业占总数的37.5%，小企业占总数的54%。按主要分类来看，综合工程公司占总数的59%，综合建筑公司占总数的31.5%，工程分包商占总数的4.3%，其余为特殊建筑商，占总数的5.2%。

在菲律宾有26家外国建筑企业，都属于AAA级大型企业，其中有18家独资企业、8家合资企业。按国籍来分，包括15家日本公司、5家韩国公司、4家中国公司、1家澳大利亚公司以及1家比利时公司。

十、旅游业

（一）旅游业概况

菲律宾是一个美丽的群岛国家，拥有星罗棋布的海岛，风光秀美，旅游资源十分丰富。多姿多彩的菲律宾既有大片的椰林和海滩，又有令人向往的火山瀑布；既有享受躺在长滩边的惬意，又可体验在海面上冲浪的刺激。由于菲律宾处于热带地区，因此这里水果、海鲜四季不断，很适合休闲度假。加上菲律宾独特的历史因素，这里融合了东西方文化习俗，非常富有异国情调，在这里可以看到不同文化的足迹。

菲律宾旅游兴起于20世纪70年代和80年代初期，但是在80年代中期趋向衰落。在80年代中后期，菲律宾旅游人数增长落后于其他东南亚国家。1992年，有120万外国游客到菲律宾旅游，这创造了1989年以来的新纪录。到了2003年，游客人数为283.8万人，比2000年的220万人增加了29%。2007年，游客人数达到了309万人；2011年，达到了390万人，比2010年的350万人增加了11.2%。外来旅游人数中，来自韩国的旅客最多，在2012年上半年达到47.5万人，比2011年同期增长10.5%；其次是来自美国的旅客，达到35.4万人，占总人数的16.5%；日本旅客达到19.6万人，占比9.1%；中国则是菲律宾第四大外来旅游来源国，旅游人数达到15.1万人，占总数的7.0%；中国台湾的旅客人数在菲外来旅客中排第五位，达11.4万人。其他的旅游市场还有澳大利亚、新加坡、加拿大、中国香港，此外旅游人数高速增长的国家有俄罗斯（42.92%），沙特阿拉伯（18.94%）、德国（12.61%）、马来西亚（11.96%）。

表6-3　2005—2011年外来旅游人数统计　单位：万人

年份	2005	2006	2007	2008	2009	2010	2011
外来旅客	262	284	309	314	302	352	392

数据来源：菲律宾旅游局（DOT），http://www.tourism.gov.ph.

（二）主要的旅游景点

1. 马尼拉市内景点

马尼拉是菲律宾的首都，也是最大最繁荣的城市，是菲律宾的经济和政治中心，有着“亚洲的纽约”之称。马尼拉的由来是因这里原先生长着一种名叫“尼拉德”（Nilad）的植物，它每年5月开花，花朵又白又鲜艳，因此人们又称之为梅尼拉德（May Nilad），简称为马尼拉(Manila)。在马尼拉，除了全国性的节日外，还有一些独特的节日，比如在每年的6月12日，马尼拉市都会在黎刹公园游行，以纪念菲律宾脱离西班牙殖民统治获取了独立。主要景点有西班牙王城、圣奥古斯丁教堂、马尼拉大教堂、圣地亚哥城堡、黎刹公园、马尼拉落日、椰子宫、唐人街和华人墓地等。

西班牙王城是1595年由西班牙人建立的城堡，面积只有1平方千米，只有西班牙人和具有西班牙血统的人才能居住。在城堡内设有总督官邸和教堂，周围建有壕沟和城墙。城堡虽然在荷兰和英国几次侵袭中安然无恙，但还是没能在第二次世界大战末期保留全貌，被日本和美国双重炮击，留下来的只有圣奥古斯丁大教堂。现在的圣奥古斯丁大教堂建于1587—1607年间，是典型的西班牙天主教教堂，1993年，圣奥古斯丁大教堂因其巴洛克风格建筑与圣托马斯教堂等一起被联合国教科文组织列入世界文化遗产名录。现在教堂主要用于定期举行弥撒仪式、举行婚礼等。

黎刹公园位于马尼拉市中心滨海大道旁，面对马尼拉湾，中间竖立着黎明刹纪念碑，是人们周末休假、聚会的好去处。这里的基里诺讲台是菲律宾总统宣誓和发表演说的地方。椰子宫是由前总统马科斯夫人伊梅尔达为教皇保罗二世驾临菲律宾而建造设计的。椰子宫全部是由椰子树建造而成的，里面的各种摆设装置都与椰子有关。虽然保罗二世认为这是奢侈浪费，但现如今菲律宾上层人士仍然趋之若鹜，成为他们举行聚会的地方。

马尼拉的唐人街有着悠久的历史，那是16世纪中国商人的聚集地。唐人街会给人一种亲切感，因为各种中药店、饼屋、餐厅、茶楼等都会有中文的招牌。唐人街口有一座纪念中菲友谊的牌楼和一尊王彬的铜像，以感谢他在菲律宾革命和1899年的美菲战争中捐献了大量物资。华人墓地是在1850年建造的，用于埋葬不能回归故里的华人。公墓面积54公顷，围墙高10米，主要由大理石砌造而成，是世界上最大最华丽的华人墓地。

2. 长滩（Boracay）

长滩又被称作为“天堂鸟”，是世界上最美的海滩之一。这里有绵延数千米软得像海绵的白色沙滩，有一望无际湛蓝湛蓝的海，在这里可以尽情体验在海与天之间的那种空阔与舒坦。长滩的整个形状就像一根狭长的骨头，长度约为7 000米，最窄的地方还不到1 000米宽。

长滩最为著名的是白沙滩（White Beach），里面有三个码头将白沙滩分为三部分，即一号码头、二号码头和三号码头，虽然这三个码头现在已经不复存在，但是名称还是得以继续使用。其中一号码头聚集了度假村、高档酒店等生活休闲设施；二号码头沙滩边布满了宾馆、酒吧、餐厅等，是人们昼夜消遣的好去处；三号码头主要是有大量便宜的小旅社。

在长滩上可以进行各种各样的活动，比如进行各种水上活动、登高、潜水等。当游客玩累了还可以试试菲律宾式的按摩，同时可以享受廉价的异国美食，不仅可以品尝菲律宾的美食，日本、意大利、墨西哥、法国等风格迥异的饭店、酒吧、咖啡厅等也会使游客大饱口福，同时还可以感受到来自家乡的亲切。长滩岛优美的海边风景，丰富的各式娱乐休闲活动，还有各国美食相伴，让游客可以尽情享受放松。

3. 圣婴教堂

现在的圣婴教堂建于1739年，全部用珊瑚礁堆砌而成，建筑风格融合了巴洛克和新古典主义。圣婴教堂的修建与麦哲伦和胡安娜王后有关：1565年，西班牙士兵进入宿务，在废墟中发现了麦哲伦送给胡安娜王后的结盟礼物，人们觉得很神奇，因此当年就修建了圣婴教堂，专门供奉圣婴像。在教堂的穹顶有许多漂亮的绘画，它们讲诉着圣经里面的故事。圣婴像大概40厘米高，供奉在圣坛的旁边。在宿务，排队去膜拜圣婴的人络绎不绝，足以说明它对人们的吸引力。有一点可惜的是，在圣婴教堂供奉的圣婴像是复制品。

4. 宿务大教堂

宿务大教堂的名气远远没有圣婴教堂大，但它也拥有颇为悠久的历史。最初的宿务大教堂在1595年就已经建立了，但是它经历过了多次战火的洗礼，被摧毁过好几次。现在的宿务大教堂是在1950年重建的，我们现在看到的规模和格局是1993年在原有的基础上大规模翻修留下的。和椰子宫一样，那也是为迎接教皇保罗二世驾临菲律宾而翻新的。宿务大教堂里面非常的朴素，和菲律宾其他教堂富丽堂皇的内部装饰相比，别具一格。

5. 圣佩罗堡

圣佩罗堡是菲律宾最古老的城堡，是在1565年由西班牙首任总督黎牙实比在宿务登陆后亲手兴建的，面积非常小，古堡周长370多米，墙高6米，有三个城门，呈三角形，两面临海，一面对着陆地。古堡在此后的几百年间里，抵御过海盗的侵略，见证了宿务的解放，当过美军的军事基地和日本的集中营。城堡里面有花园和水井，城墙上依然保留着昔日的大炮，里面还有一个小小的博物馆，分上下两层，展示着宿务古代的瓷器、陶瓷及一艘沉船打捞的介绍。城堡的前面是独立广场，上建有黎牙实比的纪念碑。

6. 麦哲伦十字架

麦哲伦十字架建于1521年，位于宿务岛东方的马克丹岛上。这是麦哲伦为了纪念首批土著居民受洗而竖立的。为了保护十字架，人们用木头打造了一个空心的木框，将真正的十字架放在里面。麦哲伦十字架是宿务的标志，在宿务的城市标志上就印有六角亭的图案。六角亭上有色彩依然鲜艳逼真的壁画，反映当时受洗、立架的过程。宿务人非常尊敬这个具有历史意义的十字架，每逢周末就会有很多人前来祈求平安。

7. 薄荷岛（Bohol）

薄荷岛又称保和岛，是菲律宾第十大岛屿，是一个独立的省，省会是塔比拉兰。薄荷岛在菲律宾历史上具有重要的地位。西班牙1565年在薄荷岛登陆，以此为跳板占领了宿务，在宿务建立起了西班牙第一个殖民地。岛上有古老教堂、巧克力山、眼镜猴、海滩等景点。

8. 巧克力山

巧克力由1 268个圆锥形小山丘组成，高度在40～60米之间。山基本上是由岩石组成，植物在上面很难生存，因此远处看去光秃秃的。关于巧克力山的形成有很多的假说，从地质学来看，一种普遍被人们接受的解释是薄荷岛是从海里上升形成的，而巧克力山是上千年的雨水对地上贝壳、珊瑚岩层及不透水黏土层冲刷的产物。

9. 巴卡拉扬教堂和鲁布教堂

巴卡拉扬教堂是1727年建成的，教堂边上的钟楼1777年才建立，钟楼里的大钟直到1835年才安装。教堂是由耶稣会建造的，它是菲律宾保存最好的耶稣会士教堂。鲁布教堂因教堂里面的儿童唱诗班而闻名，孩子的天籁之音是鲁布教堂的最大亮点。唱诗班屡次获得国际、国内大奖，它只在周日弥撒的时候演出。

十一、财政金融

（一）财政概况

财政包括财政收入和财政支出两部分。税收是菲律宾政府的主要收入来源，同时还有一些如国库营运收入、国有企业私有化的收入等非税收收入。菲律宾财政状况在各届政府执政时期都有不同的特点。在马科斯执政时期，财政收入主要以间接税的方式征集，财政支出主要是面向基础设施等为经济发展提供便利的领域。阿基诺一世时期有大量上届政府遗留下来的财政赤字，当时政府决定启动"1986税收改革计划"和增加增值税来减少赤字。在接下来的拉莫斯政府执政时期，通过大规模的对国有资产进行私有化处理以及外部投资的强劲增长，财政出现了盈余。但是随着1997年综合税改革方案的实施和受当时正在经历的亚洲金融危机的影响，财政状况不断恶化。之后的埃斯特拉达政府时期面临着巨大的财政赤字，这是由税收的减少和对外偿还债务的增加导致的。在阿罗约执政时期，《扩大增值税法》开始实施，当时的债务占GDP的比重达到最高点，主要财政支出为投资公共基础实施领域。菲律宾财政当中一个很显著的特点就是不断增加的外债和财政赤字，尽管这几年有所好转，但依然不容忽视。2010年财政赤字达到了314.5亿比索，占GDP的3.5%；2011年赤字规模减少到了197.8亿比索，占GDP的比重为2.0%。为了进一步减少外债和降低赤字规模，菲律宾政府需要依靠国内财政收入的增加和国外的一些援助。

表6-4 菲律宾中央财政收支表 单位：十亿比索

年份 / 中央政府预算	2009	2010	2011	2012
总收入	1 123.2	1 207.9	1 359.9	645.6
税收收入	981.6	1 093.6	1 202.1	565.7
国税部门	750.3	822.6	924.1	439.8
关税部门	220.3	259.2	265.1	120.1
其他税收	11.0	11.8	12.8	5.8

续表

中央政府预算 \ 年份	2009	2010	2011	2012
非税收收入	141.6	114.3	157.9	79.9
国库营运收入	69.9	54.3	75.2	46.9
其他	70.1	58.6	81.5	33.0
费用	19.3	22.8	26.0	10.6
私有化	1.4	0.9	0.9	0.01
资助	0.2	0.4	0.26	0.06
总支出	1 421.7	1 522.4	1 557.7	668.4
财政盈余/赤字	（298.5）	（314.5）	（197.8）	（22.8）

备注：2012年的数据统计范围为一月到五月；表格中括号代表负数

资料来源：菲律宾财政部，http://www.dof.gov.ph.

（二）债务与融资

除了利用税收收入和非税收收入来筹集资金外，菲律宾政府也利用各种方式筹集资金以维持财政支出水平。筹集手段可以分为向国内筹集和向国外筹集。国内筹集的手段有发行国债和国库券、债券交易和承兑汇票等；国外筹集手段为向外国发行债券、外国政府和国际组织的贷款等。

2010年，政府总共筹集了3 516.5亿比索的贷款，但是未偿还的债务高达4.7万亿比索，其中2.7万亿对内负债，2万亿对外负债。到了2012年5月，菲律宾债务总额上升到了5.1万亿比索，比2011年同期的4.8万亿比索增长了7.76%。菲律宾政府为了减少全球汇率变动带来的风险，决定减少对外负债水平。政府债务占GDP的比重将近50%。为减轻国家债务负担，就必须从开源节流两方面努力，一是要增加财政收入，二是压缩政府支出。同时，菲律宾政府还积极参与地区性组织的研讨会，如东盟财长会议、亚太经合组织等以强化国家的债务经营管理水平。

（三）银行金融机构

菲律宾的金融体系由银行金融机构和非银行金融机构组成。根据银行金融机构提供的服务类型、规模的大小和分布的地域分为四类，分别是全能和商业银行、储蓄银行、农村银行和政府特别银行。全能和商业银行是菲律宾银行体系的核心，总资产约占银行业总资产的90%。菲律宾主要的全能和商业银行有首都银行、菲律宾金融银行（BDO）、菲岛银行（BPI）、中华银行和菲律宾国民银行。截至2012年4月，全能银行有19家，商业银行有19家，储蓄银行有71家，农村银行有617家。截至2011年12月，菲律宾银行金融机构拥有的ATM的数量分别为：全能和商业银行拥有9 197台，储蓄银行拥有1 229台，农村银行只有233台，总共有10 659台；有100个网点使用了电子银行设施，各商业银行拥有数为：全能和商业银行33个，储蓄银行14个，农村银行53个。2010年菲律宾银行业总资产达到6.7万亿比索，比2009年的6.2万亿比索增长了7.2%，其中存款总额达到3.6万亿比索，同比增长10.6%。

外资银行在菲律宾市场的程度很高，居亚洲新兴国家前列，已经成为菲律宾银行体系的重要组成部分。目前菲律宾的外资银行主要有渣打银行、汇丰银行、花旗银行和美洲银行。菲律宾商业银行大部分为私人所有，在过去20年里，国内私人银行一直持有商业银行整体资产的70%，外资银行持有资产的比例从2001年的19%下降到2006年15%。

菲律宾的金融机构受菲律宾中央银行（BSP，Bangko Sentral ng Pilipinas）的领导和监管，这是在2000年由“共和国第8791号法令”

（又称为“一般银行法”）规定的。菲律宾央行的职能为进行流动性管理，通过制定和实施旨在影响货币供应量的货币政策，根据国民经济的运行情况，适时进行政策的调整，以此来保证物价的稳定。菲律宾货币政策的首要目的是推进一个低而稳定的通胀水平，以保持经济平衡和可持续发展。早在2002年1月，菲律宾就将稳定通货膨胀的目标纳入到货币政策体系中了。同时，菲律宾央行还有菲律宾宪法规定的货币发行权，作为银行和非银行金融机构的监管者，是最后的贷款人，经营和管理外汇，制定以市场为导向的汇率制度。

（四）非银行金融机构

1. 保险业

菲律宾在1997年放开了保险市场，保险公司数量和保险业务量都得到了增加。截至2008年，菲律宾保险公司约有130多家，其中人寿保险公司20多家，财产保险公司约100家，再保险公司4家。菲律宾保险业的监管机构是菲律宾保险监督署，它监管的对象为菲律宾国内注册的保险公司和在当地注册的外国保险公司及其分支机构。菲律宾保险监督署实行一种“维持总量”的政策，即让国内小公司的数量维持在原有的水平上，并积极提供一个宽松的环境，促进本国保险公司的发展。

菲律宾保险市场的开放，加上其引进外国的保险公司，促进了本国保险业的发展，缩短了与世界保险业的差距，同时为保险的不断发展提供了条件，为国内提供了更多的就业岗位。保险作为金融行业的重要组成部分，改变着菲律宾人的保险和理财意识，同时优化了人们的资产组合，激活了资本市场。外国保险公司的进入，加剧了菲律宾保险市场的竞争程度，并提供了更多的保险产品，给人更多的选择，促使保险价格得以降低和保险业服务水平得以提高。除此之外，外国保险公司的进入带来了先进的保险理念和风险管理、评估技术，为提高菲律宾保险行业的整体水平具有很大的推动作用。

从1999到2008年这十年中，菲律宾的保险业增长率为5.07%，2008年保费的总收入为22.99亿美元，保费收入从世界排名46位下降到54位。能取得这样的进步除了开放后外资进入的压力外，跟菲律宾较为先进的保险公司治理结构有很大关系。菲律宾保险公司采用的是家族治理模式，即公司的所有权和经营权没有分开，公司与家族合二为一，公司的主要控制权是在家族内部培养的模式。但这样容易损害小股东的利益。因此，菲律宾保险公司为克服家族式的缺陷，在公司治理方面特别注重董事会及其委员会的作用，尽量实现公司的独立性、公开性和实现对股东负责。

表6-5 菲律宾保险行业表现 单位：比索

	人寿保险	非人寿保险
总资产	518 179 718 674	110 160 310 889
总负债	412 447 346 938	58 685 972 419
总资产净值	105 732 371 736	51 474 338 470
投资	416 822 466 120	51 624 469 733
保费收入	25 628 560 825	—
净保费	—	5 917 786 825
已赚保费	—	5 639 298 750
毛承保保费	—	12 158 770 450
给付总额（人寿）	10 071 367 807	—
总开支损失（非人寿）	—	2 460 861 661
净收入	2 610 861 382	880 312 438

备注：数据统计截至2012年第一季度

资料来源：菲律宾保险监管委员会，http://www.insurance.gov.ph.

第三节　对外贸易

一、对外贸易

（一）对外贸易政策

菲律宾是世界贸易组织（WTO）、亚太经合组织（APEC）和东盟（ASEAN）成员国，承诺推进区域贸易自由化和到2020年消除贸易壁垒。迄今为止，菲律宾已经和38个国家签订了双边贸易协定。2008年，菲律宾批准了《菲日经济伙伴关系协议》，成为菲律宾与外国签署的唯一双边自由贸易协定。

菲律宾积极参与并支持世贸组织推动全球贸易自由化，同时也全力致力于东盟的经济一体化进程。从20世纪80年代以来，菲律宾实行了许多重大的贸易改革，不断打破贸易壁垒、放宽贸易限制（农业和部分敏感部门除外），基本上履行了东盟有关削减关税的承诺。1985年，菲律宾转向出口导向型贸易政策，实行更加开放和外向型的工业化战略。虽然在1997年亚洲金融危机菲律宾的贸易政策有所变动，但总的趋势是实行更加自由和放宽管制的贸易政策。这种更加开放、自由的贸易政策使菲律宾的经济结构发生改变，其竞争力得到提升。

1980年以来，菲律宾进行了四次关税的改革，在降低税率和结构优化方面都走在东盟国家前列。通过关税的改革，非农产品关税降至7%左右，远远低于菲律宾向世贸组织承诺的23.4%。2010年财政年度，菲律宾最惠国简单平均税率为6.3%，其中农产品最惠国简单平均关税税率为9.8%，非农产品最惠国简单平均关税税率为5.7%。同时，菲律宾对一些敏感商品实行较高的税率。菲律宾大米和砂糖的税率较高，分别为50%和65%。另外还有150种敏感农产品配额内农产品关税为30%～50%，配额外关税为35%～65%，这些敏感农产品包括大米、砂糖、咖啡、土豆、肉类等。在WTO信息技术协定以及联合国教科文组织《佛罗伦萨协定》下作出承诺的产品、原油、石油产品、柏油关税为3%。

（二）关税管理制度

菲律宾的关税管理部门涉及两个部门，一个是菲律宾关税委员会，另一个是菲律宾财政部下设的关税局。前者主要负责税收政策的制定，包括税收的减让、变更及反倾销反补贴的调查等；后者负责防止走私，管制从事国际贸易的轮船和航空器，依据关税法管制进出口货物。菲律宾管理进出口贸易的相关法律主要是《菲律宾海关与关税法》，该法对菲律宾管理进出口货物海关估价、税费征收和海关监管等方面进行了相关的规定。

菲律宾对大部分的进口产品征收从价关税，税率范围为0%～65%，但是对于一些特殊的产品如烟花爆竹、酒精饮料、烟草制品、矿物燃料等实行从量税。菲律宾的《税收法》还对汽车、烟草、汽油、酒精等征收消费税，对进口产品征收12%的增值税。

（三）进口管理制度

菲律宾将进口商品分为三类，分别为自由进口产品、限制进口产品和禁止进口产品。目前，菲律宾的大多数产品属于自由进口产品，一些受限制进口的产品需要经过菲律宾政府机构如农业部、粮食局、食品药品局颁发进口许可证才能进口。需要进口许可证的商品大多是农产品，大约有130多种，约占进口商品的4%。此外，菲律宾还实行关税配额制度，137种商品的进口数量受到限制。受到限制的商品大多为大米、玉米、鸡鸭等农产品，配额内和配额外实行不同的关税税率。此外，对于进口的商品需要符合一定的产品和技术要求，符合环境保护和污染限制的标准，食品要符合安全健康的规定。

（四）出口管理制度

菲律宾大部分产品可以自由出口，但对少数商品实行进口管制，分为禁止出口和限制出口两类。禁止出口的商品包括苎麻种子及幼苗、部分野生动物及活鱼；限制出口的商品包括矿产、水泥、石油、军火等。出口限制的产品必须得到菲律宾相关政府机构如环境与自然资源部、农业部等部门的出口许可。

菲律宾对出口贸易采取鼓励政策，1994年菲律宾颁布《出口促进法》，通过这些法律法规对菲律宾出口导向型企业实行优惠政策。优惠政策包括：简化出口手续并免征出口附加税，进口商品再出口享受增值税退税、外汇辅助和使用出口加工区的低成本设施，保留100%出口外汇所得等。

所有的菲律宾出口商均可获得出口融资，出口商无须经过央行批准，直接可以向当地的商业银行申请信用证、购买合同所需的外汇贷款。同时，菲律宾还建立了出口加工区、保税仓库和各种类型的工业园，在原材料、关税等方面给予鼓励。2011年7月12日，菲律宾总统批准了贸工部拟定的《2011—2013年菲律宾出口发展计划》，该计划预计菲律宾2016年的出口总值将比2010翻番，达到1 200亿美元，出口增长的目标将使GDP增速提高58%，并且将创造900多万个就业岗位。

（五）贸易救济制度

菲律宾的贸易救济法规主要包括《1998年反补贴法》、《1999年反倾销法》和《2000年保障措施法》。在反倾销程序中，菲律宾贸工部下设的进口服务署负责工业产品的反倾销调查，菲律宾农业部负责农产品的反倾销调查，经过两个机构的初步调查决定是否需要实施临时措施，菲律宾财政部下设的关税局向上述两个部门之一提交是否征收反倾销税的最终报告，并且关税局负责执行并征收反倾销税。但是在特殊情况下，菲律宾农业部可以对敏感农产品实行特殊保障，要求财政部下设的关税局征收不高于现行关税税率三分之一的特殊保障税。

（六）对外贸易现状

菲律宾前十大贸易伙伴的贸易额为810.07亿美元，占菲律宾全部贸易总额的74.5%。其中出口总额为375.03亿美元，占总出口的77.6%；进口总额为435.04亿美元，占总进口额的71.9%。2011年菲律宾的第一大贸易伙伴是日本，贸易总量达到154.03亿贸易，占菲律宾贸易总量的14.2%。菲律宾对日本出口额88.86亿美元，进口额65.16亿美元，贸易顺差为23.70亿美元。菲律宾的第二大贸易伙伴是美国，贸易总额为136.38亿美元，占总贸易额的12.5%。其中出口额为71.02亿美元，进口额为65.36亿美元，贸易顺差5.66亿美元。中国是菲律宾的第三大贸易伙伴，双方贸易总额达到123.22亿美元，占菲律宾总贸易的11.3%。其中对中国出口额为62.37亿美元，对中国进口额为60.85亿美元，贸易顺差为1.52亿美元。其他排在菲律宾贸易前十位的国家和地区还有新加坡、中国香港、韩国、中国台湾、泰国、荷兰和德国。

表6-6 菲律宾2001—2011年对外贸易额统计 单位：百万美元

年份	贸易总额	出口额	进口额	贸易顺差/逆差
2001/r	65 207.36	32 150.20	33 057.16	（906.96）
2002/r	74 444.67	35 208.16	39 236.51	（4 028.35）
2003	76 701.72	36 231.21	40 470.51	（4 239.30）
2004	83 719.73	39 680.52	44 039.21	（4 358.69）
2005	88 672.86	41 254.68	47 418.18	（6 163.50）
2006	99 183.79	47 410.12	51 773.68	（4 363.57）

续表

年份	贸易总额	出口额	进口额	贸易顺差/逆差
2007	105 980.00	50 466.00	55 514.00	(5 048.00)
2008	105 824.00	49 078.00	56 746.00	(7 669.00)
2009	81 527.00	38 436.00	43 092.00	(4 656.00)
2010	106 430.00	51 498.00	54 933.00	(3 435.00)
2011	108 186.00	48 042.00	60 144.00	(12 102.00)

备注：表格中括号代表该数值为负数；r代表调整后的数据；以上贸易额的计算价格是以离岸价格（F.O.B Value）计算的。

资料来源：菲律宾国家统计协调委员会，http://www.nscb.gov.ph.

二、对外投资

（一）投资相关法及管理机构

菲律宾在投资方面的基本法是1987年的《综合投资法》，该法规定了菲律宾基本的投资政策。1991年通过的《外国投资法典》及其后来的修正案，不断放宽投资者在菲律宾的投资限制，它涵盖所有的投资领域，但银行和其他金融机构的投资由菲律宾央行管制。涉及投资方面的法律还有《经济特区法》、《有关推动外国投资商业的规定》、《外国投资法修正案》等。

菲律宾将所有的投资领域分为三类，即优先投资领域、限制投资领域和禁止投资领域。菲律宾投资署（BOI）每年都会公布一个旨在促进国内外投资的"投资优先计划"（IPP），纳入该计划的项目可以享受多种优惠。根据2011年投资优先计划，优先投资领域主要包括：农业、渔业、创意产业、造船业、房地产、能源、基础设施、科技研发、绿色产业等。在这些领域，外资可以享有100%的股权，并对高度优先的项目提供广泛的优惠条件，如在税收方面的减免和通关手续的简化等。菲律宾经济发展署每两年更新一次限制外资项目，在2010年公布的限制外资项目中，完全禁止的有大众传媒、工程、医药、林业等，部分行业的投资限制比例为20%～60%，如私人无线电通讯网络的外资持股比例不得超过20%，广告业外资持股不得超过30%，自然资源勘探、土地投资、教育等行业不得超过40%，证券业外资比例不能超过60%。一般来讲，大多数领域外国投资者的权益不得超过40%。菲律宾宪法禁止外国人在菲律宾拥有土地，但后来的《投资者租赁法》规定外国人可以租赁土地50年。

菲律宾贸工部是负责投资政策实施和协调、促进投资便利化的主要职能部门，在贸工部下面设有投资署（BOI）和经济区署（PEZA），负责投资政策包括外资政策的的实施和管理，如前面的“投资优先计划”就是由该署制定的。此外，菲律宾在苏比克、克拉克等地区设立了自由港区或者是经济特区，在那里成立相应的管理机构。在菲律宾负责国内外投资登记的政府部门主要是证券署、投资署、经济区署和贸工部。

（二）投资环境

菲律宾拥有吸引外资的很多优越的条件，比如它丰富的旅游资源、充足的人力资源、巨大的农业发展潜力和前景广阔的采矿业。菲律宾的教育事业发展良好，大部分人能够讲英语，易于接纳不同文化。同时，菲律宾的劳动力成本较低，白领工人的工资水平仅为美国的四分之一。菲律宾有适合农作物生长的气候条件和丰富的土地资源，但很多农产品现在还处于短缺的状态，通过农业基础设施的完善和农业科技的改进，菲律宾农业将有巨大的发展潜力。菲律宾是东南亚最大的黄铜生产国和排名世界前十位的黄金生产国，拥有丰富的矿产资源，因此，能够吸引外资参与菲律宾矿产开发。

但是，菲律宾的政治、安全风险在东南亚各国中相对较高，基础设施有待进一步完善，行政手续繁杂，贪污腐败比较严重，这些都可能制约外资对菲律宾的投资。在过去的50年里，菲律宾的经济落后于东南亚其他主要经济体，投资无论在公共部门还是在私人部门都不足，导致基础设施投资不足，这将对外资投资菲律宾产生负面影响。这些增加了外资在菲律宾商业活动的成本，外资的减少又会导致投资的进一步不足，反过来又会影响基础设施等的投入。阿基诺执政以来，致力于打击腐败，创造一个公开透明的商业环境来吸引外来投资，积极削减财政支出和出售政府财产以减少赤字，加大基础设施的建设，采取鼓励外资投资的一些政策，以此来增加对外资的吸引力。

（三）菲律宾的外国直接投资

菲律宾的外国直接投资（FDI）从1993年进行投资领域自由便利化改革后，发展速度不断增快，但是和东盟其他国家相比较，仍然是处于较为低级的水平。2010年菲律宾外来投资总额为17.13亿美元，在1970—2010年这40年间，菲律宾外来投资额变动范围从1980年最低点1.06亿美元到2006年的最高点29.21亿美元。从菲律宾2001—2010年外国直接投资（FDI）总额统计数据显示，每年的投资额波动幅度较大。特别是在2001年到2004年，出现了投资额的大幅波动，后面几年的波动幅度相对较小，投资额没有出现大起大落的现象。

2010年FDI的最大来源国是日本，其次是美国。澳大利亚对菲律宾的外来直接投资规模虽然比较小且容易变动，但是它的增长速度在20世纪80年代末和90年代初却最快，即使是在亚洲金融风暴肆虐的1997年，澳大利亚对菲投资依然强劲。美国和日本一直是菲律宾FDI的主要投资国，在近十年中，美国有6年占据菲律宾FDI

榜首。中国香港和新加坡近几年来对菲的FDI投资不断增大，2010年，中国香港在菲律宾FDI排名第三，仅次于日、美。

外国直接投资最多的领域为制造业、银行业、基础设施和公共工程，这些也是菲律宾对外资改革最快的领域。但是像矿产和农业这些在贸易和法律方面改革落后的领域，很少受到外国投资者的青睐。尽管外资最喜欢投资制造业，但是外资在公共工程、服务业等领域的投资增长在最近几年不断加快。

三、外援、外债和外汇储备

（一）菲律宾的外援

任何流入欠发达国家的资本要称得上是外国援助，就必须满足两个条件：一个是这种资本的流入对捐助者而言不是出于商业目的，二是捐助需要有优惠性的条款，比如无偿援助或者低于银行贷款利率的贷款。

现在向菲律宾提供外国援助的主要国家和国际组织为日本、美国、世界银行、中国、亚洲开发银行、欧盟等。2011年，菲律宾总共使用官方援助（ODA）16.7亿美元，略高于2010年的16.1亿美元。从ODA的资金来源来看，菲律宾外来援助最多的是日本政府的日本国际协力机构（JICA），总金额占比达到32%；其次是世界银行，占总金额的比重为29.1%；中国是菲律宾ODA第四大提供国，占总额的13.36%。但是，从发展趋势来看，日本提供的外国援助资金比重在下降，从2010年的36.4%下降至2011年的32%，而中国的比重在不断增加。

每个国家或者国际组织援助菲律宾都有明确的目标和领域。美国国际开发署（USaid）在菲律宾的工作框架中明确提出援助的目标是帮助菲律宾政府建立和维持民主和良好的政府治理，以满足民众的需求，大面积的减少贫困，并在国际社会中承担应有的责任。世界银行以“让世界免于贫困”(Working For a World Free of Poverty)为目标，通过资助发展中国家以减少贫困，提高生活水平。日本国际协力机构在使命陈述中提出了四个目标：一是解决全球议程，如气候变暖、恐怖主义等；二是通过公平的增长以减少贫困；三是改善各国治理；四是确保人类安全。

日本对菲律宾的援助可以追溯到1954年。日本对菲律宾的援助主要包括技术支持与合作、优惠贷款、无偿援助和人员培训等。2010年，日本对菲律宾的官方援助中，无偿援助为2 106万美元，技术合作的资金为2 466万美元；日本国际协力机构在2010财年官方援助优惠贷款为240.25亿日元，赠款援助16.41亿日元。近几年来，日本对菲律宾的技术合作、日元贷款、无偿援助都在呈下降的趋势。目前，日本对菲律宾的援助主要集中在三个方面，即促进菲律宾经济的可持续增长、创造就业机会与扶贫以及维护棉兰老岛的和平与稳定。①

日本对菲律宾的援助从行业上来看主要集中在交通行业、商品领域和电力行业。从1971—2009年贷款项目行业分布上来看，有36%的贷款用于交通业，18%用于商品领域，13%用于电力行业，11%用于服务业，10%用于灌溉和洪水防控。在技术合作方面，约有31%的资金用于提高计划管理能力方面，28%用于改善公共设施方面，15%用于农林渔业。以下是日本2010年在以上三个目标领域的援助类别及金额(见表6-7)。

① “日本对菲律宾的援助情况”，中国商务部，http://template1.mofcom.gov.cn/aarticle/cu/cg/201110/20111007784014.html.

表6-7 日本JICA对菲援助类别及金额 单位：百万日元

	项目类别	总金额	平均金额
创造就业机会的持续经济发展	财政改革及管理能力提升	1 156.6	129
	促进投资	30 429	7 607
	交通设施	148 051.7	11 389
	电力	455.2	455
	旅游	3.3	3
扶贫	生活条件改善	38 042	2 113
	基本社会服务	9 891.2	824
	环境保护和疾病控制	80 307.5	4 462
棉兰老岛的和平与稳定	管理能力建设	350	350
	基本需求改善	5 318	886
	经济发展	10 558	2 640

资料来源：中国商务部2010年驻亚洲国家经商处（室）调研汇编，http://template1.mofcom.gov.cn/index.shtml.

美国政府是对菲律宾赠款援助最多的国家，从1946年以来美国总共支援菲律宾95亿美元，其中有44亿美元是由美国国际开发署和前任计划资助的。2011财年，菲美两国双边援助项目和向菲政府组织的赠款总额达到了1.02亿美元。其中用于健康与教育的最多，占了总额的45%；用于经济发展和能源环境的投入占比都是21%；剩下的13%用于民主建设和完善政府的治理。[①]美国对菲律宾援助的领域主要集中在经济增长、民主与政府治理、医疗、教育、能源环

① 尤洪波：《论美国对菲律宾的援助》，载《当代亚太》，2011年第6期，第79页。

境和人道主义援助方面。

表6-8　2000—2009财年美国对菲律宾的援助　单位：百万美元

财年	军事援助	经济援助	总额
2000	4.8	107.4	112.2
2001	10.5	140.1	150.6
2002	56.5	151.4	207.9
2003	54.1	150.6	204.8*
2004	52.6	185.8	238.3*
2005	37.0	129.9	166.9
2006	32.5	180.0	212.4*
2007	42.8	126.3	169.1
2008	29.3	131.9	161.2
2009	29.7	155.0	184.8*

资料来源：美国国际开发署，http://philippines.usaid.gov.

（二）菲律宾的外债

1. 菲律宾外债发展历史

（1）马科斯政府时期（1965—1986年）

1966到1969年间，马科斯政府筹集了大量的资金来支撑国内的经济改革和增长，使得政府的预算不断扩大，导致了经常项目的赤字和国际收支的危机。在70年代早期，菲律宾政府和国际货币基金组织（IMF）达成借款协议，旨在恢复经济增长和制定稳定经济的计划。1973年，经常项目随着国民生产总值（GNP）的增加得到改善，接下来的几年里，由于出口和投资的增加，经济发展势头很好。70年代末，公共部门投资的增加使外债处于较高的水平。80年代石油价格震荡，利率上升，菲律宾政府为了增加国内的收入实行了反周期政策，加大了对公共部门的投资。这种政策导致菲律宾国际收支失衡，石油信贷不断增加，菲政府不得不再次向IMF申请援助。同时，菲政府也向世界银行申请紧急贷款，直到菲律宾政府同意遵守相关的条件以获得更多的援助，才使国际收支得以平衡。

（2）科·阿基诺政府时期（1986—1992年）

阿基诺刚刚上台时，经济状况很糟糕，外债规模达到了280亿美元。阿基诺政府致力于减少长期债务规模，通过与IMF和一些商业银行达成的协议，菲律宾进入了“布雷迪计划”，该项计划允许菲律宾政府以减半的优惠利率再次筹集13.1亿美元。在1989—1991年时期，一个名为“菲律宾资助计划”的跨国协议给菲律宾提供了总额高达67亿美元的贷款。同时，阿基诺政府与各债权集团或者债权人展开谈判，以寻求更低的贷款利率，减少偿还金额等。尽管阿基诺政府为了克服当前的经济困难没能在经济方案的制定上和国会取得一致，国际收支平衡的压力依然存在，但是在经济增长过程中产生的外债占GDP的比重却在不断地下降。

（3）菲尔德·拉莫斯政府时期（1992—1998年）

拉莫斯总统执政后通过注重“人的能力”和“全球竞争力”来提升菲律宾的经济。在他执政期间，由于菲律宾经济发展迅速呈现出繁荣的景象，和泰国、马来西亚、印度尼西亚一同称作“亚洲四小虎”。政府积极支持对外贸易和外来投资，这样可以增加外国资本的流入和增强本国资本的流动性。拉莫斯政府还重建债务市场，发行外币政府债券来帮助经济的复苏。当时由于在对外贸易中比索兑美元汇率的波动较大，因此造成了债务利差的扩大。尽管如此，通过对债务偿还机制和财政政策的改革，长期累积的外债处于一个可控的水平。

（4）约瑟夫·埃斯特拉达政府时期（1998—2001年）

这届的政府没有能力取得上届政府执政时的成就，同时还被政府腐败和无能的传言所困扰。外国投资机构和个人对这届政府缺乏信任，减少了对菲律宾的投资和资助。这使得菲律宾需要向国际机构和银行贷更多款项，从而又增加了菲律宾的债务。由于埃斯特拉达就职后面临高额外债，于是开始实施紧缩的财政政策，大力削减政府支出。到2000年底，总外债金额降至521亿美元，但仍然处于较高水平。

（5）阿罗约政府时期（2001—2010年）

在阿罗约执政时期，外债在2003年达到历史最高点，为576亿美元，比过去两届政府债务总和还多。这导致了巨额的财政赤字，并由此引发了财政危机，也引发了对由财政自动拨款给债务准备基金的制度的质疑，这种政策其实就是削减原本用于社会公共服务的预算，以满足不断增加的外债负担。2001—2004年，财政预算中用于偿还本金和利息的占比从39%上升至68%。这种政策的缺点就是大大削减了菲律宾在教育、卫生和基础设施方面的投入。

阿罗约政府同时实行新的税收政策来增加政府收入，以减轻财政赤字负担。增加的税收有消费税和企业税，还有备受争议的增值税。为了解决财政危机，菲律宾中央银行实行了如下对外政策：保持适当的存款准备金率，以确保流动性；除特殊情况外，实行以市场为导向的利率政策；控制向国外贷款规模。通过这一系列的政策努力，菲律宾的外债规模保持持续下降。

2. 菲律宾外债现状

菲律宾的对外债务一般是菲律宾对外国债权人应该偿还的金额，既包括本金，又有借款期间累积的利息。截至2011年底，菲律宾的外债达到2.1万亿比索，占菲律宾总债务的42%。菲律宾的外债主要是由中长期贷款构成的，这些贷款用于促进经济的发展和改进政府治理。

外债占菲律宾国民生产总值的比例一直呈下降趋势，虽然2000—2004年从30.7%上升到35.4%，但是之后不断减少，到2011年只占国民生产总值的21.3%。不断降低的外债占GDP的比重表明菲律宾经济发展能够有足够的产出来满足对外的债务，这是菲律宾经济总量不断增大的结果。影响菲律宾外债占GDP比重的另一个因素是比索的币值，比索的升值将会减少对外的债务，反之亦然。

表6-9 2005—2011年菲律宾的债务指标 单位：百万比索

	未偿还债务	增长率	国内债务	占总债务比重（%）	国外债务	占总债务比重（%）
2005	3 888 231	2.0	2 164 293	55.7	1 723 938	44.3
2006	3 851 506	–0.9	2 154 078	55.9	1 697 428	44.1
2007	3 712 487	–3.6	2 201 167	59.3	1 511 320	40.7
2008	4 220 903	13.7	2 414 428	57.2	1 806 475	42.8
2009	4 396 640	4.2	2 470 040	56.2	1 926 600	43.8
2010	4 718 171	7.3	2 718 202	57.6	1 999 969	42.4
2011	4 951 188	4.9	2 873 357	58.0	2 077 831	42.0

资料来源：菲律宾国库局，http://www.treasury.gov.ph./statdata/yearly/yr-debtindicator. pdf.

（三）菲律宾的外汇

1. 汇率制度

菲律宾目前采用自由浮动的汇率制度，由市场的供求来决定汇率，当汇率出现剧烈波动时，菲律宾央行会适时进行干预。BSP积极推动菲律宾比索的汇率由外汇市场供求决定，在必要的时候，BSP会直接参与外汇市场的买卖，以维护市场秩序、减少过度的汇率波动，确保通货膨胀的目标得以实现。

BSP通过调整外汇政策、改变利率水平和直接参与外汇市场等方式对外汇进行管理。中央银行与银行间、银行与银行间的外汇交易主要通过菲律宾交易系统（PDS）进行，BSP鼓励银行间进行匿名双边报价，买卖差价通常为0.005比索。在每天外汇交易前，BSP都会提供美元兑比索的参考汇率。商业银行可以代表客户或使用自己的账户进行即期、远期和掉期交易，当银行使用自身账户进行交易时，BSP规定了超买（卖）的交易金额的上限，为银行资本的20%或者是5 000万美元（取两者中较低值）。

2. 外汇管理

菲律宾中央银行（BSP）是外汇管理部门，出台法规管理外汇交易，并且有权向相关机构颁发外汇业务经营牌照。如授权代理银行、BSP监管的非银行金融机构及其附属外汇交易公司在获得牌照后经营外汇业务，同时辅助BSP开展外汇管理工作。

外汇的管理主要集中在经常项目和资本项目两个方面。经常项目方面，在进出口贸易商提供相关证明文件后就可以办理外汇的收付。但在进口采用承兑交单DA（documents against acceptance）或赊销OA（open account）方式时，银行在付款前需要向BSP报告。资本项目方面，当外资需要转出其资本、利润时，将菲律宾货币转换成投资者本国货币时，需要向菲律宾央行申请登记，登记时应提交汇款证明或者相关的票据；当外资在菲律宾证券交易所（Philippine Stock Exchange，PSE）进行证券投资时，BSP将委托本国托管银行对该类投资进行登记。菲律宾的居民可以到授权的银行购买外汇进行境外投资，购汇金额不超过3 000万美元的，无须向BSP审批；当超过3 000万美元时，则需要BSP审批和登记。对于合格的机构投资者，如保险公司、基金公司、信托公司等，可以向BSP申请提高购买外汇的上限。每月结束后5日内，外汇的出售和汇款银行都要向BSP报告居民购汇进行境外投资的状况。

3. 外汇储备

外汇储备对调节一国的国际收支状况、保证对外支付具有重要作用，充足的外汇储备可以满足进口对外币的需求，使一国国际收支账户达到平衡；此外，当一国本币出现剧烈波动时，可以利用外汇储备干预外汇市场，保持本币的币值稳定；外汇储备也体现一国的偿债能力，越多的外汇储备代表该国具备越强的债务偿还能力，同时也间接体现了该国的经济实力；拥有充足的外汇储备对一国抵御国际风险、提高融资能力等都具有重要的作用。因此，世界各国都非常注重提高本国的外汇储备。

2005年，菲律宾的外汇储备达到185亿美元，到了2011年，外汇储备增至753.02亿美元，2005—2011年，菲律宾的外汇储备累计达到2 185亿美元。外汇储备增长的原因有政府外币存款的增加、央行海外投资收入的增长和黄金储备价值的增长。2012年1～5月，菲律宾外汇储备分别达到77.04亿美元、77.77亿美元、76.54亿美元、75.97亿美元和76亿美元。菲律宾的外汇储备保持稳定增长。当前的外汇储备水平，相当于菲律宾11个月左右的进口，是短期到期外债的6.5倍，这样足够应对国际市场的动荡，为保持本国的金融稳定和改善菲律宾的投资环境都有积极作用。然而通过与亚洲其他国家的外汇储备相比，我们发现菲律宾的外汇储备是极其低的，这也从侧面反映出菲律宾经济处于较低的水平。

表6-10　菲律宾与部分国家2005—2010年外汇储备的比较　单位：十亿美元

	2005	2006	2007	2008	2009	2010
中国	818.9	1 066.3	1 528.3	1 946.0	2 273.0	2 648.0
韩国	210.4	239.0	262.2	201.2	270.0	290.2
印度	131.0	170.2	266.8	245.9	258.7	265.3
新加坡	116.2	136.3	163.0	174.2	187.8	217.6
泰国	50.5	65.1	85.1	108.3	133.6	164.8
马来西亚	69.4	81.7	100.6	90.6	92.4	101.2
印尼	36.3	34.7	42.8	51.6	65.8	92.8
菲律宾	18.5	23.0	33.8	37.6	45.0	60.6

资料来源：菲律宾中央银行报告。

第七章　军事与国防

第一节　国防军的建立与发展

菲律宾武装部队的历史可以追溯到西班牙统治时期，当时为了对抗西班牙殖民者的压迫，在很多地方，菲律宾青年自发地成立了一些自卫的武装组织，这些组织可称之为菲律宾武装部队的先驱。[①]1896年，菲律宾人民发动了反抗西班牙殖民者残暴统治的“卡迪普南”革命，并于次年3月22日成立了“菲律宾陆军”。1898年，历时近五个月的美西战争以西班牙的失败而告终。虽然美西战争中菲律宾军队加入了美国对抗西班牙的行列，但是美军还是通过美菲战争乘机占领了菲律宾。1901年8月，菲律宾委员会通过第175号法令，组建了一支由6 000人组成的国家“保安部队”。1935年，菲律宾成立了陆军航空部队和海岸巡逻队。[②]1936年4月，菲律宾在成立“自治政府”后以“保安部队”为基础成立了“菲律宾陆军”，人数扩至1万余人。1941年太平洋战争爆发前夕，菲律宾陆军总兵力已扩至约12万人。太平洋战争爆发后，菲律宾陆军被编入由麦克阿瑟将军领导的美国陆军远东部队参加对日作战。二战中，日本侵略者在进攻菲律宾时，菲律宾陆军遭到惨败，几乎全军覆没，剩余的少数部队逃入菲律宾山区与日军展开游击战。1945年，美军重新攻占菲律宾。1946年7月4日，菲律宾获得独立，随即加强和扩充菲律宾陆军武装力量。1950年4月19日，菲律宾陆军正式改称为“菲律宾武装部队”，由陆、海、空三军部队和保安部队四个军种组成，

① 菲律宾国防部网站，http://www.dnd.gov.ph/DNDWEBPAGE_files/DND%20HISTORY.pdf.

② 菲律宾国防部网，http://www.dnd.gov.ph/DNDWEBPAGE_files/DND%20HISTORY.pdf.

并将3月22日（1897年菲反抗西班牙殖民统治成立革命政府的日期）定为建军节。同年，菲跟随美军首次派兵参加了朝鲜战争。为了防止日本军国主义和共产主义威胁，1951年8月，美国和菲律宾政府签订了《美菲共同防御条约》，这使得菲律宾军队的发展受到美军的制约和限制。1954年9月，菲律宾加入了美国主导的《东南亚条约组织》，根据该条约的义务和要求，菲律宾军队的战略指导思想和决策从此均效仿和制约于美军。

从1955年到1965年，菲律宾先后实施了两个"5年强军计划"，接受了一些美军在二战后淘汰的武器，但是由于菲律宾的财政困难，强军计划的主要目标并没有实现。1965年，马科斯就任菲律宾总统，在美军的支持与怂恿下，马科斯于就任总统的当年就派兵参加了越南战争。美国约翰逊政府随即向菲律宾提供了10个工兵营的装备和4 500万美元的经济援助，作为其参加越南战争的回报。1970年9月，菲律宾政府开始派兵驻扎南沙群岛的东北部的部分岛礁。1989年，菲律宾根据国际形势的变化，将战略防御重点由"安内"转向"御外"，制定了"武装部队十年发展规划"，从以前重点建设陆军的政策转为重点加强海、空军的建设。1991年9月，根据美国政府和菲律宾政府谈判达成的协议，菲律宾军方接管了克拉克军事基地，菲政府于12月正式宣布美菲军事基地协定终止，要求美军于1992年内撤出菲律宾苏比克，美军随后于1992年11月24日从苏比克海军基地全部撤走，从而结束了美国军事力量在菲律宾将近一个世纪的存在。同时也标志着自1571年西班牙殖民主义者占领菲律宾以来，外国军队在菲律宾国土上从未间断存在的时代彻底结束。

根据菲律宾宪法，菲律宾总统为全国武装力量的最高统帅，担任国防安全最高决策机构——国家安全委员会的主席，并通过下设的国防部和武装部队司令部对全国武装力量实施领导和指挥。武装力量由正规军和准军事部队组成。正规军分陆、海、空三个军种；准军事部队由警察部队（保安军）、国民防卫军组成。国家安全委员会的主要职责是研究有关国防重大问题，协助总统作出国防安全的重大决策；国防部为最高军事行政机关，负责制定和实施各项军事计划和政策；武装部队总司令部是最高军事指挥机构；总参谋长是最高军事指挥官，负责给菲律宾武装部队提供战略性政策和战略计划以及充足、及时、可靠的军事情报。除战争时期或国家紧急状态时期，参谋长任期不得超过三年。

一、兵役制和军衔

菲律宾正规军实行志愿兵役制。服役年限最少不得低于3年，最长不得超过30年；非正规军实行义务兵役制。兵员补充根据选择征兵制度实施。菲律宾志愿兵服兵役的年龄是18～23岁（军官为20～24岁）；申请人必须是获得大学72个学分（士兵）或者拥有大学学士学位（军官）的菲律宾单身男性或女性公民（2012年）。①

军衔分5等17级：将军4级（上将、中将、少将、准将），校官3级（上校、中校、少校），尉官3级（上尉、中尉、少尉），军士4级（军士长、上士、中士、下士），兵3级（上等兵、一等兵、二等兵）。

二、主要军兵种

菲律宾的武装力量由正规军和准军事部队组成。正规军分陆、海、空三个军种，准军事部队由警察部队（保安军）、国民防卫军组成。菲律宾正规军总兵力维持在11万人左右（2011年），其中陆军6.6万人，海军2.4万人（包括7 500名海军陆战队成员），空军1.6万人；现役部队还有13.1万预备役军人作为后备力量。由6 000人

① 美国中央情报局，https://www.cia.gov/library/publications/the-world-factbook/geos/rp.html.

组成的国家首都地区司令部成立于2003年11月，旨在保护政府免遭政变威胁。[①]菲律宾的准军事力量为13.3万人，其中保安军3.8万人，有14个地区司令部，234个连；国民自卫军4.5万人；警察5万人。菲律宾的警察部队由内务部领导，属国家警察体制。[②]警察部队主要由负责在全国城乡地区实施巡逻、治安和交通管理的国家联合警察部队，负责搜集和分析异见人士和犯罪集团情报的国家情报协调局，以及负责对颠覆国家的犯罪行为进行调查和取证的国家调查局三个主要组织组成。其主要任务是维护国家安全，打击各种犯罪，确保国家的安全与稳定。

第二节　国防政策与军事战略

一、国防政策

菲律宾在美军的支援下，其军队的建设和作战能力等很多方面所表现的不足长期以来一直被掩盖。自美军撤出在菲律宾的军事存在以后，菲律宾军队的军事费用严重短缺、军队对外职能严重弱化、海空军建设的基础设施和武器装备落后以及作战能力不足等问题凸显出来，同时菲律宾还面临着国内像"阿布沙耶夫组织"等反政府武装与中央分庭抗礼等问题，而这些问题的解决在很大程度上都需要依靠本国强大的军队和国防作为后盾，因此菲律宾实施了一系列强化国防与安全的措施。主要包括：第一，继续保持和加强同美国的军事合作。美军虽然在1992年撤出了菲律宾的克拉克和苏比克军事基地，但是美菲于1951年签订的《美菲共同防御条约》不但没有被废止，反而使菲律宾近年来与美国保持着密切的军事联系，多

① 环球安全网，http://www.globalsecurity.org/military/world/philippines/intro.htm.

② 胡才主编，汤加麟副主编：《当代菲律宾》，成都. 四川人民出版社，1994年版，第142页。

次举行两国联合军事演习，美国还向菲律宾提供训练其军事人员的援助项目。菲律宾外长德尔罗萨里奥于2012年3月29日表示，菲律宾将进一步加强与美国的军事合作，包括允许美军更大范围使用菲律宾的机场，并开辟新的区域供美军使用。作为交换，马尼拉希望美国为菲提供更多的武器和军事训练，包括一艘“汉密尔顿”级巡逻舰以及一个中队的二手F-16战斗机；第二，利用“东盟地区论坛”为平台，寻求建立新的地区安全合作机制。菲律宾加大与东盟国家的军事合作，并积极利用有美、日、中、欧参与的东盟地区论坛为平台，强化与东盟国家的安全与合作，寻求建立新的东盟地区安全合作机制，维护东南亚地区的和平与稳定。

面临着纷繁复杂的国内和国际问题，菲律宾在于1998年6月首次发表的《国防战略》白皮书中指出，菲律宾国防战略目标旨在维护国家安全利益，保证国家政治稳定和促进国家经济的发展，确保菲律宾在东南亚地区和国际上事务上发挥更加积极的作用。为了达到此目的，菲律宾奉行以下国防政策：

（1）大力加强海军和空军建设，着重提高菲律宾应对突发事件的快速反应能力、海上作战能力和陆海空三军协同作战的能力。

（2）密切加强与亚太地区各国尤其是东盟国家在防务领域的合作，支持把东南亚建成一个“和平、自由和中立区”，全面推进东南亚地区的无核化进程。

（3）继续保持美菲两国的军事同盟关系，拓宽在防务领域的合作范围。菲律宾将向美提供兵力部署、军事给养和武器装备维修等方面的支持，争取美国政府能够向菲律宾提供军事物资和技术援助并帮助训练菲律宾部队。

（4）积极参与联合国维持和平行动，为全球及地区安全作出贡献。

(5)坚持对所占南沙岛礁拥有“主权”的立场。[①]

另外，由菲律宾总统阿基诺三世于2010年4月2日签署的《菲律宾2011—2016年国家安全政策》中，在阐述菲律宾国家安全的主要目标时，将国家安全主要分为两个大的方面：一是促进国内社会政治的稳定；二是确保菲律宾在其全部领土上完全行使主权，并保证其海上和其他方面的利益。针对后者，菲政府的国家安全政策文件中将其具体表述为促进菲律宾与领国及全世界和谐关系的建立；寻求各地区之间的合作；增进盟国之间的安全合作，建立安全合作机制和发展强大国防，保卫国家主权和海洋战略利益。

二、军事战略

冷战结束以来，国际和地区的局势发生了重大的变化。随着苏联的势力逐渐退出东南亚地区，美国也结束了在菲律宾的军事存在，美苏在东南亚地区对峙的结束缓和了这一地区原本紧张的局势。美军退出菲律宾，使得先前很大程度上依赖美军的菲律宾军队需要自己单独面对和承担很多新的任务与责任，与此同时也进一步提高了菲律宾军队的自主性。随着东南亚以及整个亚太地区战略形势的改变，菲律宾对其国防战略作出了相应调整，军事防御重点由陆地转向海上，建军重点由以陆军为主转向以海、空军为主。进入21世纪，随着海权意识的加强，本地区的安全形势又发生了变化。南海问题争端日益突出，美国实施“重返东南亚”的政策加大了南海海域有关各方的敏感度，使博弈的方式、结果都充满了变数。当前，菲律宾的军事战略重点是在其军事上实施“重点防御”的战略方针，出于保证本国政权和制度的稳定性以及“领土完整”的考虑，

① 杨全喜、钟智翔主编:《东盟国家军事概览》，北京. 军事谊文出版社，2003年版，第236页。

菲律宾将战略防御的重点区域放在首都马尼拉和与中国南海地区毗连的西部海区。

在新时期，菲政府仍然实行总体积极防御战略。此战略的内涵是在面临重大威胁时，将动员包括军事力量在内的一切国家力量进行防御；积极防御，即指尽可能早地发现各种现实和潜在的威胁，并及时作出反应。首先争取通过政治或外交途径解决，若不能奏效时可诉诸武力。在作战指导思想上奉行“纵深防御”，重点加强菲西、北、南三个方向的防御部署。具体方法包括：

（1）外围侦察监视。利用飞机、水面舰艇和固定侦察系统实施不间断地侦察监视。平时，侦察监视对象为各种渔船、贩毒、走私和海盗船、商业货轮以及各种飞机；战时，扩大至敌飞机和舰艇，并与盟国及时交换情报。

（2）海上防御。平时，舰艇在侦察机的支援下对捕鱼作业区和专属经济区进行巡逻；战时，海空力量进行有效协调，快速在各防区对敌海空目标实施打击。

（3）空中防御。军、民用机场监视系统密切配合，加强预警，有效控制和指挥防空力量，保护国家重要战略中心和设施。

（4）本土防御。在联合作战思想的指导下，组织各地区的地面部队和海、空军部队，实施三军协同作战。①

三、军费开支

菲律宾在美军驻扎该国期间，其军费开支的主要来源是美国的军事援助，菲律宾的军费支出无论是从实际数据还是国家财政

① 王湘江:《世界军事年鉴2003》，北京. 中国人民解放军出版社，2003年版，第283页。

预算中，占比率都不是很高，但是在经历20世纪80年代初期军费持续地下降后，于80年代末期开始加速增长。1988年，菲律宾的军费支出总额为141.4亿比索(约合6.8亿美元)，占到国民生产总值的1.7%，比马科斯政府执政的最后一年即1985年的军费支出总额增加了一半以上(通货膨胀率因素考虑在内)。在阿基诺夫人执政时期，菲律宾的军费支出在整个国家的财政支出中所占比率也在持续上升，从1985年的7.7%上升到1989年的9.1%，而这些军费支出还不包括总额占菲律宾军费开支一大半以上的美军对菲律宾的安全援助。阿基诺夫人上台以后，美军对菲律宾的军事援助显著增加，仅1989年美军对菲的军事援助额就高达1.276亿美元，占菲律宾当年军购、演练和军事设备维修费用总额的80%，其中1.25亿美元属于美国对菲律宾的军事援助专项拨款，260万美元用于根据美国国际军事教育和训练计划的项目训练菲律宾军队。1988年，在美菲重新审查《军事基地协议》期间，美方承诺将尽最大努力将1990年和1991年对菲律宾的军事援助增加到2亿美元。在20世纪80年代末期，美军对菲律宾军事援助主要目的在于帮助菲律宾军队预防和打击共产主义的暴动，主要措施包括改进菲军的战术机动性和通讯能力以及升级其军事装备。尽管菲律宾在不断增加军事开支，美军也在逐步增加援助，但是1989年菲律宾的国防支出仍然是亚洲国家中较低的国家之一，人均支出更是在东盟国家中排名最后。[①]

1992年随着美军撤出苏比克空军基地，标志着美国结束了在菲律宾长达近50年的军事存在，严重依赖美军军事援助的菲律宾军事经费面临着巨大的压力，1992—1996年军费支出维持在7.4亿

① 环球安全网,http://www.globalsecurity.org/military/world/philippines/budget.htm.

到7.9亿美元之间，占国民生产总值的1.4%[①]。1989年，菲律宾将本国战略防御的重点由“安内”转向“御外”，并制定了“武装部队现代化计划纲要”，要求对菲陆军进行体制改革和结构调整，重点加强海军和空军的建设。1995年2月，菲律宾总统拉莫斯签署了该计划（该计划又被称之为“武装部队十五年发展规划”），分三个五年实施。整个现代化计划预计耗资3 310亿比索，但随着菲律宾比索兑美元的汇率发生巨大变化（1995年的31比索兑换1美元，2000年的41比索兑换1美元），实际耗资为4 200亿比索。在第一个五年计划中共拨款500亿比索，其中329亿比索用于采购和改进武器装备，而这其中海军占41.8%，空军占32.7%，陆军仅占16%。[②]1997年，菲政府为了加强对“阿布沙耶夫组织”和“摩洛伊斯兰解放阵线”等反政府武装的打击力度，大幅度地提高了军费开支，由1996年的9.89亿美元提高到10.85亿美元。此后由于1998年亚洲金融危机的影响，菲律宾的经济发展面临着巨大的困境，不可能再抽出更多的资金用于军费开支。从埃斯特拉达总统执政到阿罗约总统第一届任期内，即1998年到2004年，菲律宾的年度军费总额始终在9亿美元左右。但是自2006年开始，随着菲律宾的国内经济形势的逐渐好转，其军费开支持续猛增长。2006年菲律宾实际投入军费为11.2亿美元，占国民生产总值的1.4%；2007到2009年，菲律宾实际投入军费分别为13.8亿、15.3亿和16.6亿美元[③]；2009年11月10日通过的菲律宾2010年财政年度军事预算为763亿比索，同比增长13%；2010年6月，贝尼尼奥·阿基诺三世就任菲律宾总统以来，菲律宾的军费支出继续猛涨。在2010年7月的首次正式演讲中，阿基诺三世就誓言要为了领土防卫和救灾任务而对菲律宾武

① 世界银行网站，http://data.worldbank.org/indicator/MS.MIL.XPND.GD.ZS

② 杨全喜、钟智翔：《东盟国家军事概览》，北京．军事谊文出版社，2003年，第240页。

③ 世界银行网站，http://search.worldbank.org/data?qterm=Military%20expenditure%20&language=EN.

装部队进行现代化改造。在上任之初，阿基诺三世就拨出了超过3.95亿美元用于武装部队的现代化改造，而此前的15年这方面的经费每年只有5 100万美元。到2012年7月底之前，有价值16亿美元的约140个采购计划的经费也正在考虑当中。[①]为了消除国内“新人民军”和“摩罗伊斯兰解放阵线”等反政府武装制造叛乱的危险，应对中国的“潜在威胁”，菲律宾政府2011年财政年度的军费较上一年度增长了近81%，达到1 045亿比索(约合23亿美元)。根据菲律宾2011年财政年度的军事预算草案，在1 045亿比索的国防费用当中，有823亿比索用于包括军事训练在内的军事人员培训，171亿比索用于武器的日常维护，51亿比索用于武器的采购。其中菲律宾陆军的军费为336亿比索，而菲律宾海军和空军的军费则分别为113亿和101亿比索。[②]鉴于2012年4月10日中菲两国的“黄岩岛事件”以及南海局势的持续紧张，菲政府预计在2012年军费开支还会进一步增长。

第三节 陆海空三军基本情况

一、陆军基本情况

(一)陆军的历史

1521年4月27日爆发的马克坦岛之战标志着菲律宾第一次有组织地抵抗外来侵略者，马克坦岛的酋长拉布拉布带领菲律宾人打败了西班牙殖民者费迪南·麦哲伦。西班牙近三个世纪的统治使得菲律宾人民不聊生，他们大声疾呼改革和要求结束这种压迫性的统

① 新华网，http://news.xinhuanet.com/world/ 2012-07/21/c_123447602.htm.

② 英国《简氏周刊》网站，http://articles.janes.com/articles/Janes-Sentinel-Security-Assessment-Southeast-Asia/Defence-budget-Philippines.html.

治。为了争取自由，1896年，安德烈斯·博尼法西奥将一些爱国的菲律宾青年武装起来建立“卡普迪南”，成为菲律宾革命武装部队的核心。在菲律宾革命武装部队爆发反对西班牙殖民统治的武装起义一年之后，菲律宾革命政府及其军队于1897年3月22日在特吉罗斯建立，这也是今天菲律宾陆军的建军之日。

1898年6月12日，阿奎纳多将军宣布菲律宾脱离西班牙独立，成立菲律宾共和国，阿奎纳多任首任总统。但是好景不长，菲律宾军队在经过短暂的喘息后，美国人又凭借1898年12月10日西班牙政府与美国政府签订的《巴黎条约》建立了在菲律宾的统治，根据美西《巴黎条约》，西班牙将整个菲律宾割让给美国。这激起了菲律宾人民的强烈反对，1899年2月4日，美菲战争爆发。在战争期间，美军凭借其精良的武器装备在战场节节胜利，菲律宾军队遭到重创直到被迫解散，但是菲律宾人民并没有因此而放弃争取国家独立的梦想，虽然国家间正式的战争已经结束，但是各种爱国力量继续与美国展开武装斗争。从1901年美国在菲律宾政府的建立直到1935年，尽管菲律宾革命者在与美军展开的无数次零星战斗中有众多人为国捐躯，但为争取民族独立的战争从来未有停止过。1935年11月15日，菲律宾联邦共和国成立，总统曼努埃尔·奎松请求盟军驻菲律宾司令道格拉斯·麦克阿瑟将军帮助其制定国防计划。此后，联邦第一号法令即众所周知的国防法获得通过，这就为新的菲律宾军队的诞生铺平了道路。菲律宾随即在美军的帮助下建立了菲律宾陆军，每年的军费为1 600万比索。1941年第二次世界大战全面爆发，菲律宾2个正规师和10个预备役师承担了菲律宾的防御任务，这些部队被编入美国远东武装部队，接受盟军驻菲律宾司令道格拉斯·麦克阿瑟将军的统一指挥。

20世纪50年代初和60年代中期，为了履行“国际义务”和“捍卫民主”，菲律宾先是派出5个营的兵力组成菲律宾远征军参加了朝鲜战争，然后又向南越派遣部队提供医疗和技术服务。1957年7月10日，在莱昂西奥准将的领导下，菲律宾军队成立了独立的司令部，使菲律宾陆军增加了一项参与国家和社会经济建设的新使命。为了提高部队的灵活性和机动性，在20世纪70年代，陆军步兵师建制取代了军区。1972年9月21日，戒严时代开始，在这10年间，由公民行动支持的军事行动阻止了国内叛乱的升级。80年代初，菲律宾提出了特别行动小组战略，其目的旨在将叛乱分子与普通的民众隔离开来，铲除共产主义的政治组织，使其在全国各个乡村的控制中失去最后的力量。除了镇压叛乱以外，特别行动小组还在国家的发展中扮演着重要的作用，如给地方的道路、桥梁以及学校、医疗机构等基础设计建设提供援助等。

从2006年到2011年，在国防计划指导下，菲律宾14个营（包括12个陆军步兵营和2个海军陆战队营）每年都实行满员、更新装备和反复训练，在这6年里，一共有72个步兵营和海军陆战队营从此项目中受益。通过提供合适的人员、更新设备和适度地训练等措施，保持自己对敌军的优势来扩大菲军执行任务的有效性和成功完成目标的几率[①]。

（二）陆军的编制序列及其主要装备和荣誉奖章

菲律宾陆军现役为6.6万人，司令部驻地在马卡提市的博尼法西奥堡。其主要组成包括战斗部队、战斗支援部队和战斗勤务部队。其中战斗部队下辖10个步兵师、1个轻型装甲师和1个特种作战司令部；战斗支援部队下辖5个工兵旅、1个基础设计建设旅、1个预

① 环球安全网，http://www.globalsecurity.org/military/world/philippines/army-history.htm.

备役司令部、1个信号特别小组和1个情报司令部；战斗勤务部队主要包括1个勤务司令部、1个陆军信息管理中心、1个陆军人员训练中心、1个训练与条例司令部、1个陆军财政中心和1个陆军不动产办公室。

菲律宾陆军的主要装备（根据2011年数据）有“蝎子”轻型坦克65辆，装甲步兵战车共461辆，其中ChaimiteV200型战车20辆、M-113型战车100辆、“狮子”型战车150辆、V-150突击型战车100辆、YPR-765 PRI型战车85辆；牵引炮242门，其中105毫米的M26、M56、M101、M102和升级版的M102系列一共230门、155毫米的M-68/M-71和M114系列一共12门；迫击炮1 070门，包括107毫米的M30和81毫米的M29系列若干门；无后座力炮有包括109毫米的M40A1、90毫米的M67和75毫米的M20各若干门；后勤战车一共8 438辆；陆军航空拥有作战飞机一共4架，其中“榉木”65/80型、“赛纳斯”170、172、P206A和U206型各1架。

菲律宾的荣誉奖章主要包括陆军行动勋章、十字青铜勋章和卓越勋章等20种，参见下图。

部队活动勋章

铜十字勋章

杰出航空十字勋章

杰出行动十字勋章

图7-1　菲律宾20种荣誉奖章

资料来源：http://www.globalsecurity.org/military/world/philippines/army-awards.htm.

二、空军基本情况

（一）空军的历史

菲律宾的空军发展源自于美国参与第一次世界大战期间所实行的空军飞行员培训计划，当时美国政府为了应对空战培养了大批飞行员，来自菲律宾的部分志愿者也被纳入了此项培训计划，但是美方以没有多余的飞机用于空中训练为由，对这些菲律宾志愿者实行了为空中飞行而准备的地面训练。一战结束后，美国政府将其一些多余的飞机卖给了菲律宾，菲当局立即抓住这个难得的机会开始组建空军。根据计划，菲律宾有超过50名军人接受了飞机驾驶训练，成为菲律宾历史上最早的一批飞行员。1935年1月，菲律宾警察空军部队正式成立；1935年11月，菲律宾警察空军部队正式改名为“菲律宾陆军航空部队”，即现在菲律宾空军的前身。1946年7月4日菲律宾获得独立不久，被命名为“丽丽·马莲”号的C-47运输机作为美国赠与菲政府的援助武器飞抵菲律宾，作为美军众多援助项目中的一部分。C-47运输机的到达也使得很多菲律宾军方人士滋生了短视的想法，他们认为在短时间内没有必要建立自己独立的空军，这种思想一直在菲律宾持续多年。1947年5月18日，C-47运输机在飞往拉瑙的马卡图灵途中意外坠毁，机上乘坐的菲多名高级官员丧生，其中包括菲律宾空军的前驱、时任菲律宾陆军航空大队队长的爱德温·安德鲁上校。安德鲁上校生前一直致力于将陆军航空大队从陆军中独立出来，建立独立的菲律宾空军。在其逝世不到两个月，即1947年7月1日，菲律宾陆军航空队在实际操作上和行政管理上从菲律宾陆军分离，正式成立菲律宾空军。

20世纪50年代，菲律宾空军装备逐渐升级。菲空军先后装备了日本制造的T-33喷气式训练机和韩国生产的F-86F战斗机，使得其空中火力大为增强。到60年代，菲律宾空军又装备了先进的雷达系统和F5A/B型的先进超音速战斗机，至此，在东南亚地区中，菲律宾的空军实力已经达到一流水平。1987年，菲律宾宣布其F-8十字军飞行队退役，仅留下装备有美国AIM-9B响尾蛇导弹的两个F-5中队执行空防任务，平叛行动则由8架T-28D木马螺旋桨教练机/攻击机组成的飞行中队主要承担，另外还配备55架贝尔UH-1H运输机和16架AUH-76武装直升机。1991年9月16日，菲律宾政府终止了与美国签订的《军事基地协定》，标志着菲律宾最终拥有自己完全独立的空军。

（二）空军的编制序列及其主要装备

菲律宾空军现役总人数为1.7万人，预备役1.6万人。菲律宾空军的编制序列主要由防空司令部、战术作战司令部、空军后勤司令部、空军预备役司令部和空军教育与训练司令部组成，辖三个空军师、八个航空联队（第520基地联队、第570混合战术联队、第710特种作战联队、对空防御联队、第250总统专机联队、第15空中打击联队、第220空运联队和第205战术直升机联队）。此外还有多个空军后勤支援的独立单位，它们分别是：空军指挥与参谋学院、空军总医院、空军人事管理中心、空军民事中心、空军训练中心、空军经济中心、空军信息管埋中心、第950电子通讯与信息管理组、第900气象服务组、第1 301牙科医疗队、第300空军情报与安全组和第505搜救与救援组。

菲律宾空军的主要装备有：战斗机：OV-10北美野马（Bronco）12架，原先装备的11架F-5A/B型战机已经在2005年全部退役；通讯机和教练机：F-27 Mk200海上巡逻机3架、Cessna 310联络机1架、Cessna 210联络机2架、AS-211高级教练机12架、SF-260TP/MP/WP教练机共18架、U-17A/B型通讯机19架、T-41D/R172教练机12架、N-22B/SL2架、Rockwell-690A1架；武装直升机：

MD–520MG型25架、AUH–76型3架；直升机：西科斯基S–70A–5型1架、SA–330L型1架、贝尔412–EP型5架、贝尔UH–IH/M型40架、休伊II型2架；总统专机：S–70A型直升机2架、F–28型1架、贝尔412–EP型4架、SA–330型2架。

三、海军基本情况

（一）海军的历史

1898年，美国海军准将乔治·杜威所领导的美国海军在马尼拉湾彻底打败了帕特里奥准将率领的西班牙舰队，但是杜威意识到，在美国的增援部队到达菲律宾本土之前，美军难以完全控制菲律宾局势，需要菲律宾人的帮助。出于这种考虑，1898年5月18日，杜威邀请菲律宾总统阿奎纳多到吕宋岛的南部港湾甲米地，登上美军军舰"麦卡洛克"号，就菲律宾帮助美国控制马尼拉的事宜进行商讨。杜威向阿奎纳多保证，美军将帮助他所领导的独立运动并向菲移交一艘原隶属于西班牙帕特里奥舰队的小型战舰，这项建议得到了阿奎纳多的同意，该战舰随即被命名为"马格纳多"号。1898年5月20日，在美军的允许下，阿奎纳多在这艘战舰上亲自升起了菲律宾国旗，并命令在马尼拉湾航行。所以"马格纳多号"成为菲律宾海军革命的第一艘战舰，也是第一次升起菲律宾国旗的地方。直到菲律宾正式宣布独立，菲政府仍将5月20日定为菲律宾海军的建军日。

1939年2月，菲律宾在美国的帮助下建立了"海上警卫和交通局"，管辖一个海上警卫队和其他交通商船，其目的旨在维持菲律宾海岸和平与稳定以及打击走私。1942年5月，日本法西斯完全占领菲律宾，海上警卫队随即解散。直到1950年，菲律宾宣布成立海军和海军陆战队，又于次年成立菲律宾巡逻部队和后勤部队两个职能司令部，分管海军部队的作战指挥和后勤保障。1960年，菲律宾海军成立了作战部队司令部，专门负责指挥部队执行作战任务和训练任务。1963年又成立了海上警卫队，专门负责近海域的警戒巡逻任务。[①]冷战期间，美国处于在东南亚地区反对共产主义的需要，加大了对菲律宾的军事援助，使得菲律宾海军的实力得到很大程度的扩充。1988年，菲律宾统一管理海军部队的舰队司令部。1989年，菲律宾根据具体的国际国内形式，调整了其军事战略，将战略重点由“安内”转向“御外”。菲律宾海军根据此战略制定了新的海军现代化计划，对现有的装备进行大规模的更新，从美、韩、意等国进口了大批新型战舰。由于中菲两国在“黄岩岛事件”上的争端加剧了南海局势，2011年11月和2012年2月，菲律宾先后从美国引进了两艘“汉密尔顿”级巡逻舰，每艘售价约为4.5亿菲律宾比索（约合人民币6 660万元）。

（二）海军的编制序列及其主要装备

菲律宾海军现役部队总兵力约3.4万人，其中海军陆战队8 700人，海岸警卫队3 500人，另有预备役约1.7万人。主要分为两个实体部分，即菲律宾海军舰队和海军陆战队。海军舰队主要负责海防任务，按地域分为六个不同的海军部队，分别负责全国不同地区的海上安全，分别是南吕宋海军部队、北吕宋海军部队、中部海军部队、西部海军部队、西棉花老岛和东棉花老岛部队，其中西棉花老岛和东棉花老岛部队是在2006年8月为了有效地打击该地区的伊斯兰和共产主义分子的叛乱而成立的。此外菲律宾海军舰队还下属一些专门的、独立的机构，主要有：海军海上系统指挥部，负责全国的军用造船厂，给海军提供最新的科学技术；海军预备役司令部，负责组织、训练和管理所有海军预备役人员；海军教育与训练指挥

① 杨全喜、钟智翔主编：《东盟国家军事概览》，北京. 军事谊文出版社，2003年版，第247页。

部，对海军士兵提供基本和最新的技术训练；海军工程旅，负责海军设备的建设和维修；海军情报与安全部队，给海军提供情报工作和相关的数据；海军通讯、电子服务中心，提供通讯服务，维护计算机的正常运行和确保将准确的电子数据高效率的输送到指挥中心；海军运输中心，运输海军的相关物资和装备；菲律宾海军财政中心，为海军提供及时准确的财政服务，保证海军的有效管理和正常的运行；马尼拉和甲米地医院，主要是给海军提供医疗和保健服务。

主要装备有：WHEC715型汉密尔顿驱逐舰3艘、近海巡逻舰舰13艘、海岸巡逻艇65艘、护卫舰9艘（其中包括“拉贾级”护卫舰1艘）、从美国引进的“汉密尔顿”级巡逻舰2艘、PCE842型轻巡逻舰8艘、AM海雀型巡逻舰2艘、从韩国引进的PKM200海豚型巡逻炮艇和海鹰型炮艇分别为7艘和10艘、LCM型两栖作战快艇30艘、LCVP型两栖作战快艇6艘；海军航空兵拥有Cessna 177B联络机2艘、BN-2A型战机2架、BO-105多用型直升机7架。

第四节　菲律宾军队的现代化

一、菲律宾军队的现代化背景及其曲折历程

菲律宾早在20世纪80年代就已经提出了要推动国防现代化的建设，但是一直没有出台具体的发展措施和方案。1990年，菲律宾政府制定了十年武装部队发展规划，为了升级菲律宾军队落后的武器装备，计划在十年内耗资50亿美元从多渠道购买先进的武器装备，其中包括130架战斗机和和近百艘战船。90年代初，随着美军的撤离，菲律宾面临着军队现代化的迫切任务。当时菲律宾的军队几乎处于完全无战斗力的状态下，用参议院国防与安全委员会主席梅卡多（S.O.Mercado）的话说：“我们有一支不能飞的空军和一

支不能出海的海军。”菲律宾空军仅有一支由7架过时的F-5战斗机组成的截击机中队；菲律宾海军没有足够的巡逻艇去对付漫长海岸线的走私、海盗和军火贩运，因为它仅有11艘美国建造的小型护卫舰、32艘小型巡逻舰和几艘两栖登陆艇，平均舰龄达45年。更有甚者，菲律宾没有任何雷达系统以恢复美军基地关闭后失去的对外防御能力，美军对菲律宾的援助停止后，菲律宾10万人武装部队的预算马上缩减到80年代的水平。此外，菲律宾每年的军费开支亦远远低于其他东南亚国家的水平。虽说在阿基诺总统时期，每年国防预算惊人地增长，到1992年已翻了三番达10亿美元，但如果与东南亚其他国家相比，仅为新加坡国防预算的5.5 %，泰国的2.7 %。[①]为了改变菲律宾军队的落后状态，菲律宾军方发动了一场雄心勃勃的运动，力争赶上邻国的武力水平。现代化的重点对象是海军和空军。

1995年2月，菲律宾军队的现代化迎来了重要的转折，总统拉莫斯签署了菲律宾共和国的《武装部队现代化议案》，使其最终成为法律，并通过了国防现代化工程3 316.2亿比索的预算。菲律宾的国防现代化工程原计划历时15年，分为两个项目：第一是最优先采办项目，指发展菲律宾武装部队核心能力的关键项目，以国家拨款的方式支付1 645.6亿比索的资金；第二是发展其他项目，共1 670亿比索资金，将随着国民生产总值的增加逐年以税收方式提供。整个现代化工程分为三个阶段，每个阶段为期5年。第一个5年期间所需资金500亿比索，其中329亿比索用于购买武器装备，76亿比索用于推动现代化的相关项目，95亿比索用于发展军事基础设施。用于给海军和空军以及陆军的拨款占到第一个5年资金总额的比例

① 李金明:《菲律宾军队的现代化与菲美军队访问部队协议》，载《东南亚》，2000年第1期，第19页。

分别为41.8%、32.7%和18%。在整个资金总额中，海军的分配比例高达四分之三，成为现代化的首要兵种。在菲律宾国防现代化计划中，从1995年起，在十年内计划裁减军队人数为2.1万人，使菲军的总兵力保持在8.6万人左右的规模，同时外购先进战斗机、作战舰艇以及大量通信设施和雷达系统等，全面升级换代菲律宾军队的现役武器装备，从而提高菲军部队的战斗力。1996年，菲律宾空军成立了装备发展办公室并开始工作，海军为两艘巡逻艇加装了舰对舰导弹，使菲律宾海军拥有导弹舰艇。1997年，菲律宾海军耗资1 000万美元购进了三艘英国海军孔雀级大型巡逻艇。然而，正当菲律宾的国防现代化工程刚刚展开，因国际游资冲击泰铢而引发的1998金融危机席卷了整个东南亚，菲律宾最终未能幸免，其货币比索在短期之内贬值近四成。菲律宾军方得到的用于向国际社会其他国家军购的资金因此而大幅度缩水，装备采购计划无法正常进行，菲律宾现代化计划不得不暂行搁浅。

1999年，金融危机造成的国内经济不景气的现象逐渐退去，菲律宾国内经济出现了增长的势头，这对菲军的现代化计划的重新启动是一个良好的契机。2000年4月，菲律宾总统埃斯特拉达宣布重新启动国防现代化计划，并签署了一项“特殊资金发放命令”，给菲律宾军队的现代化工程拨款约55亿比索，但是这项计划还未来得及实施，埃斯特拉达就在次年1月被迫下台。格洛丽亚·马卡帕加尔·阿罗约在军方的支持下宣誓就职菲律宾总统，并表示将推动菲律宾军队的现代化建设，国防现代化工程在历经波折后又于2001年2月28日被宣布重新启动。阿罗约要求财政部在已经实现拨款54.84亿比索的基础上，要想尽办法再额外增加46亿比索用于军队的建设。随着政府对军方拨款的增加，菲律宾陆海空三军都分别拟定了各自准备采购的武器装备清单。其中陆军需要采购的军需物资包括一整套的通讯设备、单兵武器、装甲车和无人机等；空军主要进行对现有飞机的升级和改造，增强菲空军快速部署兵力和远程空中支援能力；海军则是升级和购买巡逻艇等装备，以加强海军在本地区的存在，执行提供舰载火力支援、海上运输和保卫海洋资源等任务。除此之外，菲律宾还积极拉拢美国，想借助美国的强大军事力量给菲律宾的军事现代化进一步加大推动力，为此，菲律宾与美国在1999年签署了《美菲访问部队协议》，全面恢复两国的军事往来，美军也承诺向菲律宾提供其部分准备退役的武器装备以帮助菲军的现代化进程。2001年6月，阿罗约总统请求美国政府向菲律宾军队提供一批现代化装备，两个月后，美国宣布向菲律宾提供一架C-130运输机、5架UH-1H直升机和一艘海角级巡逻艇，这些设备对于菲律宾军队的武器装备有了一定的改善。虽然菲律宾的国防现代化任务虽然已经重新启动，但是国内的经济和安全形势却面临着巨大的压力，2001年菲律宾的财政赤字高达2 250亿比索，加上阿布沙耶夫等国内反政府武装活动日趋活跃，已经严重威胁到菲律宾的安全与稳定。鉴于此，菲律宾的军队现代化发展的重点和针对的目标不得不重新作出调整，菲律宾国防现代化任务以陆军以及海军陆战队所急需的武器装备为采购重点，以打击国内反政府武装为主要目标。根据菲律宾的国防现代化计划，菲军将在第一个五年时间内为陆军购买多用途的直升机、装甲车和火炮等装备；海军则计划购进3艘近岸巡逻舰、1艘扫雷艇、2艘两栖舰船和2艘轻型护卫舰；空军决定引进12架多用途战斗机、8架轻型攻击机、4架远程海上巡逻机、1架特种任务飞机和2架救援直升机以及防空雷达。但是随着国防现代化发展重点的变化，菲律宾军方并没有采购上述国防计划中拟定的军事装备，取而代之的是大部分供陆军和海军陆战队使用的轻型装备。

二、菲律宾军队当前的现代化目标和步骤

菲律宾大力加强军队的现代化建设的战略目标是：全面实现军队现代化，不断提高部队战斗力，使之逐步发展成为一支英勇顽强、职业化、高素质，并能与其他国家抗衡的强大国防力量。为了能够应对本地区的突发事件，菲军积极展开了军队的现代化运动。改善武装部队的质量；大力发展空军和海军；加强军事演习；全面提高菲陆、海、空三军部队的协同作战能力。菲律宾实行军事现代化运动的主要措施包括：第一，加大军事开支，扩充武器装备。2006年以来菲律宾军事开支逐年剧增，尤其是2010年阿基诺三世就任总统以后，菲律宾的军费开支的增长幅度更是达到80%以上，2011年军费支出高达1 045亿比索（约合24.3亿美元），其中仅用于武装部队现代化的专项资金就达3.95亿美元。2011年11月19日，在印度尼西亚巴厘岛举行的第六届东亚峰会上，菲律宾总统阿基诺三世向韩国总统李明博提出了包括军用飞机、舰船在内的军备采购要求，以增加其海军力量应对“南沙群岛的主权争端”；2011年11月和2012年2月，菲律宾先后从美国引进了两艘“汉密尔顿”级巡逻舰，每艘售价约为4.5亿菲律宾比索（约合人民币6 660万元）；除此之外，2012年7月6日，在菲律宾空军成立65周年庆典活动现场，菲律宾国防部长加斯明表示，菲律宾正加速采购最新武器装备，将在两年内收到全新的攻击机、先导战斗教练机、武装直升机以及运输机，5年内展开138个军事现代化项目，这批军事项目合同总价值约合人民币106亿元。[①]2012年8月1日，菲国防部宣布，政府要求韩国航天工业公司交付12架T/A–50轻型攻击机/高级教练机，这是菲多年来的首个快速喷气机采购项目。他们还宣布，关于从意大

① 环球网，http://mil.huanqiu.com/world/2012-07/2902 094.html.

利海军那里采购两艘“西北风”级护卫舰的谈判几近完成，并公布了为菲律宾空军采购4架欧洲飞机公司的AS550“大耳狐”直升机的计划细节，今后还可能会再购买6架这种直升机；第二，大力加强本国国防工业体系的建设，提高本国武器生产的自给率，减少对外的武器依赖程度。菲律宾的军事工业规模不大，没有完整的国防体系，但是近来其军工项目有很大的发展，卡维特造船厂、麦克坦飞机组装厂和巴丹兵工厂等军工企业能够实现相关领域的兵器制造。1974年，根据第415号的总统法令提出的“自主国防计划”在20世纪七八十年代执行得较为成功，菲律宾开发并制造出了一系列常规装备产品，但在过去20年，经济压力使开发项目的经费大大减少。2012年8月9日，菲律宾国防部宣布计划重启长期被忽视的本土国防工业发展计划——自主国防计划（Self-Reliant Defence Posture，SRDP），以促进本土国防工业发展，最终实现较高水平的国防自己自足。国防部计划在2013年初提交重新制定的“自主国防计划”。该计划的成功依赖于菲律宾武装部队、国防部和政府财政上的支持。[①]第三，大力强化军队的质量建设，优化三军结构。海湾战争以后，各国对于新时期现代化战争的特点有了清晰的认识。菲律宾政府也据此着力对本国军队进行改革，调整陆海空三军的比例，改革三军的编制体制，增强菲军的快速反应能力和协调作战的能力。

第五节 菲美军事关系

一、菲美军事关系概述与《美菲军事基地协定》

菲律宾与美国的军事关系因美国在菲律宾历史上的特殊地位而显得十分地密切。菲律宾武装力量的前身就是美国于1901年在菲

① 香港文汇报网站，http://news.wenweipo.com/2012/08/09/IN1208090 066.htm.

律宾建立的“保安部队”；太平洋战争爆发后，菲律宾陆军被编入由麦克阿瑟将军领导的美国陆军远东部队参加对日作战。二战结束后，美国通过结盟、建立军事基地等方式，确立了在亚洲的霸权地位，菲律宾作为美国在亚洲的盟友，因经济重建及冷战时期安全防卫需要，其对美国的军事有着较高的依赖性。1951年，菲律宾首次派兵跟随美军参加了朝鲜战争。1954年9月，美国出于镇压东南亚地区的民族解放运动和抵制共产主义威胁的需要，将菲律宾拉入了《东南亚条约组织》。越南战争爆发后，美军还鼓动菲律宾派兵进入南越作战。早在1946年菲律宾摆脱美国的殖民统治而宣告独立后，菲律宾首任总统曼纽尔—罗哈斯就于当年同美国政府签订了《美菲军事协助条约》，同意接受美方的军事援助。1947年3月14日，美国与菲律宾在马尼拉签订了给予美国在菲继续使用和扩大军事基地的《美菲军事基地协定》，该协定为期99年，即有效期持续到2046年。协定的主要内容有：美国租用菲律宾23处陆海空基地，根据需要可增加和开辟新的基地，美国军事人员在基地内享有广泛的治外法权。1951年8月30日，美菲在华盛顿签订《美菲联防条约》，于1958年8月27日正式生效。条约规定缔约双方将以“自助和互助”的方式保持并发展抵抗“武装进攻”的能力；缔约任何一方遭到“武装进攻”时，缔约双方应进行协商，采取行动“对付共同的危险”。当时的菲律宾只能通过出卖国家主权换取美国的庇护。越南战争结束后，美军又将原本用来支援南越政权的大批武器赠与菲律宾，使菲律宾的武器装备大规模升级。根据美菲签署的《美菲军事基地协定》，1947年美军开始使用苏比克湾海军基地及克拉克空军基地。在国际上，菲律宾境内的美军基地是冷战围堵政策的重要基地，在越南战争期间曾发挥重要的补给和维修作用；对东盟国家来说是吓阻共产势力的保障。美军通过东北亚、东南亚、关岛、澳新地区以及夏威夷群岛五大基地群构筑起遏华三重岛链。其中以菲律宾苏比克湾海军基地和克拉克空军基地为中心的东南亚基地群为岛链中承上启下的一环，足以可见菲律宾苏比克军事基地在美军战略中的重要作用。

由于美军在驻菲期间，美军享有广泛的法外治权，并发生多起扰民事件和强奸案，引起了菲律宾民众的强烈不满，极力要求政府修改与美军签订的协定。1955年亚非会议召开后，亚非民族国家掀起了独立运动的浪潮，菲律宾政府多次向美国政府提出修改军事基地协定谈判的要求，经过多年的艰苦努力，1959年10月12日，美国政府与菲律宾政府就修改1947年签订的《美菲军事基地协定》举行谈判，并初步达成了有利于菲律宾维护国家主权的协议，主要内容包括：在战时或者其他情况下，美国使用基地需要同菲律宾政府进行磋商；未经菲律宾政府同意，美军不得在基地设远程导弹；并提出基地租借期为25年。双方在此以前还同意将基地减少到4个。关于美军在基地享受法外治权问题，经过双方长时间的艰苦谈判，终于在1960年11月23日提出了关于美军犯罪者“执勤地位”的折中方案，规定美军罪犯在犯罪时是否处于“执勤地位”的问题，将由驻菲律宾的美国高级司令部作最后的决定。但问题并没有完全解决，到1966年双方才确定将基地租借期缩短到1991年为止。1974年7月，马科斯政府宣布1946年美菲签订的《劳雷尔—郎格莱协定》期满失效，相应取消美国人在菲律宾所享有与菲律宾公民同等权利的特权，美菲“特殊关系”宣告结束；美国仍保持在菲律宾克拉克空军基地和苏比克海军基地这两个大型基地和其他4个小型基地。[1]

1979年1月7日，经过长达4年的“马拉松”谈判，菲律宾政府

① 胡才主编，汤加麟副主编：《当代菲律宾》，成都.四川人民出版社，1994年版，第143页。

正式与美国签订了美军使用菲军事基地协议的六点修正案，内容包括：美国政府正式承认菲律宾政府对这些基地拥有主权，任命菲律宾人为军事基地的司令；如果美军继续使用军事基地，基地内要悬挂菲律宾的国旗，基地的外围安全任务由菲律宾武装部队来承担，保证美国在基地内的军事业务不受阻碍；美军不介入菲律宾的内部事务，但是当菲律宾遭受外来侵略时，菲律宾政府可以请求美军的帮助；美方在5年内向菲律宾提供5亿美元的军事援助和贷款，除此以外，美方需在1984—1989年5年间支付9亿美元的基地租金，并规定每5年重新谈判一次。根据菲美双方达成的协议，菲律宾政府于1983年开始在克拉克和苏比克这两个大的军事基地开始实行有关关税、移民和检疫等问题的有关法律制度，并于同一年要求美国政府给予菲律宾高达15亿美元的一系列安全援助，而且还将军事基地的租金收费标准提高到以前的3倍。但是在1979年到1983年这5年间，美国仅向菲律宾提供了5亿美元的援助。由于双方关于租金和援助资金数额的严重分歧，美菲之间有关续约的问题长期未能达成一致。

1987年2月，菲律宾经公民投票通过了新宪法，对于菲美军事基地协定有特殊的规定。根据第18章第25条之规定："菲律宾共和国与美国有关军事基地的协定于1991年期满后，不得在菲律宾设立外国军事基地、设备及部署外国军队，除非是根据经参议院批准的条约；而当国会这样规定时，条约应在为此目的而举行的公民投票中获得大多数选民的支持，及被另一个签约国家承认为条约。"还有第7章第21条规定："除非得到参议院所有成员至少三分之二及以上的同意，否则任何条约和国际协议都无效。"换言之，今后有关菲律宾军事基地协定之议定，将按照三个程序进行：第一，菲律宾行政部门与美国谈判，如果行政部门否决在1991年后续约，就自动终止协定；第二，如果行政部门与美国重新议定新约，则必须交菲律宾参议院批准；第三，参议院若认为有必要可提交公民投票决定，过半数视为通过。[①]

美国军事基地的存在尽管给菲律宾提供了安全保障，并为菲律宾吃紧的军事经费提供了经济帮助，但同时也成为两国关系之间不断产生摩擦的一个根源。相当一部分菲律宾民众认为，美军在菲律宾的存在是其“变相殖民”的象征，是菲律宾严重依赖美国而丧失独立能力的重要标志。美菲同盟的目的是遏制中国和苏联，冷战业已结束，苏联的威胁已经不复存在，东南亚的危机也大为减弱，菲律宾政府认为在短时期内不会遭到来自外部的威胁，同时菲国内要求独立自主的呼声越来越强，在这种背景下，菲律宾认为美军应该全部撤离菲律宾。对美方而言，苏联的解体使得美国成为世界上唯一的超级大国，需要调整新时期的全球战略。为了发展同中国的经济关系，美国大幅度地削减在东南亚的驻军，以便在冷战后以最低的成本扮演维护东南亚稳定的角色。1991年6月9日，距苏比克湾不远处的皮纳图博火山爆发，造成大量人员伤亡和财产损失，这是20世纪全球最大一次火山爆发，它也给美军在菲律宾的克拉克空军基地和苏比克海军基地造成了巨大的破坏。出于冷战结束的大背景和菲律宾的民意以及自然灾害方面的考虑，美军随即撤出了克拉克空军基地，但是对苏比克湾海军基地又续订了10年的租借期，美方承诺，对菲律宾每年提供2亿美元的军事援助。1991年9月16日，关于美军续租菲律宾苏比克湾海军基地的协议在参议院未能获得通过，菲律宾政府要求美军于1992年以前完全撤离。在此情况下，9月16日，美军将华莱士空军站、奥托奈军营和克罗谷轰炸靶场的通讯设施移交给菲律宾，9月17日移交克拉克空军基地。1992年11月

① 马燕冰、黄莺编著:《列国志——菲律宾》，北京. 社会科学文献出版社，2007年版，第282页。

24日，美国最后一批军队从苏比克湾基地附近的库比岬海军航空站撤走，完全将苏比克湾海军基地全部交给菲律宾政府，从而结束了美军在菲律宾长达近一个世纪的军事存在。随后，美军大幅度减少了对菲律宾的经济和军事援助。1994年，菲律宾政府拒绝了美国提出的《美菲搜索和交叉维护协定》；1996年，美菲双方决定停止大规模军事演习，美菲关系一度陷入低潮。然而菲律宾认为美军在太平洋地区的存在对本地区的安全有着重大的利益。因为《美菲共同防御条约》仍然有效，两国均表示将在共同防御条约的框架下继续进行防务合作，菲律宾仍允许美军的军舰战机定期使用苏比克基地以及其他的军事设施。

二、《访问部队协议》及其签署后的菲美军事关系

美军虽然撤出了菲律宾，但是美国对通过国际海域的自由航道仍然很感兴趣 。据相关协议，美国海军仍可使用苏比克湾的码头和在奥隆阿波的船舶修理设备，以便在发生危机时，美军作战飞机能很快地调到吕宋岛地区。对于菲律宾来说，美军撤出菲律宾后，国内基本处于国防乏力的状态，在实行国防现代化计划的同时主要依靠东盟来增强自身的实力。但由于缺乏美国的援助，加上国内长期的财政赤字，军队现代化计划的实施过程低效而缓慢，东南亚金融危机又对军事实力的增长形成了巨大的障碍；美苏相继撤出东南亚地区以后，该地区形成了权力真空，为了防止大国而影响该地区的平衡，菲律宾需要美军的保护，而美国也想插手东南亚事物，遏制中国的“崛起”，维护美国在亚太地区的主导权。由于双方战略的需要，美军表面上虽已撤离菲律宾军事基地，但美菲两国的联合军事演习却从未间断过，1995年美菲两国举行“菲美并肩”联合军事演习，包括了海陆空军的实弹射击项目。演习过后，菲美两国都

表示此次演习不以具体某一国为假象目标，而事实上菲律宾的射击演习场地就设在与南沙海域邻接的巴拉望岛，这不得不引起相关国家的担忧。但是在这次演习结束后不久，美国认为前来演习的美军缺乏法律保障，于是终止了双方这一演习，菲美两国的军事合作陷入了暂时的低潮。为了实现与美军军事演习的法律保障，继续加强菲美之间的军事合作，菲律宾司法部提出了与美国签订《访问部队协议》问题。有关《访问部队协议》的批准问题，在菲律宾国内也引起了极大的争议。在23位参议员中有一半同意批准该协议。一名参议员表示，这是菲律宾民族主义"表现形式转变"的一种标志，它不再明确表示反对以前的殖民统治者。与这些舆论相反，菲律宾共产党组织极力反对《访问部队协议》，每天有大量的示威者围攻参议院举行示威抗议活动并与警察发生冲突。教会领袖杰米·辛更是将此问题描述为正义与邪恶的斗争，他表示，《访问部队协议》将鼓励一种战争文化。尽管如此，绝大多数《访问部队协议》的支持者仍坚信，它将给菲律宾带来大量的好处。1998年11月，时任菲律宾总统埃斯特拉达在吉隆坡召开的亚太经济合作首脑会议上会见了美国副总统戈尔，并向戈尔表示，他正在尽最大努力促使菲律宾参议院批准菲律宾与美国的《访问部队协议》，并要求美国帮助菲律宾实现军队现代化。[①]

1999年5月底，菲律宾参议院在菲律宾总统埃斯特拉达的强力游说下，终于通过了菲美《访问部队协定》，规定前来菲律宾参加演习的美军部队不受菲律宾法律管辖，美军对是否携带核武器可以"既不承认，也不否认"等，为菲美恢复大规模军事演习大开绿灯。随后，菲美两国商定在2000年初举行"并肩2000"大型军事演习。"并肩2000"军事演习分两个阶段举行：第一阶段，从2000年1月

① 李金明：《菲律宾军队的现代化与菲美军队访问部队协议》，载《东南亚》，2000年第1期，第22页。

28日开始，两国军队进行为期三周的讲座和讨论会。第二阶段则是在各地展开的实战演习，其高潮是在甲米地省特尔纳特举行的两栖登陆演习。空军的演习地点主要是克拉克空军基地，海军的主要演习地点是在马尼拉湾，在巴拉望省的演习则主要是一些医疗等民事项目。从参加人数、兵种、装备和演习地域等各个方面来说，都称得上是两国间最大规模的联合军事演习。这次演习，美国方面参加人数为2 510人，菲律宾方面为2 393人，兵种包括了陆海空各兵种，还有专门深入敌后执行精确打击任务的海军“海豹部队”。关于演习的针对目标，双方都不愿公开提及。菲律宾方面多次声明“演习不针对任何特定的国家以及实际的或想象中的敌人”。此后每年美军和菲军都要举行一次“并肩”军事演习，并形成例行制度。

2001年美国发生“9·11恐怖袭击”，美国随即在全球掀起了反恐战争并借助美菲《访问部队协议》实现美国军队参与在菲律宾进行全球反恐战争。在此背景下，美菲军事合作得到明显加强，美国把菲律宾列为“基地组织潜在的活动中心”，将东南亚作为反恐的第二战场。[①]菲政府则全力支持美反恐行动及对阿富汗和伊拉克战争。为了打击恐怖主义，菲律宾向美开放军事设施，提供后勤服务。美国则承诺向菲提供新的军事装备，加大对菲军事经济援助，向菲派遣专家协助反恐训练。2002年，美国前国务卿鲍威尔访问东盟，在当年已经对菲律宾提供了1亿美元贷款的基础上再增加5 500万美元的援助，支持菲军打击国内恐怖主义活动；又应菲律宾总统阿罗约的要求，让部分美军在进行为期6个月的军演结束后继续留在当地，帮助菲军打击阿布沙耶夫反政府武装。2003年，美国宣布向菲律宾提供1亿美元的军事援助。2003年10月初，为了协助菲律宾政府

① Berry Desker and Kumar Ramakrishna, Forging and Indirect in Southeast Asia, *The Washington Quarterly*, 25: 2 p161–171.

的反恐作战行动，美军在菲律宾部署两架P-3C远程侦察机，同时也为菲律宾棉兰老岛的美军提供空中安全服务。2003年10月15日，美国与菲律宾签署了一项新协议以加强在反恐领域的合作。根据该协议，菲律宾的执法人员将接受美国的装备、教育和培训。[①]2002年2月，菲律宾政府同意给予美军部署相关武器和设备的权力、永久领空权和美军地面部队的短期驻扎权。为了提高双边安全合作，美菲共同防御委员会在2002年7月制定了秘密的"五年工作计划"。双方都认为需要加强维持达半个世纪之久的美菲防御条约，以适应不断变化的安全环境和跨国威胁。这年11月美菲还签署了新的《后勤互助协定》，菲同意美军队使用菲基地和港口，为美军人员、战机和军舰提供补给和后勤服务；作为交换，美提供给菲武器。2003年10月，美总统布什又将菲列为"非北约主要盟国"，这一决定为美国向菲律宾提供广泛的军事安全援助奠定了法律基础。2004年，菲律宾政府因派兵参加伊拉克战争而获得"美国将在今后6年内向菲律宾提供约7 143万美元的援助用于国防改革"的承诺。2007年，果果海军设备工程指挥部与德克萨斯州全球紧急服务LLC公司签署了一项总额达144万美元的工程项目，向菲律宾联合特战作战部队提供作战支持。[②]2009年奥巴马政府上台后，美菲关系进入优化和提升阶段，双方军事合作进一步加强，菲从美国在东南亚的军事前沿转变为在军事、安全等多个方面的桥头堡。2010年，美向菲提供的经济与军事援助高达1.4 亿多美元。不仅如此，双方提升了在地区和全球问题上的双边军事合作层次。2009年，菲总统阿罗约访美，成为奥巴马上台后第一位受邀访美的东南亚国家元首。2010年，美

① 黄莺：《"9·11"之后的非美军事关系》，载《国际资料信息》，2004年第5期，第22页。

② 吴泽林、纽维敢：《冷战遗留的美菲同盟与南海局势的变化》，载《和平与发展》，2012年第3期，第54页。

国太平洋舰队前司令詹姆士·里昂公开表示，美应当向菲提供F-16战斗机、T-38超音速训练机以及两艘FFG-7导弹军舰，以加强菲保卫岛屿主权的能力。2011年1月，菲外交部长罗萨里奥在第一次美菲双边战略对话时明确表示，美国仍然是菲律宾“唯一”的战略伙伴。同时美助理国务卿坎贝尔宣称将强化与菲在安全领域的战略协作关系，并且表示愿意帮助提高菲海上保安能力，在南沙群岛问题上提供强有力的支持。5月，美国海军将“卡尔·文森”号核动力航母停靠菲律宾，并且从本土抽调“阿尔伯克基”号攻击型核潜艇前往西太平洋驻防6个月。一些人认为此举是提醒中国，美菲有牢固的军事伙伴关系，两国有共同防御协定。近些年，美菲各种军演不断升级，美菲之间这一系列动作显然都是针对中国[①]。菲律宾与中国于2012年4月开始因“黄岩岛事件”在南海的对峙升级，美方随即高调地扩大对菲律宾的军事援助。2012年5月3日，菲律宾外长德尔罗萨里奥表示，2012年美国对菲律宾的军援将比原先计划的数额翻倍，达到3 000万美元，是2011年额度的近3倍。但是，菲律宾方面仍表示，尽管该国对美军重返亚洲意义重大，但其所占的美国对外军援份额却急剧下降，令其感到忧虑。此外，菲律宾外交部于2012年5月2日发表声明宣称，美国已经同意向菲律宾提供监控卫星装备，以保证“菲律宾的海洋领土权益”。

① 吴泽林、纽维敢:《冷战遗留的美菲同盟与南海局势的变化》，载《和平与发展》，2012年第3期，第55页。

第八章　科技文教、艺术

第一节　教　育

一、发展概况

与东南亚其他国家相比，菲律宾的教育事业是比较发达的。菲律宾宪法规定，中小学实行义务教育。政府重视教育，鼓励私人办学，为私立学校提供长期低息贷款，并免征财产税。1980—1981学年，接受学前教育的在读学生共有12.48万名，其中在公立学校就读的有4.69万名，在私立学校就读的有7.79万名；接受基础教育的在读学生共有829.04万名，其中在公立学校就读的有79.31万名，在私立学校就读的有35.93万名；接受中等教育的在读学生共有301.86万名，其中在公立学校就读的有161.46万名，在私立学校就读的有140.4万名；2009—2010学年，接受基础教育的在读学生共有1 393万名，其中在公立学校就读的有1 280万名，在私立学校就读的有113万名；接受中等教育的在读学生共有680.61万名，其中在公立学校就读的有546.56万名，在私立学校就读的有134.05万名；接受高等教育的在读学生共有277万名。2012—2013年菲律宾国家教育财政预算为2 388亿比索(54.9亿美元)[①]，著名的高等院校有菲律宾大学、阿特尼奥大学、东方大学、远东大学、圣·托马斯大学等。

菲律宾教育中存在的问题比较多。长期以来菲教育部门经费严重不足，从教师到教室，从课本到桌椅都存在不同程度短缺问题。由于菲人口增长迅速，学龄人口也急剧上升，其中贫穷家庭学生数

① National Statistical Coordination Board, http://www.nscb.gov.ph/secstat/d_educ.asp.

的快速增长，更对公共教育体系造成了巨大的压力。目前，菲公立学校平均每个班级的学生数已达到55人。相比之下，东盟其他国家公立学校的平均数只有18～19人，与此同时，教师队伍存在着5万人的缺口。许多学生因此被拒在学校大门之外。就在公立学校人满为患的同时，私立学校因学费高昂，大多数家长不敢问津，也存在着招生不足的现象。为缓解这种严重不平衡现象，鼓励有条件的家庭送孩子进入私立学校，菲教育部推出一个鼓励方案，即中一及中二学生如果无法进入学生过多的公立学校，可以领取教育部补助的2 500比索（相当于50美元）进入私立学校读书。但这笔钱太少，仍有不少孩子辍学在家。另外，在不同的地区，人们接受教育的程度也不相同。在马尼拉，2008年识字率高达94.3%，而在棉兰老地区则只有80.3%。

二、菲律宾教育的发展历史

菲律宾的教育历史可分为四个时期：16 世纪前闭关自守与外界隔绝的时期；16—19世纪末西班牙殖民地时期；1899年沦为美国殖民地时期；1946 年独立后的共和国教育发展的新时期。追溯菲律宾教育的发展历史，可以发现，其学校教育从一开始就在西方文化的影响下不断演化、发展。

前西班牙时代，菲律宾的教育比较分散。孩子们的父母作为教师在他们所在的部落里向孩子们提供一些职业培训，而非学理性的知识。他们使用一种独特的名为baybayin（巴伊巴图）的书写体系。当西班牙人抵达马尼拉时，他们惊讶地发现，人们的识字率竟然比马德里的识字率还要高。[①]

① Damon L.Woods（2006），*The Philippines：a global studies handbook*，ABC-CLIO，p.140.

（一）西班牙殖民地时期的教育

在早期的西班牙统治时期，大多数教育实际上就是宗教命令。许多传教士学会了当地的语言和“巴伊巴图”可以更好地与当地人沟通，并给他们传播基督教信仰。教会与学校在一起，所有的基督教村庄都有学校和学生。西班牙传教士在到达的岛屿上都建立了学校。1565年，奥古斯丁在宿务建立了一所学校。在菲律宾正式出版的第一本书可以追溯到1590年，这是一本中国语言版本的基督教教义。1593年还出版了以当地使用的“巴伊巴图”为脚本的西班牙语和他加禄语版本。1565到1898年，长达300多年的西班牙殖民统治最终在菲律宾形成了以教会为主导力量的类型比较单一的简单的各级教育机构。到1898年西班牙统治结束前，全国大约有2 167所小学。而留存至今的高等院校只有圣·托马斯大学，它是1611年由天主教会建立的私立高等教育机构，由此菲律宾开始了其私立高等教育的历史。在西班牙统治的菲律宾，其教育原则和其他西班牙殖民地无异，即“对于新发现土地的首要目的在于使当地土著转到天主教的信仰”。西班牙王室承认“教皇具有超过地球上任何政权的权力去廓清尚未为基督教徒所拓殖的领域”。教会和国家融为一体的事实是清楚不过的。在西班牙统治的300多年当中，教会精神深入菲律宾社会，可由当时的教育制度反映出来。强调宗教信仰和礼拜，给予当地土著的唯一书籍是祈祷书，它是菲律宾人的希望和顾虑，是他们的动机和他们为较好的生活而斗争的各个方面的意义和实质之所在。因此，在很多农村中，不论老幼都要背诵一种简化的救世主生平的本地语译文。

16世纪中叶西班牙占领菲律宾后，为了传播宗教、造就教会所需要的人才，由教会开办学校。16世纪末教会在内湖省设立小学，1610年在马尼拉设立圣托马斯大学。但直到19世纪中叶以前，西班牙殖民者对菲律宾人一直实行种族歧视和民族压迫政策，不让大多数菲律宾人接受教育。在教会开办的各类学校中，主要招收在菲律宾出生的西班牙人的子弟及少数当地贵族子弟；开设的课程也以宗教课程为主，其次是西班牙语、地理、历史、算术等课程；教职人员为神职人员，教育经费多由教会承担。

19世纪中叶以后，欧洲自由思想的传入和民族主义意识的兴起，旧式的宗教教育已不能满足菲律宾人的求知欲望，西班牙殖民者才决定扩大受教育人数，进行教育改革。1863年，西班牙殖民政府下令在各地设立小学，并建立中等职业学校和师范学校；制定了统一的小学教育大纲，开设了西班牙语、宗教、算术、地理、历史等课程，并在马尼拉及各地设立教育管理机构。由于经费不足，无法在各地普遍开办此类学校，适龄儿童仍有一半未入学，中等和高等学校招收的多是西菲混血儿和当地贵族子弟。19世纪末，菲律宾全岛有公立学校2150所，注册学生约有20万人。1898年，菲律宾推翻了西班牙殖民统治，建立了菲律宾共和国，在宪法中宣布教育世俗化，规定由国家控制和监督各级学校，全菲律宾实行义务教育和免费小学教育。但后来美国的入侵使这些教育改革措施没有落到实处。

（二）美国殖民地时期的教育

美西战争之后，1898年美国开始了对菲律宾近半个世纪的控制，美国殖民政府在政治上实行“民主政策”，在教育中最重要的贡献之一就是建立了公立的高等教育系统，1908年成立的菲律宾大学是其高等教育制度的中心。与西班牙的统治政府相比，他们对菲律宾有着不同的统治政策，美国对菲律宾的统治看起来更“开放”、“开明”。因为美国人认为，要想更好地统治菲律宾就要通过教育与语言，要渗透到菲律宾人民生活的各个方面，要通过菲律宾人来控制其本国人民。因此，美国近50年的殖民统治却对菲律宾造成了根深蒂固的影响，包括菲律宾的政治、经济、文化以及生活的各个方面。由于这段特殊的历史原因，菲律宾的教育制度基本上以美国教育制度为蓝本，在其统治期间就已经形成了比较完整的类型多样的教育体系，菲律宾独立后需要的只是对它的进一步完善、调整和丰富。①

在美国殖民地时期，英语在菲律宾被大力推广和普遍使用，客观上促进了菲律宾人民与现代科技文明的接触，加速了国家进步。1901年美国殖民当局颁布第74号教育法令，设立公共教育局，要求教会与学校分开，用英语教学和使用美国课本，制定了发展公立中小学教育的规划。1908年6月，第一所国立高等学校菲律宾大学成立，确立了菲律宾的公立教育制度。此后，一系列的师范、工业和农业专科学校逐步成立。美国殖民当局还鼓励私人办学，设立了私人学校监督局，以保证私立学校的教学质量。并对高小课程进行改革，除原有课程外，增设了农田耕种、贸易、商业、农业教育和管理等课程。到1935年，公立学校的在校人数增至200多万。

1935年，菲律宾自治政府成立。1940年，自治政府通过了教育法令和第586号法令，对公立小学教育制度进行了修改：将小学的学制缩短为6年，简化了课程；向学龄儿童提供了适当的教学设备，为更多的儿童提供了就学机会；使每个儿童能掌握读、写、算三项基本技能，至少完成初小学业。

（三）独立后的教育

独立后，菲律宾政府在进行国家基础建设的同时，受人力资本理论以及西方模式的影响，意识到教育对国家发展的重要性。因此，

① Philip G.Altbach & Toru Umakoshi, *Asian Universities：Historical Perspectives and Contemporary Challenges*, Baltime and London：The Johns Hopkins University Press，2004, p.129.

从各个方面开始着手改革教育，以建立适应菲律宾本国国情的教育体制，摆脱殖民地的影响。例如，将菲律宾语定为国语，在教学中使用菲律宾语，扩大和改善教育的办学条件。为了满足民主思想影响下的众多菲律宾人对高等教育的追求，也为了实现1935年宪法中所提出的为菲律宾民众提供充足的高等教育的使命，在战后国家将主要精力投入经济建设的情况下，以及1917年美国殖民政府颁布的《私立学校法案》允许私人开办高等教育机构并营利的刺激、鼓励下，战后菲律宾私立高等教育有了很大的发展。而发端于美国殖民政府时期，着眼于营利的私立学校，更是蓬勃发展。这类高校虽然满足了众多菲律宾人对教育的当前追求，却因政府对其不善的管理，导致菲律宾教育在其发展过程中出现了众多问题。诸如，由于五六十年代一味的数量上的大发展所带来的质量问题，伴随而来的教育人才培养与经济发展所需相脱节，从而导致的教育性失业等问题。而菲律宾教育随后的发展也远没有摆脱西方教育模式的束缚，当然尤指美国，而且也不可能完全摆脱。一是美国在世界上的独特地位；二是因为菲律宾从经济到文化依然依赖于美国。

三、当代菲律宾教育

1975 年，菲律宾政府鉴于现代社会发展的需要和人们要求受教育的愿望，进行了教育文化部的行政组织与机构的改革，以提高教育效率，促进经济发展。改革后，权力分散到地方，决策权由13个负责全国地区教育文化局的局长掌握。这种权力分散的革新，有利于部长级官员摆脱许多日常事务，从而有可能用更多时间和精力研究全国重大教育文化的方针政策及国际教育、科学和文化的发展。地方教育文化负责人有了更大自主权后，亦可因地制宜办教育，使培养的人才更符合各地区的实际需要。

（一）国家教育制度和政府教育机构

菲律宾实行公立教育和私立教育互补并存的教育制度，各级教育均有公立和私立学校。公立学校有国立、省立、镇立和村立；私立学校由教会、社团、家族、股份公司及私人开办。政府鼓励私人办学，为私立学校提供长期低息贷款，并免征财产税。初级、中级教育以政府办学为主。

菲律宾教育文化体育部是国家管理教育的主管机构。全国的教育管理分为13个学区，每个学区由该学区的教育与文化管理局负责监督。教育文化体育部下设初等教育局、中等教育局和高等教育局，取代了以前的公立学校、私立学校和职业教育的管理局。目前三个教育局的具体职责是：初等教育局负责菲律宾学前教育和小学教育的政策和计划的制订及推行；中等教育局负责制订和推行包括非正规教育在内的中等教育政策、方案、计划和标准；高等教育局负责制订高等教育的发展规划、奖学金计划，检查执行情况并对高等教育的成就进行评价。此外，直辖于教育文化体育部的主要机构还有儿童与青年研究中心、国语研究所、国家历史研究所、国家教育检查中心、国家教育贷款援助中心、国家博物馆、国家图书馆、菲律宾音乐促进基金会等。

20世纪90年代中期，菲律宾政府重新对科学教育系统进行了调整，将教育文化体育部分为三个部门，首先是基础教育部（DEPED），主要监督和管理小学和中学的基础教育；其次是高等教育委员会（CHED），管理高等教育部分；而中学后的技术职业教育由技术教育与技能发展局（TESDA）管辖，并负责高校青年和失业青年的技能定位、训练与开发。90年代，菲律宾教育结构得到了最重要的改革，这一改革在阿斯特拉达总统任职期间（1998—2001

年）得以完成，主要表现为对原先统管整个教育系统的教育文化体育部的改革。由于教育部要管辖的单位过多，所以无形中忽略了一些重要的任务和计划的实施，尤其是在高等教育和技术教育中。改革的结果是：（1）文化和艺术移交给了一个独立的单位——国家文化和艺术委员会来管理（1992年）；（2）国家运动和运动竞技由菲律宾运动委员会管理，不过体育仍然归属教育部管辖（1999年）；（3）高等教育归属于在1994年5月18日共和国7722号法案下成立的高等教育委员会管理（1994年）；（4）中学后的职业技术教育由技术教育和技能发展署管理，这个技术教育和技能发展署是在1994年8月25日第7796号共和国法案指导下成立的。这样便形成了高等教育委员会主管高等教育、技术教育和技能发展署管理职业技术教育、教育部专门负责基础教育的“三足鼎立”局面。这种改革后的管理组织的优势在于各个部门可以深入了解和管理各个领域，使它们更有效地集中关注某一方面。但也有人认为这种组织形式使管理出现“真空”，因此建议在这三个部门之间建立一协调机构，加强这三者之间的协调与合作。

（二）各级各类教育简况

以前的菲律宾教育体系包括6年的6～7岁开始的基础教育和4年的12～13岁开始的中学教育。在这个体统下，教育并不是义务制教育。然而，2012年6月4日起，菲律宾教育部开始实施一种新的名为K-12教育体系，在这个体统下，教育现在开始是义务制教育。所有菲律宾的公立与私立学校必须严格按照教育部颁布的日期开始上课，而且每个学校必须完成教育部规定的学习时间。菲律宾的K-12计划是“分阶段”来实施的。第一阶段将从2012—2013学年开始实施，在本学年，全国幼儿园教育将最后纳入义务教育制；1～7年级的学生将采用新的课程。以此类推，2016—2017学年，11年级将采用新的课程，2017—2018学年是12年级，分阶段实施新课程；高中的2～4年级的学生在2012—2013学年不在该计划之内，这只适用于从幼儿园到高一（现在成为7年级的学生）。然而，在这一新的教育周期中，2016—2018年，普通高校招生速度可能放缓，因为低年级的学生将以新的教育体制入学。

表8-1　菲律宾新旧教育体系

学制		1	2	3	4	5	6	7	8	9	10	11	12	13
以前教育体系（截至2012年6月3日）	年级	基础教育						中学						
		一年级	二年级	三年级	四年级	五年级	六年级	一年级	二年级	三年级	四年级			
	年龄	6～7	7～8	8～9	9～10	10～11	11～12	12～13	13～14	14～15	15～16			
K–12教育体系（2012年6月4日起）	年级	学前	基础教育						初级中学				高级中学	
		幼儿园	一年级	二年级	三年级	四年级	五年级	六年级	七年级	八年级	九年级	十年级	十一年级	十二年级
	年龄	5～6	6～7	7～8	8～9	9～10	10～11	11～12	12～13	13～14	14～15	15～16	16～17	17～18

资料来源："K-12 Primer as of 20 December 2011", Department of Education.

下面重点介绍菲律宾的各级各类教育的基本概况：

1. 初级和中等教育

1987年，菲律宾宪法规定建立从小学到高校6—4—4（基础教育6年—中学4年—大学4年）的公共教育制度，2012年6月4日起，开始实施1—6—4—2—4（幼儿园1年—基础教育6年—初级中学4年—高级中学2年—大学4年）。小学入学年龄一般为6～7岁，中等教育是12～15岁。学校使用英语和菲律宾语教授课程。

（1）小学教育。小学为6年制，分为示范小学、一般小学和乡村小学。前者为地区的中心小学，规模大，设备好，负责协助本地区一般小学提高质量。乡村小学条件较差，一所小学只有1～2位教师。课程有语文、算术、英语、艺术、体育、社会科学、工艺、自然与卫生等。上课的特点是不分节，时间长短视儿童学习兴趣而定。近5年来，菲律宾的小学教育发展迅速，学校数量由2006—2007学年度的43 584所增加至2010—2011学年度的45 964所，一般而言，公立学校数量通常是私立学校数量的5～6倍；入学人数也由2006—2007学年度的13 145 210人增加至2010—2011学年度的14 166 066人，公立学校招生数量通常是私立学校招生数量的10～11倍；教师人数也由2006—2007学年度的390 107人增加至2010—2011学年度的413 872人，公立学校教师数量通常是私立学校教师数量的7～8倍。

表8-2　菲律宾小学基本概况表

	2006—2007	2007—2008	2008—2009	2009—2010	2010—2011
学校数量	43 584	44 140	44 691	44 846	45 964
公立	37 352	37 476	37 607	37 762	38 351
私立	6 232	6 664	7 084	7 084	7 613
入学人数	13 145 210	13 411 286	13 686 643	13 934 172	14 166 066
公立	12 096 654	12 318 505	12 574 506	12 799 950	13 019 145
私立	1 048 554	1 092 781	1 112 137	1 134 222	1 146 921
教师人数	390 107	397 468	405 588	410 386	413 872
公立	343 646	348 028	353 280	358 078	361 564
私立	46 461	49 440	52 308	52 308	52 308
师生比	1∶35	1∶35	1∶36	1∶36	1∶36

资料来源：Factsheet（as of November 16，2011）-Basic Education Statistics，www.deped.gov.ph/cpanel/uploads/issuanceImg/factsheet2011_Nov%2 016.xls.

（2）中学教育。2012年6月4日之前菲律宾的中学为4年制，分为普通中学和职业中学，包括普通公立中学（GPHS）、科学中学（SHS）和地方科学中学（RSHS）。头两年的课程统一有语文、英语、数学、社会科学、工艺和家政；后两年的课程则分为普通科与职业科。普通中学提供4年的中等学术综合理论课程，而职业中学除提供与普通中学相同的课程外，还加上职业课程。科学中学提供比普通中学课程更高的的科学、数学和英语的扩充课程。2012年6月4日实施k-12计划之后，中学教育改为初级中学4年，高级中学2年。近5年来，菲律宾的中学教育发展迅速，学校数量由2006—2007学年度的9 255所增加至2010—2011学年度的12 950所，公立学校数量与私立学校数量相差不大；入学人数也由2006—2007学年度的6 363 002人增加至2010—2011学年度的6 954 946人，公立学校招生数量通常是私立学校招生数量的4倍左右；教师人数也由2006—2007学年度的179 744人增加至2010—2011学年度的201 435人，公立学校教师数量通常是私立学校教师数量的两倍多。

表8-3　菲律宾中学基本概况表

	2006—2007	2007—2008	2008—2009	2009—2010	2010—2011
学校数量	9 255	9 599	10 066	10 384	12 950
公立	5 078	5 207	5 359	5 677	7 268
私立	4 177	4 392	4 707	4 707	5 682
入学人数	6 363 002	6 506 176	6 763 858	6 806 079	6 954 946
公立	5 072 210	5 173 330	5 421 562	5 465 623	5 580 236
私立	1 290 792	1 332 846	1 342 296	1 340 456	1 374 710
教师人数	179 744	184 883	193 224	197 684	201 435
公立	128 191	131 865	138 058	142 518	146 269
私立	51 553	53 018	55 166	55 166	55 166
师生比	1∶39	1∶39	1∶39	1∶38	1∶38

资料来源：Factsheet（as of November 16，2011）-Basic Education Statistics，www.deped.gov.ph/cpanel/uploads/issuanceImg/factsheet2011_Nov%2016.xls.

菲律宾教育体制自2012年6月4日起，开始实施划分成初中和高中两个阶段的中等教育。此外，由于受过西班牙和美国殖民统治，其教育秉承了西方的教育特征。理科教育以培养学生的科学素养为核心，关注学生的学习兴趣和动手能力，同时强调为国家培养高科技人才。

2. 职业和技术教育

菲律宾的中等职业和技术教育的学制有2年制、3年制和4年制不同形式。为在21世纪把菲律宾建成一个新兴工业国家，菲律宾技术教育局从质量和数量上都改进了工业方面需要的中等技术人才的教育和培训。全国共有职业技术学校1 270所，其中333所（占26.22%）是公立学校，937所（占73.78%）是私立学校；再其中，又有213所（占17%）在城镇，1 057所（占83%）在农村。职业技术学校开设了贸易、农业、渔业、手工业、乡村工业等方面的课程。

职业技术教育的长远目标是：(1)使技术人员和手工业人才的培养适应实际需要；(2)扩大企业家培训，支持以出口为目标的中小规模的工业。短期目标是：(1)保证学会能够获得优厚报酬的职业技能，为社会培养中高级人才；(2)向学生灌输在工作中应该具有的高效率的意识和正确的人生价值观念；(3)培养独立思考和自学技能；(4)建立一个合作机制以加强教育系统和工业之间的联系。

3. 高等教育

(1)菲律宾高等教育的分类

菲律宾高等教育从西班牙殖民地时期建立的第一所大学——圣·托马斯大学发展至今，其教育系统已日渐成熟。菲律宾高等院校按照经费来源可以分为公立高校和私立高校。公立高校包括：国立学院和大学、地方学院和大学、高等教育委员会监管的高校以及其他的特殊高校。其中以国立学院和大学为主流，可以分为以下几类高校：①综合大学及研究性大学。比如菲律宾大学和棉兰老国立大学，当然，有不少高校都希望自己能升格为这类综合性大学；②工艺贸易学校以及技术类国立学院和大学。这类院校中的典型例子，如菲律宾科技大学（the Technological University of the Philippines，TUP），它与全国各地的各种工艺和贸易学校形成了UP系统。但是，随着时间的推移，这些工艺和贸易学校要么升格为国立大学，要么升格为国立学院；③农业类大学和学院；④师范类国立学院和大学。有研究显示，菲律宾大学拥有最好的教师培训项目，它与全国各类师范学校形成了全国教师教育网络。但是，由于它们大多都升格为国立大学和学院，所以更多强调了各种学术项目，而忽略了教师的培训。这些国立学院和大学的共同点是，几乎每一所院校都有一个附属中学。这样，随着基础教育注册人数的大量增加，国立学院和大学就被迫偏离了它最初的使命，以适应基础教育部门的需要。[①]

（2）菲律宾高等教育的发展概况

菲律宾高等教育的重大发展开始于1969年，这对于菲律宾而言是一个转折点，既是问题的极点也是解决的始点。战后菲律宾的高等教育有了快速的发展，尤其是50年代营利性私立高等教育机构的大发展，这类不断发展的私立高校为了营利，虽然满足了众多菲律宾人接受高等教育的需求，却是以牺牲培养适合经济发展所需的人才为代价，这导致了高等教育人才发展与经济发展的所需脱节，使

① 约翰·F·卡迪著，姚楠等译：《战后东南亚史》，上海.上海译文出版社，1984年版，第106页。

得大量受过高等教育的人才失业，出现了高等教育毕业生与社会经济发展所需不符的问题，到1969年达到顶点。1972年，马科斯总统批准了《1972年教育发展令》。该法令提出十年发展计划，重在教育质量的提高、教育的公平性问题以及教育的管理改革。针对教育性失业问题，马科斯政府在改革教育系统的同时，采取了多种措施提高就业率。1975年，菲律宾政府对权力过大的教育文化体育部进行了机构改革，主要目的是下放权力，提高管理效率，这是这一时期最重要的管理系统的改革。改组之后，将原来的横向管理方式转变为纵向管理，形成了初等教育局、中等教育局和高等教育局，这三个局仍然附属于教育文化体育部之下。

1986年马科斯结束了其对菲律宾20多年的独裁统治后，由科拉松·阿基诺就任总统，1987年宪法通过后，菲律宾进入了一个新的发展时期。1984年教育法建立了公私立高等教育的统一系统，1984年教育法的有关规定在1987年的宪法中得以进一步的强化。1987年新宪法规定："国家应建立、维持和支持一个适应人民和社会需要的完整、完善和整合的教育系统。"在高等教育方面，政府将提高教育质量，增强教育对社会和经济发展的适应性，提供更均等的教育机会和改善管理效益作为高等教育改革的战略目标。

(3)菲律宾高等教育存在的问题

1999年，菲律宾制定了中期高等教育发展规划，该规划的目的是针对大学和学院中低质量的教育以及穷人接受教育的平等权问题。但是，高等教育委员会的解决措施却减少了政府为人们提供教育的责任。这一措施仅仅使政府进一步减少了其对公立大学和学院的资助。尽管由于学生无法承担私立高校的学费而转向公立高校，但是政府鼓励公立高校贯彻学费增加，从而在减少政府对学校资助的同时满足公立高校的需求。面对私立高校学费的增加所带来的众多负担，学生转向公立高校求学，而公立高校学费的增加如果超过学生家庭支付能力的话，就意味着他们只能选择退学。但是，菲律宾两极分化严重，而且贫困人口众多，再加上菲律宾高等教育的费用高，所以部分学生接受高等教育的前景不容乐观。虽然有助学贷款等项目，但也因种种原因不能实现其理想的目标。联合国教科文组织菲律宾国家委员会报告指出：能坚持上完4年制学院的学生仅占总学生数的22%。高等教育委员会的一份报告中也显示，在过去的20年中，私立学校中的学生大批转向国立学院和大学。在1980年，仅仅10%的学生在国立学院和大学学习。到1994年，数量上升到21%；在2002—2003学年，就已经达到34%；2003—2004学年为34.8%。政府对教育关注的减少加剧了这种状况，如，不仅持续削减教育经费而且减少国家公立高校数量。从1996年的271所减少到2002年的173所，2011—2012学年也仅有220所。结果，公立高校中的招生人数从1997年以来急剧下降，增长率从1997年的20.75%下降到2002年的0.9%。[①]近年来公立高校的招生人数有所上升，占比也有所增加。公立高校的招生人数占全年招生人数的比重由2007—2008学年的34.48%增加到2011—2012学年的42.26%。

① Carl Marc Ramote, College Education in Crisis, http://www.bulatlat.com/news/5-5/5-5-education.html.

表8-4 菲律宾高等院校基本情况（2001—2012年）

	2001—2002	2007—2008	2008—2009	2009—2010	2010—2011	2011—2012
高校数量	1 428	1 701	1 741	1 791	1 823	1 856
公立高校	170	201	205	218	219	220
私立高校	1 258	1 500	1 536	1 573	1 604	1 636
招生人数	2 466 056	2 654 294	2 625 385	2 770 965	2 937 847	3 033 967
公立	808 321	915 191	982 701	1 083 194	1 193 851	1 282 045
私立	1 657 735	1 739 103	1 642 684	1 687 771	1 743 996	1 751 922
研究生人数	383 839	444 815	469 654	481 862	498 418	517 425
公立	131 491	169 155	178 478	192 545	207 722	208 995
私立	252 348	275 660	291 176	289 317	290 696	308 430

资料来源：Higher Education Indicator as of July 24，2012，http://www.ched.gov.ph/chedwww/index.php/eng/Information/Statistics.

相对于专科、本科而言，菲律宾的研究生教育比较薄弱，如1979—1980学年与1981—1982学年的研究生（包括硕士生和博士生）人数分别为30 325名和30 996名，只占当年高等教育学生人数的2.6%和2.3%；1977—1978学年和1979—1980学年毕业的研究生人数，只占当年高校毕业生总数的0.9%和1.2%。2007—2008学年全菲律宾的研究生招生人数有444 815名，到了2011—2012学年也仅有517 425名，增幅仅为16.32%。菲律宾高等学校所开设的研究生课程多属于教育学科，而自然科学、工程、技术、农业和人文学科开设的研究生课程很少，因而这些学科的高级专门人才都要通过国外留学来培养。

(4)菲律宾的主要高等院校

菲律宾的主要高等院校有：菲律宾大学（University of the Philippines），根据菲律宾首届立法机构颁发的第1870号法令（亦称大学宪章）于1908年6月18日创办的，实际上是依靠美国人，并按照兰德公司资助大学的模式，为菲律宾人开办的一所大学。经过百余年的发展，现已是菲律宾规模最大的国立综合性大学。迪利曼分校是菲律宾大学总部所在地，校园占地493公顷。全校共有51个学院，其中27个可授予学士、硕士和博士学位，而迪利曼拥有的可授予学位的学术机构达23个。圣托马斯大学（University of SanThomas）是亚洲最古老的学院，是菲律宾的天主教大学。它成立于1611年4月28日，最初建造这所大学的构思来源于为年轻男子祭祀做准备。1624年，圣托马斯大学经批准可授予技术、哲学和艺术学位。1645年11月20日，罗马主教因那森特将该学校晋升为重点大学，1680年，她被给予皇家赞助。1785年，圣托马斯的师生们自愿保卫马尼拉，抵抗英国的侵略，因而国王卡尔斯三士授予该校“皇家大学”的称号。从学校建立以来，教学曾被中断过两次：1898年至1899年，菲律宾抵抗西班牙的独立运动；1942年至1945年，马尼拉被日本占领期间，她被日本侵略者改造为集中营。圣托马斯大学在菲律宾大学中有着独特的地位，传播神圣的教学信念，被誉为菲律宾人民心中理想的大学。此外还有棉兰老国立大学、雅典耀大学、亚洲经济管理学院、黎刹系统大学、德拉萨利大学、阿达姆森大学、远东大学、西里曼大学、东方大学和菲律宾女子大学等。

四、华文教育

中国人到菲律宾，历史非常久远。中国商人在9世纪时，便经常到菲律宾进行商品贸易。16世纪，中国商人随商船到菲律宾并定居下来的日益增多，至1748年，人数已达到4万。但是，由于当时的中国商人大多是只身漂洋过海到菲律宾来谋生，因此不存在子女的教育问题。后来随着中国人有的携眷到菲律宾来定居，有的在菲律宾成家立业，华侨子弟的教育遂成为华侨面临的问题。1899年，第一所华侨学校——大清中西学堂（今中西学院）终于诞生，千岛之国响起了华文教育的第一声学钟。据“菲律宾华教中心”[①]统计，目前在菲律宾的华文学校约为204所，基本上菲律宾的每一个行政区都有华文学校，但主要还是集中在大马尼拉区，共有91所，占总数的44.61%。从第一所华侨学校创办算起，菲律宾华文教育迄今已有100年的历史。

表8-5　菲律宾华文学校

分布/数量	华文学校
一区（7所）	蜂省大同中学洎附属小学，拉允隆文化书院洎附属小学，北怡罗戈华英小学，南伊罗戈中华小学，美岸南中学校，拉牛板德兰中学，葡萄园学习中心
二区（10所）	阿巴里启智中学洎附属小学，怡省马艾区毓侨中学洎附属小学，株后壁启真小学，株艺牙佬启明学校，依拉岸中华学校，怡省仙朝峨中华中学，郊亚鄢南星中学，怡省亚里舍爱群小学，新美实该耶华侨小学，钟氏侨立小学

① 菲律宾华教中心是一个服务于菲律宾全国从事华文教育和汉语教学单位的学术研究和行政协调机构，宗旨是发展菲律宾华社的华文教育和主流社会的汉语教学。作为菲律宾一个专业民间组织，华教中心与菲律宾政府机关，如教育部、高等教育委员会、外交部、文化艺术委员会、移民局等，建立比较密切的协作关系，共同为推动菲律宾华社的华文教育和主流社会的汉语教学而积极工作。

续表

分布/数量	华文学校
三区（8所）	甲万那端市中华小学，甲万那端市中华小学，红奚礼示立人学校，丹辘省新民中学洎附属小学，仙扶西复兴小学，仙彬兰洛新生小学，丹辘建德学校，荷浪牙波中西小学
四区（14所）	仙答洛中华学校，彬那吗拉鄢民英学校，罗甲那同和中学洎附属小学，甲美地市中华小学，内湖中华小学，罗申那市振声学校，计顺省干梨捞惹菁华小学，巴拉湾嘉南学校，寓吗加中华学校，诗椰影中华小学，描东岸市及时小学，内湖中华基督教会学校，加拉板聚英学校，罗申那和谐学校
五区（12所）	淡描戈培青中学，那牙市耀华中学，北甘马仁省乃乙中华中学洎附小、幼儿园，那牙嘉南中学，黎牙实备中华科技学校，黎牙实备崇德中学，树殊银中正小学，黎牙实备嘉南学校，南甘马仁省依里牙市联盟小学，任马兰社华英中学，武兰中山纪念学校，描实玛地中华学校
六区（10所）	怡朗华商中学洎附小，嘉礼示中山小学怡朗中山中学，描戈律华明中学，加帛示中山学校，描戈律基督教三一学校，加里务中山学校，怡朗圣母中学，描戈律大同中学洎附小、幼儿园，山葛洛示兴华小学，怡朗新华学院
七区（15所）	宿务东方学院，宿务普贤中学，朗吗倪地中国中学，宿务毓德学校，东黑人省中山中学，宿务圣心女校，武运智慧学校，宿务中华学校，武敖华侨小学，宿务崇德学校，宿务建基中学，爱心园，宿务耶稣会圣心学校，宿务同心学校，宿务启智儿童学校
八区（7所）	礼智兴华中学，佬旺五社中华小学，亚恁社育华小学，礼智万市鸣远中学，加胆曼华侨小学，旺木西山学院，甲描朗岸复兴学校
九区（8所）	三宝颜中华中学洎附小，吗傲斯中华小学，利保洛华侨小学，三宝颜福泉寺观音学校，描丝兰依沙迷拉中华小学，三宝颜天主教忠义学校，巴加连市商学校，苏洛当仁学校
十区（7所）	树里爻孙逸仙小学，钟济侨善坛幼儿班，东棉省光华学校，鄢市恩惠学校，密三密斯光华中学，务端信心基督教学校，务端市亚虞山培青中学洎附小

续表

分布/数量	华文学校
十一区（10所）	纳卯中华中学洎附属小学，南古岛嘉南学校，树里爻侨星小学，纳卯佛教龙华学校，南古岛中华学校，纳卯市德荣学校，纳卯基督教中学，纳卯海星中学，嘉美学园，纳卯华文语言学校
十二区（4所）	古岛中华中学，基拉把湾中华小学，兰佬中华中学洎附小，南古岛高仑那叻中华小学
大马尼拉区（91所）	菲律宾中西学院，菲律宾崇文书院，圣公会中学，马尼剌爱国中学，培元中学，三民学校，菲律宾侨中学院，菲律宾侨中学院加洛干市分校，百阁公民学校，菲律宾中山中学，菲律宾巴西市中华书院，菲律宾曙光学校，义德中学，菲律宾近南学校，三巴乐中华中学洎附小，菲律宾中正学院，北黎剎育仁中学洎附属小学，巴石华侨小学，菲律宾中华基督教会嘉南中学，圣军中学洎附属小学，菲律宾普贤中学洎附属小学，菲律宾光泩纪念学校，菲律宾晨光中学，菲律宾基督教灵惠中学，光启中学，计顺市天主教上智学校，吗拉汶文化书院，菲律宾尚一中学，菲律宾能仁中学洎附小，计顺市菲华中学洎附属小学，巴西基中书院，计顺市尚爱学校，宝宝乐园，爱心中、小学洎培幼园，计顺市基立学院，马尼拉百阁培德中学，群生育幼中心，菲律宾马尼拉天主教崇德学校，马加智嘉南学校，慈鹅培幼园，启智幼儿教保中心（停办），计顺市基督学校，圣彼得天主教学校，菲律宾佛教乘愿纪念学院，慈母玉蕊纪念学院，群爱学校，新生佳音学园，幼聪园，仙毕礼银学校，计顺市光仁培幼园，甘泉学校，圣米迦小学，国际学校，小乖乖幼儿园，慈莲幼学园，读玩乐园，文地数理培幼园，菲律宾信心学院，国际基督学校，康乐儿童之家，儿童乐园，中华文化学院，毛毛虫学苑，尚智学园，光智学院，圣德培幼小学，马尼拉妇女职业学校，菲律宾佛教普济学院，启慧幼儿园，圣玛莉学院，宇明乐园，育聪幼儿园，圣心学校，慈母培幼园，菲中学校，菲华幼教中心，恩慧培幼园，小安琪培幼园，念华幼儿园，计顺市慧光基督学院，爱迪生全脑开发研究中心，小宝贝培幼中心，智光育幼园，培基中学，南方幼儿园，苹果橘子幼儿园，利慧幼儿园，怀恩育幼园，圣母学院，幼儿教育中心
科迪勒拉行政区（1所）	碧瑶爱国中学

资料来源：菲律宾华教中心，http://www.pcerc.org.

从1899年创建第一所华侨学校起，在这一个多世纪里，菲律宾华文教育的发展演变以1973年为分水岭，分为华侨教育时期和华人教育时期。[①]

（一）华侨教育时期（1899—1973年）

这一时期，教育的目标是要培养具有科学文化知识，既能适应华侨社会、中国社会，又能适应菲律宾社会的中国公民。这一时期分为创始阶段、扩展阶段、停顿阶段、复兴阶段和监管阶段。

1. 创始阶段（1899—1912年）

中西学堂创办之前，华侨只有自己延师指导子女读书识字，除学习三字经、千字文外，还有尺牍、珠算等。中西学堂创办之后，华侨子弟才开始接受正规的教育。1899年4月，中国驻菲第一任总领事陈纲在领事馆内创办大清中西学堂，学生20余人，教授四书五经和尺牍，不收学费。次年，中西归善举公所管理，经费由公所拨充。1906年，公所脱离领事馆而独立，中西也正式改隶公所。1911年，中西脱离公所，自己组织董事会。中西创办后的最初五六年，仅开办单一的中文课程。第二任校长施干上任后，加设英文课程，开菲律宾华侨学校双重课程、双语教学的先河。

2. 扩展阶段（1912—1941年）

美国继西班牙统治菲律宾后，大力发展教育，以英语取代西班牙语。华侨为求生存，增强竞争力，疾呼振兴教育，加强双语教学。同时，中国废除科举，设立学部后，现代教育发展一日千里，兴学之势风起云涌，许多国家的华侨纷纷创办侨校。在这形势之下，菲律宾华侨社会也大力创办侨校。1912年，怡朗市创办了外省的第一所华侨学校——怡朗中华实业学校（今怡朗华商中学）。1915年8月，宿务市创办了中华学校（今宿务东方学院）。12月，中西董事

① 菲律宾华教中心，http://www.pcerc.org.

会倡议成立菲律宾华侨教育会，推动华侨教育。华侨热烈响应，华侨教育会正式成立。翌年，中西废除董事会，由教育会接办。1917年，教育会设立华侨教育附捐，由菲税务局代为征收，以使教育会所辖学校有固定的经费。1917—1922年，马尼拉由社团、教会、热心人士等先后创办普智、溪亚婆中西分校、圣公会、爱国、闽商、华侨公学、三民、尚嫘等8所小学。1923年6月，教育会创办第一所中学——华侨中学(今侨中学院)，解决了华侨子弟回国升学不便的问题。9月，教育会召开华侨教育大会，划一管辖学校(除圣公会继续由教会办理外，包括马尼拉的8所小学和1所中学)的管理。在这期间，教育会负起了领导、管理、协调、推动菲律宾华侨教育的职责。教育会的办学措施，在以后的10多年时间，为马尼拉和外省非教育会所辖学校广泛接受和仿效。1928年以后，受世界经济不景气的影响，华侨教育附捐逐年减少，教育会经费一年比一年拮据。1935年，教育会所辖学校先后脱离，独立经营。这时，尽管商况不佳，但华侨学校已增至80多所，遍及巴拉湾以外全菲各地区，学生达1万人，每所学校都有华侨组织的董事会管理。1935年11月，菲律宾自治政府成立后，华侨人口因中国战乱而迅速增加，华侨学校也在6年间增加了46所，学生增至2.1万人，达到战前的最高纪录。华侨学校大多数兼设中文部和英文部，相当于办在一块的两所学校。中文部向中国教育部立案，受中国驻菲领事馆监督，使用中国的课本，中文教师多从中国聘请；英文部则向菲律宾教育部立案(但由于菲政府并不刻意监督华侨学校，许多学校未向菲政府立案)，使用菲教育部编订、美国印刷的课本，英文教师以菲律宾人为主。中、英文部的课程，不同的是语文，相同的是普通科学文化知识。相同的课程中文部以中文为教学媒介语，侧重中华文化；英文部以英文为教学媒介语，侧重菲地理、历史、风土人情、政治。

3. 停顿阶段（1941—1945年）

1941年12月8日，日军偷袭珍珠港，太平洋战事爆发。同日，日军轰炸菲律宾数地，全菲进入紧急状态，华侨学校宣告停办。日军侵占菲律宾后，华侨学校有的遭日军炮火损毁，有的被日军占用掠劫，损失惨重。侨校师生积极参与抗日工作，英勇抗敌，据估计，牺牲者数以千计。在这黑暗的3年中，华侨学校虽然停办，但是，华侨仍暗中开设私塾，使华侨子弟学习不致全废。

4. 复兴阶段（1945—1955年）

日军投降后，马尼拉华侨学校立即展开复校工作，外省各地侨校也相继复办。由于战后幸存的学校都成了难民的临时栖身之所，复校工作十分艰难，加上战争中失学的学生复校后大量入学，学校上课只好采取半日制，把一天的课程压缩为半天，把学生分成两部分，分上、下午上课。复校工作拖延到1946年下半年，各校才逐步走上正轨。在此期间，侨校复办者65所，新办者28所。

1946年7月4日，菲律宾正式脱离美国独立。翌年4月，中菲签订友好条约，规定互惠条款，包括在对方境内设立侨校的自由。华侨学校得到合法的保障，如雨后春笋，纷纷设立。至1956年，全菲华侨学校共计150所，教师1 649人，学生4.8万人。

由于新中国成立后，菲政府禁止中国人入境，侨校师资来源断绝。1955年，创办了华文师范专科学校（1965年与中正中学合并，易名中正学院），就地培养侨校师资。

战后10年间，华侨教育虽然呈现发展趋势，但是华侨处境却十分艰难。菲律宾独立后，民族情绪高涨，各行业的菲化政策铺天盖地，使华侨陷入困境。然而，华侨仍然竭尽全力发展华侨教育。

5. 监管阶段（1955—1973年）

1955年，菲国会以“共党渗透华侨学校”为名，大造舆论，抨击华侨学校，主张严格监管华侨学校，甚至主张关闭华侨学校。迫于形势，台湾当局经过多次磋商后，终于1956年1月与菲律宾方面签定了“中菲督察华侨学校备忘录”，要点有：(1)华侨学校应向菲律宾教育部私立学校教育局立案，并向该局取得登记许可证，获得该局准予开办之承认；(2)菲政府享有监督其国境内本国人或外国人所开办公私立学校之权；(3)华侨学校学生必须修读合于菲国公私立学校基本课程之最低标准的课程。但华侨学校可依据中菲友好条约之规定，自由教授其他根据中国政府规定之课程。此等课程之教授，应符合“中菲”两国之法律及两国政府的最高国策。双方并各派4人，成立联合技术委员会，拟定华侨学校中、英文课程标准和教师资格审查办法。这期间，一方面，华侨学校继续增加，另一方面，一些华侨学校则停办。至1973年，全菲华侨学校共计154所，学生6.8万人。菲政府全面监管华侨学校后，对华侨学校的影响并不大，没有从根本上改变华侨学校的性质。不过，华侨学校的数量和学生人数虽然稳定发展，学生学习中文的兴趣和家长对子女学习中文的重视程度却在下降，战前存在的重英轻汉的倾向进一步明显。

(二)华人教育时期(1973年迄今)

这一时期，华人教育的目标是要培养具有中华文化素质的菲律宾公民。这一时期分为转变阶段和新生阶段。

1. 转变阶段(1973—1991年)

1973年1月，菲律宾通过新宪法，规定“教育机构，除非由教会、传道会或慈善机关所创办者，否则均应由菲律宾公民或其资本60%为菲律宾人所有之公司、社团所拥有。学校之控制及行政亦应置于菲律宾人手中。教育机构不能专为外人而设立，外侨学生在任何学校之学生总数中，不得超过三分之一”。4月，菲律宾总统马科斯发布第176 号法令，菲化全菲侨校。法令规定1973—1976年为过渡期，1976年侨校应同菲律宾的教育体制一体化，包括：(1)只有100%菲人所有或菲人控制60%以上的社团可创办学校；(2)学校董事会成员和行政主管必须全部为菲公民；(3)外侨学生不得超过全部学生人数三分之一。

中菲建交之前，马科斯总统发布第270 号法令，放宽外侨入籍条件。大部分华侨及其子女加入了菲国籍。华侨学校董事、行政主管、学生的国籍问题获得解决。华侨学校顺利达到菲化的规定，转变为华人主有的菲律宾学校。菲律宾华文教育的性质发生了根本性的变化——不再是华侨教育，而是华人教育。

华侨学校在菲化中最大的变动是对中文课程的限制。法令规定，华语只能作为选修课，上课时间每天不得超过120分钟，中学中文课程由原来的高、初中六年制改为四年制。课本只能用本国编写的，华语教师只能在本国聘请。法令还规定，带有“中国”、“中华”字眼的校名必须更改，校内只能挂本国国旗，节假日必须按本国的传统习惯。换句话说，菲化后的华校，除允许每周教授600分钟华语外，与菲律宾的其他私立学校完全一样。

菲化前，华侨学校前途未卜，华侨忧心忡忡。菲化后，华校地位得到确定，虽然有一些华校停办，但也增办了一些华校。华校数量和学生人数继续上升——华校共169 所，学生超过10万人。同时，不少华校进行扩充，办成自幼儿园至中学一连贯的学校，并扩建校舍，充实设备。

华侨经过长期定居，已逐渐融合于菲律宾大社会。特别是集体转籍之后，华侨社会发生了巨大的变化。如今，华人已成为菲律宾的一个少数民族。菲律宾华侨社会的蜕变，华侨学校的全面菲化，向华文教育工作者提出了改变教育的目标、政策、制度、内容、方法的任务。可是，由于历史和民族的原因，华文教育工作者未能认识新的形势，未能认清教学对象的改变，华校的体制、框架仍然保持着当年双重课程的模式，教材、教法陈旧，偏离实际，加上华语教师队伍素质下降，缺乏华语自然语言环境，使整个华校华语教学在近20年来处于苟延残喘的状态。

2. 新生阶段（1991年迄今）

菲律宾华文教育日趋式微，引起华人的极大忧虑，他们大声疾呼抢救华教。1991年5月，“菲律宾华教中心”成立，主张处于历史新时期的菲律宾华文教育必须转轨，华校应以培养具有中华文化素质的菲律宾公民为目标，合理设置课程，华语教学应走第二语言教学的新路子，重编教材，改革课堂教学。经过长时间的工作，华教中心于1993年10月召开“菲律宾华校华语教学研讨会”，确定华人教育的目标和华语教学改革的方向。近年来，华教中心根据第二语言教学理论，已制定了菲律宾华校华语教学大纲，并编写了一套包括课本、写字本、教师手册、字片、教学图片、音像、计算机软件等成配套的立体华语教材。华教中心同时大力进行华语教师队伍的建设，通过举办讲习会、组织教师出国进修等多种途径，协助华校华语教师掌握华语作为第二语言教学的理论和方法。

今日，以菲华商联总会为首的华人社会各种组织普遍地重视、支持、配合华校教学，一个包括社会、家庭、学校三位一体的华校华文教育体系正在逐步形成，加上菲律宾政府官员对华校华语教学的态度已有了重大的改变，菲律宾华校华语教学已渐露曙光。

第二节　科学技术

一、发展概况

第二次世界大战以前，菲律宾的科学技术研究工作已经初具规模，建立了不少现代科学技术研究机构，如于1903—1935年相继成立的马尼拉医学协会、菲律宾大学附属医院、菲律宾科学协会、菲律宾公共卫生协会、菲律宾防癌联盟，以及国家研究理事会等。这些科研机构建立的时间比东南亚其他国家要早。第二次世界大战期间，菲律宾的研究机构有不少遭到破坏。独立后，菲律宾政府一方面进行恢复整顿工作，一方面着手筹建新的科研机构，不断增加科研经费和培养科技人员。宪法规定："国家优先发展的重点领域将是研究与发展、发明、创新及其成果的应用，以及科技教育、人才培训和技术服务。"确定了科学技术在国家发展中的作用。宪法还规定："国家将支持本国适用的和自力的技术能力及其在国家生产系统和国民生活中的应用"。阿基诺执政时，除重组了政府行政机构外，还把国家科学技术局正式定为内阁一级的机构，并于1987年将之易名为"科学技术部"（DEST）。这实际也增强了农业、淡水和海产资源、卫生、工业与能源、先进科学技术等部门理事会制定科技规划、协调科技政策、监督科技规划和政策实施的职能，以及建立将科技成果转化为商品的新研究所等方面的作用。

由于把国家科技管理机构提高到内阁一级，因此，政府指派了一个知名人士任科学技术部的部长，负责国家科技政策的制定，同时指派他为国家经济发展局和国家中央规划办公室的成员，并担任全国地区发展理事会主管地区科学技术发展的主任。科学技术部的作用因此得到了进一步的加强。1988年8月11日，阿基诺总统为了制定科技规划而创建了“总统科学技术顾问小组”（PTFST）。该小组提交了一份具体开发前沿技术的报告，旨在指导国家的工业发展。科学技术协调理事会（STCC）由9名内阁成员、3名私营部门和学术界代表组成，由科学技术部部长任主席。科学技术协调理事会的职能是：为有效实施总统科学技术顾问小组的报告而提出合适的制度和程序；协调政府各部门、私营部门科研机构和大学的科技活动，以加速科技成果的利用、监督科技规划的实施。科学技术部对支持国家经济发展提出了实质性的改革倡议。国家行政局和国会是这些改革倡议的支持者。90年代通过立法建立的省级科学技术中心，负责协调国家与私营部门、大学和非政府机构之间的关系。一般来说，菲律宾人在医药、生物、农艺以及其他应用科学方面成就较多。社会科学或人文科学方面名流更多，法学家、政治家、经济学家都不少。以著作而言，史学家与教育学家的成果较多。

二、国家的科技机构

科学技术协调委员会创建于1989年4月，它是国家最高科技政策决策和协调机构，由科学技术部部长担任主席，委员由有关科技活动的各部部长、私营机构代表和高等院校负责人担任。负责计划和协调科技活动的主要政府机构是科学技术部。该部下设5个部门委员会、7个研究所、6个科技服务研究所和2个学术研究机构。

其他部门也进行重大的研究与开发科技活动，如农业部、环境与自然资源部、贸易与工业部和交通部等。在人力开发方面，教育、文化和体育部也起着重大作用。

私营公司和非政府组织也从事科技活动，主要是各个领域中的研究与开发。学术研究机构包括私立和国立大学与院校，它们具有进行科技研究与开发的能力和巨大的科技人力。著名的高等院校有菲律宾大学、阿塔尼奥大学、东方大学、远东大学、圣托玛斯大学等。

国立研究与开发研究所和私营机构之间的有效联系是通过科学技术协调委员会、科学技术部科技委员会和研究与开发研究所的技术顾问委员会。为促进与私营机构的合作，应用与开发研究所为工业企业进行研究与开发工作。

三、国家的科技目标与科技战略

科学技术的目标就是要通过努力应用科学技术，使菲律宾达到新兴工业化国家水平。具体目标如下：(1)科学技术面向经济生产和社会服务部门，以增加预期的国民生产总值增长率；(2)为达到各项社会目标，尤其是卫生、食品和营养、教育和人民生活质量的改善提供科学支持；(3)发展国家科技基础设施，为国家建成新兴工业化国家的转变奠定基础。

菲律宾的科技战略具体表现为：(1)通过大规模的国内和外国技术转让实现经济各个部门的现代化；(2)通过加强最优先领域部门的活动和提供鼓励措施，提高研究与开发能力；(3)改善科技基础设施，包括人力开发，接受科技文化。

科技发展优先领域主要是：(1)金属和工程：设计和工程中心、铸造、刃具模具制造、热处理；(2)农业：水稻、玉米、水牛、根茎作物、蔬菜、羊、猪、家禽、肉牛、大豆、棉花、医药植物、食用油、奶牛、小麦、椰子、香蕉、菠萝、甘蔗、咖啡、烟草、芒果、苎麻、马尼拉麻、橡胶、可可、漆树、装饰植物、桑蚕、调味品等；(3)淡水养鱼和海洋渔业、海洋学；(4)加工工业：椰子、煎糖、化学品/发酵产品、聚合化合物、农用化学品(化肥和农药)、精细化工产品；(5)能源：传统能源、新能源、节能和能源利用；(6)建筑工业；(7)新技术：生物技术、材料科学(电子材料、高分子化合物、陶瓷)、激光技术;(8)信息技术：电讯和计算机软件和服务、计算机硬件;(9)微电子、仪器和控制：半导体电子学;(10)纺织工业：天然纤维、合成纤维;(11)采矿和矿物、黄金、黏土、稀有材料;(12)运输;(13)林业和自然资源;(14)食品和饲料;(15)医药产品。

四、科研经费与人员

联合国教科文组织(UNESCO)建议发展中国家的R & D预算应至少占国内生产总值的1.0%。在2009年，菲律宾的GDP约76 800亿比索，如果达到GDP的1.0%就应该有768亿比索，然而，该年菲律宾的R & D总预算为5.382亿比索(不包括分配给国家的大学和学院)，仅占国内生产总值的0.07%。[①] R & D经费预算与其他东盟国家相比，2003年菲律宾R & D经费预算占其GDP的0.14%，而新加坡超过了其国内生产总值的2.15%，甚至越南在R & D经费支出(占GDP的0.19%)方面都超过了菲律宾。很明显，菲律宾的R & D预算是没有达到联合国教科文组织的建议要求的。

联合国教科文组织建议在S & T(科技)方面受过训练的人员水平要达到308: 1 000 000。而在 2005年，菲律宾从事科研人员有14 087人，其中10 690人是科学家和工程师，从事科研人员比重为165: 1 000 000。这也反映出菲律宾的科学和工程毕业生数量少。2006年，大学毕业生总数中只有大约19.3万名科学和工程的毕业生，仅占该年大学毕业生总数的约9%，占该国总人口的大约0.23%。从事科研的人员比重处于较低水平的可能原因是与菲律宾在R & D的投资不足，R & D机构、大学，甚至在私营部门的研究职位极其有限相关。

① *FOOD ON THE TABLE*：*The State of Science and Technology in the Philippines*, Privilege Speech of Rep.Angelo B.Palmones, AGHAM Party-List, September 21，2010, http://www.agham.org.ph.

五、国际科技合作

菲律宾政府鼓励本国科学界成员与他们的外国同行之间的信息交流，倡导并支持与他们开展活动。政府还为他们提供机会交流思想，解决共同关心的问题，在优越的环境下工作，分享设备和资源。同样，菲律宾也对外国科学家、研究人员和行政官员等开放门户。

与外国合作的主要方式有：(1)机构间的联系。菲律宾政府一向赞成其科研机构同外国从事相同问题研究的机构之间进行学术交流，积极促进不仅在知识和原理之间的共享，而且在研究活动、人力和机构的完善与发展上，进行机构间的联系和合作。(2)双边合作。根据对等和互惠、相互尊重独立和国家主权、互不干涉内部事务的原则，加强两国间的科技合作。近几十年来，菲律宾已与许多国家和地区，如日本、法国、德国、韩国、印尼、罗马尼亚和中国等国家签署了科技合作双边协定。(3)地区合作。作为东盟国家的一个成员国，菲律宾主张在对等条件下与其他东盟国家在科技各个领域进行合作。除了在东盟国家间的科技合作外，菲律宾作为亚洲科学合作协会（ASCA）的会员国，也发挥了积极的作用。(4)多边合作。多年来，菲律宾赞同联合国系统及其下属组织和特设机构，以及其他国际组织在促进旨在将科技成果用于人类和平与利益的国际合作方面发挥的关键作用。菲律宾也主张加速与发展中国家建立科技合作关系，有效地执行联合国科技援助计划的决议与政策。

在这些合作协议下的合作方式有：交流学习任务，提供奖学金、培训，交换专家、信息，合作研究，以及参加国际会议。目前的科技协议包括与国际机构的一些协议。这些国际机构有：联合国教科文组织、联合国工业发展组织、亚太经济社会理事会、亚太经济合作组织和东南亚国家联盟等。

第三节　文学艺术

一、语言文字

菲律宾是一个多元种族的国家。据统计，菲律宾有170多种语言，在语言分类上绝大部分属于南岛语系的马来—玻利尼西亚语系。使用最广的八种方言依次为：宿务语、他加禄语（Tagalog）、伊洛干诺语、希利盖农—伊隆戈语、比科尔语、萨马—雷伊泰语（又称瓦莱—瓦莱语）、邦板语和邦加锡南语。他加禄语被当成是菲律宾国语及官方语言之一，所谓"菲律宾语"（Filipino），正是他加禄语作为主体而发展出来的。根据菲律宾政府2000年所进行的人口普查资料，在当时的7 633万的菲律宾人当中，有2 149万人是以他加禄语作为母语的。此外，还有将近5 000万的其他菲律宾人是以他加禄语作为第二语言。在菲律宾将近170种的本土语言中，他加禄语是唯一具有官方语言地位的一个语言。

古代菲律宾人没有全国性的语言，各部落使用自己的原住民语言。1380年，伊斯兰教传入菲律宾南部各岛，菲律宾开始使用阿拉伯语。100年间，伊斯兰教主要在棉兰老岛和苏禄群岛传播；阿拉伯语除用于阅读《古兰经》外，伊斯兰教学校也用它作教学语言。这一时期，菲律宾的教育仅处于较原始的阶段。远在西班牙占领之前，菲律宾的许多民族就有了自己的文字。古代菲律宾的文字来自印度，叫做"巴伊巴图"。16世纪中叶，西班牙人占领菲律宾，开始了长达400多年的殖民统治，也开启了这个岛国的语言教育发展史。西班牙殖民者采用分化语言政策，通过把菲律宾当地语言拉丁字母化来传播天主教，并禁止、限制菲律宾人使用西班牙语。

1898至1899年的美西战争以后，美国取代西班牙成为菲律宾的宗主国，开始了把美国英语和基督教新教强行移植到菲律宾的殖民进程。宗教传播与语言传播相辅相成，伴随着美国殖民势力在菲律宾的扩张，美国殖民者狂热地渗透到征服地区，用英语向菲岛居民宣扬基督教新教的教义，使菲律宾至今仍是亚洲使用英语人口最多的国家之一。

1935年菲律宾自治政府成立后，全国掀起发展国语、取代英语的爱国运动。自治政府在宪法中强调"发展国语"，确定以"他加禄语"为国语。1936年颁布国语法，并成立国语研究所。1940年，自治政府通过教育法令和第58号法令，对公立小学教育制度进行了修订，要求小学必须由学习英语转为学习他加禄语。同年，他加禄语开始在菲律宾所有的学校中教授。

1946年独立后的政府积极推广他加禄语。宪法正式将他加禄语更名为"菲律宾语"。从此菲律宾语的地位和受重视程度日益增强。随着爱国主义运动的高涨，菲律宾民众的反帝国主义情绪激昂，要求基础教育阶段用菲律宾语作为教学用语、废除英语作为教学媒介的呼声越来越大。为缓解这一矛盾，菲律宾当局成立了"双语教育"委员会，规划双语教育的实施。1957年，公立学校局颁布了《菲律宾教育修订计划》，规定英语为一门课程而不是教学用语。1974年，双语教育政策出台。该政策规定，英语和菲律宾语同为基础教育和中等学校的教学用语。

英语用于数学和自然科学的教学，菲律宾语用于其他课程的教学，各地方言仍然是辅助性的教学语言。至此，英语不再是唯一的教学用语。菲律宾语和其他当地原住民语言在菲律宾教育中的作用得到认可。

二、文学艺术

（一）文学

菲律宾古代就有丰富的口头文学和成文的文学作品，包括戏剧、史诗、抒情诗、神话以及反映古代马来人朴素的哲学观点的谜语、谚语等。古代的《祈祷诗》、《暖屋歌》和代表穆斯林—菲律宾文学的抒情诗《我的七爱之歌》、《送别歌》与代表菲律宾高原文学的伊富高族的著名叙事诗《阿丽古荣》、《邦都地方的狩猎歌》和《孤儿之歌》等，以及古代民间故事《麻雀与小虾》、《安哥传》和《世界的起源》等，对菲律宾后世文学都有重要影响。

16世纪西班牙殖民者侵占菲律宾后，开始压制菲律宾民族文学的发展。凡是不能见容于西班牙传教士的书籍和著作，都当作"魔鬼的工艺"加以焚毁。1593年，西班牙殖民者为了麻醉菲律宾人民，出版了基督教教义书，同时还大量传播欧洲中世纪的骑士诗歌和祈祷书、圣徒传、描写耶稣遇难的戏剧以及反穆斯林的戏剧《摩罗—摩罗》等。在西班牙统治的330多年期间（1565—1898年），菲律宾文学基本上是中世纪骑士文学，多数作品以中世纪的欧洲为背景，主题是歌颂骑士的勇武和男女的爱情。有些作品描写穆斯林与天主教徒的斗争，实质上反映了菲律宾人民反对西班牙殖民统治的斗争。菲律宾爱国的他加禄诗人弗朗西斯科·巴尔塔萨尔（1788—1862年）在狱中所写的著名长诗《弗罗兰第和萝拉》(1838年)，袭用骑士诗歌的形式，以反抗异族侵略、反对民族叛徒和歌颂爱情与自由为主题，被誉为菲律宾近代文学的第一篇杰作。它因语言生动、流畅，成为他加禄文学中最流行的叙事诗。巴尔塔萨尔也因此被人誉为"他加禄诗人之王子"。

19世纪，菲律宾人民和西班牙殖民统治者之间的矛盾日益尖锐化，民族独立运动不断高涨，这时出现了一批反对殖民主义的爱国诗人和作家。他们当中最杰出的是何塞·黎萨尔（1861—1896年）。此外，还有不少诗人和作家用庄严的词句来赞美祖国和抨击殖民主义。工人出身的诗人安德列斯·波尼法秀（1863—1897年）于1896年8月发动了著名的“卡蒂普南”武装起义，后被人陷害而英勇牺牲。他留下的诗歌《对祖国的爱》表达了为祖国献身的决心。

1901年菲律宾沦为美国的殖民地之后，英语逐渐代替西班牙语，出现了不少用英文创作的小说，它们继承了民族主义文学的传统，具有独创性和强烈的吸引力。在第二次世界大战以前，第一部用英文写的长篇小说是佐伊罗.M.加朗的爱情小说《忧伤之子》（1921年）。他的另一部小说《娜迪娅》（1929年）描写菲律宾青年保尔·达兰德与波兰姑娘娜迪娅的恋爱悲剧，反映了种族歧视与恋爱自由等社会问题。

1946年7月4日菲律宾独立以后，政府逐步推广一种菲律宾国语，即以他加禄语为基础的菲律宾诺语，已有一些作家运用它从事翻译和创作。

现代菲律宾文学中以英文创作的小说较为出色，它的发展经历了三个时期：

第一个时期（1908—1924年），称为“模仿时期”，作者大多数是大专学生，创作大多模仿美国的小说。这一时期的作家帕兹·马奎斯·贝尼特兹和乔治·博科波在创作上较有成就。前者写了《死的星星》和《丘陵之夜》等小说，并有选集《菲律宾人的爱情故事》出版；后者有《发光的符号》出版。

第二个时期（1924—1935年），称为“实验和独创的时期”。这时期共有两批作家：第一批的主要代表是克莱门西达·乔文·科莱科，她的代表作是1924年发表的小说《他的归来》；另外还有何塞·维拉·潘加尼班等作家。潘加尼班于1927年发表了短篇小说《心爱的人》。第二批都是青年作家，虽然他们受到欧洲文学的影响，但他们的作品却有浓厚的乡土色彩。其中比较杰出的有卡洛斯·布罗山、曼纽尔.E.阿贵拉、何塞·加西亚·维拉和阿马多尔.T.达格奥等人。卡洛斯·布罗山（1914—1956年）擅长写作讽刺小说。曼纽尔.E.阿贵拉（1911—1944年）的成名之作是短篇小说集《兄弟利昂携妻而归》（1940年），收有30篇小说，都以菲律宾的北部地区为背景，着重描写农民、渔夫、佃户和无产者的生活与斗争。阿贵拉1944年因从事抗日活动，惨遭日军杀害。

第三个时期（第二次世界大战前夕到60年代），被称为“更伟大的独创时期”。这时期出现了一批青年作家，其中著名的有尼克·华奎因、内斯多尔.V.M.刚萨雷斯、史蒂文·贾维拉纳、克利玛·坡罗丹·杜维拉等人。这个时期的文学运动的主流仍然是爱国的民族主义文学，作品的主题多数是宣扬热爱家乡、热爱民主与自由，歌颂纯洁的爱情，反对异族侵略等。例如刚萨雷斯的长篇小说《四月的风》（1940年）、《沐恩的季节》（1956年）、史蒂文·贾维拉纳的小说《没有见到黎明》（1947年），以及埃迪尔伯多.K.廷波的《夜里的警戒》等。1959年成立的国际笔会菲律宾分会于1960年和1961年主办“斯通希尔小说奖”，选出尼克·华奎因的《有两个肚脐的女人》（1961年）和克利玛·坡罗丹·杜维拉的《敌人的手》（1961年）两部小说为得奖作品。这一时期的作品还有比恩维尼多.N.桑托斯写的关于旅美菲侨的短篇小说集《你们，可爱的人们》（1955年）及其续集《兄弟，我的兄弟》（1960年）和《苹果的香味》等具有强烈民族意识和乡土色彩的作品，以及幽默小说家阿历山德罗.R.罗彻斯以菲律宾的民族风俗（斗鸡）为题材的活泼有趣的短篇小说。在70年代里，青年作家埃尔温·卡斯蒂罗所写的英文短篇小说《拉狄安娜的手表》被评为1975至1977年东盟文学的优秀作品之一。

在诗歌方面，诗人巴东布亥战后曾发表《我看见那割下来的头》、《圣诞树》和《这就是他们的罪状》等诗，揭露反动集团篡夺抗战的胜利果实、镇压人民的反动本质。

戏剧发展比较缓慢，比较优秀的剧作是尼克·华奎因的三幕剧《作为菲律宾人的艺术家肖像》(1953年)。

(二)美术

除了在吕宋岛的山区、米沙鄢群岛和其他几个发现原始美术外，菲律宾美术可算是“崭新的艺术”。[1]菲律宾的现代绘画艺术风格多样，有多种流派，如“路斯抽象派”、“贺雅抽象表现主义”、“新写实主义”和“写实主义”等。

西班牙统治期间只有胡安·卢纳和菲利克斯·伊达尔戈两位画家名扬海外。两位都采用浪漫派和印象派的手法作画。20世纪，著名画家阿莫索罗用印象主义技巧描绘菲律宾的乡村景致。第二次世界大战后，一个新现实主义画家群出现，他们是费尔南多·奥坎多、罗密·塔布纳、卡洛斯·弗朗西斯科和文森特·马南萨拉等。后两位也是公认的壁画艺术家。文森特·马南萨拉逝世后，菲律宾政府为表彰他在绘画和现代艺术方面的成就和贡献，授予他“民族画家”的荣誉称号。菲律宾艺术家们的创作各有特点，如：本卡布带有社会抗议意味的灰暗木刻作品，帕拉斯佩雷兹线条细腻的超现实主义印象画，约瑟·齐亚阳光亮丽的油画，毛罗·马朗·桑托斯的教堂外观装饰作品，阿图罗·卢兹纤细的编织品，以及阿奎拉尔·阿尔库拉兹富有想象力的挂毯。

吉拉尔莫·托伦蒂诺被称为“菲律宾的雕塑之父”，最著名的作

① 胡才主编，汤家麟副主编:《当代菲律宾》，成都.四川人民出版社，1994年版，第167页。

品为20世纪30年代立于马尼拉北郊的安德烈·博尼法西奥纪念碑。从托伦蒂诺这一代开始，半抽象派画家诸如拿破仑·阿布埃瓦、爱德华多·卡斯特里罗不断尝试，探索新的造型。

（三）建筑艺术

考察菲律宾的建筑，虽然可以感受到当今世界高科技和先锋艺术思潮的影响，但给人感受最深的还是那种融汇了东西方文化特色、与热带岛国风光相协调的建筑风格。由于深受西班牙、美国殖民统治的影响以及二次大战期间日本人的侵占，尤其是中国移民的广泛商业活动，均对菲律宾的经济与文化烙下很深的印迹。因此可以说菲律宾文化是当地文化、西班牙文化、中国文化，甚至包括美国、日本文化的综合体。在这儿高耸的城市教堂与“国际式”的现代大厦、西班牙殖民地风味的住宅与红墙绿瓦的佛家寺庙、古典复兴式样的政府机构与日本式的街坊住宅相交映，再配以热带椰林，明媚阳光，四季的鲜花绿地，构成了菲律宾独特的城市景观。

菲律宾本土的建筑源于一种建在水边的干栏式房屋，称为“bahay kubo”，其下部架空便于防水、防潮、防虫。上部起居，四面开连续的窗户，便于通风。陡峭的屋顶以树叶覆盖，既便于排泄雨水，又便于隔热。这种房屋适合热带多雨、多日晒、多地震的气候，但仍是简陋的。西班牙人进入菲国后，派了不少建筑师、工程师到这儿帮助建设。菲国的第一代建筑师是在英国、西班牙学习建筑的，因此产生了一种既保留了当地建筑特点，又有欧洲建筑那种坚实、富丽外观的永久性房屋，称“bahay nabato”，意为“石头房子”。

对任何一个民族和地区来说，不论外来文化的冲击是多么大，它都要被改造得能与民族的生活习惯、本土的自然地理气候条件相适宜才有可能被接受，这就是一个选择的过程。在菲国，带有欧洲风味的天主教堂是其文化景观的重要内容。然而受当地多地震的地理条件及多台风的气候条件的限制，教堂远不及欧洲的那么高大。厚重的墙体，巨大的扶壁柱有着古朴、凝重的气质。北部伊罗戈省的抱威教堂（Paoay Church）始建于16世纪末，完成于18世纪初。外部两列巨大的砖扶壁由地面伸向屋顶。扶壁上流畅的旋涡纹及曲线表现了巴洛克建筑的特征。马尼拉市内西班牙古城的奥古斯丁教堂（Augustinians Church））是菲国第一座天主教堂，为了抗震，其基础为仰拱形式，似海上的船只以抵抗地震波。虽经多次地震，至今保存完好，一直到现在仍是高薪家庭举行婚礼的地方。教堂内部由墙角至天花用灰白两色仿石制高浮雕绘有圣经的故事，极为逼真。最有趣的是在这个教堂大门外有一对石狮子，这是由建造教堂的中国工匠制造的。从此，菲国很多教堂前都有了中国的石狮子。在一些教堂的山墙、中厅的人物雕像中，也往往可以看到中国传统的服饰、中国人的面部形象。在马卡蒂商业中心有一座小小的教堂表现出与现代人生活节奏的协调，教堂与商业的憩息处结合，处理成完全开敞式，建筑带有雕塑感，简洁优美，但又不失宗教的圣洁气氛。

美国人19世纪末进入菲律宾，带进了钢筋混凝土这种进步的建造技术。结合这种先进技术建造的马尼拉国会大厦、邮政局等公共建筑，不仅以罗马复兴的建筑式样表现了宏大的纪念性，同时它与马尼拉湾的海岸线及宽阔的城市广场结合，被当地人所喜爱。1911 年，美国纽约亚里大学建筑学教授、建筑师帕森斯（William Parsons）设计了马尼拉饭店（Manila Hotel）。按照美国殖民地及欧洲建筑概念设计的这座饭店，全部运用当地有特色的材料，使这座建筑既带有加利福尼亚南部西班牙教区建筑的风格，又有当地“石头房子”的特色。

虽然长期受外来文化的影响，我们并不能说菲律宾没有自己的文化。在这块土地上，一切外来的东西不得不被改造得能适应本土的环境。例如，20世纪初，一批日本工匠进入菲国，并定居下来。这两个岛国同是多地震的环境，菲律宾人接受了日本独立式街坊住宅的形式，同样的木构架，同样的横板条墙面，同样的格子推拉窗，只是菲国仍沿用了二层起居的习惯及宽大的挑檐、窗的装饰手法。正是由于长期处在这样一个本土及外来文化相交织的时空中，菲律宾建筑师似乎很少陷入是要自己的、传统的，还是现代的、外来的烦恼之中。他们追求的是能够表现自己的，能够与酷热、多暴风雨的热带岛国气候相适宜的，又有最大经济效益的建筑。而这种“自己的”实际上已融入了外来的，也包含有传统的。

（四）音乐舞蹈

菲律宾全国几十个民族都有自己独特风格的民族音乐和舞蹈，人们把音乐舞蹈当作是一种抒情的的方式，把对生命诞生的喜悦、死亡的悲哀、结婚的喜庆、战争的恐怖和劳动的繁忙都通过舞蹈表达出来。

菲律宾的音乐文化是从最早属于马来人的文化范畴的许多群体之中发展起来的。在过去的三个世纪，它经历了巨大的变迁。首先和欧洲，特别是和西班牙人的广泛混杂，其结果不只是生活方式，而且是语言和音乐的彻底西方化。

尽管菲律宾人的种族和文化是那样的混杂，然而其中的亚洲成分还是具有相当的比重的。当传统器乐和舞蹈与西方风格并置时，这一点是很明显的。菲律宾人不固守纯亚洲风格，而在其音乐中公开展示西方的成分。这一点和亚洲其他国家接纳西方音乐文化的情况相比较，应当被看作是有其独特意味的。

尽管与全国人口相比较数量不大，但菲律宾相当多的少数民族独立于西方的影响，保持了自己的音乐文化。吕宋岛北部山区的人被称为依克普特族土人，是那种少数民族群体的代表。还有棉兰老岛和苏禄岛南部的岛民文化，都属于最东部地区的伊斯兰教文化。一般来说，南菲律宾的文化大致属于印度尼西亚和东马来西亚的范畴，其区分的特点是他们的钟锣乐队所用的是有浮凸饰物的锣。比如，在kulintang乐队中的主要乐器是一套平放为两排的有浮凸饰物的锣鼓，它和印度尼西亚的bnang（一套由四边木框支撑的有浮凸饰物的锣）以及reyong（十二个一排的有浮凸饰物的锣鼓）、trompong（两个八度一套的有浮凸饰物的锣）类似。在风格上它与gamelan（鼓锣乐队）相似。此外还表现在agung，这是一个悬挂的、有浮凸饰物的锣，非常清晰地标示出了旋律线条的时间分隔。另外，两根弦的船形拨奏乐器kudyapi和马来西亚东部沙劳越的sapeh（二至四根弦的船形拨奏乐器）非常相似。相比之下，菲律宾北部的文化显示出其和中印半岛以及中国南部的文化更为接近。尤其是在使用没有浮凸饰物的平锣这一点上更为显著。然而，由两个或两个以上的演奏者以共同联合的形式演奏出同类乐器齐奏的音响，这种方式在全国都是很普遍的。这似乎表明菲律宾是从南亚到美拉尼西亚这一广大地区的一部分。

菲律宾的几种音乐舞蹈形式主要有：

1. 断竹体鸣乐器（Balingbing）

Balingbing是由断开的单节竹子钻眼形成指孔而制成的。制作程序和其他类乐器一样。两个长的切片突出形成独立的、易振动的薄片或簧片。当用右手托着乐器的底部，并轻轻地向左手撞击从而弹出去时，一个轻轻的嗡声便会发出，通过右手拇指在指孔上有节奏的、协调的开合，可以产生微妙的音乐变化。

2. 鼻笛（Tongai）

马来—玻利尼西亚人使用鼻笛，他们认为用鼻子从体内吸气比用嘴吸气更为纯净。作为和祖先的灵魂交流的宗教形式的一种方式，或与恋人低声耳语的优美表达，这种鼻笛被卡林加人所珍视，并能吹奏出大量优美的曲目。

在世界音乐文化中，鼻笛分布很广，在东南亚和大洋洲更为普遍，但在欧洲和美洲文化中也能找到。

3. 口弦（Onnat）

卡林加人的口弦通常是由金属（铜）制成的，但也用竹乐器。在南菲律宾还有一种竹口弦，叫kubin，这种口弦从西边的马来西亚直到东边的密克罗尼西亚都可见到。

4. 竹管弹拨乐（Kulibit）

这种乐器是通过切去厚竹管表面的细条，使细条的两端附在竹管上，这些细条就能形成弦。这些“弦”被处理为低的弓形桥，便具有了一种张力，从而形成了这一有特色的弦乐器。如果其中一根弦断了，立刻可以从竹子上切出一条替代。由于这种替代过程不是无限的，也可以从一开始就用耐用的金属弦。但卡林加人不那样做，主要因为他们的生活环境中竹子是取之不尽的。

5. 顶端吹奏的笛子（Paldong）

这种竹笛的前端有三个指孔，还有一个拇指孔在后面。笛管内吹奏的边缘削得整齐，正好对着吹奏者的下唇。原则上，这种笛子的结构和中国的洞潇、日本的shakuhachi（竖笛）、朝鲜的tanso（竖吹管乐器）、南美安迪斯山区的quena（八孔木笛）都是不一样的。

6. 分式的牧神笛（saggeypo）

由于合奏对于卡林加人非常重要，他们的牧神笛实际上是一套六个独立的管子，每一个管子由一个演奏者拿着，六人一起吹奏。牧神笛的合奏原则和断竹体鸣乐器（Balingbing）一样。

7. 顿管（Tongatong）

这是通过敲击硬物而发声的一套竹管，也是由六个人演奏。当形成竹管的底部的厚竹节撞击在地板或舞台时，会发出两种音响，不只是打击乐的音响，而且包括管内空气柱引起的重浊而增大的音响。

8. 手击锣（Topayya）

手击锣（Topayya）的演奏者先是弯曲膝盖，然后通过一个带子穿过他的缠腰巾把锣稳扎在腰间。锣放好后，锣背的空间和演奏者的腰与大腿骨之间的空间形成一个大的共鸣室。当用掌面击锣（一只手没有回弹动作）以及用各种技巧抑止或控制声音和回响时，两手是独立运用的。

9. 锤击锣（Palook）

锤击锣的演奏者站立着，用一只手抓着附在锣上的一个带子，使锣悬挂着，而另一只手则可以握锤击锣。像手击锣一样，这种锣有许多种修饰音色和反响的技巧，其中有的有反弹动作，也有的没有，还有拴着锣的带子的突然变化等技巧。锤击锣的表演有一定的舞蹈成分：表演者从不静止，但在不同的时间屈身，向上伸展，此外还采用几种“舞步”，有些舞步是六个演奏者同时进行，从而形成一个圆形的队列。

10. 渔民的祈祷舞

这是最原始的舞蹈，是苏禄岛渔民为打鱼而进行祈祷跳的舞。舞蹈表现了渔民的热情被激起时的情绪，动作优美，是传统风格的有代表性的舞蹈。

11.竹竿舞

据说此舞是由棉兰老岛的伊斯兰教统治家族的公主们跳的。对于表演者和观众来说，这都是一个激动人心的舞蹈，因为舞蹈要求表演者两腿放在两根长竹竿之间，在节奏交替时一起或分开敲击。类似的舞蹈在印度尼西亚半岛一带都有。

（五）电影戏剧

1. 戏剧

菲律宾戏剧是菲律宾国家的主要戏剧。16世纪中叶前，菲律宾已有皮影戏“卡利洛”和诗歌体的对歌辩论“杜普洛”与“卡拉格丹”，在庆丰收或办大事时演出。西班牙殖民统治时期盛行宗教剧，第一部有文字记载的戏是1598年在宿务市上演的一出喜剧。当时民间流行3种戏，即“晚餐室戏”，表演耶稣的生平及其受难；“摩罗—摩罗戏”，表演基督徒战胜穆斯林或基督教王子与穆斯林公主之间的爱情故事；音乐喜剧“萨雪拉”，是西班牙传统小歌剧，1878年由西班牙达里奥·赛斯佩迪斯剧团首次在马尼拉上演。著名文学家何塞·黎萨尔于1880年创作了音乐喜剧《巴石河畔》。19世纪末，音乐喜剧改用菲律宾语演唱，逐渐取代“摩罗—摩罗戏”，并成为激励人们起来反抗外国殖民统治的有力手段。1901年美国侵占菲律宾后，音乐喜剧的题材仍具有强烈的民族主义思想，如帕·赫·帕布罗泰创作的《热爱祖国》、托·雷米西奥的《自由》以及塞·雷耶斯的《没有受伤》等。塞·雷耶斯曾组织“他加禄语音乐喜剧大剧团”，并著有《新浮士德》和《菲律宾之魂》等48部音乐喜剧。梅纳·克里索罗哥用伊洛戈语创作的小歌剧《高尚的竞赛》是伊洛戈语文学的名作。1936年美国有声电影传入菲律宾后，戏剧趋于衰落。

1946年菲律宾独立后，先后成立了“音乐喜剧基金会”和“东南亚文化巡回表演团”等团体。著名的音乐喜剧有《明达莫拉》等。1962年12月，著名剧作家威·玛·格雷洛创办流动剧团并任导演，长期在全国各地演出，在培养人才、普及民间戏剧等方面作出了重大贡献。格雷洛著有8部剧作集，其中名作有《三只老鼠》等悲剧。1973年成立的以罗·克·卡皮奥为团长的东方艺术戏剧演出团经常演出《黑暗中的孤独》和《顿洛区的纽约人》等名剧。这些话剧批判崇洋媚外奴化思想，倡导高尚情操和爱国主义精神。奥诺弗里·佩桑汉领导的马尼拉大学青年剧团用他加禄语文创作，实行自编、自导、自演。其中由波尔·杜莫尔创作的《白鸟》和《对赛拉比欧老人的审判》闻名全国。前者以象征性手法改编古老传说；后者描述一个老乞丐，因为流露出内心的爱和仁慈而被一群乞丐弄瞎眼睛。其他第一流的剧团还有竞技剧团、菲律宾保留节目剧团和菲律宾剧人剧团等。在剧本创作方面，从50年代以来，由于“阿伦娜剧作奖”和“卡洛斯·帕兰卡文学纪念奖”的评选活动和剧作家的努力，出现了一批优秀作品，其中有尼克·华奎因的歌颂马尼拉古城的《菲律宾艺术家的肖像》(1952年)，阿·弗罗伦蒂诺的描写青年工人马里奥为了生病的女孩，私摘一颗苹果而被解雇的《世界是一颗苹果》(1954年)，阿·伊·克里斯托巴尔的描述民族英雄波尼法西奥被谋杀的《审判》(1963年)和罗兰托·提尼欧的《贫民窟的生活》等。另有一批女剧作家也有不少著作获奖，如维·莫莲诺的揭露贪婪米商的《伪爱国者》(1967年)、阿·格·乌兰莎的再现民族英雄何塞·黎萨尔在就义前与母亲、爱人告别情景的《临刑前的黎明》(1958年)以及艾·阿尔芳的描写贫民生活的《大米》和《乞丐》(1962年)等。此外，还有胡·巴尔马塞达的他加禄语剧本《群山的星》等。

由菲律宾国家艺术委员会、菲律宾大学、菲律宾文学艺术学院等机构联合举办的首届菲律宾KOMEDYA国家戏剧节于2008年2月在首都马尼拉拉开帷幕。KOMEDYA是菲律宾传统戏剧的主要流派，通常在宗教节日场合进行表演。它起源于16—18世纪，随着西班牙基督教文化传入菲律宾而产生。在成立初期，KOMEDYA主要表现基督徒击败摩尔人的神话故事，借鉴了西班牙和墨西哥戏剧的表现方式。受其影响，KOMEDYA很多剧目至今依然保留了西班牙传统文化主题。KOMEDYA在菲律宾具有丰富的历史和传统，尤其在西班牙和美国对菲进行殖民统治时期，在艺术形式和表现内容上都得到了巨大的发展，被当今艺术界誉为菲律宾戏剧史的伟大成就和历史遗产。

2. 电影

菲律宾是亚洲最早拥有电影的国家之一，产片数量在亚洲也名列前茅。19世纪末，马尼拉已有人放映卢米埃尔兄弟的影片，20世纪初，美国人曾到菲律宾拍片。1917年，菲律宾人J.内波穆塞诺和他的弟弟们创建了菲律宾第一个电影公司——马来亚电影公司，并拍摄了一部根据音乐喜剧改编的故事片《乡村姑娘》(1919年)，在放映时请演员在银幕后配对白、歌曲和音乐。马来亚电影公司在20年代的头5年垄断了菲律宾的电影生产，并在1930年摄制了根据J.黎萨尔的小说改编的影片《不许犯我》，颇受欢迎。1932年，马来亚电影公司的J.内波穆塞摄制了菲律宾第一部有声故事片《金色的匕首》。有声片的出现提高了电影的娱乐价值，观众剧增，使电影生产有利可图。于是电影公司纷纷成立，电影事业兴旺起来。有人把1934—1941年称为菲律宾电影的黄金时代。由于美国的殖民统治，在这个阶段生产的菲律宾影片，如滑稽片、武打片、歌舞片、爱情片等，都完全抄袭美国影片，像好莱坞一样也以明星为中心，用一些皮肤白皙漂亮诱人的混血女郎招徕观众。

第二次世界大战开始不久，菲律宾被日军占领，影片生产几乎停顿。战后，菲律宾电影事业很快得到了恢复。比较重要的影片有M.孔德的《成吉思汗》(1950年)，这部影片于1952年在世界范围发行；L.阿韦利亚纳的《忧伤之子》和《海上流浪》；G.德莱昂的《西莎》等。娱乐性的商业影片仍然沿着战前以明星为中心的制片路线在发展。50—60年代，影片的数量增长了，但是艺术质量却没有提高。

自60年代以来，菲律宾影片年产量在140~250部之间。最高年产量是1971年的251部，1982年的产量是148部。这些影片绝大部分是纯娱乐片，丝毫没有反映菲律宾的现实生活。60年代末到70年代初一度盛行根据色情连环画拍摄的黄色影片，吸引了大量观众，卖座经久不衰。

70年代以后涌现了一批创作态度严肃的中青年导演，他们的作品使菲律宾的电影面貌有所改观，有些成为国际知名导演。他们大多数坚持电影要反映社会的创作原则，拍摄了不少具有一定水平的电影。如L.布罗卡在1978年拍摄的《霓虹灯光下的马尼拉》，描写到城市谋生的贫困农民遭到的苦难，这部影片被认为是70年代最重要的菲律宾影片。他的另一部影片《英香》(1977年)写一个年轻姑娘在贫民窟中的遭遇，影片在戛纳国际电影节上得到好评。此外，M.德莱昂拍摄的心理影片《漆黑》(1976年)，描写上层社会资产阶级价值观念的《偷欢》(1977年)等影片都在国外得到好评。E.罗梅罗在1976年拍的《一如既往》，通过一个青年从农村到马尼拉的遭遇，探索了在西班牙和美国殖民统治交替时期的文化特征和民族性问题。但是在菲律宾年产100多部影片中，好的和比较好的影片一般不到10部。70年代是菲律宾电影的鼎盛时期，菲律宾曾经年产超过500部电影，仅次于美国以及印度，位列世界第三。而且，它也确实制作了不少在亚洲特别是东南亚算得上是高质量的电影，*Kandelerong Pilak*、*Ifugao*、*Anak Dalita*、*Badjao*、*Anak ng Dagat*等影片囊括了柬埔寨、亚洲和柏林等电影节的大奖。

菲律宾目前约有电影院1 200家，每天观众165万。外国片从战后就泛滥菲律宾影院，但由于政府采取措施，进口影片从50年代的每年 800多部下降到1982年的205部。即使如此，进口影片的数量仍然比国产片多。为了鼓励提高国产影片质量，菲律宾设立了各种奖项和机构。《马尼拉时报》于1950年设立了玛利娅·克拉拉奖，两年以后由菲律宾电影艺术与科学学院奖所代替。1981年成立了菲律宾电影发展委员会和菲律宾电影学院。1982年1月又成立了菲律宾实验电影部门以促进菲律宾电影的发展。此外，菲律宾还设有一种最高荣誉奖，即国家艺术家奖，获奖者有L.阿韦利亚纳和G.德莱昂。菲律宾于1982年初举办了马尼拉国际电影节，有几十个国家参加。1983年1月举办了第2届马尼拉国际电影节，比前一届规模更大更隆重。马尼拉国际电影节不仅是票房收入的催化剂，也是菲律宾佳片的发源地。2002年底，大马尼拉电影节就推出了系列影片《吻手》第一部《我的家》。影片反映菲华人奋斗及与主流社会融合的艰辛。扮演家庭叛逆角色的演员阿拉米娜以出色的表演荣获当年大马尼拉电影节最佳女主角奖；第二部《我的族》讲述的是华人企业家与 3 个妻子及孩子之间的家庭纠纷。影片在2003年马尼拉国际电影节获最佳编剧奖、最佳制片设计奖和最佳发行奖。

菲律宾人喜爱电影可以从埃斯特拉达的事情上看出。埃斯特拉达曾是菲律宾家喻户晓的电影明星，以扮演罗宾汉式的好汉和下层人物著称，在普通百姓中享有极高知名度。1998年6月30日，埃斯特拉达被选为菲律宾总统（2000年埃斯特拉达被指控受贿下台）。近年来，菲律宾的电影虽然每年只有30部左右的产量，但保持了非常鲜明的本土特色，很多电影也开始引起关注。当代菲律宾电影更关注菲律宾人现实的生活背景、梦想以及价值观，和亚洲以及世界其他地方的影片相比，拥有浓郁的本土风情，并且善于把主题放到非常现实的生活场景中，通过现实主义和浪漫主义相结合的手法，反映出菲律宾现代人的生活状态。然而，菲律宾的电影制片业近几年已经开始走下坡路。2000年菲律宾国产影片在164部左右，但2003年生产和上映的影片仅为82部。由于猖獗的盗版、高税收、大量外国电影的进口，以及菲律宾电影业面临制作技术落伍、经费不足、电视剧快速发展以及电影制作多是“快餐”式的运作方式等问题，菲律宾电影业一直在艰难度日。

第四节　文化事业

菲律宾的文化事业单位包括图书馆、博物馆、报纸电台电视台等。菲律宾二月民主运动胜利后，历届菲律宾政府加大了对文化事业单位的投入，文化事业发展取得了明显的进展。

一、图书馆

1. 国家图书馆

菲律宾国家图书馆的先驱要上溯到西班牙殖民时期的最后10年。1891年10月24日，根据国王法令成立的菲律宾博物图书馆，当时只有图书几千册和十几种报纸。美西战争导致藏书受损。当美国打败西班牙后，新的行政当局于1900年5月9日批准由马尼拉的美国流通图书馆协会成立美国流通图书馆，并将原博物馆图书馆残存的图书移交给该馆，使得该馆藏书有1万册，主要为英文图书。

不久协会发现该馆开销难以为继，遂决定将藏书捐给菲律宾的美国军政府。1901年3月5日通过的第96号令使该捐赠合法化，这也标志着法律公共图书馆之诞生。根据1918年1月31日2527号法令，菲律宾开始筹建国家图书馆以及档案、专利、版权与商标管理局和菲律宾国会法律图书馆。1928年12月7日的第3477号法令将博物馆与图书馆分开，分别成立了国家博物馆和国家图书馆，国家图书馆迁入立法大楼直到1944年。1942年，日军对菲律宾的占领中断了国家图书馆发展，很多图书被焚毁，此时英文文献一律被视为禁书。二次大战结束后，1945年6月，图书馆进行了重组。幸存下来的图书被转交给根据1947年94号行政长官令由国家馆变成的公共图书馆局，旨在促进国家图书馆事业的发展。1950年，藏书又回到了从前的立法大楼。根据1964年6月18日共和国第3873号法令，公共图书馆局又重新成为国家图书馆。

由国家馆编辑的《菲律宾国家书目》始刊行于1974年，收录了菲律宾出版的菲律宾作家的作品以及国外出版的与菲律宾有关的作品。它登录了图书、期刊创刊号、论文和学位论文、政府出版物、乐谱及会议录，分季刊和年度累积本。国家书目的根据是总统令49号菲律宾的知识产权法——任何出版物如果要在国家馆的版权办公室注册版权，就需向图书馆至少缴送2册；总统令812号《文化保存法》规定，国家馆是该国所有出版物的保存本图书馆，出版商需至少缴送2册；总统令285号则指出，为了降低开支并保证广大群众研究和学习，每位出版商在菲律宾翻印的国外教科书或参考书也需呈缴2册。该国的著作权法保护局、菲律宾ISBN办事处和ISDS中心也设在国家馆。

菲律宾国家图书馆作为服务与研究机构的国家馆，承担着国家馆和公共馆双重职能，不断竭尽全力开发并保存图书馆资源。作为公共图书馆，它是该国公共图书馆系统的中心。目前全国有785个公共馆和14辆流动书车。国家馆通过公共图书馆组织规划和实施培训计划，召集会议，举办研讨班，并对各省、市公共图书馆及地方政府图书馆的设立、管理予以指导和技术支持。国家馆还是菲律宾图书馆协会的中流砥柱，其最大的支持是负责提供办公空间和协会秘书处。

国家馆还是国际标准书号和国际标准刊号的国家中心。1998年1月1日起，国家馆执行8293号共和国法——《菲律宾知识产权法》规定，图书馆向知识创造者传播信息时，必须尊重创造者的权利，并按照法律对他们的权利予以保护和补救。

近年来，国家图书馆很重视自动化建设。国家馆信息技术中心成立于1997年，负责和掌控国家馆的计算机化项目，包括图书的采集、加工到对读者的服务全过程。该馆在编制书目和情报检索方面都达到了一定的水平，现正致力于加入国际机读数据库的工作。除了一般业务部门外，该馆还设有盲人组和政府出版物组。同时国家馆还是国际图联、东南亚图书馆馆长会议、菲律宾图书馆协会成员。菲律宾国家馆现在有11个部门：管理组、亚洲太平洋组、书目服务组、编目组、藏书建设组、菲律宾学组、盲人图书馆组、公共图书馆组、政府出版物与特殊服务组（版权）、参考组及信息技术中心。菲律宾国家图书馆根据总统办公室1999年3月5日第80号令，隶属于国家文化与艺术委员会。菲律宾有呈缴本制度，国家图书馆的主要职能是担负着保存国家文化遗产的任务，并且通过遍布城乡的近500个分支图书馆起着公共图书馆的作用。作为该国永久性保存本图书馆，及时出版《菲律宾国家书目》和《全国联合目录》，并提供其他书目服务，收集和利用各种类型的参考资料；作为协调中心开展合作；为政府机构提供图书馆信息服务；开展境外馆际互借。

菲律宾国家馆最宝贵的是关于菲律宾的全部国内图书和国外文献；最值得称道的是民族英雄约瑟·黎刹的藏书和手稿；1898—1903年美国西班牙战争史的原始记录；奎松总统和加西亚总统的文件。还有周边国家出版的各种内容的英文、日文和中文书刊。而西班牙文的珍本图书尤为珍贵，其中包括古版书和报纸。该馆还保存了联合国和一系列其他国际组织的文件以及通过传统交换渠道所获得的美国政府出版物和菲律宾学者的答辩论文。

菲律宾国家馆的馆藏专著907 656件；善本书13 983件；专藏17 400件；论文及学位论文47 925件；手稿813 095件；政府出版物184 395件；连续出版物1 611种（已装订45 915卷，非装订211 223件）；地图6 764张；印刷型乐谱8 602种；缩微平片25 008种；缩微胶卷（16/35mm）5 728卷；录音带4 992盒；CD-ROMs102种；其他视听资料52 207件。

2. 公共图书馆

除马尼拉公共图书馆外，最早成立的公共图书馆还有1910年的巴吉奥（Bagio）市馆和怡朗（Iloilo）市馆。第二次世界大战前，菲律宾共有18个省市公共图书馆，在反击日本侵略战争中，多数馆被破坏。现国内公共图书馆发展迅速，但远远满足不了城乡人民对文化生活的需求。公共馆业务上由国家图书馆技术推广部指导，经费支出由地方政府拨付，各馆藏书、工作人员及其服务水平悬殊较大。许多公共图书馆书刊资源匮乏，全国公共图书馆的藏书总和不超过110万册。

3. 高校图书馆

菲律宾现有高校及科研机构约2 000所，多数大学和学院都设有图书馆，但规模都很小，经费、工作人员和书刊资源严重不足。据1976年私立教育资助基金会调研资料显示，331所私立高等院校图书馆总藏量为4 771 081册，连续出版物224 083份，非印刷型资料44 393件。①

4. 专业图书馆

1901年起，菲律宾国家科学技术研究所图书馆开始为政府机关、部分公司、各行业科学家和专家的咨询需求服务。例如国家自然资源研究中心图书馆收藏了水能、矿产、地下火山气和地热的利用以及原子能方面的文献，除印刷型外，还有影片及其他视听资料。国家计算中心和国际计算技术研究所图书馆收藏的情报资料和计算技术专业文献较为完备。1909年成立的洛斯巴尼奥斯（Losbanos）中心图书馆是农业文献中心，拥有完整、系统的农业文献。国际水稻研究所也设在洛斯巴尼奥斯，是联合国图书情报网东南亚水稻研究咨询中心。其图书馆为菲律宾及其世界各国科学家和专家提供水稻及其害虫防治文献服务，并出版《国际水稻研究文献目录》。最高法院图书馆和气象局图书馆是最古老的专业图书馆。

二、博物馆

（一）国家博物馆

菲律宾国家博物馆始建于1901年，最初作为人类学和自然历史博物馆，后来迁入现在的新址，其收藏扩展到艺术和科学领域。现在的博物馆建筑是由美国建筑师伯汉姆·丹尼尔于1918年设计的。它的建筑分为两部分，一部分收藏展示艺术、科学和其他相关种类藏品，另一部分主要收藏人类学和考古学成果。

① 杨心炳:《菲律宾图书馆事业概况》，载《图书与情报》，1987年第1期，第87页。

根据菲律宾国家委员会通过的284号法案，国家博物馆成立之初，被命名为人类学、自然历史和商业发展菲律宾岛博物馆，隶属于公共教育部门。1903年，该馆更名为民族文化研究局，隶属于内政部。1904年，又重新命名为菲律宾博物馆。1926年，菲律宾立法机构通过3437号法令，这时的博物馆开始包含人类学、历史和美术部分，但自然科学部分还不包含在内。1933年，菲律宾立法机构通过的4007号法案，把人类学中的考古学、民族志和物质人类学以及其他科学局的自然历史部门重组到国家博物馆中。

该馆下设的艺术部的主要功能涉及收藏、维护和展示菲律宾艺术家作品，包括绘画、雕塑、设计艺术、摄影和其他艺术形式，其主要目的是通过作品展示菲律宾历史上各种艺术形式的发展状况。博物馆也提供评估和鉴定艺术品的服务，由专家所组成的评选小组负责。向其他机构提供技术支持也是该博物馆的功能之一。博物馆还为大学生提供研究菲律宾艺术所需的艺术家简历及作品情况，也向艺术经纪人、收藏家、国内外游客及艺术爱好者提供咨询服务。另外，博物馆每年夏季都面向儿童举办免费培训班，让他们对本国的艺术传统有更深入的了解。此外，艺术部还负责接受私人和公共部门捐赠的当代绘画作品。艺术部中的研究与展览处负责科学研究、艺术家个人资料和作品更新。

菲律宾国家博物馆是菲律宾物质和文化遗产的见证者和守护人。作为最重要的国家文化机构之一，它通过科学、教育和文化活动，肩负着传播国家文化和树立民族自豪感的重任。

（二）菲律宾华人博物馆

菲律宾华裔传统文化中心是海外第一个民间华人博物馆，自1999年开幕以来，已经吸引了马尼拉的几十万观众前来参观。这是一个展示在菲律宾的华人生活状况的博物馆。馆里有精美的史前古器物和硬币，一个保存有珍贵印刷品和照片的画廊，还有从菲律宾各地收集来的出土瓷器；这里也存放着一些由早期中国移民带到菲律宾的珍贵史前古器物。

（三）阿亚拉博物馆

阿亚拉博物馆（Ayala Museum）是已故艺术家Fernando Zobel de Ayalay Montojo在20世纪50年代设计的，1967年，阿亚拉博物馆作为基金有限公司（当时的名字是河菲律宾妇女基金有限公司）的一个项目建成。这个博物馆主要历史收藏品是60个手工制作的立体布景，记载了菲律宾丰富的历史。除此之外，还有一些按照菲律宾海岸上的航船制作的模型。除了这些历史收藏品，还有一些考古学、人种学和艺术方面的收藏品，时间跨越从史前直到现在。其中艺术品包括Juan Luna，Fernando Amorsolo和Fernando Zobel的重要作品。这个博物馆最大的亮点就是用木头雕刻了60个窗口的小故事，把菲律宾所有的历史用这栩栩如生的60幅画面串联了起来，有趣，且实用。

（四）克拉克博物馆

二战时期，克拉克因地理位置优越，美军曾在此建立亚洲最大的空军军事基地。时至今日，基地早已撤回，但克拉克仍处处保留了美国式市镇的建筑风味，而当年二战时的炮火印记，便永远保留在克拉克博物馆里。

（五）医学史博物馆

菲律宾第一座医学史博物馆、由华人创办的许泽台医学博物馆，2006年7月15日在马尼拉开幕，里面陈列了2 000多件史料及收藏品，为菲律宾400年来的医学发展过程留下珍贵记录。许泽台医学博物馆坐落在马尼拉的巴赛市闹区，是由侨界名人许泽台、蔡秀美夫妇创设。馆里展出的史料多达2 000件，分别自菲律宾本地以及美、日、西班牙等国的图书馆搜集而来，资料从300年前的西班牙统治时代一直延续到近代，包括历史照片、古代医书、卫生部纪念币、主题邮票、早期医具以及镇馆之宝——菲律宾国父黎萨担任眼科医师时的配眼镜器材。许泽台医学博物馆是菲律宾第一座医学史博物馆，也是继华裔传统文化中心之后，第二座由华人创办的博物馆，于周一至周六免费开放给各界人士参观。

（六）卡撒马尼拉博物馆

卡撒马尼拉博物馆坐落在圣奥古斯丁教堂的对面，是西班牙式的三层石造的建筑，也是西班牙旧王城现存的少数建筑之一。这里陈列着有关西班牙王城的资料。

（七）国立博物馆

国立博物馆位于黎刹公园的海朗街，在菲律宾旅游部大厦的二楼和三楼，主要展出古代石器、伊斯兰教文物、民间艺术品、自然史和文化遗迹等。

三、广播电视

菲律宾的广播电台、电视台数量较多，广播电视事业相当发达。菲律宾的广播电台使用的语言主要是英语、他加禄语和华语。主管单位是1974年成立的广播新闻委员会，它有权颁发电台、电视台的营业许可证，负责制定广播、电视的宣传政策。菲律宾广播协会具体执行广播新闻委员会制定的政策，并在电台电视台之间进行协调工作。菲律宾全国所有广播电视台都是菲律宾广播协会的成员。

菲律宾的广播电台始于20世纪20年代，政府拥有的电台以及教育或宗教的非商业电台占总数的14%，其他电台多数是商业化的，自行管理。电视事业始于50年代初，拥有电视台最多的是洲际广播公司（Intercontinental Broadcasting Corporation）。

菲律宾管理广播电视的主要机构有：（1）新闻部广播局。它管理13家省电台、5家马尼拉地区电台，包括对外广播电台。（2）全国新闻生产中心（National Media Production Center）。1953年成立，是总统府直属的政府机构，主持第四电视台和“菲律宾之音”。它和菲律宾广播协会共同管理全国所有的电台。（3）菲律宾国家电视广播网。由菲律宾政府所有，地址位于奎松城的比萨扬街，前身是1974年成立的国家电视台。1992，当时的总统科·阿基诺签署了7306号法令，将人民电视台改组成一个名为人民电视网络（People's Television Network）的政府机构。后来的总统拉莫斯在上任后不久就指定了人民电视网的第一批管理人员。在得到政府资助的第一笔资金后，人民电视网就一直自行运转。人民电视网在全国32个省市拥有站点，拥有占全国人口85%的观众。人民电视网是国际重要体育赛事的官方转播媒体。2001年7月16日，由阿罗约总统任命的新的管理层将人民电视广播网正式更名为国家电视广播网（National Broadcasting Network，NBN），以“一个民族，一个国家，一片视野”（One People. One Nation. One Vision）为新的座右铭。2003年2月19日，国家电视广播网与电视广播服务站（Television and Radio Broadcasting Service，TARBS）联合，将信号覆盖到全世界，尤其是覆盖到了菲律宾广大的海外劳工。（4）洲际广播公司（Intercontinental Broadcasting Corporation）。它拥有的电视台最多，在马尼拉有第十三电视台，并在宿务、达沃、卡加延、德里奥等6

个城市有电视台和电视转播台。该公司在菲南部设立了棉兰老广播网，在棉兰老拥有11家口语广播电台。

四、报纸

1898年美国占领菲律宾之后，报刊开始发展起来。1898年10月，英文报纸《马尼拉时报》创刊，1900年又创办了《马尼拉公报》，1908年，第一份英文期刊《菲律宾自由新闻》周刊问世。菲律宾自独立到1972年9月马科斯总统实施军管前，代表不同利益集团的全国报刊共有116种，包括期刊25种；全国性的日报8种，期刊18种，主要在马尼拉出版。马科斯统治时期，政府对媒体进行严格控制，马科斯政府倒台后才开始重新开放。到20世纪90年代，菲律宾出版的报刊共79种，其中报纸9种，社科期刊22种，科技期刊48种。目前菲律宾发行的报纸、报刊共有20多种，其中约半数是英文报纸，其余为菲律宾语和华语。发行量和影响力最大的还是英文日报。

菲律宾主要英文报纸有：《马尼拉公报》》(*Manila Bulletin*)，于1901年创刊，为菲律宾目前发行量最大的日报之一，日发行量约30万份；《马尼拉时报》(*Manila Times*)是设在马尼拉的全国性报纸，包括每日头条新闻、商务、生活、体育、地区和国际新闻；《菲律宾每日询问者报》(*Philippine Daily Inquirer*)是菲律宾的主要英文日报之一；《马尼拉今日标准报》(*Manila Standard Today*)是设在马尼拉的每日出版的全国性报纸，提供菲律宾新闻。其他英文报纸还有：《自由报》(*Freedom Newspaper*)、《马尼拉纪事报》(*Manila Chronicle*)、《菲律宾星报》(*Philippine Star*)、《菲律宾日报》(*Philippine Daily*)、《亚洲日报》(*Asian Journal*)。菲文日报有：

《消息报》(*News*)、《菲律宾快报》(*The Filipino Express*)。华文报纸主要有:《世界日报》、《商报》、《菲华时报》、《联合日报》和《环球日报》等。

菲律宾华文报纸发端于19世纪末，经过100多年的发展，历经无数沉浮坎坷，20世纪50年代末一度非常繁荣。菲律宾最早的华文报纸是1888年创刊的《华报》，它是由侨商杨继宏集资创办的，由于发行量太少，出版不到一年即告停刊。在19世纪末到20世纪初，菲律宾创办的华文报纸除了《华报》外，还有《岷报》、《益友新报》、《岷益报》、《警铎新闻》等几家。20世纪20年代起，华文报刊逐渐增多，在20—30年代出版的华文报纸主要有《华侨商报》、《教育周报》、《华侨公报》、《南星晚报》、《救国日报》、《新闽日报》等。当中规模较大、比较成功者当属《新闽日报》，其他报纸大多出版几个月即停刊。20世纪60年代，菲律宾几乎没有什么新的华文报刊面世。1972年，马科斯政府宣布实行军管法后，华文报纸全遭封闭。1973年，原《公理报》和《大中华报》获得特许合并为《联合日报》，成为当时菲律宾唯一的华文报纸。1981年，马科斯宣布解除军事统治，同年6月1日，华侨联合《华侨商报》、《东方日报》和《联谊》(周报)的人员共同创办了《世界日报》。1983年3月24日，《菲华时报》创刊，1999年3月1日改名为《菲华日报》。1986年6月12日，曾在1979年被马科斯遣送出境的《华侨商报》老板于良城、于长庚兄弟重新恢复和创办了《商报》。1986年7月2日，《环球日报》创刊，由支持国民党政权的陈瑞时等人创办，1998年改为《环球晚报》出版，1999年停刊。2007年9月27日，《菲律宾华报》创刊。目前，在菲律宾出版的主要华文报纸有《联合日报》、《世界日报》、《菲华日报》、《商报》和《菲律宾华报》，被誉为菲律宾华文媒体的

“五朵金花”。

语言是文化的承载者，是文化认同形成的基础和重要的表现形式。菲律宾政府从自治以来一直致力于国语的推广，但由于殖民语言的深远影响和英语的经济价值，国语的推广举步维艰，民族的认同受到影响。

第九章　对外关系

第一节　菲律宾的外交政策

菲律宾官方宣称奉行独立的外交政策，在平衡、平等、互利、互敬的基础上发展同所有国家的政治经济关系，迄今已同126个国家建交。菲律宾外交政策制定的最重要的依据是《1987年菲律宾宪法》，在其相关的条款中明确规定："菲律宾放弃以战争作为国家政策的工具，坚持以普遍公认的国际法原则作为本国坚持和平、平等、公正的政策的一部分。""国家应奉行独立自主的外交政策，与其他国家发展外交关系时，最重要的考虑因素应是国家主权、领土完整、国家利益和自决权。"闻名的"1991年菲律宾外交服务方案"（*Philippine Foreign Service Act of 1991*）对授权外事部门实施保护和改善国家安全、促进和实现经济安全以及保护促进的海外菲律宾人的权利和福利作为菲律宾外交政策的三大支柱，而且这三大外交支柱是并行不悖的。

菲律宾国家经济与发展机构（NEDA）认为，菲律宾的外交政策基于八大因素：第一，美、中、日三个双边关系与三国关系影响着东亚的经济与安全形势；第二，菲律宾的外交政策越来越需要与东盟相一致；第三，伊斯兰世界对该国影响趋大；第四，各大国际组织提出了许多国际共识需要遵守；第五，菲律宾的一系列国家利益从主权到能源都已拓展到了领海，甚至领海比领土更重要；第六，菲律宾国家发展依赖外国直接投资；第七，菲律宾受益于国际旅游；第八，菲律宾海外劳工仍继续维系着该国经济与社会稳定。[①]

① *Philippine Foreign Policy*, Department of Foreign Affairs, http://www.dfa.gov.ph/main/index.php/about-the-dfa/philippine-foreign-policy.

1946年菲律宾独立之后，其外交政策大致经历了以下几个阶段：

第一阶段，以菲美关系为轴心的外交政策阶段（1946年至20世纪60年代末期）。这一阶段的菲律宾对外关系一切以菲美关系为中心，不与任何社会主义国家往来。这一阶段，菲美签订了《菲美共同防御条约》、《菲美军事援助条约》、《菲美军事基地协定》等一系列条约、协议。美国在20世纪70年代以前共使用菲律宾的海、陆、空军事基地23个。60年代后期，菲律宾还出兵参与了美军侵越战争。

第二阶段，菲律宾谋求“平衡外交”的阶段（20世纪60年代末至70年代末）。由于60年代美国的世界霸主地位的下降，世界各国及菲律宾国内反美情绪的高涨，以及美国在越南战争中遭遇惨重失败、从东南亚实行战略撤退，加上中美关系的解冻等因素，菲律宾调整了以亲美为轴心的外交政策，开始提出了将按照人民利益制定更为灵活的对外政策的指导方针。1973年，菲律宾提出在美国、日本、中国和苏联等国家之间求生存，与世界各国建立友好关系的“多极平衡”外交政策。1975年6月9日，菲律宾与中国建交，中菲关系解冻过程整整延续了八个春秋。1978年，菲律宾进一步强调必须不受任何外国的支配，独立自主地制定本国的外交政策。

第三阶段，菲律宾“经济外交”阶段（20世纪80年代初期至90年代末）。80年代初期，菲律宾国内经济状况恶化，迫使菲律宾政府制定了侧重“经济”的外交政策。1986年科·阿基诺上台后，积极加强了与西方国家的经贸关系，以争取更多外援。1987年7月，阿基诺夫人出访法国、比利时、联邦德国三国，争取到了2.17亿美元的援助。在阿基诺时期，开始了就美国使用菲律宾军事基地的艰苦谈判。1991年，在国际和地区局势剧烈变化、国内民族主义情形高涨的情况下，菲律宾参议院拒绝批准让美国继续使用苏比克军事基地。1992年，菲律宾收回了包括苏比克湾在内的所有美军基地，美军全部撤离。同年拉莫斯总统上台后，继续执行阿基诺夫人时期的外交政策，积极开展以经济、贸易为主的外交活动，先后出访文莱、泰国、日本、新加坡、马来西亚和中国，以寻求更多的投资。与此同时，拉莫斯总统还有意不让菲美关系一直处于僵化之中，主动向美国克林顿总统提出改善菲美关系的建议。

第四阶段，菲律宾注重“多边外交”和“务实外交”的阶段（21世纪初至今）。2001年阿罗约总统执政后，积极发展与美国的关系，同时也重视与中国、日本、韩国等亚洲国家开展合作，并积极在东盟地区事务中发挥作用，扩大菲律宾的地区影响力。2001年9月11日，美国遭受恐怖袭击后，菲律宾强烈谴责恐怖主义活动，全力支持美国的反恐行动，支持美英联军对阿富汗进行军事打击，并向美国提供军事基地、情报和后勤支持，协助美国在东南亚地区打击恐怖主义势力。2000年7月12日，菲律宾与北朝鲜签署建交联合公报。菲律宾反对美国在国际政治中的单边主义，主张建立以多边主义为基础的国际关系，并积极争取成功成为伊斯兰会议组织的观察员。2010年6月30日，阿基诺三世宣誓就任菲律宾第15任总统以来，承诺要大力打击腐败、振兴经济。在外交关系上，除进一步加强与美、日等西方国家的外交关系，还进一步加强了与中国的经济、军事、能源合作，这不仅是从菲律宾自身政治经济利益出发，谋求更多合作伙伴的需要，也说明菲律宾的外交政策更加注重多边主义和务实主义。

第二节　菲美关系

菲律宾沦为美国的殖民地近半个世纪。长久以来，菲美之间保持着密切的特殊关系。冷战后，美国从其在菲律宾的军事基地撤出。尽管呈现了许多与以往不同的特点，但菲美关系的“特殊性”并没有因此完结。当前，菲美仍然互为盟友，共同防御条约也依然有效。以冷战结束和“9·11事件”这两件大事为界，菲美特殊关系大体上划分为三个时期：第一，冷战结束前的菲美关系；第二，冷战结束至“9·11事件”前的菲美关系；第三，“9·11事件”后的菲美关系。

一、冷战结束前的菲美关系

自从1898年美西战争后，菲律宾便沦为美国的殖民地，其人民反抗美国殖民统治、争取民族解放的斗争一直没有停止过。这是一段美国与菲律宾之间控制与反控制的历史。

20世纪30年代的世界性的经济大危机对菲律宾的独立起到了推动作用。美国国内出现了支持菲律宾独立的利益集团。在此背景下，菲律宾先后同美国达成了“海尔—哈卫斯—加亭议案”和“泰丁—麦克杜菲法”（Tydings Mcduffie Law）。后者影响最大，它规定在10年后可以有条件地允许菲律宾“独立”，即自菲律宾实行自治之日起，其10年间的成就若得到美国的认可，便可完全脱离美国而独立。法案还规定自治政府可以选举正、副总统与参众两院议员。根据这项法案，菲律宾于1935年9月17日举行了总统选举，奎松和奥斯敏那分别当选正、副总统。1935年11月15日，菲律宾自治政府宣告成立。在菲律宾独立的10年过渡期内，美国仍派有驻菲专员监督；美国驻菲海军及两国之通商互惠条件等依然得以维持。

二战期间，日本暂时成为菲律宾的统治者。日本占领菲律宾之后，扶植了傀儡政府，组设了“菲律宾独立委员会”，假意宣布菲律宾独立，并于1943年1月成立了“菲律宾共和国”，随即向美、英宣战。1944年10月，美国军队在菲律宾登陆，与日军作战，直至1945年2月3日，美军在菲共领导下的人民抗日军的配合下解放了马尼拉，这一傀儡政府才终于解体。此后，美国重新控制了菲律宾，开始着手解散菲律宾的人民抗日武装。美国宣布人民抗日军为非法组织，下令解除人民抗日军武装和解散人民抗日军在各地建立的人民政权，同时闭口不谈有关“独立”的许诺，企图把菲律宾重新置于自己的殖民统治之下。美国国内一些政客甚至提出要取消菲律宾自治。

美国在菲律宾推行新殖民主义的做法遭到菲律宾各阶层人民的反对。菲律宾共产党和菲律宾的民族资产阶级都积极投身到争取国家独立的斗争中去。1945年6月，菲律宾人民争取独立和民主的民族统一战线——“民主同盟”宣告成立。在这些力量的推动下，菲律宾民众爆发了一系列反对美国的活动。如1945年9月，马尼拉爆发了群众大示威，提出“要求菲岛独立”等口号。[①]当年12月23日，“民主同盟”在马尼拉组织了有6万多人参加的集会，反对美国企图修改由美国总统罗斯福签署的关于菲律宾独立的《泰丁—麦克杜菲法》，反对延期宣布菲律宾独立。[②]甚至连菲律宾联邦总统奥斯敏那也要求美国罗斯福总统提前在1945年8月13日宣布菲律宾独立，菲内阁也发表声明支持奥斯敏那的要求。[③]与此同时，由于给予菲律宾独立是美国政府的一贯承诺——这不仅是对菲律宾，也是对美国国内舆论的承诺，美国若公然不履行关于给予菲律宾独立的承诺，势必大大有损自身威望。迫于这些压力，美国被迫表示将按照1934年

① 何春超主编:《国际关系史(1945—1980)》，北京.法律出版社，1997年版，第100页。

② 时殷弘、许滨:《来自冷战外的挑战——美国在菲律宾的失败与调整(1945—1954)》，载《美国研究》，1995年第2期，第100-101页。

③ The Secretary of State Settinius to Steintorf, the Consul General at Manila, April 14, 1945, U.S.Department of State, *Foreign Relations of the United States* (Washington D.C., 1969), 1945, V.61, pp.1196—1197.

《泰丁—麦克杜菲法》的规定，允诺在1946年7月4日前宣布菲律宾独立。在菲律宾自治政府的过渡时期结束后，美国便允许菲律宾的独立。1946年4月23日，在美国监督下，菲律宾人民选举了以罗哈斯为总统的最后一届菲律宾自治政府。

1946年7月4日，在马尼拉的鲁尼塔公园，菲律宾举行了独立仪式，这一天成为菲律宾的"独立日"。美国向菲律宾共和国政府和平地移交了权力，从而结束了菲律宾自西班牙开始殖民统治以来长达400多年的殖民地历史。菲律宾成为东南亚最先脱离西方殖民统治的共和国。但这只是名义上的独立，以罗哈斯为首的菲律宾政府屈服于美国的压力，与美国签订了一系列不平等条约。美国据此紧紧控制着菲律宾的经济命脉，并且拥有干涉菲律宾的种种特权。菲律宾在政治、经济、安全、社会文化等方方面面都严重依赖美国。对于菲律宾来说，这仍是一种不完全的政治和经济独立。

在政治方面，菲律宾宣告独立的当天，菲美便签订了《美菲关系总条约》和《美菲关于菲律宾独立后过渡时期中的贸易和有关事项的协定》。根据前一条约，在任何没有菲律宾代表出席的国际场合，美国有权代表菲律宾。根据后一协定，菲美双方将执行美国国会众议院菲律宾商务委员会主席贾斯帕·贝尔提出的《菲律宾贸易法案》(又称《贝尔法案》)。美国通过不平等条约获取了大量在菲律宾的政治权益。菲律宾的领导人若想上台，必须首先取得美国的支持。

在经济方面，美国的特权通过两个法案得到了保障，一个是《菲律宾贸易法案》，后被称为《贝尔法案》；另一个是《菲律宾复兴法案》，后被称为《泰丁斯法案》。《贝尔法案》规定，菲律宾在1946年至1954年的8年间可得到对美输入商品的免税待遇，但有一定限额。而美国输往菲律宾的产品将不受数额限制，菲律宾还得保证不征收关税。这种“自由贸易”制度使美国能够继续控制菲律宾的对外贸易，使菲律宾继续成为美国资本家垄断下的原料供应地和倾销商品的市场。菲美还要共同维持菲律宾比索与美元的2:1的兑换率，未经美国总统的同意，菲律宾不得擅自改变这种兑换率。这项不许改变美元与比索比率的条款剥夺了一个主权国家管理自己货币的权利。

在安全方面，菲美特殊关系主要体现在菲美签有多个安全合作条约和1992年之前美国在菲律宾拥有大量驻军和军事基地。早在1934年制定的《泰丁—麦克杜菲法》就规定美国有权维持在菲律宾的军事设施和武装力量。独立当日，菲律宾政府就和美国签订了《美菲总关系条约》，规定美国有权继续保留其在菲律宾设立的为两国共同防御所必需的军事基地。随后不久，在1947年3月14日，菲美两国又签订了《关于军事基地的协定》。根据这一协定，美国可以使用包括克拉克空军基地、苏比克海军基地在内的23处在菲律宾的军事基地。同年3月21日，菲美又签订了为期5年的《关于对菲律宾军事援助的协定》。该协定规定美国向菲律宾派遣驻菲军事顾问团，帮助训练菲律宾军队。通过上面两个协定，美国在菲律宾保留和占据了全部具有战略意义的军事基地，菲律宾成为美国在亚洲战略体系中的一个重要环节，而美国军事基地则成为菲律宾的“国中之国”。1951年，菲美又签订了《美菲共同防御条约》，正式确立了菲美的军事同盟关系。1954年，菲律宾又加入了美国一手炮制的东南亚条约组织，成为其创始会员国之一。在美国的操纵下，菲律宾曾于1965年11月派兵参与了美军侵越战争。

二、冷战结束后至“9·11事件”时期的菲美关系

冷战后，菲美关系陷入低潮，主要是由于菲律宾民族主义的兴

起，菲律宾人不断强烈要求将美在菲军事基地全部收回。1991年9月16日，菲律宾参议院最终否决了有关苏比克湾基地续租的协议。菲律宾总统阿基诺宣布中止《美菲军事基地协议》，要求美国人在1992年底以前撤离。1992年11月6日，菲美双方最终确定美国将正式归还苏比克基地，但双方也同意在两国共同防御条约框架下继续进行防务合作。菲律宾同意美国军舰和飞机定期使用苏比克基地的设施。但此后，菲美关系陷入低谷。菲律宾能够从美国得到的军援、经援大幅减少，首先失去的就是美国对军事基地的租金，而租金收入常年占菲律宾国防开支的一半以上。但菲美关系并没有完全破裂，两国依然在政治、经济、军事等方面保持超出一般的紧密关系。对美国来说，菲律宾依然是美国在东南亚重要的落脚点和战略依托。

同时，菲律宾始终与美国保持着密切的经济联系。美国是菲律宾目前最大的投资国和主要贸易伙伴，菲每年有20多亿美元的出口产品免税进入美国市场。1993—1997年，美国在菲律宾投资18亿美元，为菲律宾最大外资来源。1998年，菲美贸易总额为166.6亿美元，菲向美出口额101亿美元。

在美国从菲律宾撤出军事基地几年后，菲美联合军事演习曾一度中断。1998年2月，两国签署了所谓《菲美访问部队协定》。菲律宾参议院于1999年5月正式通过了这个协定。菲美达成《菲美访问部队协议》是美国自1992年以来与东南亚国家安全关系的重大突破，意味着在某种程度上美军回到菲律宾得到了法律保障。在协定的推动下，菲美双方军事交流日益频繁。2000年9月，美国防部长科恩访菲，美方就密切双边军事同盟关系、举行多边联合军事演习等问题同菲方交换意见。2001年，菲律宾亦多次参与和美国的双边或多边联合军事演习，如1月的美菲联合军事演习，3月的美、菲、泰小型联合军事演习。

三、“9·11事件”后的菲美关系

2001年的“9·11事件”，给菲美两国关系的改善提供了一个千载难逢的重要契机。菲美关系迅速升温，再度加强了各方面的合作，特别是在安全防务方面的合作。菲律宾政府是亚洲国家中第一个公开表态支持美国领导的国际反恐联盟的政府。美英发动针对塔利班和本·拉登的空中打击后，美战机多次在菲律宾军用和民用机场停留加油。菲方还同意让美军使用其港口，并表示如需要，可向阿富汗战场派出医护人员。作为坚决支持美国的回报，阿罗约政府要求美国对菲律宾打击阿布萨耶夫武装提供援助。阿罗约政府的要求与美国政府打击国际恐怖主义的战略可谓不谋而合，因为美国认为“9·11事件”的主谋本·拉登同菲律宾的阿布萨耶夫武装联系密切，将菲律宾穆斯林极端主义视为恐怖主义的一部分，因此美国借反恐之名直接军事介入菲律宾。

菲美双方因此在军事、经济等方面进行了密切的合作。“9·11事件”后，美国政府向菲律宾提供了大量军事援助。美国总统布什表示将在2001—2002年提供价值1亿美元的军事和安全援助以帮助菲律宾，另外还将提供大量硬件设备，其中包括运输飞机、一艘Cyclone级巡逻艇、3万支M16步枪以及100辆军用卡车。2002年11月，菲美签署了《后勤互助协议》；2003年5月，应美国总统布什邀请，菲律宾总统阿罗约对美国进行了为期一周的国事访问；此后两国又年年举行各种级别的联合军事演习。菲美两国之所以能迅速地恢复并加深彼此之间的关系，有着各自的复杂原因。对美国来说，加强与菲律宾的关系，是出于其反恐和自身全球战略的需要。在冷战结束初期，尤其是1992年美国从菲律宾撤军之后，东南亚在美国地缘政治中的位置有所下降，美国在亚洲的注意力是东北亚及朝鲜半岛地区。然而，随着中国的崛起及其在该地区影响力的加强，美国为了维护自身在该地区的领导地位，一直试图重新加强与东南亚地区国家之间的联系，反恐正好提供了这个机会。东南亚地区民族、种族、宗教等问题复杂，一直是恐怖主义发生和发展的重要区域，美国通过加强与菲律宾的关系与合作，可以开辟反恐“第二战场”，全面打击恐怖主义，保卫自身安全；另一方面，菲美恢复同盟关系，可以借此在东南亚地区获得一个立足点，帮助美国重返东南亚，把东盟国家和东南亚地区纳入其全球战略中去。

菲律宾总统阿罗约还向美国积极寻求经济援助以加快本国经济的发展。在阿罗约的努力下，美国总统布什表示将敦促美国国会向菲律宾提供多达10亿多美元的贸易优惠，并设法减免菲律宾的部分债务。奥巴马上台以后，菲律宾总统阿罗约于2009年7月30日在华盛顿与美国总统奥巴马举行了会谈，她是奥巴马入主白宫后首位访美的东盟国家元首。尽管美方表示这是一次“工作访问”，而不是“国事访问”，但仍被菲律宾媒体寄予很高期待，被形容为“巩固传统盟友关系”之旅。两国领导人讨论了两国如何在打击恐怖主义和应付全球变暖的问题上进行合作。

可以说，2001年后，美国掀起的全球反恐战争唤醒了休眠的菲美联盟关系。2001年，美国借助《访问部队协议》实现其军队参与在菲律宾进行全球反恐战争，这一契机为美菲军事合作关系回暖奠定了基础。之后，两国军事关系逐渐恢复了原先菲方依赖美国和双方互利的基调。菲律宾积极谋求从美国购买二手战舰和战机以增强实力，而两国不定期举行联合军事演习则越来越明确地指向中国南海。阿基诺三世政府上台以后，菲美关系不断升温。2011年11月16日，美国国务卿希拉里·克林顿与菲律宾外交部长德尔罗萨里奥在马尼拉签署了旨在加强菲美合作的《马尼拉宣言》和《菲美关于增长伙伴原则的联合声明》。自奥巴马上台后，随着美国将战略重点转向亚太地区，菲美防务关系日益紧密。2011年8月，美国将一艘退役的海岸警卫队巡逻艇移交给菲律宾海军，并计划2012年年内向菲律宾移交第二艘巡逻艇。2012年1月末，菲美国防部在华盛顿举行战略对话，谋求深化两军关系。2012年4月16~27日，菲美又在菲律宾境内举行"肩并肩2012"联合军演。接着两国于2012年4月30日在华盛顿举行首次外交部长和国防部长"2+2"磋商，以深化两国之间的同盟关系。菲律宾国防部事后称，此次军演旨在强化菲美共同防御条约，展示两国相互支持合力应对外部威胁侵略的决心。

第三节 菲日关系

早在13世纪，菲律宾与日本就有贸易往来。日本与菲律宾关系至少可以追溯到日本室町时代（Muromachi period，1333—1568年），在西班牙殖民者来到菲律宾之前就有大量的日本商人定居在了吕宋，尤其是马尼拉近郊的一个名叫Dilao的地方，1600年就有3 000名日本人。日本人早在1953年就已经在Dilao建立起了定居点，当时人数仅有300~400人。到了1606年，人数上升到1 500—3 000人。日本人曾教会了菲律宾人制造武器和工具、鹿皮制革、人工繁殖鸭和鱼等技术，为菲律宾早期的经济发展作出过贡献。19世纪菲律宾革命者在反对西班牙殖民统治的斗争中，积极争取日本天皇和民间的支持。1942—1945年期间，日本侵占菲律宾，在其占领的三年中大肆掠夺战略资源和滥杀无辜，使菲律宾经济遭到严重的破坏。

战后，菲律宾于1951年派出全权代表团参加了旧金山举行的关于对日和约会议并签字。由于菲律宾各界人士对和约内容不满，纷纷要求日本给予菲律宾战争赔偿。菲律宾向日本提出100亿美元的巨额赔偿，遭到日本的拒绝，双方一度争执不下，因此和约一直没有生效。后经菲日政府多次谈判及美国从中调停，两国于1956年5月9日签署了《战争赔款协定》，同年7月23日两国建交。1960年12月，两国又签订了《菲日友好通商航海条约》，但由于菲律宾国会未通过此条约，菲日关系一直没有太大的进展。

60年代后期，随着日本对东南亚国家的投资和经济援助增多，菲日政治关系发展较快。1966年9月，马科斯总统访问日本。1973年，菲律宾国会批准了拖延了13年之久的《菲日友好通商航海条约》。90年代以来，两国高层往来密切，日本向菲律宾提供了大量的经济、技术援助，在菲律宾增设总领馆等。菲律宾表示支持日本在地区政治事务中发挥作用，支持日本争取联合国常任理事国。两国还积极开展安全合作，尤其是在打击海盗、反恐等方面。1991年12月，拉莫斯在参加总统竞选时访问了日本，获得了8.2亿美元的贷款；1992年6月，拉莫斯举行就职典礼时，日本派出前首相海部俊树率领的高级代表团出席。1993年3月8日，拉莫斯总统就任不久就正式访问了日本，表示希望日本在世界上发挥与其经济影响相称的政治作用，指出只有取得日本的援助、支持与合作，菲律宾才能重新走上经济复苏的道路。1997年2～3月，菲律宾众议长德维尼西亚、外长西亚松先后访日。1996年6月，埃斯特拉达就任总统后再次访日，表示希望加强菲律宾与日本的安全对话。

2001年9月，阿罗约总统对日本进行了国事访问，会见了日本天皇夫妇，与小泉纯一郎首相举行会谈。双方发表了联合声明，表示将加强安全对话，在未来把两国合作关系提升到伙伴关系，共同支持美国打击恐怖主义。2002年1月，日本首相小泉访问了菲律宾，两国首脑就反恐、打击跨国犯罪、环境保护等问题进行了讨论。小泉还倡议日本与东盟建立包括签署双边自由贸易协议等在内的全面的经济联盟，日本将在众多领域继续向菲律宾提供支持。两国还签署了一项“伙伴计划”，以通过日菲政府间的合作，促进对发展中国家、特别是东盟国家和东帝汶的经济和社会发展援助活动。菲律宾是东南亚国家中除泰国、新加坡之外的第三个与日本签署这种“伙伴计划”的国家。日本和菲律宾于2006年9月在芬兰首都赫尔辛基亚欧首脑会议期间签署了两国间经济合作协定，该协定已于2008年12月份正式生效。2006年12月，时任日本首相安倍晋三访问菲律宾期间，两国决定建立“近邻间全面合作伙伴关系”。2009年6月18日，菲律宾总统阿罗约再次访问日本，并与日本首相麻生太郎举行会谈。双方同意，在两国间经济合作协定的基础上，两国将发展长期和建设性关系，并“培育战略伙伴关系”。2011年 9月27日，正在日本访问的菲律宾总统阿基诺三世与日本首相野田佳彦举行会晤并发表联合声明。两国同意“增加两国海洋安全部门的合作与协调”，包括派遣日本海上保安厅的巡逻舰为菲律宾海军提供训练。此外，他们还同意让两国的军事及政府人员进行更频繁的交流，包括日本海上自卫队参谋长与菲律宾海军舰队司令进行互访。2012年7月2日，日本防卫大臣森本敏日在东京与来访的菲律宾国防部长加斯明举行会谈，双方签署了“旨在加强海上安全保障等领域合作”的防卫合作备忘录。日本迄今已与新加坡、越南等国签署了防卫合作备忘录，菲律宾是与日本签署这一备忘录的第9个国家。

20世纪80年代以来，菲日经贸合作发展很快。日本是菲律宾最大的援助国、第二大投资来源地和主要贸易伙伴。日本对菲律宾的官方发展援助（ODA）以日元贷款、赠款及技术合作形式开展。日本对菲律宾的官方发展援助开始于日本自1954年加入“科伦坡计划”（Colombo Plan）之后。除了双边的官方发展援助，日本还通过诸如世界银行、亚洲开发银行、联合国的不同机构来对菲律宾进行援助。1980—1989年间，日本向菲律宾提供了36亿美元的优惠贷款和赠款。1994年，日本向菲律宾提供的援助达12.61亿美元。1995年，菲日签订了20项总额达296亿比索（约合11.4亿美元）的贷款协议。2001—2009年，日本对菲律宾的官方发展援助金额达到53.67亿美元，其中优惠贷款44.18亿美元，赠款3.75亿美元，技术合作5.73亿美元。日本的援助主要用于发展菲律宾的主要部门，尤其是公共事业、交通、通讯、农业和渔业、教育和公共卫生、电力和采矿。

表9-1 日本对菲律宾的官方发展援助（2001—2009年） 单位：百万美元

年份	优惠贷款	赠款	技术合作	合计
2001	146.77	66.75	84.70	298.22
2002	181.13	59.42	77.47	318.02
2003	367.53	69.72	91.53	528.78
2004	546.11	42.17	74.60	662.88
2005	674.78	17.90	57.33	750.01
2006	695.77	6.92	46.43	749.18
2007	699.08	7.24	50.53	726.85
2008	409.19	13.93	49.77	470.68
2009	728.46	91.23	42.83	862.52
合计	4 418.82	375.28	573.04	5 367.14

资料来源：*Japan's Official Development Assistance White Paper 2009.*

菲日之间的贸易也发展很快。1982年，两国的双边贸易额仅为26.78亿美元，1990年已达到46.5亿美元，1998年大幅度增加到102.6亿美元，2003年达到134.1亿美元。1999—2003年五年的菲日双边贸易额以年均51%的速度增加。尽管受到全球金融危机的影响，但2004—2010年两国双边贸易额依然以年均143.81亿美元的总额在增长。日本对菲律宾的直接投资（FDI）也发展比较迅速。2001年，菲律宾发展局（Promotion Agency）获准的FDI金额为12.25亿美元，来自日本的FDI就有4.51亿美元，占比36.86%。2009年，日本的FDI有14.85亿美元，占菲律宾获准的FDI总额的58.06%。

表9-2　菲日贸易情况表（2004—2010年）　单位：十亿美元

年份	双边贸易额	出口至日本	从日本进口	贸易逆差
2004	15.65	7.98	7.67	0.31
2005	15.28	7.21	8.07	–0.87
2006	15.19	7.92	7.27	0.65
2007	14.14	7.30	6.84	0.46
2008	14.28	7.68	6.60	1.08
2009	11.55	6.20	5.35	0.85
2010	14.58	7.83	6.75	1.08

资料来源：http://pcoo.gov.ph/japanvisit2 011/backgrounder.htm#Overview.

表9-3　2001—2010年日本对菲律宾的直接投资　单位：百万比索，百万美元

年份	菲律宾发展局获准的FDI金额		日本投资		占比（%）
	比索	美元	比索	美元	
2001	62 436.1	1 224.7	23 021.0	451.48	36.86
2002	46 048.8	892.4	17 053.8	330.50	37.03
2003	34 010.4	627.5	8 840.8	163.11	25.99

续表

年份	菲律宾发展局获准的FDI金额		日本投资		占比（%）
	比索	美元	比索	美元	
2004	173 895.2	3 103.1	26 596.2	474.59	15.29
2005	95 806.6	1 708.4	27 548.1	499.89	29.26
2006	165 880.0	3 232.3	20 065.7	390.99	12.10
2007	215 230.8	4 660.7	38 587.3	836.13	17.94
2008	182 680.9	4 107.96	16 115.6	362.39	8.82
2009	121 815.9	2 557.16	70 737.1	1 484.91	58.06
2010	196 068.6	4 346.5	58 333.1	1 293.14	29.75

备注：1美元=45.1 097比索（菲律宾中央银行2010年平均汇率）

资料来源：FDI Reports，National Statistical Coordination Board（NSCB）.

1. 旅游合作方面

日本长期以来一直是菲律宾外国游客的重要来源国。2001年有34.38万人次来菲律宾旅游，比上年增长了11.95%，占菲律宾全年来菲外国游客总数的19.1%；2010年日本有35.87万人次前往菲律宾旅游；2001—2010年年均有36.66万人次来菲律宾旅游。日本来菲游客人数仅次于韩国、美国。

2. 文化合作方面

两国除了签订了双边的文化合作协议外，还在文化领域开展了积极的合作与交流。两国的文化交流有几世纪的历史，经常有不断的人员往来，定期的艺术家、演艺家的交流。在彼此国家的首都都会定期举办文化活动，以促进菲律宾和日本文化的交流。双边文化项目上，比如“东南亚青年奖学金计划”（SSEAYP）和

“日本—东亚学生与青年交换计划”为两国的青年提供了相互学习彼此国家文化的机会（JENESYS），增进了两国青年间的友谊与了解。特别是日本的“人力资源发展援助奖学金计划”（JDS）和“青年领袖培训计划”（TPYL）在提升菲律宾人力资源，尤其是公共领域的人力资源方面发挥着重要作用。这些计划让青年领袖在日本得以开发他们的专业知识与技能，进而促进两国之间的友谊与相互理解。

3. 领事与劳务合作方面

菲律宾政府经常与日本政府磋商解决在日本的菲律宾人的福利及其他移民相关问题。截至2011年6月，在日本的菲律宾人达到21.95万人。目前，在日本的菲律宾人是仅次于朝鲜人、华人和巴西人的第四大外国侨民。与此同时，从2010年10月1日至2011年7月，共有18 202名日本侨民在菲律宾定居。为加强在日本的菲律宾侨民以及其他相关问题上的双边合作，菲律宾和日本定期召开双边领事磋商会议（BCCM）。2007年3月15日，第四次双边领事磋商会议在马尼拉举行。双方就包括签证、移民政策、社会保险、日裔菲律宾人和日裔菲律宾儿童的地位以及保护侨民等问题进行了讨论。

第四节　菲律宾与西方国家的关系

菲律宾在1964年与欧共体建立了外交关系，此后，双边的经贸往来迅速增长。20世纪70年代以来，欧共体与菲律宾的贸易关系发展很快，贸易额从 1972年的3.5亿美元发展到1982年的15.41亿美元，增长了近5倍。阿基诺夫人执政时期，菲律宾的“经济外交”有了较大发展，阿基诺夫人提出架设“菲欧之桥”，加强与欧共体的经贸联系。1987年7月，阿基诺夫人出访法国、比利时、联邦德国，争取到了2亿多美元的援助。90年代拉莫斯执政以来，强调欧共体与菲律宾贸易的互补性，为吸引欧共体国家对菲律宾的投资，拉莫斯政府进一步发展了欧共体国家的经贸往来，发展双边贸易伙伴关系。90年代初期，欧共体是菲律宾的第三大贸易伙伴，1992年双边贸易额达37.6亿美元。欧共体国家对菲律宾的投资中，以英国、德国的资本居多。英国在菲律宾的投资领域主要是石油、化学工业、食品加工和蔗糖加工业。以英国资本为主的壳牌石油公司，早在18世纪就开始在菲律宾石油工业进行投资，90年代初已经把经营范围从石油勘探、提炼、销售、研究石油代用品扩展到金属加工，甚至棉花和谷物种植、养猪等行业。德国在菲律宾的投资主要集中在椰油提炼、煤矿开采和化学工业。英国、德国还是菲律宾主要贷款来源国。90年代初期，菲律宾以东盟组织成员国的身份在政治上与欧共体的接触增多，在改善南北关系上与欧共体的看法一致。此外，菲律宾还与欧洲国家积极开展防务合作。90年代美军撤出菲律宾后，菲律宾开始寻求与法国、意大利、英国等欧洲国家的防务合作。

进入新世纪以来，菲律宾与欧盟的经贸关系发展迅速。2006—2011年欧盟一直是东盟最大的出口市场，也是菲律宾最大的单一出口市场。2010年菲律宾对欧盟出口增长了40%，为54亿欧元，其中电子产品超过60%、运输设备超过7%、纺织成衣超过3%。2007至2010年，欧盟通过四年期的“与贸易相关之技术援助计划”(*Trade Related Technical Assistance Program*)向菲律宾海关提供160万欧元援助，支持其实施的风险管理系统等改革措施。目前“与贸易相关之技术援助计划”处于第二阶段(2008至2012年)，预算总额750万欧元，计划重点在透过贸易减少菲律宾贫穷人口，同时协助菲律宾贸工部“2016年贸易倍增计划”、农业部“渔获出口符合国际食品安全规范”，以及设立医药实验室，帮助菲律宾发展医疗旅游业。据菲律宾《2011年欧盟—菲律宾贸易档案资料》显示，2011年菲律宾与欧盟的双边贸易额达到91亿欧元，其中菲对欧出口为51亿欧元，主要出口产品为IT产品和农产品如椰子油、水果和水产品。2011年，双边服务贸易在2010年23亿欧元的基础上增长了7%。2012年7月12日，菲律宾与欧盟签署了具有历史意义的“伙伴与合作协议”（PCA），旨在进一步提升双边关系。该协议由菲律宾外长罗萨里奥和欧盟负责外交事务高级代表阿什顿共同签字。协议内容包括政治安全、人权、反恐、投资与贸易、教育、文化、能源、交通和移居等多领域的合作。罗萨里奥表示，协议的签署为双方增强合作铺平了道路。2012年8月，菲律宾第一次被纳入欧盟超普惠制待遇（GSP+），将享受向欧盟出口服装、皮革、鱼类制品等零关税的优惠政策。欧盟此次修改GSP+旨在支持欠发达国家，将于2014年1月1日生效。

欧盟是菲律宾重要的经贸和政治伙伴，2011年欧盟对菲律宾发展援助为25亿比索，主要支持卫生、贸易与投资、政府管理、人权和气候变化等领域。欧盟驻菲律宾代表团2012年9月9日宣布欧盟向菲律宾南部棉兰老地区的5个省份提供640万欧元（约合920万美元）赠款，以帮助解决当地粮价过高和粮食安全问题。这笔赠款交由联合国世界粮食计划署支配，在从2012年9月开始的24个月里，向大约110万人提供约9 700吨大米和970吨大豆，但是这些人必须参加当地的农业设施建设和农业培训才能得到食品援助。这笔赠款再次表明欧盟致力于帮助菲律宾解决粮食安全和贫穷的难题，欧盟希望这将有助于菲律宾增加国内粮食生产，特别是减轻食品危机对棉兰老农村地区的影响。

近年来，菲律宾与欧盟在签订自由贸易协定方面也有了一些进展。由于欧盟是菲律宾主要出口市场，其他东盟国家如越南、新加坡和马来西亚已先于菲律宾开始与欧盟的自贸区谈判，菲律宾需要加紧行动。菲律宾当地商界也敦促政府尽快启动与欧盟自贸谈判，因为自由贸易将大大促进双方贸易往来，并且为菲律宾带来更多的投资。而且金枪鱼、水果、椰子产品、家具、生物燃料、珠宝、旅游、纺织品、汽车零部件、植物油、金融服务和保险、化工产品、通信、电器等行业将从中受益。在2010年5月18日新加坡召开的第12届亚太德国商会上，菲律宾贸工部长拉普斯表示，在东盟—欧盟自贸区谈判受阻之际，菲律宾愿探讨与欧盟建立自贸区。拉普斯表示，菲律宾准备拿出一份较大的市场准入清单，包括罐装金枪鱼、卫生及植物病理措施等。2012年2月，欧盟驻菲律宾大使勒杜克斯在一个自贸区论坛上表示，欧盟了解到菲律宾对与欧盟建立自贸区感兴趣。如菲律宾做好准备，欧盟愿意与之进行自贸区谈判。欧盟支持菲律宾政府与利益相关方协商，对未来双边自贸区谈判做出透明承诺。据《每日问询者报》2012年7月30日报道，菲律宾政府准备与欧盟启动新一轮的双边自由贸易协定谈判，双方签署的合作关系协定（PCA）将成为谈判的框架。菲律宾发展研究机构于2012年8月完成“与欧盟签署自贸协定对菲律宾各领域的影响”，政策专家也即将完成相关研究，之后将在全国范围内开展多领域磋商，并在第三季度与欧盟展开谈判。

菲律宾与俄罗斯的经贸、能源合作、防务合作也在不断加强。菲律宾与苏联于1976年建立外交关系。冷战结束后，菲律宾重视俄罗斯在本地区的影响和作用，两国的关系发展总体平稳。1997年拉莫斯总统访问了俄罗斯。2002年12月，俄罗斯外长伊万诺夫访菲，双方讨论了反恐合作及菲律宾从俄罗斯进口石油等问题，双方还同意成立一个双边的反恐合作协调机构。2009年12月1日，菲律宾和俄罗斯签署了航空协议，拟开通宿务和莫斯科之间的航线。俄罗斯方面发表声明，新协议一旦生效，将取代1992年两国签署的航空服务协议，并将有力推动两国旅游、投资和贸易合作。根据菲律宾出口贸易促进局的数据，2009年菲律宾对俄出口3 909万美元，比2008年增长15%。主要出口产品为飞机部件、干椰子、打火机、个人护理用品和香蕉片。虽然菲俄双边贸易额极小，俄罗斯仅为菲律宾第27大贸易伙伴，但俄罗斯不久将加入WTO，这将为与菲律宾谈判铺平道路。菲律宾政府甚至考虑在新的平台上加强合作并签署新的协议，以取代曾于1976年与苏联签署的双边合作旧协议。

第五节　菲律宾与东盟的关系

菲律宾是东盟的创始成员国之一。自东盟1967年成立以来，菲律宾一直比较活跃并积极参与、推动和促进东盟的发展和改革，包括东盟地区合作、共同繁荣和经济一体化进程等。

20世纪60年代，美国在亚洲和东南亚地区的收缩，使东南亚地区出现力量真空，菲律宾和其他东南亚国家为此颇为担心，害怕苏联的势力会乘虚而入，并因此开始酝酿成立一个新的有效的东南亚国家联合体——东盟。对于菲律宾来说，实行积极的东南亚政策，推进东盟的建立，原因较为复杂，大致说来有以下四个方面：一是为了抵御外来大国的力量进入东南亚地区，维护自身安全；二是通过组建东盟来获得其他东南亚国家的承认，加强彼此之间的关系；三是希望通过东盟帮助解决其与马来西亚的沙巴领土争端；四是加强与东南亚国家的经济贸易等方面的交流，争取减少对美国的依赖。

20世纪70年代，马科斯统治下的菲律宾在外交上积极进取，外交独立性大大增强。在对东盟政策上，马科斯提出了东盟集体自力更生、共同对外的经济政策原则。在马科斯倡议下，1976年，东盟成立了东盟常设秘书处，负责处理东盟日常工作，促进了东盟内部的协调与交流。菲律宾总统和高级官员经常出访东盟其他成员国，共同协商，采取统一的对外步骤。1976年，菲律宾退出东南亚条约组织，公开阐明与美国签订的共同防御条约纯粹是防御性质，不针对任何国家。

进入到20世纪90年代后，冷战结束，全球战争危险降低，各国民族主义情绪普遍高涨。1991年9月16日，在国内民族主义情绪的强烈影响下，菲律宾参议院否决了把美国军事基地延长10年的提案。美国于1992年12月向菲律宾移交了苏比克海军基地，美国军队在菲律宾将近一个世纪的存在彻底结束，菲美关系进入后基地时代。后基地时代的菲美关系总体上陷入低谷，美国大幅降低了与菲律宾的政治军事关系。面对低迷的菲美关系，菲律宾将目光投向了东南亚邻国，菲律宾对东盟的政策再次活跃起来。然而，出于现实的考虑，特别是美军撤出后菲律宾的安全考虑，菲律宾与东盟的合作更多的是在经济和安全方面。在经济方面，阿基诺夫人和拉莫斯两任总统实行的都是经济外交政策。在安全方面，由于美军的撤离，菲律宾对东南亚地区的安全更为关注，因为一个稳定的东南亚地区安全环境对于维护菲律宾国家安全、发展其经济至关重要。因此，菲律宾一直致力于借助东盟的力量，成立一个包括所有东盟成员国的多边安全机制。早在1989年的东盟外长后续会议上，菲律宾外长曼格劳普斯就首次提出东盟安全合作概念。菲律宾总统科·阿基诺在第四次东盟首脑会议上提议设立东盟防务委员会。在菲律宾和东盟其他国家的积极推动下，东盟开始积极筹备创办东盟地区论坛，菲律宾在其中起了重要的作用。在东盟各国努力下，1994年5月，第一届东盟地区论坛高官会议在泰国首都曼谷正式召开。

“9·11事件”后，菲律宾在其东盟政策以及与东盟国家的合作中，都把反恐放在重要位置。无论是在东盟地区论坛，还是在东盟地区外长会议上，菲律宾都积极倡导加强地区反恐合作，尤其是致力于加强与其地缘关系密切的马来西亚、印尼的合作。2001 年11月，在第七届东盟领导人会议上，菲律宾提出建立菲、马、印尼三国反恐联盟，三国最终就签署多边反恐合作协定的内容达成一致意见。2002年5月，菲律宾与马来西亚及印度尼西亚三国外长在吉隆坡签署了《情报交换及建立联系网络协定》。不仅如此，在所有东盟国家举行的反恐合作中，菲律宾都表现出了积极参与的态度，推动东南亚地区反恐合作的开展。实际上这也是菲美关系再度升温后，菲律宾受到美国全球反恐影响的反应。由于东南亚地区恐怖主义活动早已有之，恐怖组织也分布各国，如菲律宾的摩洛伊斯兰解放阵线、阿布沙耶夫组织和五角大楼组织；印度尼西亚的伊斯兰祈祷团、捍卫伊斯兰阵线、印尼伊斯兰国组织、圣战民兵组织和伊斯兰阵线；马来西亚的马来西亚圣战组织；泰国的北大年伊斯兰圣战者和国民解放阵线（BNPP）等。而且他们已形成地区网络，相互配合，共同行动，因此菲律宾多次呼吁东盟国家共同分享情报，联合打击恐怖主义等。2001年12月27日，印度尼西亚、菲律宾和马来西亚三国的副外长在马尼拉会议上宣布，三国将加强反恐合作。2002年10月，印尼巴厘岛发生爆炸事件后，菲律宾呼吁东盟其他国家加入地区反恐同盟，防止东南亚地区成为新的恐怖活动中心。“9·11事件”之后，菲律宾加大了与东盟国家的反恐合作和反恐力度，一是可以借反恐战争之机，通过与美国和东盟各国的合作共同消灭国内的恐怖势力；二是菲律宾希望通过与各国的反恐合作，解决久拖不决的国内民族问题。1968年，为反抗前总统马科斯在菲南部实行军事管制，摩洛民族解放阵线（MNLF，简称摩解）成立，与政府开始军事对抗。1978 年，又成立了“摩洛伊斯兰解放阵线”（MILF，简称摩伊)。近十多年来，该组织力量不断壮大，与政府军的对抗行动也不断升级。阿布沙耶夫组织(Abusayaff Group)成立于20世纪80年代初，目标是通过武装斗争在棉兰老建立独立的伊斯兰神权国家，为此不惜以恐怖活动和其他暴力行为消灭非穆斯林。菲南部叛乱问题难以在近期内得到根本解决，除政府经济发展政策的失误之外，国际因素亦使棉兰老问题进一步复杂化。摩洛民族的反政府运动长期受到国际诸多势力的支持，如马来西亚和印度尼西亚等国的政治和宗教势力均在不同程度上给予穆斯林以道义和资金支持。①只有与周边邻国开展跨国反恐，才有可能彻底清除菲律宾本国的恐怖组织。此外，菲律宾还在海事安全领域加强了与东盟各国的合作。2012年10月3日，第三届东盟海事论坛在菲律宾首都马尼拉召开，议题涉及东盟海事安全与合作、确保航行自由与打击海盗、保护海洋环境、促进生态旅游及渔业管理等，东盟10个成员国与国际海事组织以及“亚洲反海盗及武装抢劫船只区域合作协定”组织等机构代表出席。菲律宾副总统比奈表示，菲律宾坚定支持“亚洲反海盗及武装抢劫船只区域合作协定”组织信息共享中心这样的机构，同时也致力于参加年度东南亚合作训练演习等类海上演习，以提升地区海事安全能力。“菲律宾希望通过举办东盟海事论坛，让海事合作与安全成为东盟共同体稳定繁荣的一根牢固支柱”②。菲律宾外交部表示，东盟海事论坛着眼于成为东盟内部讨论跨领域海事议题的主要平台，在东盟政治安全共同体框架之下，促进海事合作。

在促进地区经济一体化方面，菲律宾一直是东盟各国中的重要推手。2004年10月，阿罗约总统在参加万象东盟—中国峰会前表

① 中国现代国际关系研究所民族与宗教研究中心:《周边地区民族宗教问题透视》，北京．时事出版社，2002年版，第339页。

② “第三届东盟海事论坛在菲律宾开幕”，中新网，http://www.chinanews.com/gj/2012/10-03/4226265.shtml.

示，东盟应促进地区经济一体化，并加强它与世界其他地区的联系。东盟的目标是在2020年前发展成为货物、服务、投资、技术工人和资本流动的共同体。菲律宾政府认为东盟经济一体化可以增加就业、出口、旅游和中小企业发展的机会，有利于菲律宾的发展。在2007年1月13日至15日菲律宾中部城市宿务召开的第12届东盟峰会上，菲律宾总统阿罗约在致辞中说，东盟在世界贸易组织多哈回合谈判受阻、核扩散问题备受关注之际召开首脑会议，讨论和平、安全、社会公正和经济增长等问题非常重要，希望首脑会议及随后举行的第二届东亚峰会在能源、人权、经济一体化及社会公正等问题上取得进展。阿罗约希望第12届首脑会议能够推动东盟建设"关爱和共享的大家庭"，各成员国能够加强"同为一体"的感觉，在社会公正、经济发展及共同安全方面分享利益，并相互关照。同时还签署了东南亚地区第一份反恐法律文件——东盟反恐公约，通过了有关能源领域合作与安全以及海外劳工安全和福利等问题的文件。

近年来，菲律宾利用东盟系列会议等平台在南海问题上不断挑起事端，试图将把本国的利益和意图贴上"整个东盟意志"的标签。在2011年7月印尼巴厘岛召开的第44届东盟部长级会议和东盟地区论坛系列会议的前夕，美菲两国敦促东盟地区论坛商讨如何解决南海争端引发的紧张局势问题。菲律宾外长罗萨里奥表示，"作为一个重大的安全论坛，南海争端问题很可能将是此次东盟地区论坛会议的首要讨论话题"。在东盟外长会议期间，阿基诺政府力推所谓的"南海和平、自由、友谊合作区"的倡议，希望以这个议案来引导或替代各方正在讨论落实的《南海各方行为宣言》后续行动指针，但未获支持。在2012年4月3日至4日柬埔寨首都金边举行的第20届东盟峰会上，阿基诺政府再次力推菲律宾2011年的倡议，并建议将此纳入未来东盟在与中国进行南海行为准则谈判的立场之中。但东盟十国中不少国家不甘心被菲律宾“劫持”，东盟轮值主席国柬埔寨甚至与菲律宾发生激烈争执。

综上所述，菲律宾与东盟组织的关系在二战结束后的冷战初期，菲律宾加入了以美国为首的西方阵营，对外关系受美国的操控，没有自主的意识，对于东南亚地区的政策考虑主要以意识形态划线，反对、敌视社会主义国家，跟随美国反共，发起、成立东南亚条约组织，围堵共产主义在东南亚以及亚洲的发展，不与印支三国发展关系。在冷战中后期，菲律宾的民族独立意识增强，民族主义情绪得到发展，菲律宾更多地从自己本国的利益出发，在对外关系的定位上，确认自己是亚洲国家和东南亚地区国家中的一员。在美国势力从东南亚地区收缩以后，菲律宾意识到地区联合对国家经济、政治、安全利益的重要性，积极发展同周边东南亚国家的关系，加速推动东南亚地区主义的发展，发起、成立了东盟，并努力推动东盟的发展。菲律宾以经济发展为重点，在对外关系和对东盟政策上，注重开展经济外交，努力发展本国的经济。

第六节　菲律宾与周边国家的关系

一、与泰国的关系

菲律宾与泰国于1949年建交，缔结友好条约。1975年，泰国总理克立·巴莫访问了菲律宾，签订了文化协定。1976年2月，泰国总理他宁·盖威迁再次访问菲律宾，两国在联合公报中强调：菲律宾和泰国在安全问题上的合作将在东南亚国家联盟范围以外进行，双方同意互派贸易代表团，并设立一个经济委员会，以研究两国间的进一步经济合作问题。1976年12月，双方就成立联合经济委员会和交换能源调查资料达成协议。接着，菲泰两国签署了多项合作协定：1978年两国签署了贸易经济合作协定；1979年两国签署了农业合作协议；1983年签署了航空条约。90年代中期以来，两国高层互访频繁。1997—2002年，泰国总理差瓦立、川·立派、他信先后访问了菲律宾；菲律宾总统埃斯特拉达、阿罗约也先后访问了泰国。2001年10月，两国签署了引渡条约。2004年2月，菲律宾能源部与泰国进行谈判，讨论共同在东南亚建立一个石油中心，以增加该地区能源供给问题。2009年10月，泰国素拉育总理对菲律宾进行正式访问，会见了阿罗约总统，双方就能源、农业、劳工等双边合作交换意见。2012年1月19日，泰国总理英拉访问菲律宾。这是英拉2011年8月就任泰国总理以来首次访问菲律宾。两国领导人就包括增强菲泰经济联系在内等共同关心的双边和地区问题交换意见，讨论进一步加强两国在能源、农业、国防、文化、教育、打击毒品贩运和减灾管理等领域的合作。

在东盟内部，菲律宾与泰国在许多问题上有共同语言，特别是在对待缅甸民主化问题上，尽管东盟多数国家对缅甸政府推进民主缓慢三缄其口，但菲律宾、泰国都极力敦促东盟对缅甸施加压力。90年代中期，菲、泰外长在东盟会议上积极要求修改东盟执行了几十年的“不干涉内政”原则，对缅甸国内问题进行干涉。2005年，菲、泰等国又共同要求缅甸放弃担任2006年的东盟轮值主席职务，以免西方国家为此抵制东盟的一系列会议。“9·11事件”发生之后，菲律宾和泰国积极支持美国发动的反恐战争，允许美国使用本国的军事基地和设施，并派兵到伊拉克参加维和行动和重建计划。2004年5月，菲律宾首次参加美国、泰国和新加坡的联合军事演习“金眼镜蛇”行动。2004年，美国总统布什宣布菲律宾和泰国为美国的“非北约盟国”。

但在推动东盟自由贸易区的内部经济合作中，两国也存在矛盾与纠纷。泰国是亚洲重要的大米出口国和最大的食糖出口国，菲律宾是泰国重要的大米和食糖市场。但菲律宾在糖业进口上采取严重的保护主义政策，将食糖列为受保护的敏感农产品，并推迟将其进口关税由50%~65%减为5%的期限，使得泰国非常不满。但泰国实施有利于本国汽车业的新税结构，它对本国制造的车辆和部件征收较低的税收，而于2004年9月开始对进口汽车实施较高的关税，也使得菲律宾非常不满。烟草产品是菲律宾快速增长的一项基础资源出口商品。据菲律宾国家烟草专卖局报告表示，菲律宾烟草业2011年生产了价值53亿比索的烟草产品，其中价值9 110万美元（大约39亿比索）的烟草产品出口到包括泰国在内的海外市场。泰国是菲律宾烟草成品的主要出口市场。2010年，菲律宾香烟占据了泰国市场份额的五分之二，出口额约2亿美元，一跃成为泰国第一大香烟进口国。但泰国违反全球贸易规则，对菲律宾卷烟征收高关税，并提高进口卷烟的零售价，借此保护国有的烟草制造商。关于菲泰卷烟歧视性关税的争端，虽然早就由世界贸易组织（WTO）作出了裁定，泰国也表示“将以尊重其世贸组织义务的方式实施世贸组织争端解决机构作出的建议和裁决，以解决此争端”。但目前看来，泰国并没有完全遵从WTO这一裁决的必要工作。而菲律宾也因为这场贸易持久战导致每年的出口下降20%，部分原因是泰国的卷烟税问题。卷烟的出口下降给菲律宾南部烟农带来了巨大的伤害。因此，如果泰国拒绝履行裁定，菲律宾将向其申请关税补偿。

二、与新加坡的关系

在与东盟各国的交往中，菲律宾与新加坡的关系尤为密切，双方在重大国际问题上的共识很多，经济方面的合作也非常密切。1978年，两国完成了海底电缆工程，同时还签有航空协议。1994年10月13日，在新加坡成立了菲律宾—新加坡商业理事会，菲律宾总统菲德尔·拉莫斯和新加坡总理吴作栋共同出席了启动仪式。该商业理事会一直致力于两国企业界的合作，至今仍在运作。早在1997年，菲新两国就同意在双边贸易中全面削减关税10%，促进两国贸易的发展。菲律宾向新加坡出口糖、木材、椰油、铜等农矿产品，新加坡向菲律宾出口石油化工、机械等工业产品。新加坡对菲律宾有许多投资，主要集中在造船业和食品加工业上。1997年，新加坡总理吴作栋再次访问菲律宾，两国领导人同意成立"菲—新行动计划"，以便在经济、外交、教育、文化、防务等领域加强交流，作为两国发展双边关系的新起点。1998年10月，菲律宾总统埃斯特拉达访问了新加坡。2001年1月阿罗约就任总统后，于8月22日访问了新加坡，以加强双边关系。阿罗约总统此次访问新加坡的主题是发展信息通讯技术。她与吴作栋总理举行双边会谈，并会见了新加坡总统纳丹和内阁资政李光耀。访新期间，阿罗约还对新加坡商界发表了演讲，介绍了菲律宾经济政策，邀请新加坡商家来菲投资。2011年3月，阿基诺三世应纳丹总统邀请前往新加坡作三天国事访问，访新期间，他表示菲律宾正在重新发展起来，希望新加坡公司前往当地投资。据新加坡国家统计局数据显示，2001年菲新双边贸易额为100.89亿美元，2010年高达222.98亿美元，2006—2011年年均双边贸易额为175.97亿美元。[①]目前新加坡是菲律宾仅次于日本的第二大贸易伙伴。此外，据海外菲律宾人委员会（Commission on Filipinos Overseas，CFO）的统计数据显示，截至2010年12月，

① Department of Statistics, Ministry of Trade & Industry, Republic of Singapore, *Yearbook of Statistics Singapore*, 2012, July 2012.

共有永久性移民、临时性移民和非法移民在内的16万菲律宾人在新加坡侨居或当外劳。[①]2011年来自新加坡的菲律宾人侨汇数额高达7.89亿美元，2003—2011年来自新加坡的菲律宾人侨汇数额共计39.29亿美元，年均4.37亿美元。[②]此外，新加坡还是菲律宾外劳前往亚洲其他国家、中东和欧美的中转站。

除了两国的经济合作外，菲新两国还同意改善旅游和安全关系。1986年8月，菲律宾总统科·阿基诺打破了以往首次出访首选华盛顿的传统，而是前往新加坡和印度尼西亚。2002年12月，新加坡副总理兼国防部长陈庆炎访菲，双方同意加强两国反恐情报合作。菲新在反恐方面一直积极合作，两国已同意加强军队反恐合作以及通过使用现代技术，加强反恐情报共享。2004年5月，新加坡在马尼拉正式开设地区办事处。2004年12月9~10日，新加坡总理李显龙对菲律宾进行了访问，双方表示，将进一步加强双边关系以及经贸、反恐等多领域的合作，尤其是在经贸、安全与信息技术产业的合作。新加坡总统纳丹应菲律宾总统阿罗约的邀请，于2007年2月13日开始对菲律宾进行为期4天的国事访问。纳丹总统表示，新加坡和菲律宾在旅游业方面还有进一步加强合作的空间，两国间应开辟更多的航线，以促进两国的旅游业。不久，菲律宾的克拉克国际机场就对外国航空公司开放，许多廉价航空公司如新加坡虎航、菲律宾宿务太平洋航空公司等都新开辟了新菲航线，使游客有了更多的选择。菲律宾总统阿罗约应纳丹总统邀请，2007年6月25日起进行了她任内第二次对新加坡作的国事访问。阿罗约会见两国工商界人士时表示，菲律宾将以新加坡为榜样，简化政府办事程序，

---

① *Stock Estimate of Overseas Filipinos* (*As of December 2010*), CFO, http://www.cfo.gov.ph/pdf/statistics/Stock 2010.pdf.

② *Overseas Filipinos' Cash Remittances By Country, By Source*, BSP, http://www.bsp.gov.ph/statistics/keystat/ofw.htm.

打击腐败，为吸引投资扫清障碍。阿罗约还鼓励新加坡商人来菲投资旅游、能源、矿产以及信息技术行业，菲律宾已处于永久经济发展轨道上。访问期间，阿罗约与新加坡总理李显龙探讨了改善双方旅游合作的航空旅行自由化问题，还讨论了驻军地位协议（Status of Forces Agreement，SOFA），以打击恐怖主义和跨国犯罪。2012年2月9日，菲律宾政府与新加坡商讨了捆绑式旅游合作，以便大规模提高游客抵达量。旅游部长吉门内斯表示，该想法是把菲律宾作为游客赴新加坡旅游的另一目的地，把新加坡建成菲律宾的旅游门户。2012年6月，菲律宾国防部透露，菲律宾正在研究与新加坡签订《军队到访协议》，以使两国军队可互访训练，联合演习。

但菲新两国也摩擦不断。1995年3月17日，菲律宾女佣弗洛尔在新加坡被处绞刑，此举在菲律宾引起极大反响，公众情绪激昂，举行游行示威，抵制新货，焚毁新国旗；3月22日，拉莫斯召回驻新大使，决定无限期推迟两国联合军事演习，宣布弗洛尔为英雄，并表示将重新调查死因，如女佣确被错判，菲将与新断交。新加坡亦作出相应反应，召回驻菲大使。这一事件造成超过25年关系最深的两个东盟国家之间的裂痕。两国之间的经济关系也趋于紧张。新加坡在菲律宾的投资急剧下降，从1994年的6 500万美元下降到1995年的370万美元。[①]2002年底，菲律宾拒绝遵守东盟关税减少方案，决定维持其对石化产品的保护关税的决定，引起新加坡的不满。在东盟自由贸易区共同有效优惠条约方案下，菲律宾必须将石化产品的关税降至5%，但菲律宾只提交了将关税维持在7%～10%的11种化工产品的列单。新加坡认为菲律宾此举伤害了东盟作为一个联合贸易体的声望，要求对新加坡出口商因高关税而遭受的损失给予

① Lucero Gonzalez，Joaquin.*Philippine Labour Migration：Critical Dimensions of Public Policy*，Institute of Southeast Asian Studies. 1998.

补偿，并打算取消其他菲律宾出口的相应关税特权。2003年9月，经过协商，菲律宾与新加坡解决了由石油化工产品关税引起的贸易争端。菲律宾与新加坡在柬埔寨举行的东盟经济部长会议期间，签署了一项由菲方向新方提供关税补偿的协议。根据协议，菲律宾必须向新加坡支付400万～500万美元，作为3年来对新加坡出口至菲律宾的石化产品收取高关税的补偿。

三、与马来西亚的关系

菲律宾和马来西亚是东南亚马来人种的主要国家，两国人民之间有着历史悠久的密切的经济和政治关系。它们都是东盟的创始成员，是重要的贸易伙伴。然而，作为血缘相近、文化相通的两个国家，它们之间的关系因领土争议问题又表现得很不融洽，曾出现过多次紧张局面。

马来西亚由马来半岛上的马来亚联合邦（称为西马来西亚）和加里曼丹岛（也称婆罗洲）北部的沙巴、沙捞越两州（称为东马来西亚）组成，此外，新加坡和文莱也曾同是英属殖民地的一部分。1957年，马来亚联合邦首先摆脱了英国的殖民统治而取得独立，并开始酝酿以马来亚为主体，包含新加坡、沙巴、沙捞越、文莱在内的“大马来西亚”计划。经过谈判，该计划得到了新加坡、沙巴、沙捞越的赞同，但被文莱拒绝，因为文莱人不愿意别人来分享他们的财产。英国方面在讨价还价之后，也同意放弃在新加坡、沙巴、沙捞越的宗主权，让它们与马来亚实现统一，以换取他们在殖民时代的一些特权得以保留。但是，马来西亚统一的计划却遭到菲律宾与印尼两个邻国的强烈反对。菲律宾和印尼都要求马来西亚各部分单独建国，强烈反对它们合并，认为一个统一的马来西亚将是对自己的威胁。菲律宾总统马卡帕加尔则认为沙巴是菲律宾的一部分，不应被马来西亚吞并。但马来亚、新加坡、沙巴和沙捞越不顾菲律宾和印尼的强烈反对，于1963年6月在伦敦签订了合并的协议，英国的代表也在协议上签字同意。合并后的联邦称为马来西亚。协议签订之后，菲律宾陈兵边境，与马来西亚关系迅速恶化。马来西亚国父、第一任总理拉赫曼针锋相对，宣布同菲律宾断绝外交关系，全国进入军事戒备状态。这种紧张局面持续了三年时间，直到菲律宾和印尼领导人认识到木已成舟，马来西亚统一的大业已不可逆转，对抗只能导致东南亚马来人种的利益集体受损，而没有任何意义，便主动改善与新生的马来西亚的关系。1966年，菲律宾的马科斯上台，也暂时搁下了与马来西亚的纠纷。1966年，菲马第一次复交。1968年因菲律宾国会通过了一项对有争议的沙巴地区的主权要求，两国再次断绝外交关系。同年底，在一些东盟国家的调停下，菲律宾与马来西亚暂停了争议，并于1969年再次复交。另外，由于马来西亚曾支持菲律宾南部的伊斯兰分离主义势力，两国的关系时好时坏。

为加强东盟内部团结，1977年8月4日，马科斯总统在吉隆坡第二届东盟首脑会议开幕式上宣布，菲律宾将放弃对沙巴主权的要求。会后，马科斯访问了沙巴，并在群众集会上宣布，菲律宾政府及人民都认为沙巴是马来西亚领土的一部分。1978年4月12日，菲马签署航空业务协议。同年8月5日，菲马达成边界安全协议，两国安全部队将共同防止菲律宾南部穆斯林民族的反政府行动。1980年2月，马来西亚外长访问菲律宾。1982年，两国签署了避免双重课税协定。为保护共同利益，菲马都参加了东南亚木材生产协会和亚洲太平洋共同体，在木材和椰子出口贸易方面对外采取联合行动。90年代初，随着两国贸易投资关系的迅速发展，沙巴主权问题被搁置，菲律宾外长罗慕洛在公开场合曾表示不再谈沙巴主权问题。马来西亚也积极从中斡旋，帮助菲律宾政府应对菲律宾南部的穆斯林反抗运动。1992年拉莫斯上台后，出访了马来西亚，又在沙巴领土争端中作出重大让步，提议在沙巴建立菲律宾驻马来西亚大使馆的分支机构。拉莫斯的访问进一步实现了双边关系的正常化。

90年代末，菲马之间因马来西亚前副总理安瓦尔被处理问题又出现龃龉。1998年底，马来西亚总理马哈蒂尔以"行为不端"等名义将副总理安瓦尔撤职逮捕。菲律宾总统埃斯特拉达公开对安瓦尔表示同情，并借到吉隆坡出席亚太经合会议的机会，会见了安瓦尔的夫人与女儿，引起了马来西亚政府的强烈不满，两国关系陷入低潮。菲马之间除了在沙巴主权存在争议外，两国还曾在中国拥有主权的南沙群岛海域有过所谓的"领土主权争端"。菲马两国都声称对有争议的南沙群岛"拥有主权"，虽然菲律宾在1956年以来才开始积极主张，但他们声称其自1946年独立起就正式对该岛屿"拥有主权"。1979年，他们说只想控制其中的7个岛屿。①马来西亚却自1976年以来一再声称，根据海洋法，南部岛屿是他们领土的一部分，是其大陆架的一部分。②1999年6月和8月，菲律宾先后就马来西亚占领南中国海的榆亚暗沙和簸箕礁向马来西亚提出抗议，两国的战斗机因此曾在南中国海上空对峙。南沙群岛自古以来是中国领土，中国政府对两国的恶劣行径表示严厉的谴责。

此后菲马两国领导人都在积极寻求办法缓解两国关系。1999年10月4～7日，菲马出动8艘舰艇、2架飞机和200多名兵员，在两国的海界上举行海空军联合演习，以打击该水域猖獗的海盗、走私和非法运送军火等活动。2001年1月，阿罗约就任总统后，重视加

① Spratly Islands Dispute（SPRATLY Case）. American University.http://www1.american.edu/TED/SPRATLY.htm.

② Dzurek，Daniel J.and Clive H.Schofield. *The Spratly Islands Dispute：Who's on First?*.International Boundaries Research Unit. 1996.

强与东盟其他国家的关系，菲马关系趋于正常。为促进当地经济和旅游业发展，两国共同维护沙巴州等地区的社会治安。对于菲南叛乱分子经常流窜到沙巴州绑架人质，马来西亚警方积极配合菲律宾政府抓捕叛乱分子。同时，马政府也积极协助菲南反政府武装与菲律宾政府达成和解，多次从中斡旋并提供谈判地点。2001年7月24日，菲政府和反政府武装摩洛伊斯兰解放阵线的代表在吉隆坡进行第二轮秘密谈判，为落实6月双方在利比亚首都的黎波里签署的停火协议制定一项框架文件。2001年8月7日，阿罗约总统对马来西亚进行了为期3天的国事访问，马哈蒂尔总理和阿罗约举行了会谈，双方就两国在各个领域的合作、菲南部和平和东马沙巴问题交换了意见。两国还签订了关于经济、贸易和旅游等领域的12项协议和备忘录。阿罗约访马期间，菲政府和反政府武装摩洛伊斯兰解放阵线的代表在马来西亚举行了两周会谈后于7日签署了停火协议。

"9·11事件"发生后，菲马积极合作，联手打击东南亚的恐怖势力。2001年11月末，摩洛民族解放阵线的头目密苏阿里因不满菲政府支持其竞选对手，在南部穆斯林自治区选举前夕发动叛乱，与手下7人逃到沙巴境内的一个小岛上，后被马来西亚警方逮捕。密苏阿里等人试图寻求马政府的政治庇护，伊斯兰会议组织也呼吁第三国对密苏阿里给予庇护，但均遭到马政府的拒绝。2002年1月8日，密苏阿里及其助手被遣返回国。

然而，菲马两国关系发展也并不顺利。2002年，因马来西亚政府大规模遣返在马沙巴州的菲籍非法移民，菲马关系曾发生摩擦。马来西亚劳动力短缺，80年代初从周边的菲律宾、印尼等邻国引进了大量的劳工，从事建筑、制造、种植、养殖和服务等行业。外劳的大量进入，为马来西亚的经济发展作出了重要贡献，但也带来了大量社会问题。为此，马政府开始实行新移民法，将大批来自菲律宾、印尼等国的非法劳工遣返回国，并对一些非法劳工实施监禁和鞭刑。结果引发了菲律宾、印尼等国全国性的反马示威活动，马尼拉的民众甚至焚毁马来西亚国旗。2002年9月，有1名13岁的菲律宾小女孩在马来西亚沙巴州的非法劳工拘留营遭受性虐待。事件发生后，菲律宾政府立刻向马来西亚提出抗议，呼吁马来西亚在遣返非法劳工的过程中应该遵守联合国宪章。为了缓和菲律宾方面的不满情绪，马哈蒂尔已经宣布暂停在沙巴州拘捕非法外国劳工的行动，允许菲律宾非法移民自由返回家园。

马来西亚新总理巴达维上台以后，积极加强与菲律宾的经济及安全合作关系。2004年1月19日，巴达维抵达菲律宾巴塞市的维拉摩尔空军基地，开始他对菲律宾为期两天的国事访问，这是巴达维担任总理以来首次访问菲律宾。两国领导人举行了会谈，内容涉及双边关系、马来西亚支持菲律宾在伊斯兰会议组织中申请观察员身份，以及由马来西亚组织的菲律宾政府与反政府武装“摩洛伊斯兰解放阵线”之间和谈的最新进展情况等。2006年4月28日，菲马在吉隆坡发表联合声明，表示双方将加强海上安全合作，共同打击恐怖主义和海盗活动，以加强两国海上边界地区的安全。

四、与印度尼西亚的关系

菲律宾与印尼同是群岛国家，相距较近，人民多为马来民族，属于同一语系，菲律宾和印尼两国自古以来就拥有密切的社会和文化关系。两国于1949年11月建立外交关系。建交后，两国政府首脑经常会晤，商谈双边问题、地区和国际问题。1979年7月，印尼总统苏哈托和菲律宾总统马科斯在马尼拉举行会谈，就地区和平与稳定达成共识，两国还就经济合作问题达成若干协议，同意建立联合企业，以便印尼把大量的天然气供给菲律宾，菲律宾则向印尼提供大米等物品。印尼在穆斯林摩洛民族解放阵线与菲政府和谈中发挥重要作用。1996年，菲律宾政府和反政府武装摩洛民族解放阵线通过在印尼举行的一系列谈判，最终达成了历史性的和平协议。1999年11月，瓦希德访问菲律宾，并与埃斯特拉达总统就棉兰佬、南中国海和东帝汶等问题交换看法。

进入新世纪以来，两国高层来往频繁，积极推动双边经济和安全合作。2001年6月，印尼总统瓦希德抵达菲律宾进行访问，同菲律宾总统阿罗约举行了会谈。双方表示将进一步加强两国的友好关系。阿罗约表示菲律宾非常感谢印尼政府在帮助菲律宾实现民族和解方面所作的努力。2001年8月21日，上任一个月的印尼新总统梅加瓦蒂总统对菲律宾进行国事访问，两国领导人就共同关心的贫困和伊斯兰教分离主义叛乱等问题进行广泛会谈。梅加瓦蒂表示印尼将继续同菲律宾紧密合作，以便进一步加强两国关系，并携手来实现彼此的共同愿望——确保本区域的持续和平、稳定与繁荣。

“9·11事件”之后，由于菲律宾和印尼两国国内都存在伊斯兰极端组织，而且两国的恐怖分子经常互相串联，相互协助，共同作案，促使两国加强了反恐合作。2001年11月，阿罗约总统访问印尼，双方签署了渔业、旅游、投资和能源等合作协议，就开启海洋划界谈判、加强防务安全合作和联合打击跨国犯罪达成一致，如联合展开海上巡逻，加速划定两国的海上边界线等。2002年12月21日，菲印(尼)政府举行了为期2天的双边合作部长级委员会第三次会议，菲律宾外长奥普莱和印尼外长维拉尤达分别代表各自政府签署了一项合作协议，以加强两国在安全、经济、海事等领域的合作；两国还将交换情报，联手打击恐怖主义活动，以及海盗和拐卖妇女儿童等跨国犯罪活动。此外，两国还在贸易、投资和分享渔业资源方面加强合作。2004年10月，菲律宾与印尼的相关机构签署了两国互换信息、取缔洗钱行为的谅解备忘录。2005年11月18日，菲律宾警方还与印尼警方签署了一项备忘录，共同打击跨国犯罪及恐怖主义，主要措施有：情报交换、协调办案行动、警察培训及成立反跨国犯罪联合委员会。2005年6月20日，担任印尼总统的苏西洛对菲律宾进行了首次国事访问，菲律宾总统阿罗约和苏西洛举行了会谈并表示，两国将通过减少贫困等措施加强打击地区恐怖主义的力度。两国将加强情报共享与合作，以打击恐怖分子的跨国活动。当时菲律宾和印尼打击恐怖主义的共同目标是曾因制造2002年印尼巴厘岛爆炸事件而臭名昭著的东南亚恐怖组织“伊斯兰团”。菲军方承认被认为与“基地”组织有关的“伊斯兰团”已经将组织从其基地印尼渗入菲南部棉兰老岛，并在那里建立了恐怖主义训练基地。在菲印(尼)反恐合作下，已有多名“伊斯兰团”重要人物在菲落网。菲律宾和印尼两国警方还签订协议，决定将更有效地执行现有的双边反恐合作协议，内容包括防止恐怖活动，合作逮捕、审讯恐怖分子和跨国犯罪分子，以及交流反恐技术和经验等。2011年3月8日，菲律宾总统贝尼尼奥·阿基诺三世访问了印尼，双方同意加强反恐合作，互相交换与恐怖组织相关的数据和信息，共同打击东南亚恐怖网络。双边表示，由于菲律宾和印尼都面临着恐怖主义威胁，希望两国能加强在海上反恐方面的合作，在边境海域增派巡逻艇，终止恐怖分子在两国间的流动。由于东南亚恐怖网络已经覆盖了印尼与菲律宾两国及该地区其他国家，使东南亚恐怖分子具有很高的流动性。为此，双方建议本地区各国联手反恐，根除本地区恐怖主义活动。此外，苏西洛和阿基诺还就加强两国在贸易、投资、渔业、能源、运输、旅游等领域的合作达成一致，并共同签署了一份在打击跨国犯罪领域加强两国警方合作的谅解备忘录。

菲律宾还与印尼、马来西亚积极推动东南亚地区的安全合作。2002年5月，菲、印(尼)、马三国签署了旨在加强三国反恐合作的《情报交流与建立联系程序协议》。当年7月，印尼巴厘岛发生严重的爆炸事件后，菲律宾呼吁东盟其他国家加入地区反恐同盟，防止东南亚地区成为新的恐怖活动中心。11月，印尼外长哈桑访问菲律宾，双方就菲律宾、印尼、马来西亚三国反恐协议扩大到东盟十国问题进行磋商。2005年11月，菲律宾建议与印尼、马来西亚在三国间的苏禄海和苏拉威西海建立两条共同的防卫线，以打击这一海域的恐怖分子和海盗，获得两国同意。2012年8月31日，菲律宾、印尼和马来西亚考虑联合进行海上巡逻，以打击海盗、走私以及和“基地”组织有联系的活动。菲国防部长加斯明称，三国的有关当局将研究联合巡逻的建议，同时考虑实时交换情报与迅速反应安排，以应付海上紧急事故或跨境罪案。如果三方合作，将能大大改善区域的安全情况。

近年来菲律宾和印尼的经济合作也在不断发展。由于能源短缺，菲律宾与印尼在煤炭开采方面长期进行合作。印尼是菲距离最近的煤炭来源地，也是菲最大的单一煤炭供应国。菲律宾政府需要确保国家煤炭供应，并支持寻求更多的煤炭资源，与印尼合作是最便宜和最便捷的确保方式。2001年11月阿罗约访问印尼时，两国签署了相关备忘录，承诺推动双方在煤炭领域的合作。2003年，菲律宾国家电力公司和印尼煤炭开发协会的部分成员公司签署了煤炭协议，以确保其煤炭供给渠道的多样性。2004年1月，菲律宾石油公司下属的勘探公司开始与印尼煤炭协会进行合作，讨论进行一系列煤炭开采项目的可行性。同时，菲律宾希望通过与印尼方面的合作，能够为满足菲律宾另一家国有企业——菲律宾国家能源公司以及国内一些水泥公司的煤炭需求寻找到稳定的供给源。2004年，菲律宾贸易代表团与印尼的有关部门签订了协议，决定投资1 200万美元，重新恢复印尼苏拉威西万鸭老市和比通市的两家金枪鱼罐头制造厂的生产。印尼也在为创新并改善菲律宾的虱目鱼养殖业提供技术援助。目前，菲律宾的虱目鱼多是靠渔民捕得，或是依靠印尼和中国台湾的鱼苗。2006年4月，菲律宾和印尼签署了一份备忘录协议，把两国的渔业合作期限延长到2010年。两国合作的项目有开发水产养殖业、海洋渔业捕捞、捕捞后期合作、水产品加工、海水养殖环境保持、反非法捕捞行动、渔业科研活动、渔业教育、渔业技能培训以及海洋环境保护。菲印(尼)两国的这些合作将迅速帮助菲律宾国内金枪鱼行业走出困境。两国还通过协商，决定在上述诸多合作项目的基础上，成立一个由两国相关部门高级官员组成的联合委员会，以决定和商讨在合作中各项目的细节工作。

由于菲律宾与印尼两国的水域界线有的区域还未划定，尚存在争议，发生海上渔民“越界”的事件是常态，这导致两国相互扣留船只、拘留渔民，甚至击沉渔船，给两国关系和经济发展带来不利影响。因此两国还多次举行双边军事会议，签署了《联合边界巡逻协议》、《引渡协定》等，并经常举行联合海军演习。

五、与越、老、柬关系

冷战时期，由于意识形态不同和经济发展的差距，菲律宾与印支半岛国家——越南、老挝和柬埔寨国家的关系冷淡，来往不多。20世纪70年代中期，菲律宾调整外交战略，开始与社会主义国家往来，特别是冷战结束之后，90年代初期到中期，东盟为自身在地区事物和国际上的影响力，积极扩大组织机构，加强地区政治经济合作，吸收越南、老挝、柬埔寨等国加入东盟，并对这些国家提供一系列援助，致使菲律宾与印支半岛国家的来往增多。

（一）与越南关系

菲越两国于1976年7月12日建交。90年代以来，两国的友好合作关系不断发展，高层往来增多。1994年，菲律宾总统拉莫斯访问越南，他是第一位访问越南的菲律宾国家元首。拉莫斯会见了越南国家主席黎德英和总理武文杰，双方就东南亚地区安全、经济合作和越南加入东盟的条件等问题进行了讨论。1995年，越南国家主席黎德英访问菲律宾，越方表示希望加强与菲律宾的军事合作。1998年12月，菲律宾总统埃斯特拉达访问越南。

进入21世纪后，菲越两国在经济合作方面明显加强。2001年11月，越南国家主席陈德良访问菲律宾，双方就加强两国的经贸关系和遣返越南难民等问题达成共识，并签署了双重征税等协议。2002年11月6日，菲律宾总统阿罗约开始对越南进行为期两天的正式友好访问，这是2001年1月阿罗约就任菲律宾总统以来首次访问越南。两国领导人对共同关心的问题交换了意见。特别是越南将继续出口大米、电子零件和各种农副产品给菲律宾，同时进口菲律宾的磷酸铵、机械、化工产品、天然气和汽油等，越南与菲律宾两国领导人表示将一致促进共同反恐合作。2011年9月，阿基诺三世总统在对越南进行两天国事访问期间，表示菲越双方关系很有生机且牢固，菲越在许多方面都有合作，尤其是贸易、渔业、气象学、水利学、体育和财政方面。此次来访与越方签订了高等教育、国防、海上事务和泄油应付四个合作项目。同时表示支持越南担任第17届东盟轮值主席。

菲越两国在安全合作上发展迅速，尤其在南中国海问题上两国“互相支援”，共同向中国发难。2001年1月，菲律宾参谋总长雷耶斯访问越南，双方讨论了军事合作计划，包括军舰和人员互访，菲越双方对解决“南沙群岛争端”交换了意见。2003年2月25～28日，菲越举行了为期3天的双边合作联合委员会会议，主要议题就是要加强安全和国防合作，双方发表联合合作声明，双方同意考虑“加强两国军事领导层之间常规的互相作用与影响”。越南国家主席张晋创2011年10月26日至28日对菲律宾进行国事访问，访问期间，两国签署了多项合作协议，菲越在双边会议中谈及南海问题，重申维持该地区和平稳定及海上安全保安之重要性，双方强调全面履行东盟国家与中国2002年签署的《南海各方行为宣言》之重要性。越南宣称会支持并与菲律宾及其他东盟国家紧密合作，推动菲律宾提出的所谓南中国海“和平、自由、友谊与合作区”构想。一直以来，自认“实力很有限”的菲律宾、越南热衷拉拢其他有关国家在南海问题上抱团行事，试图以多国甚至整个东盟为一方，与中国抗衡。

但目前来看，东盟国家不可能如菲越所盼，抱成一团合围中国。因为菲律宾和越南在各自宣示“主权”的争议海域本身即有范围重合部分。两国对南沙群岛的“主权争端”依然存在。2004年4月，越南国防部举办首个南沙群岛旅行团，引起包括菲律宾在内的本地区多个国家和地区的不满，中国大陆、中国台湾和菲律宾均发表声明予以谴责，称河内此举可能造成地区局势紧张。2011年5月30日，菲律宾警方与海军当天联手在该国巴拉望省巴拉巴克镇海域抓扣7艘越南渔船及船上122名越南渔民。这是近年来菲方抓扣外国船只及船员最多的一次。这些越南渔民可能面临“非法入境”、“非法捕鱼”等指控。虽然在同年10月5日，菲律宾政府执行部长奥楚亚与越南驻菲大使签订捐赠文件称，有鉴于菲越两国间密切友好的外交关系，为进一步体现菲方的“友好和慷慨”，菲律宾政府决定把这7艘越南渔船“捐赠”给越南政府。但曾协助官方对越南渔民提起诉讼的巴拉望环境法律救助中心助理执行主任马约·安达批评阿基诺政府的这一决定，声称“捐赠给越南等同于归还给违法的越南渔民”，为菲方执法开下“恶劣的先例”。由此可见，菲越双方在南中国海问题上矛盾与冲突依然将延续下去。

（二）与老挝、柬埔寨的关系

1. 与老挝关系

1997年9月拉莫斯总统访问了老挝。2001年，菲老两国签订了投资和食品加工协议。2002年4月，老挝总理本南·沃拉吉访问菲律宾，两国领导人在会谈中同意加强区域内反毒合作，以及两国在贸易、农业和医疗等方面的双边合作。阿罗约总统说，菲老两国相关职能部门应加强相互联系，进行反毒合作。沃拉吉表示，老挝政府非常重视与毒品相关的社会问题，并有决心有效地予以解决。11月，阿罗约总统赴老挝出席第十届东盟领导人峰会。2012年5月12日，老挝总理通邢·塔马冯来菲律宾进行国事访问，出席了当日在索菲特大酒店举行的菲律宾工商总会商务会议，并担任主讲人。菲律宾总统阿罗约4月29日在总统府同老挝总理本南·沃拉芝举行会谈，双方同意加强区域内反毒合作。

2. 与柬埔寨关系

柬埔寨和菲律宾于1957年正式建立外交关系以来，两国高层互访频繁，各个领域交流合作深入发展。2000年8月，柬埔寨首相洪森访问菲律宾，菲律宾总统埃斯特拉达与洪森首相举行了会谈，两国领导人就进一步发展两国间的经贸合作关系等问题交换了意见。

双方还签署了加强与保护两国投资合作协议和成立双边合作联合委员会协议两项合作协议，以及主要包括在旅游、医疗保健和对持有外交与官方护照的入境者免于签证方面加强合作等内容的3项谅解备忘录。访问期间，洪森参观了位于马尼拉南部30千米处的国际水稻研究所和位于吕宋岛中部的苏比克自由港。2003年1月，菲律宾众议院议长何塞·德贝内西亚抵达金边，对柬埔寨进行了正式友好访问。首届菲律宾柬埔寨投资与贸易论坛于2010年7月9~10日在柬埔寨举行，双方共同探讨了投资贸易的合作机会。20家菲律宾公司在两天的论坛期间，向柬埔寨民众展示了菲律宾生产的各类商品，以寻求合作伙伴。2008年，两国贸易额为879.15万美元，其中菲律宾出口柬埔寨737.31万美元，柬埔寨出口菲律宾为141.84万美元。2009年1至11月，两国贸易总额明显增长，达到1 837.33万美元，其中柬埔寨出口菲律宾902.35万美元，进口菲律宾商品934.98万美元。柬埔寨商业部长占比塞指出，菲律宾是柬埔寨在东盟国家中重要的经贸合作伙伴之一，因此，菲律宾对推动在柬埔寨投资、经贸发展中扮演重要角色，他表示欢迎更多菲公司来柬经商。在论坛上，柬埔寨总商会和菲律宾贸易理事会签署合作协议，以促进双方合作关系，为两国贸易、投资交流提供方便。2012年4月，菲律宾政府表示，希望在两个月内与柬埔寨结束有关“大米”谈判，并签订相关议定书。菲农业部官员表示，柬埔寨将成为菲律宾未来的大米进口来源国。菲国家粮食署称，菲2012年从越南和泰国进口12万吨大米，以增加政府粮食储备。菲农业部部长助理还表示，菲将与柬埔寨开展农业方面一系列的合作，包括技术服务和能力建设等。第45届东盟外长会议2012年7月9~13日在柬埔寨首都金边举行，来自东盟十个成员国的外长和负责安全事务的官员出席了本次会议。与会各方就东盟政治和安全合作、东南亚地区无核化、东盟与主要对话伙伴之间的合作等一系列议题展开深入讨论，为东盟在2015年建成东盟共同体协调立场和主张。会议期间，因菲律宾外长德尔罗萨里奥意图通过东盟来制约中国的计划因轮值主席国柬埔寨反对而严重受挫，会议未能发表联合公报，这在东盟成立45年来的历史上实属首次。东盟轮值主席柬埔寨王国副首相兼外交国际合作部大臣贺南洪明确表示，未能达成一致的主因是菲律宾非要将黄岩岛"争端"写入公报。柬埔寨因此遭菲律宾、越南指责，称其"跟中国站一起"。菲外交部副部长巴西里奥2012年7月19日撰写长文，为菲高官在东盟外长会议上言行辩解，并对会议主席国柬埔寨大加指责。柬埔寨驻菲大使贺西里通大使7月30日致信菲律宾《星报》，对巴西里奥言论予以反击，并不点名地批评菲律宾和越南两国"玩弄肮脏的政治伎俩"。这番言论引发菲外交部强烈反应。其后，菲外交部多次高调召见贺西里通大使，要求他向菲方就自己的言论作出解释，贺西里通一直以生病为由予以拒绝，只是派出使馆官员前往菲外交部。菲外交部声称，只要贺西里通不露面，菲方会不停地召见。8月8日，柬埔寨驻菲使馆向菲律宾外交部递交普通照会，通知菲方柬驻菲大使贺西里通将提前离任。

六、与缅甸、文莱的关系

1. 与缅甸的关系

1997年9月，拉莫斯总统访问缅甸；1998年3月，缅甸和平与发展委员会主席丹瑞访问菲律宾。但菲律宾对缅甸的民主进程停滞非常不满，多次批评缅甸政局不稳定将影响整个地区的稳定和吸引外来投资，曾建议东盟修改"不干涉内政"原则，对缅甸的国内问题加以干涉。2004年11月，在东南亚领导人年度峰会上，菲律宾总统阿罗约敦促缅甸总理梭温让昂山素季的政党在政府中有更大的代表性，但她未直接呼吁释放昂山素季。2005年2月21日，缅甸总理梭温对菲律宾进行正式访问。这是继缅甸最高领导人丹瑞大将于1998年访问菲后，缅甸总理首次访问菲律宾。菲律宾也是梭温自2004年10月就任缅甸总理以来出访的第一个东盟成员国。阿罗约总统与梭温就双边关系、扩大菲在缅投资以及加强两国经贸往来等议题举行会谈。2007年11月20日，在新加坡举行的东盟峰会签署新宪章，内容包括人权和民主。菲律宾总统阿罗约在峰会上警告说，如果缅甸不释放反对派领导人昂山素季，菲律宾就可能不会批准东盟新宪章。阿罗约强调，如果缅甸签署东盟宪章，缅甸军政府就要承诺恢复民主，释放反对党领袖昂山素季。

但近年来，菲缅双边关系发展迅速。2008年11月7日，为了缩小东盟老成员国与新成员国之间的差距，达到共同发展的目的，菲律宾总统发布命令，对来自缅甸、柬埔寨的商品免除进口税。菲律宾对缅甸的免税商品有：篮球、竹、籐制品、发髻用品、蔬菜水果等。2011年，菲律宾曾与其他东盟成员国一道呼吁解除针对缅甸的国际制裁。2012年1月18日，菲律宾外交部表示对缅甸不久前宣布释放651名政治犯表示欢迎，认为此举展示了缅甸现政府为推动全国和解、民主营造氛围的政治决心与承诺。菲律宾外交部发表声明称，“菲律宾认为，缅甸正在进行‘史无前例的’政治和经济改革，理应受到‘国际社会’的善意回应，针对缅甸的国际制裁应当解除”。2012年2月10日，菲律宾外长德尔罗萨里奥会见了缅甸反对派、全国民主联盟领导人昂山素季。2012年6月14日，缅甸外长吴温纳貌伦与菲律宾总统阿基诺三世举行会晤，双方此次会晤主要讨论提升贸易以及经济的话题。阿基诺三世还向吴温纳貌伦表示，菲律宾支持缅甸正在推行的改革，同时菲律宾政府愿意为缅甸的民主过渡提供帮助。阿基诺三世在与吴温纳貌伦提及菲律宾自己的民主过渡问题时，还表示菲律宾民众准备与缅甸民众分享民主经验。

2. 与文莱的关系

菲律宾与文莱保持着正常国家关系。1998年8月，文莱苏丹访问了菲律宾。1999年8月，菲律宾总统埃斯特拉达访问了文莱。2001年阿罗约就任总统后，于8月下旬就访问了文莱，与文莱苏丹博尔基亚举行了会谈，讨论了重新启动涵盖文莱、印尼、马来西亚和菲律宾的东盟“东部增长区计划”。两国发表了联合声明，并签署了菲文军事合作协定。2007年1月，文莱与菲律宾已达成协议共同开发东帝汶的石油与天然气资源。应菲律宾总统阿罗约邀请，文莱苏丹哈桑纳尔于2009年1月29日至31日对菲律宾进行国事访问。两国领导人举行会谈，并发表联合公报。阿罗约感谢文莱对菲南部棉兰老岛和平进程的贡献及援建位于穆斯林人口聚居城市哥打巴托市的大清真寺（Grand Mosque），希望文莱增派维和人员。同时她也赞赏文莱对菲律宾以《清迈倡议》为基础应对全球金融危机提议的支持，以及通过文莱大学向菲律宾伊斯兰教学研究机构（Filipino Madrasah）提供奖学金的举措。阿罗约注意到文莱致力于发展水稻种植和清真产品，表示菲农业部长将于近期访文探讨合作。文莱苏丹哈桑纳尔表示，文莱将继续支持菲南部地区和平进程及发展，考虑增派维和人员，并将继续提供奖学金供菲穆斯林信众来文莱深造。访问期间，阿罗约向文莱苏丹哈桑纳尔颁发拉坎杜拉最高荣誉勋章（Order of Lakandula，Supremo），以彰显哈对文菲关系特别是棉兰老岛地区发展的贡献。1月30日，文莱经济发展局与菲Crestar Communications，Inc.公司在马尼拉签署信息通讯技术领域（ICT）合作谅解备忘录。菲律宾棉兰老岛经济发展委员会在2009年9月14日宣布菲律宾和文莱将合资在文莱Muara港口建立一个金枪鱼的加工厂。该项计划由私营企业提出，并在第18届“文莱—印度尼西亚—马来西亚—菲律宾东盟东部增长区”高官会以及2008年8月6～7日召开的第14次部长级会晤的非正式会议期间得以初步制定。几国的私营企业代表将进一步商讨投资计划，其中包括加工厂的建立、水产品的供应、生产技术及行销方案。2011年6月1～3日，菲律宾总统阿基诺三世访问文莱，同文莱政府有关部门以及企业举行会谈，探讨进一步加强双方在油气、基础设施、农业和渔业领域的合作。访问期间，菲律宾和文莱在食品安全及农业、造船和港口建设、旅游和体育发展四个领域签署了加强合作的谅解备忘录。两国一致同意通过合资企业加大对食品和农业的投资，并加强该领域的培训和能力建设；在旅游开发方面，两国将鼓励互访，通过共享宣传册及其他促销材料共同推出促销计划，并通过信息交换及参与两国间展览，共同促进医疗旅游的发展。

第十章　中菲关系

第一节　古代的中菲关系

菲律宾是中国的近邻，隔南中国海与华南相望。至于中菲关系具体起于何时，一直是一个有争议的问题，中外史家说法不一，未有定论。玛尔康在其著作《第一马来共和国》(*First Malayan Republic*)中认为，"中国人到菲律宾与居民贸易，可以远溯至公元前二三千年间"[①]。菲律宾历史学教授克莱先生则认为，"西历纪元前，当中国周秦时，菲人已与中国人来往。菲之政府且屡致贡于中国。中国以天朝自居，亦尝以爵位及珍物，此政治上关系也。中国商人常至菲岛贸易绸米等物，历三月至五月而返，此商业上之关系也"[②]。日本学者长野朗也认为，早在周秦时代，中国人就已来到菲律宾与当地居民贸易。[③]美国的海颠则认为，根据历史和考古学的研究，远在7世纪以前，中国人就已经来到菲律宾群岛从事贸易。日本的河野七郎则认为，在1 000年以前，中国和菲律宾已有密切的联系。但中国典籍对中菲关系的最早记载却始于宋代。

一、宋元时期的中菲关系

宋元时期是中菲关系的起始阶段，中国典籍的相关记载不多，且多为蜻蜓点水式的，很不周详。不过，还是能从片言只语的记载中梳理出一个大致的轮廓。

① George A.Malcolm, *First Malayan Republic*, Boston，1951, p.268.

② 刘继宣、束世征:《中华民族拓殖南洋史》，国立编译馆出版，商务馆印行，导言部分。

③ 长野朗:《华侨(支那民族之海外发展)》，东京，昭和三年，第113-114页。

（一）中菲官方交往

"自古帝王临御天下，中国属内以制夷狄，夷狄属外以奉中国"是"华夷"秩序的根本理念与原则，而"朝贡"制度则是"华夷"秩序在体制上最根本的保证。[①]由于中国朝廷在对外交往中坚守"华夷"秩序，所以宋元时期的中菲官方交往也被纳入了"朝贡"体制的框架内，尽管其实际形式往往是以"朝贡"之名行贸易之实。

1. 政治交往

宋元时期，中菲之间大体上维持着较为密切而又友好的政治交往。宋元两代见于记载的、朝贡过中国的菲律宾古国，只有菲律宾南部棉兰老地区的蒲端和三麻兰，见载于《宋史》、《宋会要辑稿》和《文献通考》。且持续时间短暂，始于宋咸平六年（1003年）而止于宋大中祥符四年（1011年），蒲端前后入贡四次[②]，三麻兰入贡一次。同时在中国朝廷方面，却并未见遣使菲律宾诸邦国的记载，只是在元"世祖至元三十年，命选人招诱之（三屿）"，后因平章政事伯颜等"乞不遣使"，最后"帝从之"。[③]

2. 官方贸易

朝贡往往与官方贸易结合进行，即以"贡品"来换取中国朝廷的丰厚"回赐"。蒲端是宋代典籍中所记载的同中国官方交往最密切的菲律宾邦国，前后四次朝贡中国。据载，"真宗咸平六年九月，其王其陵遣使李罕、副使加弥难来贡方物及红鹦鹉。景德元年（1004年）正月，诏上元节夜中使，命押伴蒲端使观灯、宴饮，仍赐缗钱。五月，遣使李罕等来贡方物。九月，有司言：'蒲端使

① 何芳川：《"华夷秩序"论》，1998年2月于北京大学演讲的演讲词。

② 《宋史》卷七、八《真宗本纪》和《宋会要辑稿》第一九九册都提到大中祥符四年的二月和六（《宋会要辑稿》中为五月）月蒲端两次入贡，实际上是一次入贡的两次内容不同的记载，这在《宋会要辑稿》第一九七册《蒲端》中记载得很明确。

③ 宋濂等：《元史》，卷二一〇，列传九七，《外夷三·三屿》，北京．中华书局，1976年，第4668页。

多市汉物、金银归国，亦有旗帜之类。远人不知条禁，望令开封府戒谕市人无得私制。’从之。四年六月，王其陵遣使已絮汉等贡玳瑁、龙脑、带枝、丁香、丁香母及方物。赐冠带、衣服、器币、缗钱有差。八月，蒲端国使已絮汉上言：‘伏见诏赐占城使鞍辔马二、大神旗二，望如恩例沾赍。’有司言：‘蒲端在占城之下，若例赐之，恐无旌别，望改赐杂彩小旗五。’从之。大中祥符四年二月，国主悉离琶大遐至又遣使李于燮以金版镌表，奉丁香、白龙脑、玳瑁、红鹦鹉来贡。时祀汾阴后土，命其使至行在。又献昆仑奴一，帝悯其异俗离去乡土，命还之。……六月，诏以李于燮为怀化将军。……七月，李于燮等奉大（其）国之奏，乞赐旗帜、铠甲，以耀远方。从之”[①]。

（二）中菲民间贸易

据中国史籍记载，宋元时期菲岛已在中国商人的活动范围内，他们运去大量的中国商品以博易当地的土特产。据《诸蕃志》载，“（中国）商人用瓷器、货金、铁鼎、乌铅、五色琉璃珠、铁针等博易（麻逸土产）”[②]，“（华商）博易（三屿土产）用瓷器、皂绫、缬绢、五色烧珠、铅网坠、白锡为货”[③]。据《岛夷志略》所载，在三屿，华商的“贸易之货，用铜珠、青白花瓷、小印花布、铁块之属”[④]；在麻逸，华商的“贸易之货，用〔铜〕鼎、铁块、五采红布、红绢、牙锭之属”[⑤]；在民多朗，华商博易“货用漆器、铜鼎、阇婆布、红绢、青布、斗锡、酒之属”[⑥]；在麻哩噜，华商的“贸易之货，用足锭、

① 徐松：《宋会要辑稿》，第一九七册《蕃夷四·蒲端》，上海. 中华书局，1957年版，第7761页。
② 赵汝适著，杨博文校释：《诸蕃志》卷上《麻逸国》，北京. 中华书局，1996年版，第141页。
③ 赵汝适著，杨博文校释：《诸蕃志》卷上《三屿、蒲哩噜》，北京. 中华书局，1996年版，第144页。
④ 汪大渊著，苏继庼校释：《岛夷志略》，“三岛条”，北京. 中华书局，1981年版，第23页。
⑤ 汪大渊著，苏继庼校释：《岛夷志略》，“麻逸条”，北京. 中华书局，1981年版，第33–34页。
⑥ 汪大渊著，苏继庼校释：《岛夷志略》，“民多朗条”，北京. 中华书局，1981年版，第60页。

青布、瓷器盘、处州盘、水坛、大瓮、铁鼎之属"[1]；在苏禄，华商的"贸易之货，赤金、花银、八都剌布、青珠、处器、铁条之属"[2]。宋元时期中国输入菲律宾的大量商品，特别是瓷器，还得到了考古发现的佐证，在菲律宾沿海地区的港口和贸易城市出土了很多宋元时期的外销陶瓷。艾迪斯在其1968年5月30日宣读的论文中提出，"据估计菲律宾过去十年中至少发掘了4万件瓷器(指中国外销瓷)。我不善于计数，但我认为其总数一定会更高一些"[3]。

在中菲民间贸易中，菲人主要用各种土产同前往的华商贸易，或前来中国贸易。《云麓漫钞》载:"福建市船司常到诸国舶船。……麻逸、三屿、蒲里唤、白蒲迩国则有吉贝布、贝纱。"[4]另据《诸蕃志》载，"(麻逸)土产黄蜡、吉贝、真珠、玳瑁、药槟榔、于达布"，[5]"蛮贾争棹小舟，持吉贝、黄蜡、番布、椰心簟等至与(华商)贸易"[6]。又据《岛夷志略》载，"三岛……地产黄蜡、木棉、花布"[7]；"麻逸……地产木棉、黄蜡、玳瑁、槟榔、花布"[8]；"民多朗……地产乌梨木、麝檀、木棉花、牛麂皮"[9]；"麻哩噜……地产玳瑁、黄蜡、降香、竹布、木棉花"[10]；"苏禄……地产中等降真条、黄蜡、玳瑁、珍珠"[11]。

(三)礼遇中国

作为菲律宾的近邻，又由于古老而发达的文明，中国在文化上对菲律宾的影响很大，是影响菲律宾民族文化形成的为数不多的几

① 汪大渊著，苏继庼校释:《岛夷志略》,"麻里噜条"，北京.中华书局，1981年版，第89页。
② 汪大渊著，苏继庼校释:《岛夷志略》,"苏禄条"，北京.中华书局，1981年版，第178页。
③ J.M.艾迪斯:《在菲律宾出土的中国陶瓷》，载《中国古外销陶瓷研究资料》第一辑，1981年，第36页。
④ 赵彦卫:《云麓漫钞》卷五，北京：中华书局，1985年版，第152-153页。
⑤ 赵汝适著，杨博文校释:《诸蕃志》卷上《麻逸国》，第141页。
⑥ 赵汝适著，杨博文校释:《诸蕃志》卷上《三屿、麻哩噜》，第144页。
⑦ 汪大渊著，苏继庼校释:《岛夷志略》,"三岛条"，北京.中华书局，1981年版，第23页。
⑧ 汪大渊著，苏继庼校释:《岛夷志略》,"麻逸条"，北京.中华书局，1981年版，第33页。
⑨ 汪大渊著，苏继庼校释:《岛夷志略》,"民多朗条"，北京.中华书局，1981年版，第60页。
⑩ 汪大渊著，苏继庼校释:《岛夷志略》,"麻里噜条"，北京.中华书局，1981年版，第89页。
⑪ 汪大渊著，苏继庼校释:《岛夷志略》,"苏禄条"，北京.中华书局，1981年版，第178页。

大文明之一。中国文化的因子多数已在西班牙时代之前就已经传入并扎根于菲律宾文化之中。在宋元时期，由于中国文化相对的强势地位，作为文化输出者的中国或中国人在菲律宾本土民族的眼中是受尊崇和仰慕的。据《宋会要辑稿》载，“（大中祥符四年）七月，（蒲端国使）李于燮等奉大（其）国之奏，乞赐旗帜、铠甲，以耀远方。从之”[①]。另据《岛夷志略》载，“三岛……男子常附舶至泉州经纪……既归其国，则国人以尊长之礼待之，延之上座，虽父老亦不得与争焉。习俗以其至唐，故贵之也”[②]。又据《元史》三屿条载，“去年（1292年）（元军）入琉求，军船过其国，国人饷以粮食，馆我将校，无它志也”[③]。上述“以耀远方”，“习俗以其至唐，故贵之也”，“饷以粮食，馆我将校”之类的言辞，足以说明当时的中国或中国人受到了菲律宾本土民族的尊崇和仰慕。

二、明代前期的中菲关系

明代前期为中菲关系的发展期，这一时期的中菲交往更为密切，交往的规模也较宋元时期大为提升。

（一）中菲官方交往

明清两代是“华夷”秩序的全盛与顶峰时期，朝贡体制成为中国朝廷对外政策的支柱。所以明代前期的中菲官方交往也被纳入了“朝贡”体制的框架内，尽管其形式大于实质。

1. 政治交往

至明代，中国同菲律宾的官方交往大为提升。早在洪武五年，菲律宾的吕宋就“遣使偕琐里诸国来贡”[④]，和明廷建立了官方往来。

① 徐松：《宋会要辑稿》，第一九七册《蕃夷四·蒲端》，第7761页。

② 汪大渊著，苏继庼校释：《岛夷志略》，三岛条，第23页。

③ 宋濂等：《元史》卷二一〇，列传九七，《外夷三·三屿》，第4668页。

④ 张廷玉等：《明史》卷三二三，列传二一一，《外国四·吕宋》，北京．中华书局，1974年版，第8370页。

至永乐朝，明廷和菲律宾各国的联系十分密切，中菲之间的传统交往达到了顶峰。至永乐二十二年，菲律宾各邦国前后十四次入贡明廷，其中吕宋三次，冯加施兰三次，苏禄四次，古麻剌朗三次，合猫里一次。其后却不再有菲律宾诸国前来朝贡的官方记载。明代的中菲官方交往中，除了菲律宾诸国前来明廷入贡外，明廷也常遣使菲律宾诸邦国。如表10-1所示，明廷前后四次遣使前往吕宋、古麻剌朗、苏禄等国。其中两次遣使苏禄都是发生在苏禄最后一次朝贡之后，且派出的使者返回后皆获赏赐。所以，可以推测，明朝廷和菲律宾诸邦国之间友好官方关系的维系时间应长于洪武五年至宣德二年之间。

表10-1 明廷遣使菲律宾诸邦国的情况

时间	遣使情况	遣往的国家
永乐三年	遣使赍诏抚谕	吕宋
永乐十五年秋九月	遣太监张谦赍敕往谕	古麻剌朗国王幹（斡）剌义亦郭（敦）奔
洪熙元年之前	遣官军千户汪海等九十人出使	苏禄等国
宣德二年之前	遣福州左等卫千户赵清等四十一人出使	苏禄等国

资料来源：据《明实录》的相关记载编制。

2. 官方贸易

吕宋是最早入贡明廷的菲律宾邦国，先后三次。据史籍载，“吕宋国，洪武五年，与琐里诸国同贡方物”①，获“赐国王织金彩缎、纱罗，使臣并从人俱与琐里国同”②；“吕宋国，本朝永乐三年，国

① 李东阳等撰，申时行等重修：《大明会典》卷一〇六，礼部六四，《朝贡二·东南夷下》，台北.新文丰出版社，1976年版，第1600页。

② 李东阳等撰，申时行等重修：《大明会典》卷一一一，礼部六九，《外夷上》，第1647页。

王遣其臣隔察老来朝，并贡方物”[①]，明廷“赐文绮，命广东布政司宴劳”[②]；“(永乐)八年，与冯嘉施兰入贡”[③]，明廷则“赐……吕宋国……等处朝贡使臣、头目……等……宴”[④]。合猫里则朝贡次数最少。据载，“永乐三年，国王遣其臣回回道奴马高等来朝，并贡方物”[⑤]，获“赐锦绮袭衣”[⑥]。冯嘉施兰也先后三次入贡明廷。据载，“永乐四年八月，其酋嘉马银等来朝，贡方物，赐钞币有差。六年四月，其酋玳瑁、里欲二人，各率其属朝贡，赐二人钞各百锭、文绮六表里，其从者亦有赐”；“(永乐)八年，复来朝贡”[⑦]，明廷“赐……东洋冯嘉施兰……等处朝贡使臣、头目……等……宴”[⑧]。古麻剌朗也先后三次入贡明廷。据载，永乐十八年，“古麻剌朗国王幹(斡)剌义亦奔敦率妻子陪臣随太监张谦来朝，上表贡方物。命礼部宴赉之如苏禄国王”。同年十月，“给印诰、冠带、仪仗、鞍马、文绮、纱罗、金织袭衣，赐王妃冠服，及其陪臣等各赐彩币、表里有差”[⑨]。十九年正月，“辞还，复赐金银钱、文绮、纱罗、彩帛、金织袭衣、麒麟衣，妃以下赐有差”。同年四月，王卒福建后，“命其子剌苾嗣为王，率众归，赐钞币”[⑩]。永乐二十二年，“国王剌苾……遣头目叭谛吉三等奉金叶表笺来朝，贡方物。赐之钞币”[⑪]。苏禄是入贡明廷次数最多

① 李贤:《大明一统志》第十册，卷九〇《吕宋国》，台湾影印本，1965年版，第5561页。

② 茅瑞徵:《皇明象胥录》，卷四《合猫里》，四库禁毁书丛刊，史部，第十册，北京.北京出版社，2005年版，第611页。

③ 张廷玉等:《明史》卷三二三，列传二一一,《外国四·吕宋》，第8370页。

④《明太宗实录》卷七三，永乐八年十一月丁丑，台湾“中央研究院”历史语言研究所校勘，上海.上海古籍书店，1983年。

⑤ 李贤:《大明一统志》第十册，卷九〇《吕宋国》，第5561页。

⑥ 谈迁:《国榷》，永乐三年，九月，乙卯,《续修四库全书》第三五九册，史部，编年类，上海.上海古籍出版社，1995年版，第19页。

⑦ 张廷玉等:《明史》卷三二三，列传二一一,《外国四·冯嘉施兰》，第8380页。

⑧《明太宗实录》卷七三，永乐八年十一月丁丑。

⑨《明太宗实录》卷一一八及二三〇，永乐十八年十月乙巳及丙辰。

⑩ 张廷玉等:《明史》卷三二三，列传二一一,《外国四·古麻剌朗》，第8379页。

⑪《明仁宗实录》卷三上，永乐二十二年十月辛亥。

的菲律宾邦国，先后四次。据载，永乐十五年八月，甲申，苏禄三王“奉金镂表来朝贡，且献珍珠、宝石、玳瑁等物”[①]，另有“贡物：梅花脑、米脑、竹布、棉布、玳瑁、降香、苏木、胡椒、荜茇、黄腊(蜡)、番锡”[②]。明廷按接待满剌加国王的规格予以接待。苏禄使团到京后，明朝廷筵宴接风，后临别时又设宴饯行。“苏禄国，永乐十五年，筵宴一次。国王来朝，经过府卫，茶饭管待。回还，亦如之”[③]。永乐十五年八月，辛卯，明廷册封苏禄三王并赐予“诰命及袭衣、冠服、印章、鞍马、仪仗。随从、头目三百四十余人赐冠带、金织文绮、袭衣有差”。永乐十五年八月，庚戌，“苏禄国东王巴都葛叭都葛巴剌卜辞归，人(各)赐金相(镶)玉带一、黄金百两、白金二千两、罗锦文绮二百匹、绢三百匹、钞一万锭、钱三千贯、金绣蟒龙、麒麟衣各一袭；赐其随从、头目文绮、彩绢、钱钞有差”[④]，并“诏货物俱给价，免抽分”[⑤]。永乐十五年九月，乙丑，“苏禄国东王巴都葛叭答剌次德州，病卒，讣闻”，明成祖“留其妃妾及傔从十人守墓，令毕三年还国”。[⑥]永乐二十一年七月，“苏禄国东王妃叭都葛苏哩等还国。……(明廷)厚赐而遣之”[⑦]。另据《明实录》载，永乐十八年八月，“苏禄国西王麻哈剌叱葛剌麻丁遣陪臣奉表贡方物。赐钞币遣还”[⑧]；永乐十九年四月，“苏禄国东王之母遣王叔叭都加苏哩等贡方物。赐叭都加苏哩冠带、袭衣、钞、纻丝文锦纱、彩罗绢；

① 《明太宗实录》卷一九二，永乐十五年八月甲申。

② 徐溥、李东阳等:《明会典》卷九八《朝贡三·苏禄国》，景印文渊阁四库全书，第六一七册，史部三七五，台北.商务印书馆，1986年版，第902页。

③ 徐溥、李东阳等:《明会典》卷一〇三《筵宴》，景印文渊阁四库全书，第六一七册，史部三七五，第944页。

④ 《明太宗实录》卷一九二，永乐十五年八月庚戌。

⑤ 严从简著，余思黎点校:《殊域周咨录》卷九《麻剌》，北京.中华书局，1993年版，第314页。

⑥ 《明太宗实录》卷一九二，永乐十五年八月乙丑。

⑦ 《明太宗实录》卷二六一，永乐二十一年七月己丑。

⑧ 《明太宗实录》卷二二八，永乐十八年八月乙卯。

赐其从人有差”[①]；永乐二十二年十月，“苏禄等国遣头目生亚烈巴欲等贡方物。赐袭衣、钞币有差”[②]。

（二）中菲民间贸易

尽管厉行海禁，海外贸易为朝廷所垄断，民间商人出于生活所迫或为利益所驱，还是屡屡犯禁出洋，中菲民间贸易无法禁绝，正如许浮远的《疏通海禁疏》所载：“……东南滨海之地，以贩海为生，其来已久，而闽为甚。闽之福、兴、泉、漳，襟山带海，田不足耕，非市舶无以助衣食，其民恬波涛而轻生死，亦其习使然，而漳为甚。”[③]

至于中国民间商人赴菲经商的状况，中国史籍中有一些零星的记载。据《国朝献征录》载：“吕宋，国小，然产黄金，故人亦富厚，舶商多至。”[④]这里的“舶商”系指中国商人。另据《闽书》载：“皇朝禁海舶，不通诸蕃。其诸蕃入贡者，至泉州。惟大琉球所贡番物，则市舶司掌之。成化八年（1472年），市舶司移至福州，而比岁人民往往入蕃，商吕宋国矣。其税，则在漳之海澄海防同知掌之。民初贩吕宋，得利数倍。其后，四方贾客丛集，不得厚利，然往者不绝。”[⑤]又据《明史》载，“吕宋居南海中……先是，闽人以其地近且饶富，商贩至者数万人，往往久居不返，至长子孙”；“合猫里……其国又名猫里务……近吕宋，商舶往来，渐成富壤。华人入其国，不敢欺凌，市法最平，故华人为之语曰：‘若要富，须往猫里务’”。[⑥]

---

① 《明太宗实录》卷二三六，永乐十九年四月癸卯。

② 《明仁宗实录》卷三下，永乐二十二年十月丁巳。

③ 陈子龙等辑：《明经世文编》第五册，卷四〇〇，《敬和堂集·疏通海禁疏》，北京．中华书局，1962年，第4333页。

④ 焦竑：《国朝献征录》卷一二〇，《四夷·吕宋》，台北．学生书局，1984年版，第5355页。

⑤ 何乔远著，厦门大学校点：《闽书》，第一册，卷三九《版籍志·杂课》，福州．福建人民出版社，1994年版，第976-977页。

⑥ 张廷玉等：《明史》卷三二三，列传二一一，《外国四·合猫里》，第8374页。

需要说明的是，这里的“商贩至者数万人”，数字明显夸大，与西班牙人到达菲岛后所描述的情况差异太大。又据《皇明象胥录》载：“今贾舶所至城，颇据天险，疑峒王所都，聚落不满千家。……其国有珠池，入夜望之，光浮水面。夷人时从鲛室探珠满袖。”[①]又据《东西洋考》载，“沙瑶、呐哔啴，其地相连。……僻土无他长物，我舟往贩，所携亦仅瓷器、锅釜之类，极重至布，然竟少许，不能多也。舟至诣酋，亦有微赠。交易朴直”，“苏禄，……物产：真珠，玳瑁，珠壳，片脑，番锡，降香，竹布，绵布，荜茇，黄蜡，苏木，豆蔻，鹦鹉。交易：（华商的）舟至彼中，将货尽数取去，夷人携入彼国深处售之，或别贩旁国，归乃以夷货偿我。彼国值岁多珠时，商人得一巨珠携归，可享利数十倍。若夷人探珠获少，则所偿数亦倍萧索，顾逢年何如耳。夷人虑我舟之不至也，每返棹，辄留数人为质，以冀日后之重来”。[②]尽管《东西洋考》成书于1617年，但该书成书前沙瑶、呐哔啴、苏禄并未被纳入西班牙人的统治之下，社会变化不大，可以推测，明代前期沙瑶、呐哔啴、苏禄同中国的贸易情形与该书所描述的差别不大。

对于中国民间商人在菲经商的情形，西班牙殖民者在探索和征服菲岛的过程中也留下不少相关记载。1521年麦哲伦在霍蒙汉岛（Homonhon）看到中国的丝织品，在里马沙瓦岛（Limasawa）看到中国的陶罐，在宿务看到中国制造的描花漆碗和丝头巾，并了解到这个岛屿同中国有直接贸易关系。他的同伴还在一些地方看到中国的瓷盘、铜锣、用金线和丝织成的织物。在棉兰老获悉，中国每年都有六或八艘帆船到吕宋从事贸易。他们在南部群岛看到土人使用

① 茅瑞徵：《皇明象胥录》，卷四《苏禄》，四库禁毁书丛刊，史部，第十册，第615页。

② 张燮著，谢方点校：《东西洋考》，卷五《苏禄·高药》及《沙瑶、呐哔啴·班隘》，北京.中华书局，1981年版，第98、100页。

中国的铜钱，铜钱中间有一个方洞，一面铸有四个中国文字，表示中国皇帝的年号。[①]1526年随加西亚·洛阿萨（F.de Loaisa）远征队到过菲律宾的乌尔达内塔（A.de Urdaneta）后来回忆，“人们告诉我们，为贸易目的，每年有两艘帆船从中国来到棉兰老。棉兰老之北是宿务，据土著说，它也产金。中国人为了金每年都去宿务贸易”[②]。另据其记载，中国商船每年前往棉兰老岛及其附近的岛屿贸易，换取黄金、珍珠、肉桂及那些岛屿的其他土产。[③]萨阿维德拉（Saavedra）远征队1527年10月启航前往菲律宾，宿务土著告诉他们，“中国人来到这里，在这些岛屿之间从事贸易”[④]。1543年3月，Villalobos远征队用武力夺取了棉兰老附近的萨兰加尼岛（Sarrangar）后，发现一定数量的中国瓷器和铜铃，被当地土著用于喜庆活动并且极受推崇，还有麝鹿香、琥珀、麝猫香、药用苏合香以及树脂香料，这些商品在当地有足够的供应，当地人也习惯于用这些商品，他们从前向那里的中国人和菲律宾人购买这些产品。[⑤]1543年，该远征队还在棉兰老的一座小山上发现一个埋藏很多中国珍贵商品的地窖，里面有中国瓷器、香水、化妆品、铜器和一些黄金。远征队中的Escalante de Alvarado认为，麝鹿香、龙涎香、麝猫香、苏合香及如此之类的香料，不管是固态的还是液态的，当地人都非常地喜好，他们通常去中国商人那边购买。当Alvarado到达莱特岛时，他了解到，在西北部有一个最大的市镇，名为宿务，中国商船每年前往那里，那里有一个中国人的永久仓库，贮藏他们的货物，他们以那些

① 黄滋生:《十六世纪七十年代以前的中菲关系》，载《暨南学报》(哲学社会科学版)，1984年第2期，第31页。

② BR，Vol.2，p.35.

③ Martin J.Noone S.S.C.，*General History of the Philippines*（*1521—1581*），Vol.1，Manila，1986，p.140.

④ BR，Vol.2，p.42.

⑤ BR，Vol.2，pp.68-69.

货物换取黄金和奴隶。[①]1544年，莱特岛Abuyog的一位年长的居民告诉Villalobos手下的一位指挥官，在该岛的西北边有一个名Sugut的大镇，中国商船每年都前往那里，在那里购买黄金和奴隶，并有中国人在那里留居，建有一栋贮藏商品的房子；在宿务，中国人习惯于前往那里购买黄金和珍贵的宝石。[②]西班牙人占领宿务几个月后，几名吕宋土著商人从民都洛引了两艘商船到那里，船上载着中国的铁器、锡器、瓷器、披巾、柔软的毛织品、波纹绸、香水和其他杂物。[③]1567年7月23日，黎牙实比在给其国王菲利普二世的报告中写道："中国人和日本人每年都到（吕宋和民都洛）这些地方贸易。他们运来丝绸、毛织品、钟、瓷器、香水、铁器、锡器、彩色棉布和其他小商品，回程则运去黄金和黄蜡。该两岛的居民是摩洛人。他们购买中国人和日本人载来的货物，并在群岛各地贩卖。"[④]1569年7月7日，黎牙实比在给墨西哥总督的报告中写道："我想，如果西班牙人移入和定居菲律宾，我们就不仅能够获得大量黄金、珍珠和其他值钱的商品，而且将促进与中国的商务关系，从那里获得丝织品、瓷器、安息香、麝香和其他商品。"[⑤]1570年5月下旬，戈第船队停泊在民都洛岛的巴托河面，发现五里格外有两艘中国商船，十分高大，船上有80名中国人，载有生丝、丝织物、金丝、麝香、描金瓷碗、棉布、描金茶壶及其他新奇物品等贵重物品，甲板上还堆有陶坛、瓦罐、大瓷瓶、瓷盘子、瓷碗、精瓷壶和铁、铜、钢以及向当地购买的小量黄蜡。并了解到，在离巴托河五里格的民都洛市镇还有三艘中国商船。戈第船队驶进马尼拉湾后，又在那里见到

① Martin J.Noone S.S.C., *General History of the Philippines*（1521—1581）, vol.1, p.225, p.235.

② H.de la Costa, S.J., *Readings in Philippine History*, Manila：Bookmark Inc., 1965, p.12.

③ 黄滋生、何思兵：《菲律宾华侨史》，广州．广东高等教育出版社，1987年版，第23页。

④ BR, Vol.2, p.238.

⑤ BR, Vol.3, p.58.

四艘中国商船，发现马尼拉有40名中国人居住，并在后来的马尼拉战役中俘虏了若干名华人妇女，而他们的丈夫则随马尼拉土著逃走了。[①]

（三）礼遇中国

与宋元时期一样，明代的中国或中国人在菲律宾本土民族的眼中也是受尊崇和仰慕的。据《明史》载，“华人入其国，不敢欺陵，市法最平”[②]。又据《东西洋考》载：“有网巾礁老者，数为盗海上。……小国见华人舟，翌然而喜，不敢凌厉相加，故市法最平。”[③]

表10-2　宋至明代中叶菲律宾诸国来华朝贡情况表

<table>
<tr><th colspan="2">朝贡国家</th><th>朝贡情况</th></tr>
<tr><td rowspan="5">宋代</td><td rowspan="4">蒲端</td><td>咸平六年九月，其王其陵遣使李罕、副使加弥难来贡</td></tr>
<tr><td>景德元年五月，遣使李罕等来贡</td></tr>
<tr><td>景德四年六月，王其陵遣使已絮汉等来贡</td></tr>
<tr><td>大中祥符四年二月，国主悉离琶大遐至又遣使李于燮来贡</td></tr>
<tr><td>三麻兰</td><td>太平（大中）祥符四年，祀汾阴，并遣使来贡</td></tr>
<tr><td rowspan="6">明代</td><td rowspan="3">吕宋</td><td>洪武五年遣使偕琐里诸国来贡</td></tr>
<tr><td>永乐三年遣其臣隔察老来朝</td></tr>
<tr><td>永乐八年与冯嘉施兰入贡，自后久不至</td></tr>
<tr><td rowspan="3">冯嘉施兰</td><td>永乐四年其酋嘉玛银等来朝</td></tr>
<tr><td>永乐六年其酋玳瑁、里欲二人各率其属来朝</td></tr>
<tr><td>永乐八年朝贡</td></tr>
</table>

① BR, Vol.3, pp.74–76，95，101–102.

② 张廷玉等：《明史》卷三二三，列传二一一，《外国四·合猫里》，第8374页。

③ 张燮著，谢方点校：《东西洋考》卷五《猫里务、网巾礁老》，第98–99页。

续表

<table>
<tr><th colspan="2">朝贡国家</th><th>朝贡情况</th></tr>
<tr><td rowspan="8"></td><td rowspan="4">苏禄</td><td>永乐十五年，东、西、峒王率其家属头目凡三百四十余人来朝</td></tr>
<tr><td>永乐十八年，西王遣使入贡</td></tr>
<tr><td>永乐十九年，东王母遣王叔叭都加苏里来朝</td></tr>
<tr><td>永乐二十二年，遣头目生亚烈巴欲贡方物，自后不复至</td></tr>
<tr><td rowspan="3">古麻剌朗</td><td>永乐十八年，王幹（斡）剌义亦奔敦率其妻子、陪臣随谦来朝</td></tr>
<tr><td>永乐十九年，古麻剌朗王入贡</td></tr>
<tr><td>永乐二十二年，入贡</td></tr>
<tr><td>合猫里</td><td>永乐三年，遣其臣回回道奴马高附爪哇使臣朝贡</td></tr>
</table>

资料来源：据《宋会要辑稿》、《宋史》、《文献通考》、《明史》、《明实录》、《明会典》、《国榷》、《东西洋考》等相关史籍记载编制。

表10-3　宋至明代中叶中菲朝贡贸易情况表

<table>
<tr><th>朝代</th><th>国家</th><th>朝贡时间等</th><th>贡品</th><th>回赐品</th></tr>
<tr><td rowspan="5">宋代</td><td rowspan="4">蒲端</td><td>咸平六年九月，其王其陵遣使李罕、副使加弥难来贡</td><td>方物及红鹦鹉</td><td>赐缗钱</td></tr>
<tr><td>景德元年五月，遣使李罕等来贡</td><td>方物</td><td>—</td></tr>
<tr><td>景德四年六月，王其陵遣使已絮汉等来贡</td><td>玳瑁、龙脑、带枝、丁香、丁香母及方物</td><td>赐冠带、衣服、器币、缗钱有差，以及鞍辔马二、杂彩小旗五</td></tr>
<tr><td>大中祥符四年二月，国主悉离琶大遐至又遣使李于燮来贡</td><td>金版镌表、丁香、白龙脑、玳瑁、红鹦鹉、一昆仑奴</td><td>旗帜、铠甲</td></tr>
<tr><td>三麻兰</td><td>太平（大中）祥符四年，祀汾阴，并遣使来贡</td><td>—</td><td>—</td></tr>
</table>

续表

朝代	国家	朝贡时间等	贡品	回赐品
明代	吕宋	洪武五年，遣使偕琐里诸国来贡	方物	赐国王织金彩缎、纱罗，使臣并从人俱与琐里国同
		永乐三年，遣其臣隔察老来朝	方物	赐文绮，命广东布政司宴劳
		永乐八年，与冯嘉施兰入贡，自后久不至	可能是黄金	赐宴
	冯嘉施兰	永乐四年，其酋嘉玛银等来朝	方物	赐钞币有差
		永乐六年，其酋玳瑁、里欲二人各率其属来朝	—	赐二人钞各百锭、文绮六表里，其从者亦有赐
		永乐八年，朝贡	—	赐宴
	苏禄	永乐十五年，东、西、峒王率其家属头目凡三百四十余人来朝	奉金镂表来朝贡，且献珍珠、宝石、玳瑁等物，另有贡物：梅花脑、米脑、竹布、棉布、玳瑁、降香、苏木、胡椒、荜茇、黄腊(蜡)、番锡	赐宴，接风，饯行，同年八月辛卯赐予三王诰命及袭衣、冠服、印章、鞍马、仪仗，随从、头目三百四十余人赐冠带、金织文绮、袭衣有差。同年八月庚戌，各赐金相(镶)玉带一、黄金百两、白金二千两、罗锦文绮二百匹、绢三百匹、钞一万锭、钱三千贯、金绣蟒龙、麒麟衣各一袭；赐其随从、头目文绮、彩绢、钱钞有差。永乐二十一年七月，厚赐而遣东王妃。
		永乐十八年，西王遣使入贡	方物	赐钞币遣还
		永乐十九年，东王母遣王叔叭都加苏里来朝	方物	赐叭都加苏哩冠带、袭衣、钞、纻丝文锦纱、彩罗绢；赐其从人有差
		永乐二十二年，遣头目生亚烈巴欲贡方物，自后不复至	方物	赐袭衣、钞币有差

续表

<table>
<tr><th>朝代</th><th>国家</th><th>朝贡时间等</th><th>贡品</th><th>回赐品</th></tr>
<tr><td rowspan="4">明代</td><td rowspan="3">古麻剌朗</td><td>永乐十八年，王斡(翰)剌义亦奔敦率其妻子、陪臣随谦来朝</td><td>方物</td><td>宴赉，同年十月赐给印诰、冠带、仪仗、鞍马、文绮、纱罗、金织袭衣，赐王妃冠服，及其陪臣等各赐彩币、表里有差，十九年正月复赐金银钱、文绮、纱罗、彩帛、金织袭衣、麒麟衣，妃以下赐有差，十九年四月赐钞币</td></tr>
<tr><td>永乐十九年，古麻剌朗王入贡</td><td>—</td><td>—</td></tr>
<tr><td>永乐二十二年，入贡</td><td>奉金叶表笺来朝，贡方物</td><td>赐之钞币</td></tr>
<tr><td>合猫里</td><td>永乐三年，遣其臣回回道奴马高附爪哇使臣朝贡</td><td>方物</td><td>赐锦绮袭衣</td></tr>
</table>

资料来源：据《宋会要辑稿》、《宋史》、《文献通考》、《明史》、《明实录》、《明会典》、《国榷》、《东西洋考》等相关史籍记载编制。

第二节　近现代中菲关系

前殖民时期，菲岛的社会发展滞后，除了苏禄地区的珍珠外，没有太多高价值的产品用于交换，所以尽管每年有中国商船定期前往贸易，但贸易的规模不大。这一时期中菲官方层面的朝贡贸易和宗藩关系却相对显著，中国典籍的记载也较为详尽，尽管这种官方交往并不具备“朝贡”和“宗藩”关系的实质。这一时期由于中国文化相对强势，众多的中国文化因此传入并扎根于菲律宾文化之中，中国是名副其实的文化输出者，菲律宾对中国存在着某种程度的经济、文化依赖。西班牙殖民者东来后，中菲关系在内容和性质上都发生了巨大改变，中菲关系的前述特点也几乎都走向了反面。

一、西班牙殖民统治时期

1571年西班牙殖民者攻占马尼拉后，吕宋、冯嘉施兰、合猫里、猫里务等菲律宾中、北部古(邦)国先后消失，除了南部棉兰老岛和苏禄群岛外，菲律宾群岛的其他地区都成了殖民地，成为西班牙帝国的一部分。自西班牙殖民者占领菲律宾直至19世纪末，西属菲律宾同中国交往频繁，但相较于前殖民时期，这一时期的中菲关系出现了很大的变化。

(一)明代后期的中菲关系

1. 明廷对与菲律宾殖民当局交往的态度

首先，视菲律宾殖民当局为吕宋土著政权的后继者。在明代的典籍记载中，将菲律宾殖民当局控制的菲律宾中、北部地区仍称为吕宋，尽管明廷知道原来的吕宋土著政权不复存在，新当局的统治者及管辖范围都已经改变，如《闽书》载："然吕宋本服属西洋国，其在吕宋者，酋长耳，若我之镇守。"①

其次，仍将菲律宾殖民当局管辖之地视为天朝统驭之地，坚守华夷秩序。明军潮州把总王望高第一次使菲后，返航时随其而来的西班牙神父马丁·德·拉达和赫罗尼莫·马林是菲律宾殖民当局派往明朝的第一批使者，目的是建立平等的官方关系，打开到明帝国贸易和传教的大门。但是他们在福建呆了两个多月后无功而返，原因是明廷坚持"海禁"和"朝贡贸易"，任何违反这两项基本政策的行为都不准许。明代典籍也都将拉达神父随王望高回访明朝一事记

① 何侨远:《闽书》卷三九《版籍志》。

载成“朝贡”，将菲律宾殖民当局所送的礼物称为“贡品”。[①]《国榷》载:“吕宋献俘，请入贡，比暹罗、真腊。泉州知府常熟陆一凤曰:‘不闻职方氏有吕宋也，奈何以小蛮效顺，烦我鸿胪。’遂止”。[②]张嶷往菲采金一事引发菲律宾殖民当局首次屠杀华人，万历帝要求“抚按官”对殖民当局“议罪以闻”。[③]万历年间，荷兰殖民者侵犯我国领海，福建巡抚徐学聚上奏朝廷，万历帝在兵部给徐学聚的回复中批示“吕宋也着严加晓谕，勿听奸徒煽惑，扰害商民”[④]。菲律宾殖民当局首次屠杀华人后，徐学聚在《报取回吕宋囚商疏》中写道:“臣随会檄传谕佛郎机国酋长、吕宋部落知道:我高皇帝总一方夏，表则千古，礼乐威信，世守如一;迄我今上皇帝陛下，允奋天纲，该览八纮，北极沙漠，南极尔等，东南诸夷所有之海，日照月临，共成正朔……”[⑤]这些都说明了明廷以天朝上国自居，视菲律宾殖民政权为藩属。

再次，对西班牙人持负面感观。在明代典籍的记载中，西班牙人都被称为“佛郎机”，相关记载多为负面。《东西洋考》载:“佛郎机身长七尺，眼如猫，嘴如鹰，面如白灰，须密卷如乌纱，而发近赤……性婪甚，靡国不至，至则谋袭人，吕宋、满剌加遂至易社。”[⑥]《明史》载:“时佛郎机强，与吕宋互市，久之见其国弱可取，乃奉厚赂遗王，乞地如牛皮大，建屋以居。王不虞其诈而许之，其人乃裂牛皮，联属至数千丈，围吕宋地，乞如约。王大骇，然业已许诺，

① 明军把总王望高第一次使菲时，菲督拉维萨雷斯为了与明帝国建立友好关系，特别送了一些礼物给明朝政府，并附带信件说明西班牙王国的意图。但王望高及明朝官员更改了信件的内容，将建立平等关系的意图说成是要向中国朝贡，将礼品称为贡品。

② 谈迁:《国榷》卷六九。

③ 张廷玉等:《明史》卷三二三《吕宋传》。

④ 《明神宗实录》卷四〇三。

⑤ 徐学聚:《报取回吕宋囚商疏》，参阅陈子龙等辑:《明经世文编》卷四〇〇。

⑥ 张燮著，谢方点校:《东西洋考》卷五《吕宋》。

无可奈何，遂听之，而稍征其税如国法。其人既得地，即营室筑城，列火器，设守御具，为窥视计。已，竟乘其无备，袭杀其王，逐其人民而据其国，名仍吕宋，实佛郎机也。"[1]这些记载描绘了西班牙人丑陋、奸诈、残忍的形象。不过，明廷并未将西班牙人视为重大威胁，《明实录》载："万历四十年，八月，丁卯。兵部言：'……独吕宋人狡不如倭，故无大患耳。'"[2]

最后，对天主教的排斥。据《破邪集》载，"廖氏乃其祖，而敢给我中国曰天主，是欲加我无礼如吕宋也。术险机深，渐不可长！……(传教士)于是多借技艺，希投我圣天子之器使。……不知此番机深谋巧，到一国必坏一国……历吞已三十余。远者难稽其踪，最近而吕宋，而米索果，而三宝颜……俱皆杀其主，夺其民，只须数人，便压一国，此其实实可据者欤。……盖皆所以令熟者生，强者弱，勇者不得相通，智者不得相谋，是奸夷所以御吕宋、三宝颜、米索果等之毒法也，此又其实实可据者欤"[3]。

2. 菲律宾殖民当局对与明朝交往的态度

菲律宾殖民当局十分重视同明朝的关系，因为中国不管是对"上帝的事业"还是"国王的事业"都很重要。

(1)对中菲经贸关系的态度

首先，重视中菲贸易。中菲贸易攸关菲律宾殖民地的生存。1589年7月15日，驻菲岛的皇家检察官Gaspar de Ayala在给其国王的报告中，反对中国和美洲之间的直接贸易，要求通过菲岛中转，并强调这种转口贸易对菲岛的重要性，"如果允许秘鲁或新西班牙与中国之间的贸易继续进行，这个地区(菲岛)将会被摧毁，人口

① 张廷玉等:《明史》卷三二三《吕宋传》。
② 《明神宗实录》卷四五。
③ 徐昌治:《破邪集》卷三《驱夷直言》。

减少。这里的主要支撑就是来自中国的商品，及将这些商品转卖到新西班牙去所获得的利润"[①]。西班牙殖民者一到菲岛就着手准备同中国进行贸易。1565年5月28日，即西班牙殖民者占领宿务一个月之后，远征队财务官Guido de Labecares等三人写信给墨西哥最高法院院长，信中所要求迅速补给的项目中有"用于中国沿海的大镀金货币一箱"及"用于同中国进行贸易的纯银硬币和小金条"[②]。为了同中国直接进行贸易，殖民者初到菲岛时努力善待那里的中国人，以吸引中国商人直接前往贸易，并为此而免征关税。西班牙殖民者侵占台湾的主要目的之一就是要与荷兰人争夺同中国的贸易。

其次，苦恼贸易中的竞争劣势。中菲贸易致使白银大量流向中国。1628年10月7日，Juan Velazquez Madrco在提交给印度事务委员会的文件中写道："尽管每年由新西班牙运往菲岛的法定银币数量为25万比索，然而，除此之外却有无以数计的巨额银币流入了菲岛。因为没有其他的东西能够用来购买或者交换中国的丝绸，中国人也不会用其丝绸来交换其他的商品，结果，中国人就设法运走绝大部分的美洲银元。"[③]中国商品的大量涌入对墨西哥和西班牙商业造成了伤害。大量的美洲黄金和白银流入西班牙，导致恶性通货膨胀，其国内的物价比欧洲任何其他地方都要贵上数倍。所以由大帆船贸易运往美洲的廉价中国商品，尽管远隔重洋，仍旧能够与那里的西班牙和欧洲商品竞争，进而对西班牙的手工业和轻工业造成打击。[④]

(2)支持在中国传播福音

西班牙殖民者也对在华传教事业表现出极大的热忱，梦想以中国为中心建立一个"东方天主教王国"。这与西班牙殖民者征服中

① BR，Vol.7，p.120.

② BR，Vol.2，p.191.

③ BR，Vol.22，p.279.

④ 陈台民:《中菲关系与菲律宾华侨》，香港.朝阳出版社，1985年版，第151页。

国的企图不无关系。菲律宾的西班牙传教士和殖民者实际上是一体的。菲律宾各个修会的传教士，包括前往中国的传教士，几乎全部都来自西班牙和墨西哥。他们长达两年的旅程费用（700～950比索）是由西班牙王室承担的。传教士到菲后被分配到指定的教区，马尼拉殖民政府发给薪俸或津贴，传教士实际上是受薪的殖民地人员。[①]菲律宾殖民当局曾想利用在华传教士作为侵华内应。1586年耶稣会士桑切斯回到欧洲后，向西班牙国王菲利普二世提交了一份菲岛殖民当局完全赞成的征服中国的计划书，其中提到，充分发挥耶稣会士的作用，必要时让已经进入肇庆的耶稣会士里应外合，他们熟悉中国语言，可以充当翻译。[②]已达在华传教目的的传教士公开宣称征服中国，说明其目的的多重性，不仅为传教，也为殖民。在华传教士为菲律宾殖民者当局搜集中国情报，以助其及时掌握中国局势。1619年7月12日，一位马尼拉的耶稣会士记述了一份来自中国的备忘录，内容源自一份明朝廷大臣联名呈给皇帝的有关中国时政的奏折，该奏折被在华的耶稣会士抄录下来，由北京送至澳门，再送至马尼拉。[③]

（3）对中菲政治关系的定位

西班牙殖民当局对中菲政治关系的定位随着时局而变化，将中国或定位为征服的对象，或定位为现实的威胁，或定位为互助的朋友。

企图征服中国。早在1565年黎牙实比远征菲律宾的时候，就负有征服中国的使命。1567年7月23日，他向菲利普二世写信，建议添造六艘舰只借以“探察中国海岸及沿海各岛屿”[④]。1570年7月27日再次写信给菲利普二世：“陛下的意见，是否愿意我立即到中国

① 金应熙主编：《菲律宾史》，开封.河南大学出版社，1990年版，第140页。

② 张凯：《中国与西班牙关系史》，郑州.大象出版社，2003年版，第76-77页。

③ BR，Vol.18，pp.206-213.

④ BR，Vol.2，p.23.

去。”[①]1573年12月5日，新西班牙总督Martin Enriquez在给国王菲利普二世的信中谈到，中国的财富使一些西班牙人计划征服中国。[②]极力主张侵华的狂热分子菲督桑德在1576年6月2日给国王的信中及其后给西班牙政府的官方报告中，不仅强烈建议菲利普二世支持征服中国的活动，还自荐在远征活动中为王室效劳。1586年4月20日举行的西班牙人各阶层代表会议通过的请愿书的第十章——一份侵略中国的详细计划，代表着西班牙殖民者侵华叫嚣和侵华图谋的最顶峰。1598年5月8日，马尼拉全体西班牙人迎接西班牙国王在马尼拉创设高等法院的诏书，诏书宣布授权这个高等法院审理一切民事和刑事案件，而刑事案件的范围包括菲律宾群岛及已知和未知的整个中国大陆。[③]1598年6月17日，菲督Francisco Tello向国王菲利普二世报告：“我发现这里的华人发明了一种铸造大炮的技术，铸造很容易。我已经订造了五十尊，能发射一至三磅的炮弹，这里最需要这种炮。等到这批大炮造好后，我将不失时机地前往中国，向中国人发动进攻。”[④]

防范中国。1588年之后，西班牙殖民者在中菲关系中由攻势转为了守势，将中国列为防范和交好的对象。首先，防范中国朝廷启疆菲岛。潘和五事件后，明廷派船前往吕宋接回久住的华人，并打探日本消息一事，西班牙殖民者却当成是对菲岛的图谋。明朝官员王时和等赴马尼拉察看金矿一事，让西班牙殖民者怀疑明朝官员是去刺探虚实，是明朝出兵攻菲的先兆。殖民者担心华人会充当内应，便蓄意进行迫害，极力煽动排华情绪，最后导致2.2万名华人被杀害。屠杀华人之后，西班牙殖民者更是担心明朝会因此集结舰队，

① 金应熙主编：《菲律宾史》，开封. 河南大学出版社，1990年版，第209-210页。
② BR, Vol.3, p.21.
③ BR, Vol.15, p.135.
④ BR, Vol.10, p.173.

兴师问罪，因而陷入了更大的恐惧之中。1603年12月18日，菲督Don Pedro de Acuňa在给国王的信中，谈到了他派人前往澳门，捎信给中国广东和福建的督抚及其他官员，陈述事情真相，同时刺探中国的动静："我这样做目的是要搞清楚中国是否在集结舰队进攻这里，自那几位中国官员来了之后，人们就怀疑中国会图取这里，他们在登陆这里之前写给我的信（我送了一份副本给您）也让我们相信他们会这样做。整个这座城市对此非常地忧虑，尤其是大主教和各个修会。"[①]其次，担心郑成功攻菲。1661年郑成功收复台湾，次年他派了神父李科罗（Victorio Riccio）到马尼拉，递交《致菲律宾总督之国书》，对西班牙殖民当局虐待华人提出责问，并附带要求殖民当局每年向郑氏朝贡。西班牙殖民当局收到郑成功的信后，便全力进行备战，并迫害、驱逐、屠杀华人，担心华人作内应。

交好中国。在征服中国的图谋无法实现的情况下，西班牙殖民者转向交好中国，在中菲交往中寻求最大收益。1593年，一位皈依天主教的中国人Antonio Lopez转述，西菲殖民当局派往日本的外交使节神父Juan Cobo，曾和他商量西班牙人和中国协作对抗日本的可行性，即如果日本人进攻中国，西班牙人将援助中国；如果日本人进攻菲律宾群岛，中国人将援助西班牙人。[②]1605年7月8日，菲督Don Pedro de Acuňa在给其国王的信中写道："我们正在努力维持同中国国王的友谊，因为他是一位非常强大的君主；我们只能靠我们名誉来维持我们在这个群岛上地位。"[③]

（二）清代的中菲关系

清代菲律宾的政治势力依然呈现中、北部的西属菲律宾殖民政

① BR, Vol.12, pp.157–158.
② BR, Vol.9, p.49.
③ BR, Vol.14, p.71.

权（即吕宋）和南部的穆斯林政权对峙的状况，并最终在清末统一于西属菲律宾殖民政权之下。由于西班牙殖民势力的扩张，清代出现在中国典籍中的菲律宾南部穆斯林政权只剩下苏禄和莽均达老。

1. 清廷同莽均达老的交往

清代中国典籍中对清廷同莽均达老交往的记载不多。《史料旬刊》第二二期载："迨雍正五年，内地各商援照闽省之例，开趁南洋。……由广东虎门出口，近则赴安南、等国，远则赴……吕宋、苏禄……莽均达老等国，乘风来往，历久相安。"[①]《清朝文献通考》载："本朝雍正七年后通市不绝。"[②]可见清代中国同莽均达老的民间经贸往来十分密切。

2. 清廷同苏禄的交往

在清代菲律宾的殖民政权和各个邦国中，苏禄是同清廷关系最好的邦国。与明廷一样，清廷依然将苏禄视为天朝的藩属。苏禄则出于各种需要，愿意维持那种名义上的松散的宗藩关系。

清廷同苏禄的友好交往。首先，朝贡与册封。《南海县志》载："康熙十三年，苏禄国王森烈拍遣使三人请受藩封。颁给驼纽银印，付以时宪，一时称荣。"[③]这是清廷同苏禄官方交往的最早记载。据《清史稿》和《清实录》载，自雍正四年（始至乾隆二十八年）止的三十七年间，苏禄前后于雍正四年、雍正十一年、乾隆八年、乾隆十九年、乾隆二十八年五次遣使前往中国朝贡，期间还多次遣使请贡和赍表谢恩，乾隆二十八年后则不再有苏禄使者前来朝贡的记载。其次，联合打击内地不法民人，维护双方的友好关系。据史料记载，自康熙十三年册封苏禄开始，至乾隆四十七年止，清朝廷同

① 故宫博物院编：《史料旬刊》第七期，庆复折。

② 《清朝文献通考》卷二九七《莽均达老》，杭州：浙江古籍出版社，2000年版。

③ 梁绍献等：《南海县志》卷二六《杂录下》，台北：成文出版社，1967年版。

苏禄维持着友好的官方关系，此后就不再有任何双方官方往来的记载。在此期间，很多内地民人从中滋事，破坏双方的友好关系，如“陈梧假称番王世子，侵吞番货”[①]，“马光明向充贡使，每借天朝加惠远人之恩意，即为欺诈乡里之左券”[②]，“龙溪县民王三阳昧吞苏禄国货价，并诬赖王四简欠银”[③]等。清朝廷出于维护朝贡贸易秩序，怀柔远人，极力打击那些从中滋事的内地不法民人，如乾隆皇帝所言：“中国怀柔远人，自当示以大公至正，即债欠细事，亦当为之剖别是非，令其心服。”[④]苏禄方面，出于维护自身的利益，积极向清廷申诉并配合查处此类事件，因为“内地民人，私越勾结，往往借中国声威，以欺慑番民”[⑤]。最后，互为抚恤对方遭风民人。《清史稿》载：“乾隆五年八月，苏禄国王麻喊味呵禀朥宁遣番丁护送遭风商人回内地。”[⑥]《清实录》载：“左都御史管广东巡抚王安国疏报：‘发遣安南、苏禄、巫来由等国被风难番归国’。”[⑦]

清廷视苏禄为天朝藩属。明清两代是华夷秩序的全盛与顶峰时期，明清朝廷均视苏禄为天朝统驭的藩属。据《清世宗实录》载：“雍正五年……敕谕苏禄国王母汉末母拉律林：‘朕惟职贡虔修，为臣输忠之大义。宠施宏锡，大国柔远之常经。越重海以瞻云，识向风之有素。宜加赉予，以励荩诚。尔苏禄国王母汉末母拉律林，属在遐陬，克舒丹悃，敬恭遣使，梯航不隔于沧溟，恳切陈词，琛赀并将其方物，慕义之忱，良可嘉尚。是用降敕奖谕，并赐王文绮、器皿等物，王其祗受，益矢恪恭，副朕眷怀’。”[⑧]不过需要指出的是，清

① 《清高宗实录》卷三〇〇，北京.中华书局，1986年版。
② 《清高宗实录》卷三一三，北京.中华书局，1986年版。
③ 《清高宗实录》卷一一六八，北京.中华书局，1986年版。
④ 《清高宗实录》卷一一六八，北京.中华书局，1986年版。
⑤ 《清高宗实录》卷三一三，北京.中华书局，1986年版。
⑥ 《清史稿》卷五二八《苏禄传》，北京.中华书局，1977年版。
⑦ 《清高宗实录》卷一五一，北京.中华书局，1986年版。
⑧ 《清世宗实录》卷五八，北京.中华书局，1986年版。

代苏禄隶属于主客司，不同于隶属于理藩院的蒙古、西藏等，并没有并入大清帝国的版图。清廷所在乎的也只是天朝上国的威严，并不想将苏禄纳入天朝疆域。《清高宗实录》载："礼部议复：'……至该国王（指苏禄国王）愿以地土、丁户编入天朝图籍，伏思我朝统御中外，荒夷向化，该国土地、人民，久在薄海臣服之内，该国王恳请来年专使赍送图籍之处，应毋庸议'。"[①]此外，清廷也不关心苏禄的内部事务，对其国王兄弟的权力之争置若罔闻，也不介入苏禄与其他方的纷争，认为"岛夷之争，可听其自办，不必有所袒护"[②]。

苏禄则希望同清廷维持名义上松散的宗藩关系。苏禄甘为中国藩属，清代史籍谓之为"独喁喁慕义，累世朝宗"[③]。而最能体现这一点的就是，乾隆十九年苏禄遣使入贡时，要求来年派专使赍送图籍入朝，愿以地土、丁户编入天朝图籍。苏禄甘为藩属出于两个原因：首先，苏禄明代就开始朝贡中国，同明廷的关系十分密切，入贡中国实为承袭旧制。其次，到了清代，苏禄在西班牙殖民势力的攻击下，处境更加困难，更需要中国帮助。1717年，西班牙殖民者重修三宝颜石堡，又在附近海域拦截商船，威胁苏禄的对外贸易。1721年、1722年和1723年，西班牙殖民者先后三次进攻和乐。正是在南部穆斯林反对西班牙殖民侵略的重要时刻，苏禄苏丹在1726年派人来华"朝贡"。[④]

3. 清廷同西属菲律宾殖民政权的交往

从中国典籍记载来看，清廷同西属菲律宾殖民政权的交往相较于明廷要密切得多，内容概括起来主要为合作与冲突两大块。

（1）合作领域

第一，清廷抚恤吕宋遭风商民。据中国史籍记载，清廷敕谕闽

① 《清高宗实录》卷四五七，北京：中华书局，1986年版。
② 《清史稿》卷一一《高宗本纪》，北京：中华书局，1977年版。
③ 徐继畬：《瀛寰志略·苏禄》卷二。
④ 余定邦：《清代中国同苏禄的交往》，《东南亚纵横》1995年第3期，第1页。

广等沿海省份的地方政府安顿、抚恤吕宋遭风商民，前后近二十来次，并形成惯例。最早的一次发生在雍正七年，最晚的一次在道光二十五年。[①]第二，清廷对与吕宋的贸易管理较为宽松。清廷的对外贸易政策，总是随着形势的变化而变化，至中期以后，其变化的总趋势是日益严厉控制。但从史料记载来看，清廷对同吕宋的贸易管理较为宽松，有一定的弹性。《清世宗实录》载："雍正十三年，……福建提督王郡奏：'吕宋国以麦歉收，今附洋船载谷二千石、银二千两、海参七百斤，来厦卖银籴麦，多则三千石，少则二千石。臣查五谷不许出洋，律有明禁。……请旨钦定。'得旨：'国家之所以严禁五谷不许出洋者，乃杜奸商匪类私贩私载、暗生事端之弊。若该国偶然缺少米粮，以实情奏闻于朕，朕尚酌量丰余以济之。'"[②]乾隆四十六年杨魁奏："向来各国番商，具有一定口岸。吕宋商船，历皆趁洋赴广，从不至闽。今有吕宋商民郎吗叮等船只，因遭风收泊厦港，恳请就近贸易。验无损伤形迹，恐系意存趋避。请嗣后该国商民来闽船只，并无损坏者，一概不准发卖货物。"得旨："吕宋商民，遭遇风暴，飘至厦门，幸未损伤，亦情理所有。若竟遣回，转非体恤远人之意。如因闽海关输税定例与粤海关多寡不一，该国商民意图就轻避重，何不咨查粤海关条例，令其按照输纳，该商民等趋避之弊，不杜自绝。嗣后该国商船有来闽者，俱著照此办理。"[③]第三，合作打击犯罪。乾隆四年，洋船户黄万兴禀缴吕宋国判事书一封，内容提到，感谢清政府宽免前一年秋天抵厦门的吕宋甲板船的杂费，同时禀告内地民人陈同、蒋伊、施伟、陈悦等将所押船只拐往吕宋、贻害保船之人的经过和侦办结果，并将追回的卖船之银

① 中山大学东南亚历史研究所：《中国古籍中有关菲律宾资料汇编》，北京．中华书局，1980年版，第94-127页。

② 《清世宗实录》卷一五七，北京．中华书局，1986年版。

③ 《清高宗实录》卷一一四一，北京．中华书局，1986年版。

一百元奉缴。[①]

(2)冲突领域

第一，天主教问题。自康熙五十九年禁止臣民信奉洋教并限制传教士自由传教以来，作为“天主教教长”[②]的吕宋就和清廷就天主教问题时起摩擦。雍正十一年九月，内地民人蔡祖忽带番人圣哥及番钱四甲箱到达漳州福河厂严登家，欲招人入天主教，福建地方官员发现后，将“蔡祖等所得圣哥银及行李、番钱等给还差员，押往厦门，觅吕宋便船载回彼国，图象等书销毁，船户、水手等杖徒，蔡祖照左道惑人律绞决”[③]。乾隆十一年，福建巡抚周学健奏:“福安县潜往夷人，以天主教招致男妇二千余人，书役等俱被蛊惑，请从严治罪。”军机大臣等议复:“查天主教系西洋本国宗教，与然灯、大乘等教有间，遽绳以法，似于绥远之义未协。应令该抚将现获夷人概送澳门，勒限搭船回国。从教男妇，择其情罪重大，不可化诲者，按律究拟。”[④]乾隆十三年，“吕宋夷商来闽，询及天主教内被诛之白多禄，欲将骨殖讨回”，清廷的回答是“白多禄谋为不法，在国宪所不容。尔等原为贸易而来，不应询问及此”，同时晓谕“将沿海各口私往吕宋之人，及内地所有吕宋吧黎往来踪迹，严密访查，通行禁止。并往来番舶，亦宜严饬属员实力稽查，留心防范，毋致仍前疏忽”。[⑤]第二，吕宋贩卖劳工问题及吕宋的华人问题。《清文宗实录》载:“咸丰九年……又谕:‘吕宋洋人用咈囒哂船只，掳捉内地民人出洋种地，非只一次，致令民情汹汹，激成忿怒，见洋人则群相殴打，并误伤英咭唎、暹罗两国之人，李泰国等均被殴伤，因

① 《清高宗实录》卷一〇一，北京.中华书局，1986年版。
② 《清高宗实录》三〇五，北京.中华书局，1986年版。
③ 王之春:《国朝柔远记》卷四，台北.学生书局，1975年版。
④ 《清高宗实录》卷二七一，北京.中华书局，1986年版。
⑤ 《清高宗实录》卷三一五，北京.中华书局，1986年版。

此民洋各怀疑惧。”[1]光绪七年的《总理衙门又致闽督及福州将军书》载：“查洋人贩卖人口出洋，俗谓之卖猪仔，唯吕宋此风为甚。”[2]《清季外交史料》载：“两广总督张之洞奏：‘查该委员（王荣和）等所历南洋二十余埠。先至小吕宋，为日斯巴尼亚国属。……其抵小吕宋也，华民分诉日人虐待情形，恳请派官保护，自筹经费。缘该处华民五万余人，贸易最盛，受害亦最深。该委员详查被害各案，或挟嫌故杀，或图抢故烧，甚至官长徇私，巡差讹诈，暴敛横征，显违条约。当经择要照会日官查办。时值土人联名拟逐内洋华工，该委员等到吕，其议方寝。综核情形，非设总领事不可。”[3]然而，在小吕宋设领事的问题受到了西班牙的阻扰，久拖不决。光绪十四年，总理各国事务庆亲王奕劻等奏：“上年秋间，叠准兼使日国大臣张荫桓密称，小吕宋议设领事一节，面商日国外部，始而概允，既而以藩部龉龁不允为辞，该大臣责其苛虐滥征，该国颇允革除，而设官一层，绝不松口。”崔国因在《出使美日秘国日记》中也写道：“光绪十六年四月二十六日晴。外部订申正接见。当于未初出门，谒见头等并二等公使及日国外部。至外部订小吕宋领事准照，辩驳至日昃，该外部一味推卸，其不愿我国设立之意如见肝肺矣。”[4]第三，鸦片战争后，吕宋成为西方列强侵华的帮凶。道光二十四年，耆英片奏：“探闻咈国使臣喇吃呢带兵船七只，在小吕宋停泊，或来粤暂住，或径赴天津，均未可定。”道光帝谕：“洋情狡谲，自当加意严防……”[5]咸丰八年二月，何桂清、赵德辙奏：“截止十四日，共到英、咪、俄三国兵船、火轮船九只。传闻咈使现赴小吕宋借拨兵

① 《清文宗实录》卷二八九，北京.中华书局，1986年版。

② 刘锦藻：《清朝续文献通考》，商务印书馆，1936年版，卷三三八《外交二》，《总理衙门又致闽督及福州将军书》。

③ 王亮、王彦威辑：《清季外交史料》卷七四，台北.文海出版社，1963年影印本。

④ 崔国因《出使美日秘国日记》，台北.文海出版社，1968年影印本。

⑤ 《清宣宗实录》卷四〇六，北京.中华书局，1986年版。

船，并计有四五十号，洋兵四五千人。请饬直隶总督，倘有洋船到津，设法羁縻。”[①]咸丰十年，帝谕军机大臣：“……该抚(何桂清)已由吴煦雇募吕宋国人一百名，作为洋勇，欲带赴嘉定、太仓、昆山一路，会同民团，相机进剿。吕宋虽与英、咈不同，然究系英人党与，且据劳崇光奏称：‘英人由吕宋购买马匹’等语，难保吕宋内不无英人。……”[②]第四，索伯拉纳遭风在台湾被抢案。光绪二年，总理各国事务衙门奏：“风闻日斯巴尼亚国为索伯拉纳船只遭风在台湾被抢一案，有调兵船来中国之事。夷情叵测，虚实难定。已飞函密寄南北洋大臣、闽省将军、督、抚、盛京将军，随时探听，严密防范。”[③]光绪三年，闽浙总督何璟奏：“日斯巴尼亚狡谋未息。商同抚臣，先派调办洋务道员唐廷枢赴厦门，与该国领事面论曲直，冀早商办了结。……”[④]

二、美国殖民统治时期

美国占领菲律宾之后，中菲关系纳入了美中关系的框架内。在西治时期，19世纪中叶前，中国朝廷与西班牙王室乃至菲律宾殖民政府没有直接的外交关系，双方的官方交往在菲律宾殖民当局与中国沿海省份的地方政府之间进行。美治时期则不一样，美中建立了外交关系，中菲关系变成了美中关系的一部分。在近半个世纪的美治时期，中菲关系的主要内容围绕着华人问题而展开。

(一)排华政策

1.《排华法案》在菲律宾的实施

早在1882年，美国本土就通过了《排华法案》。1898年8月13日，美军占领了马尼拉，并于第二天成立了军政府。面对大批华人

① 《清文宗实录》卷二四六，北京．中华书局，1986年版。
② 《清文宗实录》卷三一九，北京．中华书局，1986年版。
③ 《清德宗实录》卷四五，北京．中华书局，1986年版。
④ 《清德宗实录》卷五一，北京．中华书局，1986年版。

进入菲律宾，军政府着手应对华人及华人移民问题。1个月之后，军事总督奥蒂斯下令将美国所实施的某些排华条例在菲律宾实施，这一命令被称为《奥蒂斯法令》。法令延续了《排华法案》的条例，还规定健康状况良好并在美国占领之前就已经是菲律宾居民的华人，若在1895年12月31日至1898年12月26日期间离境，可在证明身份后从马尼拉、怡朗或宿务重新入境。身份辨识程序规定，华人需持有离开群岛时由离境港口提供的证明。后来识别程序越来越复杂与严格，还需提交西班牙统治时期正式签发的人头税单和财产证明，进行身份考核，在居留证上附照片等。1899年9月19日，载有700名中国移民的"爱斯摩拉达"号抵达菲律宾，船上所有人均持有厦门道台所发的证件和美国领事的签证，但都被拒绝登岸。

1901年12月31日，菲律宾委员会规定，1898年8月13日前离开菲律宾而迄今仍未返回的任何华人，不允许进入群岛；1898年8月13日后离开菲律宾群岛，或在日后离开的华人，需要出示他们离开时所历经港口的海关征税员签发的证件，方能上岸。从1899年8月至1903年9月，共有1 522名华人被拒绝入境。

就如何进一步处理美国华人问题，1902年美国第57届国会经过了参众两院多次辩论，众议院确立了以加利福尼亚议员卡恩的议案为原形的《卡恩法案》。参议院经过讨论后，也以《卡恩法案》为其讨论的基础。最后罗斯福总统于1902年4月29日签署了《排华法案》。该法案规定，过去所有禁止华人进入美国的法律都继续实施，并且实施范围扩大到美国统治下的所有海岛。针对菲律宾的华人，法案规定，自该法令颁布日起一年内，在美国任何岛屿内（夏威夷除外）居留的中国劳工，必须依法办理该岛屿居住证明以获得该岛屿合法居留权，未能及时办理居住证明者届时将被依法驱逐出该岛屿。

1903年3月27日，菲律宾委员会在《排华法案》的基础上，结合菲律宾的情况，制定通过了《七零二号法案》，规定了只有三类华人才有资格领取进入菲律宾的入境证，即过去和现在在菲律宾居住的商人及劳工，以及现在在菲律宾从事商业活动的商人及其眷属；教员、学生和专门的技术人员；中国政府派遣的官员及其眷属。该法案还要求菲律宾的所有华人必须在半年之内取得居住证明。

1924年美国颁布《国籍法》，又称为"第二次排华法案"，禁止所有无权入籍的华人移居美国，新华工绝对禁止入境，而在美华人中有原先不需工作即可维持生活但现在需工作者将被驱逐，同时限制中国留学生入境。同年，美国会又将此条例延伸至菲律宾群岛。相应地，菲律宾议会也制定了一项针对华人的移民法案，规定此后的一年中，菲律宾的所有华人都必须用他们的居留证换取专门用于证明华人身份的证明，否则将面临被驱逐的命运。

1940年菲律宾自治政府通过了《1940年菲律宾移民法》，规定外侨移入菲律宾，不论哪个国家，每年以500名为最高额。这一表面看来公平的法案，实际上华人是主要的针对对象之一，因为1940年菲律宾有20万华人，每年入菲的华人数以千计。

2. 其他的排华法案

在菲律宾议会1921年通过的《簿记法》中，有一件争执甚烈关系重大的排华法案，规定菲律宾所有的商店都要设有账簿，并只能在英文、西班牙文和菲律宾文三种文字中选择一种来记账，不让华人以华文记账。不过这一法案被美国联邦最高法院判决违宪。然而，菲律宾议会于1926年重新通过了一部《簿记法》，内容大抵与1921年的相同，为了避免违宪，在技术上作了些修正。但由于华人普遍而坚决的反对，这一新的《簿记法》无法实行。1935年菲律宾实行自治后，对法案内容进行了修正，准许华人继续以华文记账，但要将账簿翻译成英文、西班牙文或菲律宾文，并由经理或会计员宣誓证明翻译是正确的；对于资本小，每年营业在万元以下的小店，可以简化记账手续。

菲律宾华人的各大公司本有一些轮船航行于各岛之间，以运载旅客货物。但菲律宾议会于1923年通过了《内河航行律》，将华人的内河航行权收回，使旅菲华人无法经营、发展航运事业。

1940年，菲律宾议会通过的《公司法》规定，凡在菲律宾注册的公司，资本额菲人要占有60%。这个法律虽然对各国侨民（美侨除外）一样对待，但鉴于华人的经济实力，实际上还是针对华人的，目的是要让菲律宾人在开发经营中处于主要地位。不过，这一法律限制被菲律宾华人通过各种方式予以规避。

1941年，马尼拉市议会通过了《马尼拉菜市菲化案》，规定菜市商贩仅限于菲律宾人，外侨不准在菜市营业。因为菜市摊贩90%是华人，这个法律也是针对华人的。

在太平洋战争爆发前夕，在菲律宾议会里还有不少提而未议，或议而未决的排华议案，其中最主要的有零售商菲化案和米黍业菲化案。

3. 排华暴动

首先是1924年的排华暴动。该暴动的发生，起因于两个谣言：一是说菲律宾青年若干人在香港和广州被中国暴民所击毙。当这个谣言正流传时，又传出第二个谣言，说有一个菲籍幼童为华人所杀，并以其尸体作为配药原料。排华暴动首先发生于吕宋的加罢那端（Cabanaduan），后蔓延至马尼拉和其他大城市。政府一面避谣，一面调动宪兵，才把秩序恢复过来。1931年在圣巴勃罗（San Pablo），由于凶杀案，又掀起了一场排华暴动。

（二）中国政府的交涉与华人的抗争

1. 关于《排华法案》

美国占领菲律宾后的第二年，清廷就派出旅菲侨领陈谦善之子、新科进士陈纲为首任驻菲律宾总领事。清廷终于实现了在菲岛设领的目标，陈纲也成为中菲关系史上第一个正式的中国官方代表。奥蒂斯法令颁布后不久，时任中国驻美大使伍廷芳便于1899年2月3日致函美国国务院，就美国是否准备将《排华法案》移植到菲律宾提出疑问，并进一步询问军政府管理下的菲律宾将针对华人移民采取何种政策。8月18日，美国国务院回复伍廷芳询问时称，奥蒂斯法令只是一个过渡性的军事法令，既不会长期存在，也不会对日后国会决议对华人政策时有任何带有偏见性的影响。伍廷芳后来又对美国国务院提出了四次抗议，抗议这一法令的不合理性，并建议将其暂时搁置，直至美国国会对菲律宾的华人问题有一个明确的政策。他指出，奥蒂斯法令本身“违反了国际法和国际条约，并将可能对中美两国之间的关系造成影响”。

在获悉美国国会讨论华人问题后，伍廷芳于1901年12月10日、1902年3月22日和1902年4月29日分别致函美国国务卿海耶，对菲律宾当时的排华举动从情理两方面向美国提出了抗辩，如指明“……只将美国现行禁例陈明不当推行于夏威夷及菲律宾群岛。当一千八百九十四年中美互订续约之时，各岛并未归附美国，彼此立约亦不能预料各岛归入美国版图。因此，两国商议限禁华工，未曾议及各岛应如何办理。……而菲律宾群岛各处华人前往贸易居住已数百余年。其地与中国邻近，通商置产，历来甚为兴旺。该岛华人多有亲友家室，亦有与土民互订婚姻者。其在该岛生长之华人数以千计。该岛隶西班牙国时，华人并不禁止来往，今若严行禁绝，华民受累实深，贵国素号文明，岂宜如此？”[1]

《排华法案》通过后，菲律宾的华人和领事馆官员，中国本土

① 刘冠楠：《美治时期〈排华法案〉在菲律宾的颁布及其实施》，厦门大学2009年硕士学位论文，第14、20页。

居民以及世界各地的华人，都开始了对这一歧视法案的抗议与斗争，其中以1905年的“抵制美货运动”最为著名。在这场运动中，一名在菲律宾做过工的华人冯夏威曾于当年7月16日在上海美国总领事馆前以自杀要求美国废除禁止华工条约。前驻马尼拉总领事陈纲也曾亲自参与并领导厦门的抵制美货运动。当时的菲律宾华人不仅私下抵制美货，还通过中华商会致电上海商会，呼吁支持。1905年8月29日，中华商会还向当时到访菲律宾的塔夫脱呈交请愿书，要求废除《排华法案》。

1909年菲律宾颁布219号令，将小店主排除在“商人”的定义之外，使得菲律宾众多小店主沦为华工身份而面临被遣送的困境。中华商会董事陈三多以自身为原告，根据1893年11月3日美国移民法案第二卷中有关“商人”一词的解释控告海关税务司，历经10个月努力，终于使这一法令被判无效。

2. 关于《簿记法》

1921年的《簿记法》出台后，时任马尼拉商会长李清泉偕同副会长薛芬士会同中国驻菲总领事周国贤，及时拜访哈里逊总督，要求将该法案否决。哈里逊拒不答应，李清泉即召开华人各团体大会，决定抗争到底，一方面由总领事向华盛顿正式提出抗议，要求美国取消这一法案，另一方面李清泉委托薛敏佬和吴克诚两人，到美国向美总统及国会请求取消此项法案。菲岛华人还一面通过舆论加以反对，并争取东南亚、美国、加拿大等地华人的声援；一面聘请法律专家，采取法律行动。联邦最高法院最后判决菲律宾议会通过的1921年《簿记法》违宪。

3. 关于菲律宾议会根据美国1924年颁布的《国籍法》提出的针对华人的移民法案

由于该法案带有种族歧视性，菲律宾华人通过中华商会和善举公所等社团进行抗争，并通过菲律宾总督伍德向美国提出抗议。最终，美国司法部认为该法案违反了美国宪法而将其否决。

4. 关于《1940年菲律宾移民法》

《1940年菲律宾移民法》出台后，同样受到了中国政府的强烈抗议。

5. 关于《马尼拉菜市菲化案》

该法案出台后，由于华人受打击的很多，而且都是比较贫困的人，于是华人社会发动了抗争，除了外交官从事交涉之外，并对有弱点的政客运用一种地下疏通的“国民外交”。

（三）贸易与移民

在美国统治菲律宾的四十多年中，前往菲律宾的华人数量仍然呈上升的趋势。在此期间前前后后进入菲律宾的华人中，除了《排华法案》中所允许进入的三类人及其眷属之外，还有一部分是通过其他非法途径进入的，即冒充商人及其眷属、贿赂海关或避开海关，还有的通过办理假证件或证明的方式以进入。《排华法案》在菲律宾的实施，并没有减少华人人数。从美军占领马尼拉至军政府统治结束，进入菲律宾的华人总数为8 624人。[①]1903年，菲律宾的华人数量为41 035人，至1939年则达到了117 487人。[②]1939年华人在菲律宾的总投资达到了1亿美元，仅次于美国的3.31亿美元。同年，中国政府还在马尼拉开设了交通银行分行，为马尼拉甚至菲律宾最边远地区的华人工商业活动提供资金。[③]

① Victor Purcell, *The Chinese in Southeast Asia*, Oxford University Press，1965, p.621.

② 刘冠楠:《美治时期〈排华法案〉在菲律宾的颁布及其实施》，厦门大学2009年硕士学位论文，第40页。

③ Benito S.Lim, *The Political Economy of Philippines-China Relations*, Philippine APEC Study Center Network Discussion Paper No.99-16, pp.11-13.

三、日本侵略时期

对日本法西斯的侵略扩张，菲律宾自治政府早有戒备。《1940年菲律宾移民法》出台初衷本是为了限制将近四分之一个世纪以来不断在菲律宾尤其是达沃形成强大势力的日本人的发展，因为日本是一个具有帝国主义雄心的强国，具有巨大的危险性。日本若要南进，菲律宾首当其冲。对于中国惨遭日本帝国主义者侵略，菲律宾自治政府也表现出很大的同情。1937年后中国国内局势混乱，菲律宾华人通过中华商会上书菲律宾总统奎松请求准许身居中国的妇孺来菲避难。经过种种疏通，1938年11月5日，奎松总统签署了允许华人妇孺赴菲避难的书面决定。这一方案一直实行到1940年春，前后共使5 656名华人来菲。[①]

早在日本占领菲律宾之前，中国已与日本交战多年，惨烈战争令中国人民与日本帝国主义者有着不共戴天之仇。二战期间，日本推行南进政策，占领了菲律宾，将后者纳入了其版图，中菲贸易完全停止了，也不存在任何官方交往。由于中美两国成了对日作战的盟邦，加上菲美之间的特殊关系，中菲两国也自然而然地站在了同一条线上作战。直至二战结束，中菲关系的主旋律是中菲两国人民的抗日大业，而菲律宾华人正是这一主旋律中跳动的音符。

（一）华人支援中国的抗日战争

“九一八事变”后，菲律宾华人就积极支援祖国的抗日救亡运动，为祖国的抗日事业作出了积极贡献。菲律宾华人的支援方式有以下几个方面：

1. 宣传抗日救国，抵制日货

“九一八事变”后，东北沦陷，菲律宾华人团体组成了“菲律宾

① 《菲律宾岷里拉中华商会五十年纪念刊》，甲编，第84页。

华侨救国联合会”，李清泉任主席，积极开展募捐、抵制日货等活动，并出版半月刊《旗帜》以宣传抗日救国。“七七事变”后，日本法西斯发动了全面的侵华战争，中华民族处在了危急关头，在这个时候，菲律宾涌现了各种抗日组织和宣传抗日的文艺团体，其中影响较大的有中华抗敌会、航运会菲律宾分会、国防剧社，中华鹦鹉社、中国之友社、八一三话剧团、福建难民救济会等。这些组织和团体组织了抗日救亡歌咏队，大唱救亡歌曲。马尼拉的华人还创办了《中山日报》、《华侨商报》、《新中国报》等宣传抗日救国的报纸。

在太平洋战争爆发前夕，菲律宾华人近12万人，主要从事商业，经营零售商店、麻产、出入口贸易、木业、布匹、椰产、烟业等。菲律宾华人建立了广泛抵制日货的组织，掀起了不购买日货、同日本断绝一切经济往来的“不合作运动”和“不供给运动”。尽管抵制日货也会给自己造成一定的经济损失，但菲律宾华人为了挽救民族危机，支援祖国人民的抗日事业，宁愿遭受经济损失。1938年4月10日，菲律宾华人工商界为召集全菲律宾华人劳工抵制仇货代表大会，发布了《致国内外工运同志和全体工友书》，其中指出，国内前线将士用刀枪同敌人战斗，我们海外侨胞不能拿起刀枪亲自上战场杀敌，抵制日货就是在杀敌，并号召全世界华人都来抵制日货。

2. 捐钱捐物支援中国

菲律宾华人采取了各种形式募集资金以支援祖国的抗日战争事业，包括常月捐、特别捐、献金、义卖等，他们高呼“逃避义捐，非我族类，捐而不力，不算爱国”。常月捐为按照不同职业、不同财力按月长期捐款。在特别捐中，菲律宾华人曾捐款购买飞机、载重汽车赠给十九路军抗日将士。著名华人领袖李清泉认购救国公债达100万元，临终时还念念不忘祖国的抗日事业，叮嘱将其遗产中的10万元捐给祖国的难童。从1937年至1940年2月，菲律宾华人汇回国内的捐款可购买50架飞机，接近抗战时期海外华人捐机总数的四分之一。参与义卖活动的华人涵盖了各种职业，涵盖了男女老幼，涵盖了城乡。在义卖活动中，理发一次千元，一个面包卖到20元，一碗炒面卖到50元。[①]自1931年“九一八事变”始至1942年菲律宾沦陷止，菲律宾华人捐献的钱物是祖国长期抗战的重要物资补充。

表10-4　1937年7月至1939年5月菲律宾华侨支援抗战各种捐款统计表[②]

救国公债	3 260 872.05比索（国币5 517 550.00元）
常月捐	2 569 238.47比索（国币6 186 313.15元）
航空建设捐	1 253 720.52比索（国币3 598 025.56元）
慰劳将士捐 救济难民捐	685 753.81比索（国币1 544 653.23元）
一元捐	83 315.00比索（国币257 187.94元）
港币	159 838.61元
总计	7 852 899.85比索（国币17 103 929.88元）

3. 直接回国参战

“七七事变”后，菲律宾成立了“华侨青年战时服务团”，专门训练回国为抗战服务的华人青年。到1938年10月广州沦陷前，菲律宾华人青年组成四批服务团回国服务：第一批为汽车司机和修理工15人；第二批为侨生童子军22人；第三批为华侨救护队27人；第四批为华侨飞行员16人。[③]

菲律宾华侨还组织了“菲律宾华侨救国义勇军”回国参战，直

① 张世均：《菲律宾华侨对抗日战争的攻陷》，载《北京师范大学学报》（人文社会科学版），2002年第2期，第81页。

② 侯伟生：《菲律宾华侨的抗日救国运动（1931—1941）》，载《东南亚研究》，1987年第3期，第25页。

③ 张世均：《菲律宾华侨对抗日战争的攻陷》，载《北京师范大学学报》（人文社会科学版），2002年第2期，第81页。

接投身祖国的抗日战斗。1938年初，优秀华侨青年沈尔七率领归国华侨抗日义勇队回国参加新四军，并三次回到菲律宾动员华侨支援新四军抗日，最后在1942年5月掩护伤员撤退时英勇牺牲。“七七事变”后，优秀华侨青年黄登保从菲律宾来到延安，成为八路军总部炮兵团的一名排长，后来又在延安炮兵学校担任队长，从事军事教育工作，培养了大批人民炮兵射击和指挥人才。

4. 参加“南洋机工队”，为祖国运送抗日物资

菲律宾200多名华侨汽车司机和50名华侨内外科医生参加了1939年组成的“南洋华侨机工回国服务队”(简称“南洋机工队”)。南洋机工队队员回国后，战斗在滇缅公路一线，担任昆明到缅甸仰光、越南同登以及昆明到广西、贵州、四川各条路线上运输抗战物资的工作。

(二)华侨参加菲律宾的抗日活动

1942年5月，菲律宾全境沦陷，许多菲律宾华侨投身到保卫第二故乡的战斗行列中，为菲律宾的光复和世界反法西斯战争的胜利而献身。

日寇大举进攻菲律宾时，菲律宾华侨各劳工团体联合会、菲律宾华侨店员救亡协会、菲律宾华侨青年学生联合会等进步侨团立即于1942年12月10日召开紧急会议，联合组织成立了“菲律宾华侨抗日护侨委员会”，推举许敬诚为主席。考虑到菲律宾华侨大部分集中在马尼拉市，为了防止日寇对马尼拉华侨进行大屠杀，护侨委员会立即动员和组织马尼拉的一些华侨集体疏散到中吕宋和南吕宋农村。1941年12月底，菲律宾华侨各劳工团体联合会顾问许敬诚和罗理实率领300多名华侨青年从马尼拉转移到阿拉悦山的树林里，建立华侨干部游击培训班，由王爱奎(王汉杰)任队长，余志坚任指导员，进行军事训练。不久，劳工团体联合会领导人挑选了

一部分人回到马尼拉，成立了菲律宾“华侨抗日反奸大同盟”（简称“抗反”），这是菲律宾最大的华侨地下抗日团体，活动中心在马尼拉，下有“工抗”、“青抗”、“妇抗”、“店抗”等抗日组织。“抗反”还在怡郎、宿务等地展开抗日地下活动，散发地下刊物《华侨导报》，宣传华侨的抗日事迹。

为适应菲律宾的局势变化，菲律宾华侨抗日护侨委员会又于1942年2月开设华侨干部军事政治训练班，由李实（罗理实）任班主任，王爱奎任副主任，共有近百名骨干参加，在阿拉悦山茂密的森林里进行集训，由许敬诚讲抗日统一战线，李实讲政治思想工作，王爱奎讲抗日游击战争。

1942年3月29日，菲共领导下的菲律宾人民抗日军（简称“民抗军”）宣告成立，一些华侨战士分别编在“民抗军”的各个支队里。鉴于菲、华混编会因为生活习惯和语言的不同，在队伍管理、教育训练、行军作战等方面存在诸多不便。于是在许敬诚等人的提议下，菲律宾华侨抗日护侨委员会决定单独成立菲律宾华侨支队。经菲律宾“民抗军”领导同意，1942年5月19日，菲律宾华侨游击支队（简称“华支”）正式成立。由黄杰（王汉杰的化名）任总队长，蔡建华（余志坚的化名）任政治指导员。由于王汉杰、余志坚这两位“华支”的主要负责人，还有参谋长王西雄、第一大队队长郑显玉（郑映民）都是参加过新四军再返回菲律宾的，加上“华支”不仅敬仰中国的新四军、八路军，还想学习新四军、八路军，因此把番号称为48支队。“华支”建立后，进行了三年多的抗日游击战争，转战吕宋岛13个省份和马尼拉市，进行了大小战斗260余次，歼敌2 000多人，缴获武器轻重机枪、步枪、短枪940多支。[1]

① 侨友:《菲律宾有一支中国新四军的抗日队伍》，载《福建党史月刊》，2012年第3期，第48页。

在菲律宾抗日战争期间，“华支”在抗日斗争中同“抗反”相互支援，协同作战，“抗反”配合“华支”的马尼拉大队进行锄奸、募捐财物、药品等活动。

在菲律宾华侨的抗日队伍中，除了“华支”外，还有四支国民党系统的抗日队伍，总称“四抗”。一是“菲律宾民主战地血干团”，由一部分战前回国从军的青年发起组织；二是“战时华侨青年特别工作总队”，以三民主义青年团为基本成员；三是“菲律宾华侨义勇军”，由国民党马尼拉总支部人士所组织，在布拉干一带有一支游击队从事抗日斗争；四是“迫击399团”，原是“菲律宾民主战地血干团”的一个大队，后来脱离单独活动，同“华支”密切合作，团长及一部分成员参加“华支”作战，在战斗中牺牲。[①]

（三）抗日外交官杨光泩

中国驻菲总领事杨光泩等8名领馆人员和9名抗日侨领因不肯屈节投敌，于1942年4月17日被杀害。

1938年杨光泩出使菲律宾，担任中国驻马尼拉总领事。任职期间，杨总领事一面积极维护当地华侨的利益，一方面和当地侨领一起宣传抗日，进行救国捐献，开展抵制日货等爱国活动。太平洋战争爆发后，日军兵分两路从南北对马尼拉进行夹攻，美军司令部和菲律宾自治政府决定撤离马尼拉。杨总领事坚持“身为外交官员，未得国内命令，绝对不擅离职守”，婉言谢绝美军司令麦克阿瑟为其所作的撤离安排，并立即行动起来，紧急疏散全城华侨，组织华侨战时服务队，设法安排文教人员疏散，指挥烧毁各种爱国捐款存据、救国公债登记表及其他重要文件。为了不让滞留在马尼拉的中国政府委托美国印制的一船钞票落入日本人手中，使国家蒙受巨大

① 金应熙主编:《菲律宾史》，开封.河南大学出版社，1990年，第589页。

损失，总领事馆的全体人员及家属一齐行动，在别无选择的情况下，断然将整船钞票焚毁。马尼拉沦陷当日，日本驻马尼拉副领事本原太次郎与杨总领事面谈，要求中国驻马尼拉总领事馆承认汪精卫伪政权，否则领事馆人员将被剥夺豁免权，人身安全亦不受保障，杨总领事严词拒绝了日方蛮横无礼的要求。

1942年1月4日，日军不顾国际公约，悍然逮捕了杨光泩等8名外交人员，将他们移押到圣地亚哥监狱。杨光泩等人在狱中惨遭各种酷刑，然而他和他的同事们坚贞不屈，并鼓励难友和侨民忠于祖国，坚持抗战。4月17日，日军将杨光泩等8名外交官秘密押赴华侨义山执行枪决。[①]

第三节 独立后的中菲关系

菲律宾独立后不久，新中国就成立了，但是在冷战的国际背景下，中菲外交关系并没有立即建立，至今中菲关系经历了三个截然不同的历史时期，即恶化僵持期、解冻期及建交发展期。

一、关系恶化与僵持期（1946年至1960年代中期）

二战后，世界分裂成两大阵营，即共产主义和非共产主义阵营。在菲律宾，自治政府总统罗哈斯着手重建被战争彻底破坏的国家，他决定通过《菲美军事援助条约》来寻求同美国持续的伙伴关系。至于中菲关系，1947年4月18日罗哈斯同陈质平签署了《友好条约》，同南京政府建立了官方关系。同年，菲律宾在上海和厦门建立了领事馆，第二年在南京建立了公使馆。不过菲律宾鉴于当时

① 鞠艳：《青山忠魂——记牺牲在菲律宾的著名抗日外交官杨光泩烈士》，载《中国统一战线》，2005年第9期，第56-57页。

的国际国内局势，包括当时菲国内的共产主义运动，废除了那一条约。但是罗哈斯后来又奉行反共政策，并且那一政策在其后的四分之一世纪里一直是菲律宾对外政策的显著特征。

随着中国内战升级，国民党政府迁往台湾，季里诺总统下令关闭了菲律宾在上海和厦门的领事馆以及在南京的公使馆，切断了同中国所有的外交联系。在新中国成立的当年，菲律宾制定了反共政策，将中国排除在“自由世界”之外，禁止中国移民，禁止往来中国的旅行。

1950年，季里诺在台湾重开了公使馆，与台湾签署了关于贸易联系、专家互派、信息交流的协议，在经济上和意识形态上与台湾建立了非常紧密的联系。1956年，麦格赛赛总统命令外长加西亚正式将菲律宾外交使团升级，在台湾建立大使馆。在冷战初期，菲律宾的这种政治经济安排并未受到质疑，菲律宾甚至将其与美国及美国盟国的伙伴关系视为其生存的唯一保证。

1957年麦格赛赛去世后，继任的加西亚继续维持同美国的紧密联系，寻求同非共产主义国家建立更密切的关系。菲律宾战略性地降低了其与美国由于《劳雷尔—兰勒协定》中的不平等贸易条款所带来的不断上升的贸易摩擦。尽管很多菲律宾领导人不再容忍他们所认为的美国不公平的贸易政策，但他们保持克制，不去追踪那些贸易争端，以免威胁与美国的安全联盟关系，他们的立场是等待《劳雷尔—兰勒协定》到期。1961年，马卡帕加尔政府寻求更激进的经济改革，继续提升同非共产主义国家和传统贸易伙伴，即美国、日本和其他亚洲邻国的经济联系。

因为坚持亲美反共的外交政策立场，当中华人民共和国宣告成立时，菲律宾政府拒绝承认；在历届联合国举行的讨论中国席位问题的会议上，菲律宾代表极力支持中国国民党残余集团在联合国的所谓"会员资格"；谴责中共在朝鲜战争中是侵略者；严格限制中国大陆移民进入菲律宾，把每年入境的限额从1949年前的500名削减到1949年的50名，1950年更是全部取消。1955年万隆会议期间，周总理同菲外长罗慕洛会晤，表示愿意与菲律宾缔结国籍协定，并邀请菲律宾人到大陆沿海地区访问，但遭到拒绝。

至于中菲贸易，1950年双方贸易额为70万美元，其中绝大部分为菲律宾对中国的出口。朝鲜战争爆发后，由于美国操纵联合国大会通过了对中国实行禁运的决议，菲律宾追随美国，1951年中菲两国贸易额骤降为5万美元，1953年则只剩下2 000美元。万隆会议期间，中菲代表团长的会晤使得两国关系得以初步改善，1954年双边贸易开始回升，1956年贸易额升至73万美元，这是整个五六十年代双方贸易的最高年额。但随着中美关系进一步恶化，中菲关系又趋冷却，1957年双边贸易额又降到5万美元，1963年则仅剩400美元，这是五六十年代双方贸易的最低点。1965年起两国贸易中断。[①]

二、关系解冻期（1960年代中期至1974年）

自1965年当选菲律宾总统，马科斯就启动了一个计划——检视菲律宾的外交政策。新外交政策的要点之一就是倡导更深入地研究亚洲，倡导菲律宾促进同其他亚洲国家以及社会主义国家的贸易。菲律宾主要的贸易伙伴是美国，但它们之间的贸易却在下降。菲美贸易的这种下降趋势，加上《劳雷尔—兰勒协定》即将到期，以及1973年的石油危机，迫使马科斯寻找新的市场和替代贸易伙伴。马科斯政府在社会主义国家中看到了新的市场，以及更大范围经济合

① 周中坚：《重建跨越南海的历史桥梁——中国菲律宾经贸关系的历程与未来》，载《印度支那》，1988年第4期，第42页。

作的可能性，那种经济合作的可能性也可能会终结与美国的“特殊关系”。新的商业机会导致了新的外交政策的形塑。因此，马科斯政府着手准备同中国和苏联建交。

为了方便探索新的市场，1966年马科斯解除了菲律宾公民到社会主义国家旅行的禁令。他在国会辩称，解除旅行禁令会让一些到中国和苏联旅行的菲律宾国人“更聪明一点”，“我们对到共产主义国家旅行持自由态度。这就给了我们一些国人一个机会，让他们自己看看经济学家们所描述的俄国和中国模式。我想回来的这些旅行者会更聪明一些，他们很可能会因为中国大陆最近的发展而聪明得多”。1969年1月27日，马科斯在国会所作的国情报告中公开了他的新外交政策：“我们地处亚洲，必须为同红色中国达成妥协而努力。我重申这一需求，它正变得日益迫切。不久以后，随着先进的核武运输系统的建立，共产中国的打击能力将提升一千倍。我们必须为那一天作好准备，必须准备好与共产中国和平相处。”①

菲律宾新的外交政策很大程度上是由国际形势的发展所催生的。到了1960年代，中苏之间产生了严重裂痕；美国总统尼克松宣布从亚洲撤军，冷战的紧张局势得以缓和，美苏关系缓和。世界金融危机的浮现，连同与美国和其他工业化国家贸易恶化所带来的越来越糟糕的国内经济困难，迫使马科斯宣布新的外交政策，即正常化同社会主义国家的商贸关系。1970年12月12日，菲外长罗慕洛向马科斯建议，与挑选的几个社会主义国家建立初步的联系，以决定在可能达成行政协定之前建立外交或领事关系。

1972年9月21日，马科斯颁布戒严令，宣称其目的是“制止左、右翼反叛”和“继续菲律宾的经济发展”。戒严令颁布后一年，菲政

① Benito Lim, *The Political Economy of Philippines-China Relations*, Philippine APEC Study Center Network Discussion Paper No.99-16, pp.8-9.

府启动了"发展外交"。菲律宾与保加利亚、波兰、捷克斯洛伐克、东德、匈牙利和蒙古实现了关系正常化。至1974年3月，菲律宾同这些国家以及中国和苏联的贸易达到了80 398 309美元，出口总计46 376 372美元，进口34 021 936美元。其中与中国的贸易占到了同社会主义国家总贸易的48%。①

有着前述贸易数据，扩大同前述国家贸易的前景看来十分光明，特别是《劳雷尔—兰勒协定》即将于1974年7月3日到期。菲律宾还从前述国家获得保证，后者对进口前者传统的出口产品感兴趣，那些产品被出口到美国，是前者外汇的主要来源。东欧国家对购买菲律宾的马尼拉麻、干椰子肉、糖和糖产品表示感兴趣。苏联和中国的进口产品清单则几乎包括了所有的菲律宾出口产品。

1974年3月，本杰明·罗穆阿尔戴兹大使前往北京，继续商谈关系正常化问题。受周恩来总理邀请，伊梅尔达·马科斯夫人于1974年9月20至27日访问中国，为此罗穆阿尔戴兹在同年7至8月份又三次前来中国，为那一访问进行安排。马科斯夫人与中方达成了一项贸易协议，规定中国向菲律宾出售石油，并购买菲律宾的主要出口产品。同年11月，中国又签署一项协议，从菲律宾进口椰子油、木材、夹板、精铜矿和糖。

至于中菲贸易额，1971年5月，菲律宾商会贸易代表团和菲律宾工商界参观团同时访华。9月，中菲签订了一项贸易合同，菲律宾向中国洽购1万吨大米，中国向菲律宾购买3 000英吨椰子油。中菲贸易在中断6年之后终于开始恢复。1971年双方贸易额265万美元，1972年则增至529万美元，增长了一倍。1973年双方贸易额增到5 298万美元，比1972年增长了9倍多。1974年双方贸易额为4 893万美元，比上一年略有减少。②

---

① Benito Lim, *The Political Economy of Philippines-China Relations*, Philippine APEC Study Center Network Discussion Paper No.99-16, p.9.

② 周中坚：《重建跨越南海的历史桥梁——中国菲律宾经贸关系的历程与未来》，载《印度支那》，1988年第4期，第43页。

三、建交及关系发展期（1975年至今）

自1975年中菲建交以来，中菲关系进入了新的阶段。历经马科斯政府、科·阿基诺政府、拉莫斯政府、埃斯特拉达和阿罗约政府，以至现行的贝尼尼奥·阿基诺三世政府，中菲关系的发展虽遭遇诸多阻碍因素，但总体上维持友好。

1. 马科斯政府时期

1975年6月7日至9日，马科斯总统前来中国，签署了《联合公报》，中菲关系实现了正常化。《联合公报》承认，“世界上只有一个中国，台湾是中国领土不可分隔的一部分”。因此，菲律宾终止了同台湾所有的官方联系，台北驻马尼拉大使馆更名为“太平洋经济文化中心”，现名为“台北经济文化办事处”；而菲律宾驻台大使馆则更名为“亚洲交流中心”，后也更名为“马尼拉经济文化办事处”，下辖于总统办公室。

关系正常化之后仅仅两个月，中菲双方签署了更多协议以促进贸易，文化和科学交流以及官方互访开始启动。1978年3月12日，中国副总理李先念和外交部长黄华访问了菲律宾，在总统游艇Ang Pangulo号上签署了两国间的科技合作协议。

1981年8月6日，中国总理战后第一次前往菲律宾访问，为期4天，赵紫阳总理的陪同人员包括时任外贸部长、国务院办公厅副主任等。赵总理同意继续以优惠价向菲律宾供应原油。除了石油交易外，马科斯还和赵总理讨论了菲律宾从中国购买优质煤，中国扩大进口菲律宾的椰子油这两个问题。赵总理还承诺，中国不会介入菲律宾的内部事务，也不会寻求在亚洲强推中国政策。1984年马科斯夫人访问中国期间，中国同意扩大与菲律宾的贸易量，由1974年2 000万美元、1978年3 000万美元的目标提升至5亿美元，中国也同意购买更多的菲律宾产品以平衡这一双边贸易。事实上，1984年的双边贸易额达到了3亿美元。马科斯夫人还与中国洽谈了一份协议，即中国向菲律宾供应价值6 000万美元的石油，并同意菲方延期付款。

毫无疑问，在马科斯政府时期，中菲贸易量大幅攀升。中国由1970年代初的一个无关紧要的贸易伙伴，于1985年变成了菲律宾的第六大贸易伙伴，当年的双边贸易额达3.55亿美元。尽管中菲两国的政治意愿友好，希望双边贸易能够互利双赢，但自建立外交关系以来，除了1977年，中国一直维持着贸易顺差。

表10-5 中菲贸易统计 单位：美元

年份	总额	进口	出口
1971	1 408 195	1 006 390	401 805
1972	6 312 859	5 530 309	782 550
1973	27 889 132	21 924 670	6 571 480
1974	37 231 327	23 924 670	13 306 657
1975	72 251 804	47 036 027	25 215 777
1976	93 344 544	53 792 649	39 551 895
1977	186 372 229	78 351 890	108 020 339
1978	159 085 110	111 627 098	47 458 012
1979	172 417 464	120 953 005	51 464 459
1980	250 691 740	205 705 312	44 986 428
1981	272 742 410	194 516 918	78 225 492
1982	311 531 991	206 327 132	105 204 859

续表

年份	总额	进口	出口
1983	151 542 102	122 150 595	29 391 507
1984	280 441 795	220 255 977	60 185 818
1985	355 877 664	276 084 896	79 792 768

资料来源：菲律宾的外贸统计。

2. 科·阿基诺政府时期

通过人民革命上台的科·阿基诺政府，面临着纷繁复杂的经济、政治和社会问题，因而无法规划一套连贯的对外政策，更别说呵护与中国大陆的关系。事实上，科·阿基诺政府并没有提出一套连贯的外交政策为外贸指明方向。

尽管中国是菲律宾“人民力量革命”两天后最早承认科·阿基诺政府的为数不多的几个国家之一，但科·阿基诺政府并没有及时地注意到中国。中国也是主动同菲律宾强化关系的国家。“人民力量革命”一个月之后，中国的文化部长来到马尼拉，签署了一项文化协议执行计划。同年5月，中方同意：(1)调整1985年给予马科斯政府的1 120万美元的大米进口信贷的支付；(2)重申中国银行给予菲律宾的2 000万美元的信贷限额。

尽管如此，中国对中菲友好关系的期待还是落空了。与之前马科斯政府的政策形成鲜明对照，科·阿基诺政府的东亚政策明显受制于台湾。自科·阿基诺政府建立伊始，所有层级的政府官员多次“非官方地”造访台湾。内阁成员、国会议员、省市官员前往台湾，考察台湾的土地改革计划和其他发展项目。中国驻菲大使馆认为，菲律宾官员访问台湾违背了菲律宾的“一个中国”政策，因而公开提出外交抗议。但是这些抗议被菲方官员所忽视、否认或拒绝，他们认为台海两岸的争执是一场“个人或家庭的争吵”。

科·阿基诺政府花了几乎三年时间来恢复中菲关系，主要通过支持阿基诺的菲律宾华人主动居中联络。1988年12月，科·阿基诺在前来中国之前，签署了第313号行政命令，禁止菲律宾政府官员访问台湾。

尽管科·阿基诺维系着马科斯的“一个中国”政策，但其治下的中菲关系几乎停顿。她的政府继续维持着贸易平衡政策，并建立了菲律宾国际贸易公司，以替代联合贸易委员会。联合贸易委员会要求菲进口商保证将等值的商品出口到中国，尽管这一要求稍微改善了菲律宾与中国的贸易平衡，但也减少了从中国的进口。菲律宾包容台湾被中国视为企图寻求“两个中国”政策，中菲贸易量也受这些政治决定的影响而缩小。

中菲关系遇冷的另一个原因是，科·阿基诺政府倾向于摒弃、中止或搁置马科斯政府启动的项目，因为中菲外交关系和良好的经济关系是为马科斯所启动，所以科·阿基诺政府对继续那一政策没有多大的兴趣。通过“金钱外交”，台湾的外交攻势却取得了进展。仅就贸易而言，从1987年开始，菲台贸易数据急剧上升，由1985年的2.64亿美元，1986年的4.03亿美元，上升到1987年的5.15亿美元，台湾取代中国大陆成为菲律宾的第五大贸易伙伴。1988年，台湾更是成为菲律宾的第四大贸易伙伴，贸易额达7.1亿美元，仅次于美国、日本和中国香港，而中国大陆则掉至了第12位，贸易额仅为3亿美元。1989至1991年，中国台湾又取代中国香港成为菲律宾的第三大贸易伙伴。①

① Benito Lim, *The Political Economy of Philippines-China Relations*, Philippine APEC Study Center Network Discussion Paper No.99-16, p.17.

表10-6 菲台贸易 单位：美元

年份	总额	进口	出口
1986	403 328 904	279 662 720	123 666 184
1987	516 818 930	372 430 385	144 388 545
1988	711 511 467	510 737 872	200 833 775
1989	912 097 478	701 799 164	210 298 314
1990	1 014 832 191	805 569 506	209 262 685
1991	1 034 319 245	824 596 914	209 722 331

资料来源：菲律宾的外贸统计。

正是因为菲台经贸关系越来越紧密，很快菲政府官员就辩称，邀请台湾商人和台湾当局进行投资只是想恢复菲律宾的国家经济，而不是完全排斥“一个中国”政策。

1989年2月，科·阿基诺就任总统三年之后，中菲签署了一份协议，将双边贸易扩大至4亿~4.5亿美元，这比1978年马科斯设定的目标还要低。驱动科·阿基诺政府签署这一协议的主要产品是中国的原油。同年4月14日，科·阿基诺前来中国，寻求强化外交关系，并到中国福建的鸿渐村寻根。在北京，科·阿基诺和邓小平、总理李鹏、国家主席杨尚昆举行了会谈，后者重申了中国不干涉菲律宾内政、支持科·阿基诺政府的政策立场。中国政府赠送了科·阿基诺1万公吨大米，双方还达成协议，在5年内将双边贸易提升至8亿美元。

然而，科·阿基诺的国事访问并没有明显改变她的对台政策。1991年7月16日，她的任期临近结束，她的助理行政秘书、也是南海渔业争端调解委员会主席，和台湾官员签署了《马尼拉—台北农业和渔业协议》。中国政府知道该协议后，立即向菲外交部提出了强烈抗议，认为该协议是非法的，违反了“一个中国”政策。在一次媒体访谈中，菲律宾外长马加布斯告诉媒体，菲外交部警告过，这样的行动会违反“一个中国”政策，菲外交部“一直反对这一协议”。科·阿基诺总统宣称要重新审视这一协议，但是一直没有采取行动。

在科·阿基诺的6年总统任期内，她的注意力越来越聚焦于与台湾官员的商谈，以寻求经济支持与投资。紧密的菲台关系使得先前马科斯总统培育起来的菲律宾与中国大陆的合作出现了倒退。

3. 拉莫斯政府时期

与科·阿基诺总统不同，拉莫斯总统就任后立即采取行动安抚中国。1993年4月26日至5月1日，他对中国进行了国事访问，商讨的问题包括了中菲商贸关系的提升、南海争端的解决等。为了促进上述问题的解决，他不仅下令终止贸易平衡政策，还安排了6位顶级菲华商业大亨随行前来中国。

拉莫斯率领的访华团还签署了14份合资协议，中方提供2 500万美元的能源贷款用于菲方小型水电站建设，提供商业信贷用于菲方两座煤电厂的建设。江泽民主席还向皮拉图博火山的受难者捐赠了43.4万美元。

在江泽民主席与拉莫斯总统的会谈中，中方向菲方保证，中国并没有任何扩张野心，中国的军备建设是中国现代化计划的一部分；中方强调了搁置南海主权议题的重要性。拉莫斯总统则重申了遵照东盟的《马尼拉联合宣言》和平解决争端的重要性，再次向中方保证，他的政府将坚守“一个中国”政策，尽管他在苏比克会见了台湾的李登辉。访问临近结束，拉莫斯总统邀请江泽民主席访问菲律宾，江主席接受了邀请。

1996年11月的APEC峰会结束后，江主席随即对菲律宾进行了国事访问。这是菲律宾历史上第一次中国最高领导人对其进行国事访问。1996年11月26日，在江主席访菲期间，中菲两国签署了两份协议，一份是《菲律宾共和国政府和中华人民共和国政府关于增设领事馆的协议》，一份是《维持菲律宾共和国驻中华人民共和国香港特别行政区总领事馆的协议》。中国同意菲律宾在广州、厦门设立总领事馆。

拉莫斯政府时期，中菲间争论最激烈的问题是南中国海的主权争端。这种争论甚至在拉莫斯总统访问中国并签署了协议之后还在进行。所签署的协议宣称，两国将搁置主权议题，遵守东盟1992年的《马尼拉联合宣言》，该宣言要求南海各声索国和平解决争端。

拉莫斯访问中国之后，直至1995年美济礁事件发生，中国的巡逻船和渔船不断进入黄岩岛海域，中菲两国间的合作进展顺利。美济礁事件和黄岩岛争端引发了对峙，使得中菲外交关系恶化；也让菲律宾国防部找到了理由进行游说，要求提高国防预算以推进国防现代化；也使得菲律宾外交部转变外交战略，由平静外交转为将南海争端国际化；也使得菲律宾议会备受争议，很多议员认为应该寻求与美国的更强有力的安全协作，一些议员质疑参议院的智慧，后者在科·阿基诺政府时期拒绝接受一份新的关于美国军事基地的协议。菲律宾军方将中国在南海的存在解读为“入侵”、“闯入”、“侵犯了菲律宾的领土主权”、“占领”菲律宾领土和领海。自1995年以来，菲律宾军方将中国在美济礁的存在视为对菲律宾安全的威胁。

然而，南海争端并没有影响到中菲贸易的发展。中菲贸易额由1994年的4.57亿美元增至1995年的13.06亿美元。事实上，贸易量增长最显著的是1997年，而当时美济礁事件的争议更加公开化，亚洲金融危机也已发生。更惊人的或许是这样一个事实：1997年金融危机期间，中菲贸易量显著增长，中国同东盟其他国家的贸易量却明显下降。中国对菲律宾的投资也没有受到争端与金融危机的影响。从1995至1998年，即美济礁议题期间，中国在菲律宾开办了100多家企业，总投资超过1.4亿美元。

表10-7　菲中贸易（1992—1998年）　单位：百万美元

年份	总额	出口	进口
1992	297.64	113.9	183.74
1993	354.53	173.87	180.66
1994	456.97	163.94	293.03
1995	1 306.00	275.00	1 030.00
1996	1 387.00	372.00	1 015.00
1997	1 666.00	327.00	1 339.00
1998	2 013.00	512.00	1 501.00

资料来源：Benito Lim，*The Political Economy of Philippines-China Relations*，Philippine APEC Study Center Network Discussion Paper No.99–16，p.22.

4. 埃斯特拉达政府时期

埃斯特拉达在亚洲金融危机爆发后就任总统，他非常精明地继承了发展外交的对外政策框架，迂回寻找有助于大众福利的经济机会。埃斯特拉达政府通过双边协议和多边协助寻求经济伙伴关系，菲外交部主动介入所有东盟、东盟自贸区和经济外交的动议中。因而菲律宾支持77国集团和中国在联合国大会上发起的合作谋发展的动议。联合国大会的52/179号决议呼吁，不迟于2001年政府间考虑高层次的金融援助以谋发展，寻求种下全球共同发展的种子。在这一动议中，中国被视为一股能够号召东盟团结、聚合集体的力量，推动国际社会走出金融危机从而实现复苏的力量。

随着2000年6月9日庆祝中菲建交25周年，两国关系达到了一个高峰。埃斯特拉达在其演讲中说："菲律宾和中国有着特殊关系，这不仅是因为地理上的邻近，也因为人民之间古老的联系。这些历史和文化联系不仅对现在，而且对将来的两国关系行为至关重要。它们经受了时间的考验，将来会是一股持续的力量和稳定的源泉。" 1999年朱镕基总理访问了菲律宾，埃斯特拉达原本计划2001进行回访，但是被弹劾下台了。

由于东南亚地区尚处在从亚洲金融危机中恢复的过程中，所以中菲贸易相较于拉莫斯政府时期有下降趋势。不过，相较于其他东盟邻国，中国和菲律宾所受的影响较小。

表10-8 菲中贸易（1999—2000年） 单位：千美元

年份	总额	进口	出口
1999	1 613 237	1 038 428	574 809
2000	1 449 220	785 956	663 264

资料来源：BETP，Department of Industry，2005.

5. 阿罗约政府时期

阿罗约执政时期，中菲两国间维持着友好的政治和经济关系。

2001年10月28至31日，阿罗约总统对中国进行了国事访问。访问期间，双方签署了《引渡条约》、《打击跨国犯罪合作谅解备忘录》、《打击贩毒合作协议》等双边合作协议，并就菲方在上海设立总领馆互换照会。同年，两国还签署了《体育合作备忘录》和《信息产业合作备忘录》。

2002年1月，阿罗约发布总统令，将中菲建交日（6月9日）定为"菲华友谊日"。6月，菲外交部和华人各界举行了一系列庆祝活动，阿罗约总统出席了有关活动。9月，李鹏委员长对菲进行了正式友好访问，双方签署了《全国人大常委会与菲律宾众议院合作谅解备忘录》等合作文件。同月，菲旅游部长率旅游促销团访问中国，双方签署了《关于旅游合作谅解备忘录》。同年，两国还签署了《桑托斯将军港渔港改建和扩建项目贷款协议》、《北吕宋马尼拉—克拉克高速铁路项目合作谅解备忘录》和《马尼拉—南吕宋铁路项目合作谅解备忘录》等经贸合作协议。

2004年9月，阿罗约访华并出席了在北京举行的第三届亚洲政党国际会议，两国签署了中菲渔业合作协议、旅游合作协议执行计划等双边合作文件；中国海洋石油总公司和菲律宾国家石油公司签署了在南海部分海域联合海洋地震作业协议；两国发表了《联合新闻公报》，在公报中，菲律宾表示承认中国的市场经济地位。

2005年4月26至28日，胡锦涛主席对菲律宾进行了国事访问。访问期间，中菲签署了10份政府间协议，签署的4份商业协议涉及11亿美元的投资和5.24亿美元的贷款。马尼拉到克拉克80千米长的北方铁路是两国重要合作项目之一，两国还合作整顿北苏里高省价值3亿美元的洛洛克镍矿。菲律宾还将引种中国高产水稻和玉米品种。

2006年10月，阿罗约总统对中国进行国事访问，两国签署了几份协议，即双边贸易与投资协议、设立银行机构协议、避免双重征税和逃税协议、航空服务和海事合作协议。与中菲签署的《21世纪双边合作框架》相一致，两国有望在贸易、投资、农业、科技、文化交流等领域进行合作。在这次访问期间，阿罗约认为中菲关系达到了“前所未有的高度”。

2007年9月2日至6日，中央军委副主席、国务委员兼国防部长曹刚川上将率团对菲律宾进行了正式访问，并与菲国防部签订了价值1 500万人民币的军援协议。

在阿罗约政府的后几年，虽然由于南海问题升温，中菲政治关系受到了一定的影响，但总体上是友好的。

在经贸方面，中菲贸易总体上呈现出向上发展的势头。由于经济的快速发展，中国成了菲律宾出口产品增长最快的市场。2001年，中国是菲律宾的第十二大贸易伙伴，2005年则升为第四大贸易伙伴。中菲贸易总是超过设定的目标，2004年为菲律宾带来了48亿美元的贸易顺差。2004年双边贸易额133亿美元，超过了预设的2005年100亿美元的贸易目标。从2001至2005年，中菲贸易年增长41.9%，2005年两国的贸易额达170亿美元。2006年中国成为菲律宾的第三大贸易伙伴。中国是菲律宾半导体装置、电子器械等的主要消费国，菲律宾大约三分之一的电子产品出口到了中国市场。

就经济合作而言，仅2006年阿罗约总统对中国进行国事访问期间，双方就达成了以下成果：9亿美元的北方铁路项目；菲华商业和工业联合总会与中华全国工商业联合会签署了一系列协议，以推进双边贸易交流；中菲商务理事会和中菲商务理事会北京分会签署了一系列协议，以促进贸易和投资；苏里高的诺诺克镍矿项目；中菲渔业合作。阿罗约总统曾发表了一份对外政策声明，“菲律宾采取的政策是，与经济和军事巨头中国保持全面的接触”。

参考文献

一、中文资料

（一）古籍

[1]周去非．岭外代答．屠有祥校注．上海：上海远东出版社，1996.

[2]中山大学东南亚历史研究所编．中国古籍中有关菲律宾资料汇编．北京：中华书局，1980.

[3]中国第一历史档案馆．清代中国与东南亚各国关系档案史料汇编（第二册，菲律宾卷）．北京：国际文化出版公司，1998.

[4]赵彦卫．云麓漫钞．北京：中华书局，1985.

[5]赵汝适．诸蕃志．杨博文校释．北京：中华书局，1996.

[6]张廷玉等．明史．北京：中华书局，1974.

[7]印光任，张汝霖．澳门记略．赵春晨点校．广州：广东高等教育出版社，1988.

[8]严从简．殊域周咨录．余思黎点校．北京：中华书局，1993.

[9]徐松．宋会要辑稿．上海：中华书局，1957.

[10]徐溥，李东阳，等．明会典．印景文渊阁四库全书．台北：商务印书馆，1986.

[11]徐昌治．破邪集．日本安政二年刻本．四库未收书辑刊．北京：北京出版社，2000.

[12]两种海道针经．向达校注．北京：中华书局，1961.

[13]夏燮. 中西纪事. 高鸿志点校. 长沙: 岳麓书社, 1988.
[14]汪大渊. 岛夷志略. 苏继庼校释. 北京: 中华书局, 1981.
[15]脱脱等. 宋史. 北京: 中华书局, 1977.
[16]谈迁. 国榷. 续修四库全书(史部). 上海: 上海古籍出版社, 1995.
[17]台湾中央研究院历史语言研究所校勘. 明实录. 上海: 上海古籍书店, 1983.
[18]宋濂等. 元史. 北京: 中华书局, 1976.
[19]屈大均. 广东新语. 北京: 中华书局, 1984.
[20]茅瑞徵. 皇明象胥录. 四库禁毁书丛刊(史部, 第十册). 北京: 北京出版社, 2005.
[21]罗曰褧. 咸宾录. 北京: 中华书局, 1983.
[22]李毓中. 台湾与西班牙关系史料汇编. 台北: 国史馆台湾文献馆, 2008.
[23]李贤. 大明一统志. 台湾影印本, 1965.
[24]李东阳等. 大明会典. 申时行等重修. 台北: 新文丰出版社, 1976.
[25]柯劭忞. 新元史. 传世藏书(史库, 二十六史). 海口: 海南国际新闻出版中心, 1996.
[26]焦竑. 国朝献征录. 台北: 学生书局, 1965.
[27]何侨远. 闽书. 福州: 福建人民出版社, 1994.
[28]何乔远. 名山藏. 张德信, 商传, 王熹点校. 福州: 福建人民出版社, 2010.
[29]顾炎武. 天下郡国利病书. 广雅书局, 光绪二十六年刊本.
[30]费信. 星槎胜览校注. 冯承钧校注. 北京: 中华书局, 1954.
[31]范晔. 后汉书. 李贤注. 北京: 中华书局, 1965.

[32]陈子龙等. 明经世文编. 北京：中华书局，1962.
[33]查继佐. 罪惟录. 杭州：浙江古籍出版社，1986.

(二)论著

[1]庄国土. 中国封建政府的华侨政策. 厦门：厦门大学出版社，1989.
[2]庄国土. 华侨华人与中国的关系. 广州：广东高等教育出版社，2001.
[3]郑永常. 来自海洋的挑战：明代海贸政策演变研究. 板桥：稻香出版社，2004.
[4]郑彭年. 日本西方文化摄取史. 杭州：杭州大学出版社，1996.
[5]郑民. 菲律宾. 上海：商务印书馆，1925.
[6]张至善. 哥伦布首航美洲：历史文献与现代研究. 北京：商务印书馆，1994.
[7]张维华. 明清之际中西关系简史. 济南：齐鲁书社，1987.
[8]张其昀等. 中菲文化论集. 台北：中华文化出版事业社，1960.
[9]张凯. 中国与西班牙关系史. 郑州：大象出版社，2003.
[10]张家哲. 拉丁美洲：从印第安文明到现代化. 北京：中国青年出版社，1999.
[11]张国刚. 从中西初识到礼仪之争——明清传教士与中西文化交流. 北京：人民出版社，2003.
[12]曾少聪. 东洋航路移民：明清海洋移民台湾与菲律宾的比较研究. 南昌：江西高校出版社，1998.
[13]杨建成. 菲律宾的华侨. 台北：中华学术院南洋研究所，1986.
[14]晏可佳. 中国天主教简史. 北京：宗教文化出版社，2001.
[15]严中平. 老殖民主义史话选. 北京：北京出版社，1984.

[16]王绳祖．国际关系史：第一卷(1648—1814)．北京：世界知识出版社，1995.

[17]王加丰．西班牙、葡萄牙帝国的兴衰．西安：三秦出版社，2005.

[18]万明．中葡早期关系史．北京：社会科学文献出版社，2001.

[19]圣教杂志社．天主教传入中国概观．台北：文海出版社，1971.

[20]沈定平．明清之际中西文化交流史：明代：调适与会通．北京：商务印书馆，2007.

[21]沙丁，等．中国与拉丁美洲关系史．郑州：河南人民出版社，1986.

[22]任继愈．宗教词典．上海：上海辞书出版社，1981.

[23]全汉昇．中国经济史论丛．台北：稻禾，1996.

[24]戚印平．远东耶稣会史研究．北京：中华书局，2007.

[25]潘日明.16—19世纪澳门与马尼拉的商业航运．澳门：海事研究中心，1987.

[26]聂德宁．明末清初的海寇商人．台北：杨江泉发行，2000.

[27]吕理政．帝国相接之界：西班牙时期台湾相关文献及图像论文集．台北：南天书局有限公司，2006.

[28]刘芝田．中菲关系史．台北：正中书局，1979.

[29]刘芝田．菲律宾民族的渊源．香港：东南亚研究所、菲华历史学会合作出版，1970.

[30]刘继宣，束世征．中华民族拓殖南洋史．上海：商务印书馆，1934.

[31]刘浩然．中菲关系史初探．泉州：泉州市菲律宾归侨联谊会．1991.

[32]林仁川，徐晓望. 明末清初中西文化冲突. 上海：华东师范大学出版社，1999.
[33]廖大珂. 福建海外交通史. 福州：福建人民出版社，2002.
[34]梁志明. 殖民主义史·东南亚卷. 北京：北京大学出版社，1999.
[35]梁英明等. 近现代东南亚. 北京：北京大学出版社，1994.
[36]李毓中. 菲律宾简史. 南投：国立暨南国际大学东南亚研究中心出版，2003.
[37]李金明，廖大珂. 中国古代海外贸易史. 南宁：广西人民出版社，1995.
[38]李长傅. 菲律宾史. 上海：商务印书馆，1936.
[39]金应熙. 菲律宾史. 开封：河南大学出版社，1990.
[40]金国平. 西力东渐：中葡早期接触追昔. 澳门：澳门基金会，2000.
[41]江文汉. 明清间在华的天主教耶稣会士. 北京：知识出版社，1987.
[42]黄滋生，何思兵. 菲律宾华侨史. 广州：广东高等教育出版社，1987.
[43]黄邦和，萨那，林被甸. 通向现代世界的500年——哥伦布以来东西两半球汇合的世界影响. 北京：北京大学出版社，1994.
[44]何晓东. 菲律宾古近代史. 台北：三民书局，1976.
[45]顾卫民. 中国天主教编年史. 上海：上海书店出版社，2003.
[46]方豪. 中西交通史(下册). 长沙：岳麓书社，1987.
[47]方豪. 中国天主教史人物传. 北京：宗教文化出版社，2007.
[48]崔维孝. 明清之际西班牙方济会在华传教研究(1579—1732).

北京：中华书局，2006.
[49]陈台民. 中菲关系与菲律宾华侨. 香港：朝阳出版社，1985.
[50]陈乐民. 十六世纪葡萄牙通华系年. 沈阳：辽宁教育出版社，2000.
[51]陈荆和. 十六世纪之菲律宾华侨. 香港：新亚研究所，1963.
[52]陈宏瑜. 菲律宾的政治发展. 台北：商务印书馆，1980.
[53]晁中辰. 明代海禁与海外贸易. 北京：人民出版社，2005.

（三）译著

[1]谢里尔.E.马丁，马可·瓦塞尔曼. 拉丁美洲史. 黄磷，译. 海口：海南出版社，2007.
[2]魏安国. 菲律宾生活中的华人. 吴文焕，译. 香港：世界日报社，1989.
[3]哥伦布航海日记. 孙家堃，译. 上海外语教育出版社，1987.
[4]斯塔夫里阿诺斯著. 全球通史. 吴象婴，等译. 上海：上海社会科学院出版社，1999.
[5]利玛窦书信集. 罗渔，译. 台北：台湾光启出版社，辅仁大学出版社，1986.
[6]莱斯利·贝瑟尔. 剑桥拉丁美洲史. 林无畏，吴经训，孙铢，丁兆敏，译. 北京：经济管理出版社，1995.
[7]克拉维约. 克拉维约东使记. 杨兆均，译. 北京：商务印书馆，1957.
[8]陈守国. 菲律宾五百年的反华歧视. 施华谨，译. 马尼拉：菲律宾华裔青年联合会，1989.
[9]波梁斯基. 外国经济史·封建主义. 北京大学经济系经济史经济学说史教研室，译. 三联书店，1964.

[10]滨下武志．近代中国的国际契机——朝贡贸易体系与近代亚洲贸易圈．朱荫贵，欧阳菲，译．北京：中国社科出版社，1999.

[11]鲍晓鸥．西班牙人的台湾体验(1626—1642)：一项文艺复兴时代的志业及其巴洛克的结局．Nakao Eki，译．台北：南天书局，2008.

[12][意]白蒂．远东国际舞台上的风云人物郑成功．庄国土，等译．南宁：广西人民出版社，1997.

[13]安田朴．中国文化西传欧洲史．耿昇，译．北京：商务印书馆，2000.

[14]安德鲁·贡德·弗兰克．白银资本．刘北成，译．北京：中央编译出版社，2000.

[15]安德鲁·罗杰·威尔逊．西统时期菲律宾华人简史．吴文焕，译．马尼拉：菲律宾华裔青年联合会，2001.

[16]R. B. 沃纳姆．新编剑桥世界近代史．中国社会科学院世界历史研究所，译．北京：中国社会科学出版社，1999.

[17]J.F. 卡迪．东南亚历史发展．姚楠，马宁，译．上海：上海译文出版社，1985.

[18]H. Bernard．天主教十六世纪在华传教志．萧浚华，译．上海：商务印书馆，1936.

[19]G. F.赛义德．菲律宾共和国：历史、政府与文明．吴世昌，温锡增，译．北京：商务印书馆，1979.

[20]E.布拉德福德·伯恩斯．简明拉丁美洲史．王宁坤，译．长沙：湖南教育出版社，1989.

[21]D. G. E.霍尔．东南亚史．中山大学东南亚历史研究所，译．北京：商务印书馆，1982.

[22]C. R. 博克塞. 十六世纪中国南部行纪. 何高济，译. 北京：中华书局，1999.

(四)中文论文

[1]庄国土. 论中国海洋史上的两次发展机遇与丧失的原因. 南洋问题研究.2006(1).

[2]庄国土. 论17—19世纪闽南海商主导海外华商网络的原因. 东南学术.2001(3).

[3]庄国土. 海外贸易和南洋开发与闽南华侨出国的关系——兼论华侨出国的原因. 华侨华人历史研究.1994(2).

[4]庄国土.16—18世纪白银流入中国数量估算. 中国钱币.1995(3).

[5]周南京. 西班牙天主教会在菲律宾殖民统治中的作用. 世界历史.1982(2).

[6]郑玉书. 中菲间历史文物之梗概. 台湾风物.1961(2).

[7]郑佩宜. 十七世纪初以前的中菲贸易与1603年的马尼拉大屠杀.2008年台湾大学历史学研究所硕士论文.

[8]赵启峰. 西属(1565—1898)菲律宾华人经济空间之研究.1999年台湾成功大学硕士论文.

[9]赵亮. 中国与西班牙的第一次正式交往. 北京大学研究生学志.2007(1).

[10]张先清. 多明我会与明末中西交往. 学术月刊.2006(10).

[11]张维持，胡晓曼. 从出土陶瓷看古代中菲关系. 学术研究.1985(1).

[12]张国昀. 论重商主义. 西北师大学报(社会科学版).2004，41(5).

[13]佚名．黄徽现，译．中国报道．文化杂志.1997(23).

[14]杨立冰．略论古代中菲关系．东南亚纵横.1987(1).

[15]严中平．丝绸流向菲律宾，白银流向中国．近代史研究.1981(1).

[16]严中平．从菲律宾到中国．近代史研究.1982(1).

[17]许序雅，许璐斌.17世纪西方天主教国家对远东保教权的争夺．文化杂志.2009(70).

[18]许璐斌.16—17世纪的远东保教权之争.2009年浙江师范大学世界史专业硕士论文.

[19]萧轩竹．西属初期菲律宾土著的华货消费市场(1571—1620).2008年台湾政治大学硕士论文.

[20]吴景宏．明初中菲关系之探讨．明代清代史研究论集．大陆杂志史学丛书，第三辑第四册．台北：大陆杂志，1970.

[21]王加丰．西班牙帝国为什么衰落．浙江师大学报(社会科学版).1997(6).

[22]特谢拉.16—17世纪从菲律宾前往东南亚葡占领地的传教团．文化杂志.2004(52).

[23]汤开建，田渝．明清之际澳门天主教的传入与发展．暨南学报(哲学社会科学版).2006(2).

[24]索萨．西葡国王菲利普二世以及菲律宾群岛与帝汶的关系．文化杂志.2004(51).

[25]施雪琴．西班牙天主教在菲律宾：殖民扩张与宗教调适.2004年厦门大学博士论文.

[26]施雪琴．西班牙天主教语境下的宗教政策——16—18世纪菲律宾华侨皈依天主教研究．华侨华人历史研究.2002(1).

[27]施雪琴.16世纪天主教会对西班牙海外管辖权的争论——兼

论菲律宾群岛的“和平征服”. 厦门大学学报(哲学社会科学版). 2004(1).

[28] 塞亚布拉. 强权、社会及贸易：菲律宾和澳门的历史关系(16—18世纪). 文化杂志. 2004(51).

[29] 全汉昇. 明季中国与菲律宾间的贸易. 中国经济史论丛. 1997(2).

[30] 全汉昇. 略论新航路发现后的中国海外贸易. 中国海洋发展史论文集. 1993(5).

[31] 全汉昇. 略论新航路发现后的海上丝绸之路. 中央研究院历史语言研究所集刊. 第57本第2分册，1986.

[32] 全汉昇. 从晚明到清代中期中国与西班牙美洲的丝绸贸易. 历史地理. 1988(6).

[33] 钱江. 1570—1760年中国和吕宋贸易的发展及贸易额的估算. 中国社会经济史研究. 1986(3).

[34] 钱江. 1570—1760年西属菲律宾流入中国的美洲白银. 南洋问题研究. 1985(3).

[35] 潘树林. 试论收复失地运动对葡萄牙和西班牙海外扩张的影响. 四川师范大学学报. 1996，23(1).

[36] 罗荣渠. 中国与拉丁美洲的历史联系(十六世纪到十九世纪初). 北京大学学报(哲学社会科学版). 1986(2).

[37] 罗德里格斯. 菲律宾在东亚的影响(1565—1593). 文化杂志. 2004(52).

[38] 鲁伊·罗里多. 葡萄牙人与丝绸之路：明朝末年的澳门与马尼拉. 文化杂志. 2002(44).

[39] 刘文龙. 西属美洲王权与教权关系初探. 拉丁美洲研究. 1991(3).

[40]林金枝，韩振华. 读郑成功致菲律宾总督书——中国历史上保护华侨正当权益的先驱. 南洋问题.1982(3).

[41]廖大珂. 福建与大帆船贸易时代的中拉交流. 南洋问题研究.2001(2).

[42]李曰强. 明代中菲贸易研究.2007年山东大学硕士学位论文.

[43]李毓中. 明郑与西班牙帝国：郑氏家族与菲律宾关系初探. 汉学研究.1998，16(2).

[44]李永锡. 西班牙殖民者对菲律宾华侨压迫的政策与罪行. 中山大学学报.1959(4).

[45]李永锡. 菲律宾与墨西哥之间早期的大帆船贸易. 中山大学学报(社科版).1964(3).

[46]李隆生. 明后期海外贸易的探讨.2004年复旦大学博士学位论文.

[47]李丽娜. 巴黎外方传教会与天主教的中国本土化进程. 汕头大学学报.2006，22(1).

[48]李金明. 明代后期的海外贸易与海外移民. 中国社会经济史研究.2002(4).

[49]江醒东. 明代中国与菲律宾的友好关系. 中山大学学报(社会科学版).1981(1).

[50]黄滋生. 十六世纪七十年代以前的中菲关系. 暨南学报(哲学社会科学).1984(2).

[51]黄滋生. 十六——十八世纪华侨在菲律宾经济生活中的作用. 暨南学报(哲学社会科学版).1982(1).

[52]黄重言. 菲律宾古国考. 东南亚历史学刊.1983(1).

[53]黄重言.《东西洋考》中的中菲航路考. 学术研究.1978(4).

[54]华涛. 大航海时代初期欧洲的东亚观. 文化杂志.2004(52).

[55] 胡安·包蒂斯塔·罗曼. 中国风物志. 陈用仪，摘译. 文化杂志. 1997(30).

[56] 佛朗哥. 日本群岛传教梦的结束:《日本的辩解》和耶稣会士与托钵僧的论战. 文化杂志. 2004(50).

[57] 戴默尔. 欧洲近代初期的日本与中国观：对东亚陌生文化不同理解管道之比较. 文化杂志. 2007(64).

[58] 陈丽娜，陈静. 论巴黎外方传教会对天主教中国本土化的影响. 宗教学研究. 2006(4).

[59] 巴托洛梅·来昂纳多·德·阿亨索拉. 征服马鲁古群岛. 范维信，摘译. 文化杂志. 1997(31).

[60] C. R. 博克塞著. 16—17世纪澳门的宗教和贸易中转港之作用. 黄鸿钊，等译. 中外关系史译丛. 第5辑. 上海译文出版社，1991.

二、外文文献

[1] A. H. Johnson. *Europe in the Sixteenth Century: 1494—1598.* London, 1905.

[2] Alejandro M. Fernandez. *The Spanish General Governor in the Philippines.* Quezon City: University of the Philippines, 1971.

[3] Alfred W. McCoy & Ed. C. de Jesus. *Philippine Social History: Global Trade and Local Transformations.* Quezon City. Metro Manila: Ateneo de Manila University Press, 1982.

[4] Andrew Pettegree. *Europe in the Sixteenth Century.* Oxford, Malden, Mass: Blackwell, 2002.

[5] Anthony Reid. *Southeast Asia in the Early Modern Era: Trade, Power and Belief.* Ithaca, Cornell University Press, 1993.

[6]Antonio de Morga. *The Philippine Islands, Moluccas, Siam, Cambodia, Japan, and China, at the Sixteenth Century.* New York: Burt Franklin Publisher, 1970.

[7]Ausejo Luz. *The Philippines in the Sixteenth Century.* Chicago University, 1972.

[8]Austin Craig ed.. *The Former Philippines thru Foreign Eyes.* New York: D. Appleton and Company, 1917.

[9]Berthold Laufer. *The Relations of the Chinese to the Philippines.* Manila, Philippines, 1967.

[10]Beyer, H. Otley, & De Veyra, Jaime C.. *Philippine Saga: a Pictorial History of the Archipelago since Time Began.* Manila, Evening News, 1947.

[11]C. H. Haring. *The Spanish Empire in America.* New York: Oxford University Press, 1947.

[12]C. R. Boxer. *The Great Ship from Amacon, Annals of Macao and the Old Japan Trade 1555—1640.* Lisbon, 1963.

[13]Charles Henry Cunningham. *The Audiencia in the Spanish Colonies as Illustrated by the Audiencia of Malina (1583—1800).* Berkeley, University of California Press, 1919.

[14]Clements Markham translated and edited. *Early Spanish Voyages to the Strait of Magellan.* London: Printed for the Hakluyt Society, 1911.

[15]Cynthia Ongpin Valdes. *The Chinese in the Philippines during the Spanish Colonial Period.* A Monograph for Teresita Aug Lee and the Kaisa Foundation, April, 2002.

[16]Daniel B. Schirmer & Stephen Rosskamm Shalom. *The Philippines*

Reader: a History of Colonialism, Neocolonialism, Dictatorship, and Resistance. Boston: South End Press, 1987.

[17]Dean Conant Worcester. *The Philippine Islands and Their people: a Record of Personal Observation and Experience, with a Short Summary of the More Important Facts in the History of the Archipelago.* New York: Elibron Classics, 2005.

[18] Edgar Wickberg. *The Chinese Mestizo in Philippine History.* Manila: Kaisa Para sa Kaunlaran, 2001.

[19]Eufronio M. Alip. *Philippine History: Political, Social, Economic.* Manila, Alip, 1958.

[20] Eufronio M. Alip. *Philippine-Chinese Relations.* Manila: Alip & Sons, Inc., 1959.

[21]Eufronio M. Alip. *Ten Centuries of Philippine-Chinese Relations.* Manila: Alip, 1959.

[22]F. A. Kirkpatrick. *The Spanish Conquistadores.* London: Adam & Charles Black, 1946.

[23] F. Landa Jocano. *Philippine History.* Quezon City: Publications Office, Philippine Center for Advanced Studies, University of the Philippines, Diliman, 1975.

[24] F. Landa Jocano. *Philippine Prehistory: an Anthropological Overview of the Beginnings of Filipino Society and Culture.* Diliman, Quezon City: Philippine Center for Advanced Studies, University of the Philippines, 1975.

[25] G. F. Zaide. *The Pageant of Philippine History: Political, Economic, and Socio-Cultural.*Manila: Philippine Education Company, 1979.

[26] Gregorio F. Zaide. *Documentary Sources of Philippine History.* Metro Manila: National Book Store, INC., 1990.

[27] H. de la Costa, S. J.. *Readings in Philippine History.* Makati, Bookmark, 1973.

[28] H. de la Costa, S. J.. *Readings in Philippine History*. Manila, Bookmark Inc., 1965.

[29] Helen Rawlings. *The Spanish Inquisition.* Malden, MA: Blackwell Pub., 2006.

[30] Irving Berdine Richman. *The Spanish Conquerors: a Chronicle of the Dawn of Empire Overseas*. New Haven: Yale University Press, 1919.

[31] J. S. Cummins. *Jesuit and Friar in the Spanish Expansion to the East.* London:Variorum Reprints, 1986.

[32] James S. Coleman ed.. *Education and Political Development.* New Jersey: Princeton University Press, 1965.

[33] John L. Phelan. *The Hispanization of the Philippines: Spanish Aims and Filipino Responses, 1565—1700*. Madison: The University of Wisconsin Press, 1959.

[34] Jose S. Arcilla, S.J. ed.. The Spanish Conquest, Vol. III of Kasaysayan: *The Story of the Filipino People.* Philippines: Asia Publishing Company, Limited, 1998.

[35] Keith Whinnom. *Spanish Contact Vernaculars in the Philippine Islands.* Oxford: Oxford University Press, 1956.

[36] Kenneth Scott Latourette. *A History of Christian Missions in China.* New York: The Macmillan Company, 1929.

[37] Leslie E. Bauzon. *Deficit Government: Mexico and the Philippine*

Situado (1606—1804). Tokyo: The Centre for East Asian Cultural Studies, 1981.

[38] Linda A. Newson. *Conquest and Pestilence in the Early Spanish Philippines*. Honolulu: University of Hawaii Press, 2009.

[39] Manuel T. Chan. *The Audiencia and The Legal System in the Philippines (1583—1900).* Quezon City: Progressive Printing Palace, 1998.

[40] Martin J. Noone S. S. C.. *General History of the Philippines, part I, Vol. I, the Discovery and conquest of the Philippines (1521—1581).* Manila: Historical Conservation Society, 1986.

[41] Martinez de Zuniga. *An Historical View of the Philippine Islands.* London, Davids, Whitefriars, 1814, vol.1.

[42] Michael Leifer. *Dilemmas of Statehood in Southeast Asia.* University of Columbia Press, 1972.

[43] Miguel A. Bernand, S.J..*The Christianization of the Philippines: Problems and Perspectives.* Manila: The Filipiniana Book Guild, 1972.

[44] Nicholas P. Cushner. *Spain in the Philippines: from Conquest to Revolution.* Quezon City: Ateneo de Manila, 1971.

[45] Nicolas Zafra. *The Colonization of the Philippines and the Beginnings of the Spanish City of Manila.* Manila: National Historical Commission, 1974.

[46] O. H. K. Spate,. *The Spanish Lake.* Minneapolis: University of Minnesota Press, 1979.

[47] Onofre D. Cox-puz. *The Bureaucracy in the Philippines.* Quezon: Institute of Public Administration, University of the Philippines,

1957.

[48] Pablo Fernandez, O.P.. *History of the Church in the Philippines (1521—1898)*. Manila: National Book Store, 1979.

[49] Paul H. Kratoska ed.. *South East Asia: Colonial History.* London and New York: published by Taylor& Francis, 2001.

[50] Renato Constantino. *The Philippines: a Past Revisited.* Quezon City: Tala Pub. Services, 1975.

[51] Renato Constantino. *A History of the Philippines: From The Spanish Colonization to the Second World War.* New York: Monthly Review Press, 1975.

[52] Robert R. Reed. *Colonial Manila: the Context of Hispanic Urbanism and Process of Morphogenesis.* Berkeley, Los Angeles, London: University of California Press, 1978.

[53] Ross Andrew C.. *A Vision Betrayed: the Jesuits in Japan and China, 1542—1742.* Edinburgh, 1994.

[54] Rufus B. Rodriguez. *The History of the Judicial System in the Philippines (1565—1898).*Quezon City: Rex Printing Company, 1999.

[55] Shubert S. C. Liao. *Chinese Participation in Philippine Culture and Economy.* University of the East, Manila, Philippines, September, 1964.

[56] The Supreme Court of the Philippines. *The History of the Philippine Judiciary.* Manila: Published by the Philippine Judiciary Foundation, 1998.

[57] Virginia Benitez Licuanan & Jose Llavador Mira. *The Philippines under Spain.* National Trust for Historic and Cultural Preservation

of the Philippines, 1996.

[58] W. H. Scott. Oripun and Alipin in Sixteenth Century Philippines. *In Slavery, Bondage and Dependency in Southeast Asia.* Anthony Reid ed., St. Lucia: University of Queensland Press,1983.

[59] Wilhelm Roscher. *The Spanish Colonial System.* New York: Henry Holt and Company, 1904.

[60] William Lytle Schurz. *The Manila Galleon.* New York: E. P. Dutton, 1939.

[61] W. Woodruff. *The Struggle for World Power 1500—1980.* Macmillan, 1981.

[62] C. R. Boxer. *The Church Militant and Iberian expansion, 1440—1770.* Baltimore: Johns Hopkins University Press, 1978.

[63] Henry Kamen. *Spain, 1469—1714: a Society of Conflict.* London, New York: Longman, 1991.

[64] C. R. Boxer. *Fidalgos in the Far East, 1550—1770: Fact and Fancy in the History of Macao.* The Hague Martinus Nijhoff, 1948.

[65] C. R. Boxer. *The Dutch seaborne empire 1600—1800.* London: Hutchinson, 1977.

[66] Horacio de la Costa. *The Jesuits in the Philippines 1581—1768.* Cambridge: Harvard University Press, 1961.

[67] Edgar Wickberg. *The Chinese in Philippine Life 1850—1898.* Manila: Ateneo de Manila University Press, 2000.

[68] McCarthy. *Spanish Beginnings in the Philippines, 1564—1572.* Washington, D.C.: The Catholic university of America press, 1943.

[69] Jesus Galindo. *400 years, 1578—1978: Franciscans in the Philippines.*

Manila, Regal Printing, 1979.

[70] Gregorio F. Zaide. Philippine Political and Cultural History, v.1: *the Philippines since Pre-Spanish Times.* Manila, Philippine Education Co., 1957.

[71] C. R. Boxer. *Portuguese Conquest and Commerce in Southern Asia, 1500—1750*. Hampshire, Gower Publishing House, 1985.

[72] C.R. Boxer. *Portuguese Conquest and Commerce in Southern Asia, 1500—1750.* London: Variorum Reprints, 1985.

[73] C.R. Boxer. *Portuguese Conquest and Commerce in Southern Asia, 1500—1750.* London: Variorum Reprints, 1985.

[74] E. H. Blair & J. H. Robertson. *The Philippine Islands, 1493—1898.* Cleveland: The Arthur H. Clark Co., 1903, Vol.1-44.

[75] Willian Henry Scott. *Filipinos in China before 1500*. Manila: China Studies Program de la Salle University, 1989.

[76] David C. Cole. *The growth and financing of manufacturing in the philippines 1948—1958.* Quezon City : Institute of Economic Development and Research University of the Philippines, 1962.

[77] Eufronio M.Alip. *Ten Centuries of Philippine-Chinese Relations.* Manila:Alip & Sons Inc.,1964.

[78] Somers, Mary F..*Southeast Asia's Chinese minorities.* Hawthorn,Vic.: Longman,1974.

[79] Jennifer Cushman & Wang Gungwu(eds.). *Changing Identities of the Southeast Asian Chinese since World War II.* Hong Kong: Hong Kong University Press, 1988.

[80] Caglar Ozden. Maurice Schiff editors. *International migration, remittances, and the brain drain.* Washington, DC : World Bank,

2005.

[81] Bello, W. et. al. *The Anti-Development State: The Political Economy of Permanent Crisis in the Philippines.* London: Zed Books Ltd, 2005.

[82] Jose Galang. *Philippines(The Next Asian Tiger).* London: Euromoney Publication PLC, 1996.

[83] Peter Krinks.*The Economy of the Philippines (Elites, Inequalities and Economic Restructuring).* New York: Routledge, 2002.

[84] Ronald E. Dolan edited. *Philippines(A Country Study).* Washington, D.C.: U.S. Library of Congress, 1993.

[85] Teofilo C. Daquila. *The Economic of Southeast Asia (Indonesia, Malaysia, Philippines, Singapore and Thailand).* New York: Nova Science Publication, 2005.

三、网站

[1] 菲律宾财政部 http://www.dof.gov.ph/

[2] 菲律宾参议院 http://www.senate.gov.ph/

[3] 菲律宾发展学院 http://www.dap.edu.ph/

[4] 菲律宾发展研究院 http://www.pids.gov.ph/

[5] 菲律宾国会劳动就业监督委员会 ,http://www.congress.gov.ph/index.php/

[6] 菲律宾国家经济和发展管理局 http://www.neda.gov.ph/

[7] 菲律宾国家统计局 http://www.census.gov.ph/

[8] 菲律宾国家统计协调委员会 http://.www.nscb.gov.ph/

[9] 菲律宾预算和管理部 http:// www.dbm.gov.ph/index.php/

[10] 菲律宾海外就业管理局 http://www.poea.gov.ph/

[11] 菲律宾经济区管理局 http://www.peza.gov.ph/

[12] 菲律宾经济社会数据库 http://http://econdb.pids.gov.ph/

[13] 菲律宾劳动和就业统计局 http://www.bles.dole.gov.ph/

[14] 菲律宾劳动就业部 http://www.dole.gov.ph/

[15] 菲律宾贸工部 http://www.dti.gov.ph/splash.html/

[16] 菲律宾人口委员会 http://www.popcom.gov.ph/featured_documents/

[17] 菲律宾投资委员会 http://www.boi.gov.ph/

[18] 菲律宾外交部 http:// http://dfa.gov.ph/

[19] 菲律宾政府网 http://www.gov.ph/

[20] 菲律宾中央银行 http://www.bsp.gov.ph/

[21] 菲律宾众议院 ,http://www.congress.gov.ph/

[22] 海外菲律宾人委员会 http://www.cfo.gov.ph/

[23] 亚洲管理研究院——政策研究中心 http://www.policy.aim.edu.ph/index.asp/

[24] 亚洲开发银行 http://www.adb.org/

后　记

菲律宾位于亚洲东南部，北隔巴士海峡与中国台湾省遥遥相对，是中国重要的近邻之一。地理位置的邻近，使中国和菲律宾自古以来关系颇为密切。在中国的典籍记载中，早在唐宋时期中菲两国人民就有了经济、文化和政治上的友好往来，两国人民的友谊渊源流长。近年来，中菲政治互信不断加强，经贸合作日趋广泛，文化交流和民间往来也日益增多。如何进一步加强对菲律宾基本国情的了解，从而推动两国人民的人文交流，深化两国传统友谊，巩固友好合作，使中菲关系朝着更为健康、稳定的方向发展是本书编写的主要目的。本书在编写过程中，吸收了国内外菲律宾学术研究的最新成果，注重教材的可读性与学术性，力求做到系统、完整。全书共分为十章，系统地介绍了菲律宾的地理、历史、习俗、宗教、政治制度、经济、军事、科教、文学艺术、外交、中菲关系。

本书由李涛博士、陈丙先博士主持编写。李涛负责全书框架的拟定、统稿和审稿，并撰写了第二、八章和第九章；陈丙先撰写了第一、四、五、十章；云南省社会科学院李丽撰写了第三章；邱信丰撰写了第六章初稿；张勇撰写了第七章初稿；河南商业高等专科学校国际教育学院庞卫东博士修订了第六、七章，并对各章内容进行了修改、加工和完善。作为菲律宾国情普及读物，本书适合大学本科生和硕士研究生参考使用，也可供普通读者学习了解菲律宾国情与社会文化知识时使用。

本书在编写过程中，得到了云南大学东南亚研究所、广西民族大学和中国出版集团世界图书出版广东有限公司的大力支持。在本书的写作过程中，我们参考与借鉴了中外学者的部分最新研究成果，在此一并表示感谢。但囿于理论与知识水平的不足，本书尚有诸多缺陷或不足之处，有待于方家进行批评指正。

编 者

2012年11月